国家自然科学基金青年科学基金项目“创意产业对城市
以沪、杭、甬为例(批准号 41301110)”
教育部人文社会科学研究青年基金项目“我国大都市文化创意产业发展的空间调控模式研究(批准号 13YJC790107)”
宁波大学 2017 年优秀青年骨干教师出国访学项目联合资助阶段性成果

Dynamics of cultural & creative industry and its geographical welfare: Case of Yangtze River Delta

文化创意产业动态及其空间效应
——以长江三角洲地区为例

马仁锋　著

ZHEJIANG UNIVERSITY PRESS
浙江大学出版社

图书在版编目（CIP）数据

文化创意产业动态及其空间效应——以长江三角洲地区为例 / 马仁锋著. —杭州：浙江大学出版社，2018.8
ISBN 978-7-308-18255-3

Ⅰ. ①文… Ⅱ. ①马… Ⅲ. ①长江三角洲—文化产业—产业发展—研究 Ⅳ. ①G127.5

中国版本图书馆 CIP 数据核字（2018）第 103003 号

文化创意产业动态及其空间效应——以长江三角洲地区为例
马仁锋 著

责任编辑 杜希武
责任校对 杨利军 严 莹
封面设计 刘依群
出版发行 浙江大学出版社
（杭州市天目山路 148 号 邮政编码 310007）
（网址：http://www.zjupress.com）
排 版 杭州好友排版工作室
印 刷 虎彩印艺股份有限公司
开 本 710mm×1000mm 1/16
印 张 18.5
字 数 372 千
版 印 次 2018 年 8 月第 1 版 2018 年 8 月第 1 次印刷
书 号 ISBN 978-7-308-18255-3
定 价 59.00 元

浙江大学出版社市场运营中心联系方式：(0571) 88925591；http://zjdxcbs.tmall.com

前　言

在迅速发展的新经济(New Economy)中,我们身边的人才(talent)和创意(creativity)将在塑造经济机遇方面越来越具有决定性意义。创意被描述为能够产生新的和原创的想法。从经济角度看,创意可以被理解为新思想的产生,这是创新和新经济活动的主要来源。从这个意义上说,创意已经成为知识经济研究和政策实践的一个热门概念。它衍生了"创意氛围"(creative milieus)、"创意产业"(creative industries)、"创意城市"(creative cities)、"创意阶层"(creative class)和"创意资本"(creative capital)等系列学术概念及其城市区域实践形态。随着城市地区(urban regions)逐渐成长为全球关键知识地区和知识集群的地区,一系列创意相关概念与城市地区发展之间的联系日益凸现。因此,创意已经成为城市政府、社区管理者、规划师等的关键概念,他们寻找新的城市和经济发展形式,创意城市区域(creative urban regions, CUR)随之成为知识型城市的典范。快速发展的城市文化创意产业,成为支持城市升级为创意城市区域的核心动力。

本书聚焦长江三角洲地区2000年以来的文化创意产业动态,试图回答城市与区域发展视域文化创意产业动态研究的三大科学命题:第一,文化创意活动自身有着怎样的发展规律?在不同城市,尤其是在城市群地区体现出怎样的发展特征?第二,在不同城市,文化创意企业地理格局与城市—区域有着怎样的互动规律和驱动因素?第三,在城市群背景下,文化创意活动强调创意流和项目式生产网络整合形成创意生产网络,是否会促进城市和区域形成新形态?

以上问题的解决,可刻画长江三角洲地区文化创意企业、文化创意企业群落的成长和衰退的微观动态,揭示文化创意产业动态背后的"创造性破坏"驱动因素,阐明产业动态之于城市—区域重塑的多尺度空间力量作用机制。同时,从企业视角研究中国长江三角洲地区文化创意企业群集格局演变,可以从理论和实证两个层面丰富和发展中国文化创意产业的经济地理学研究。

本书以人文—经济地理学、产业与区域经济学的原理为理论基础,选用"理论研究—假设建构—案例验证—理论总结应用"的研究逻辑,充分利用企业动态定量分析等方法对文化创意企业、文化创意园区、文化创意企业生产网络进行包括空间性分析、社会网络分析等的数理统计分析与空间分析相结合的混合研究方法,兼顾理论分析与案例验证相结合的研究手段,以东部发达地区——长江三角洲地区文化创意企业动态为研究对象,形成了本书最终的研究成果。

本书的主要研究内容包括如下四点：

(1)文化创意产业理论动态及其与城市—区域关系解构。首先，采用概念溯源理清文化创意产业相关概念、统计范畴，阐释创意阶层、创意城市、城市群结构等理论；通过文献计量软件揭示中外文化创意产业及其与城市—区域发展关系研究热点和相关学术群体。其次，从文化创意产业生产过程特性、文化创意产业集聚—扩散、创意阶层与创意城市三维度论证文化创意产业群集与城市—区域之间的关系。

(2)长江三角洲地区文化创意产业发展条件评估。首先，梳理文化创意产业发展条件评估理论和方法，构建评估长江三角洲地区文化创意产业发展条件的指标体系，定量识别长江三角洲地区文化创意产业发展条件的核心因子。其次，重点定量分析长江三角洲南翼浙江省文化创意产业发展的人才引力、文化资本的多尺度地域差异及其驱动因素。

(3)长江三角洲地区文化创意产业动态研究。首先，基于文化创意产业增速、行业构成、发展效率、地域特点，定量诠释长江三角洲地区和浙江省文化创意产业的发展趋势与效率分异。其次，基于文化创意企业的经济普查数据提取，利用区位熵、空间基尼系数、E-G 指数、空间自相关等方法刻画长江三角洲地区和浙江省各市文化创意企业地理格局及其变化特征。第三，构建文化创意企业区位模型，采用因子分析、多元回归识别文化创意企业动态的驱动因素，进而利用结构主义诠释各因素的作用机制，并重点以浙江省信息业、设计业为对象，解析和佐证文化创意企业动态的分析逻辑。

(4)长江三角洲地区文化创意产业动态的空间效应研究。首先，梳理长江三角洲地区文化创意产业园分类与特征，构建长江三角洲地区文化创意产业园属性数据库，利用空间分析研究产业园层面长江三角洲地区文化创意产业地理格局及其变化，透视文化创意产业地理格局的空间效应；继而以浙江省文化创意产业园生长模式的类型效益差异分析，微观佐证文化创意产业园之于城市—区域发展的效益。其次，选取长江三角洲地区文化创意产业中的典型企业，利用对文化创意企业上市公司总部和分公司数据的社会网络分析，研究其生产网络变化，刻画长江三角洲地区典型文化创意企业的网络格局，透视文化创意产业如何影响长江三角洲城市位序规模和产业结构变化，继而实现从产业动态分析到产业空间效应诠释的转向。

本书有关章节源于项目执行期发表在《地理研究》《长江流域资源与环境》《经济问题探索》《世界地理研究》等学术期刊的 14 篇论文。另外，本人指导的宁波大学地理与空间信息技术系(隶属于宁波大学昂热大学联合学院/中欧旅游与文化学院)人文地理学 12 级硕士研究生张茜(现任教于山西工商学院旅游与酒店管理学院)和 14 级硕士研究生周国强(现任教于慈溪实验高级中学)分别承担第3.2、5.1.2 节和第 3.1、6.2、7.2、7.3 节的数据整理、分析与初稿撰写工作，李章凯、尹昌霞、杨阳分别在第 2.3.2、5.4、6.3 节出色地完成助研工作，特此表示感谢。

本书是国家自然科学基金青年科学基金项目“创意产业对城市空间重构的作用机理研究：以沪、杭、甬为例”（编号 41301110）和教育部人文社会科学研究青年基金项目“我国大都市文化创意产业发展的空间调控模式研究”（编号 13YJC790107）联合资助的阶段性成果，特此表示感谢。

全书成稿于 2017 年 12 月至 2018 年 2 月，正值本人于英国利兹大学（University of Leeds）访学中期，诚挚地感谢合作导师 Dr Paul Waley、房东 Mr Lin、SJCC Research Group 等的关照和帮助。本人深化和完善了早期研究系列论文和项目研究报告，同时系统转化了相关专题地图的表述，最终得以成稿。

诚挚地感谢课题组的各位同仁（王益澄、冯革群、乔观民、任丽燕）和中国科学院地理科学与资源研究所张文忠研究员等给予的鼓励与帮助。感谢家人对我的莫大关心与支持。

本书引用了许多学者的研究成果，虽然已经有标注和说明，唯恐遗漏，敬请谅解！虽然我付出了巨大的努力，但由于时间仓促、水平有限，书中难免存在这样或那样的问题，恳请读者批评指正！

马仁锋

2018 年 2 月 18 日于 Manton Building 10.18 室

目　录

第一章　城市与区域文化创意产业发展研究新思维

以创意、创新和创业为核心的新经济，快速成长为21世纪经济发展与城市转型的新动力。文化创意产业作为新经济的典型，受到世界各国主要城市的高度重视。在城市文化创意产业发展过程中，受文化创意产业生产过程特征和区位偏好影响，文化创意企业、从业者数量在城市及其特定地段不断累积，不断重塑城市—区域交流的方式和联系的强度，进而牵引个体城市在城市—区域和城市群中功能、网络位阶等的改变，逐渐生成新的城市—区域或城市群。本章系统分析全球文化创意产业研究动态，检视城市—区域文化创意产业研究热点及其演进，架构文化创意产业发展与城市—区域互动的升级研究逻辑。

第一节　城市与区域文化创意产业的知识图谱

尽管学界日益关注文化创意产业，学界研究也备受企业、政府的重视，但各国对文化创意产业的概念界定和统计范畴尚缺乏共识。本节重点梳理中外各国或地区文化创意产业的相关表述及其背景差异，诠释典型概念的异同及本质；运用文献计量软件识别2000年以来中外文化创意产业研究的知识图谱，甄别研究热点及其演进方向，识别学术群体及其领军人物；重点凝练了中外文化创意产业与城市—区域发展、文化创意产业区域差异、文化创意产业的科技创新驱动发展等基本观点。

一、西方文化创意产业概念、构成与统计[①]

过去的20年，文化创意产业作为新经济，因其促进了就业、创造了财富与保育了文化多样性，日益成为全球经济发展共识。约翰·霍金斯（John Howkins）的《创意经济》指出全世界每天文化创意产业所创造的产值高达220亿美元，并且以

---

① 马仁锋，梁贤军．西方文化创意产业认知研究[J]．天府新论，2014(4)：58-64．

比较快的速度增长。[①] 随着文化创意产业理念全球化扩散与各国城市对其日益重视，文化创意产业在全球取得了高速发展，文化创意产业对于每个国家和地区的重要性不言而喻[②]。但是文化创意产业的相关界定等尚未达成统一。首先，文化创意产业概念界定不清且争论不休：①不同学者和政策制定者对文化创意产业的理解不同；②不同文化背景导致概念翻译或界定差异[③]，如英国与澳大利亚称其为创意产业，美国将其纳入版权产业，中国则文化创意产业、创意产业、文化产业混用，等等。其次，各国目前未界定文化创意产业的产业类型与构成：①学理上未能全面解释不同层面文化创意产业类型界定的不同；②社会经济演化会诱发新型文化创意产业的企业及其行业；③地域文化不同导致文化创意产业的构成界定差异。[④] 正是由于每个国家或城市对文化创意产业的理解不同，各地文化创意产业的发展也各有特色，全球的文化创意产业呈多样化趋势。然而，概念的本质揭示与统计边界的清晰界定既是学术研究的前提，又是各国政府或城市制定政策的核心依据。因此系统梳理各层次的文化创意产业理论基础，寻求科学的概念阐释与统计范畴是当前文化创意产业研究与创意经济发展的基础。

(一)文化创意产业概念认知差异

自英国文化、媒体和体育部(DCMS)于1998年发表《英国文化创意产业路径》正式提出文化创意产业概念至今[⑤]，不同层次、不同视角的文化创意产业界定层出不穷，但仍未达成统一意见。概观各国称谓，有“文化工业、数字(内容)产业、版权产业、创意产业、文化创意产业”等，究其成因主要是语言社会意义不同、社会经济基础差异、政治环境不同等导致了文化创意产业认知差异，进而形成文化创意产业表述差异与统计实践差异。

1. 文化创意产业概念的语言社会意义基础

(1) culture的语言社会意义。“culture”最初出现在拉丁语，词根是“colere”；它是英语词汇中最复杂词语之一，成因是它的使用者拥有不同学科背景和不同思

---

① Singh J P. Culture or commerce? A comparative assessment of international interactions and developing countries at UNESCO, WTO, and Beyond[J]. International Studies Perspectives, 2007, 8(1): 36-53.

② Bastian L, Ares K, Birgit S. Governance der Kreativwirtschaft: diagnosen und handlungsoptionen [M]. Bielefeld: Transcript Verlag, 2009; Hartley J, Potts J, Cunningham S, et al. Key concepts in creative industries[M]. London: Sage, 2012.

③ 马仁锋. 中国长江三角洲城市群创意产业发展趋势及效应分析[J]. 长江流域资源与环境，2014，23(1):1-9.

④ Boggs J. Cultural industries and the creative economy-vague but useful concepts[J]. Geography Compass, 2009, 3 (4): 1483-1498.

⑤ DCMS. Creative industries mapping document 1998[R]. London: Department of Culture, Media and Sports of the United Kingdom, 1998.

想体系。拉丁语中“colere”有 inhabit、cultivate、protect、honour with worship 等意义，这几个释义词起初在拉丁语中意义近乎一致，但由于各种偶然情况逐渐演化分异。如 habit 通过拉丁语 colonus 发展成为 colony；honour with worship 源自拉丁语的 cultus 并演变成了 cult；cultura 在古法语是 couture，最后发展成了 culture，在 15 世纪传入了英国，其最初意义是养育或事物的自然发展，而这便成为现代英语里“文化”的社会语言意义基础。

(2) creativity 的语言社会意义。这个词出现的历史相对较短，它在不同语境中有多种定义。它源于拉丁语“creare”，直至第二次世界大战以后才出现在法语国家中。英语中，这个词在第二次世界大战前也很少被使用①。牛津大辞典显示，它最早出现在莎士比亚的一部戏剧文学中；英国数学家与哲学家阿弗烈·诺夫·怀海德(Alfred North Whitehead)在 20 世纪 20 年代使用它描述上帝；随后，一些文本使用“想象力”“发明”“发现”和“天赋”来代替这个词。20 世纪 90 年代以来，它的使用频率呈指数增长；被频繁使用是因其跟大众社会、经济变革有关。正如创意力(创造力/创新力)在当今被视为是生产力的源头，该观念源于不断扩张的知识经济和符合市场需求的新技能。当然，考察 culture 与 creativity 的语言社会意义，旨在梳理清晰文化创意产业的源头与本质，然而这些观察结果表明这个词的意义很多时候仍是模糊不清的。

2. 文化创意产业概念的社会经济基础

20 世纪 60 年代之后，欧美发达国家完成了工业化，开始向服务业、高附加值的制造业转变，逐渐步入后工业社会。这些国家将一些粗加工工业、重工业生产向低成本的发展中国家转移，规避劳动力的短缺和劳动力成本大幅度增长对西方社会所造成的严重影响；西方国家中多数受困于旧工业生产体系，出现了城市衰落，但社会福利开支却日益倍增，这就需要通过扩大就业与产业升级延续工业时代的城市繁荣状态。为此，西方国家或城市的政策制定者对文化创意产业寄予厚望，以支持或赞扬个体或中小企业的市场行为，随之在公开场合对其加以倡导，将其概念化为一种经济文化符号并迅速推广②。西方社会在后工业时代对文化创意产品的渴求度进一步增大，迫切需要文化创意产品来丰富他们的物质和精神生活。因此，后工业社会的产业升级需求与人们日益增长的物质、精神享受需求，共同成就了文化创意产业。

---

① Kaufman J, Sternherg Robert. The international handbook of creativity[M]. New York: Cambridge University Press, 2006.

② Curran J, Gurevitch M M, Woollacott J. Mass communications and society[M]. London: Arnold, 2008.

3.文化创意产业概念的时代政治基础

20世纪60年代,欧美出现了大规模的社会运动,亚文化、流行文化、现代社会思潮等风起云涌,对传统的工业社会结构有很大的冲击。社会日益形成重视差异、反对主流文化、张扬个性的多元政治氛围,逐渐认同社会文化的多样和多元,而且认为这有利于发挥个人创造力等。20世纪80年代,英国和美国更加鼓励私有化和自由竞争、企业和个人创新,推动差异化发展繁荣市场,这在一定程度上刺激了民间富有智慧的个体和企业进入创业梯队。20世纪末,布莱尔政府为振兴英国经济推动成立了创意产业特别工作小组。该小组发布的研究报告使英国再次成为全球关注中心,提振了英国的国际形象与地位,营造了宽松的政治氛围,便于文化创意产业概念的发展与全球扩散。

4.多重背景下文化创意产业概念的演进

"culture industry"是西奥多·阿多诺(Theodor Adorno)与马克斯·霍克海默(Max Horkheimer)所创[①];20世纪80年代法国作家贝尔纳·米埃及(Bernard Miege)[②]开始讨论文化产业,将文化创意产业中的文化产业和创意当作两种完全不同的产业,而且将文化产业和创意产业当作两种相互矛盾的产业。在20世纪90年代,贝尔纳有两条思想主线:其中一条是生产产品[③];另一条是将文化看作一种产业,并且探寻它的生产、分配、消费过程[④]。作为正式概念的"创意产业"最早是由《英国创意产业路径文件1998》界定:"所谓创意产业就是指那些从个人的创造力、技能和天分中获取发展动力的企业,以及那些通过对知识产权开发创造潜在财富和就业机会的活动。"[⑤]随后产生了如表1-1-1-1的系列论争,如彼得·考伊(Peter Coy)将创意产业当作一个产生虚拟价值的产业,主要是基于个人的创造力和金点子,强调可以将文化创意产业当成区域发展策略[⑥];霍金斯将创意产业当作是通过创意来生产商品和服务的一种活动[⑦];格雷厄姆·德霍克将产出满足个人

---

① Kaufman J, Sternherg R. The international handbook of creativity[M]. New York: Cambridge University Press, 2006.

② Bernard M. The logics at work in the new cultural industries[J]. Media Culture & Society, 1987, 9(2): 273-289; Bernard M. The capitalization of cultural production[M]. New York: International General, 1989.

③ Hesmondhalgh D. The cultural industries[M]. London: Sage, 2002.

④ Pratt A C. The cultural industries production system[J]. Environment and Planning A, 1997, 29(11): 1953-1974.

⑤ DCMS. Creative industries mapping document 1998[R]. London: Department of Culture, Media and Sports of the United Kingdom, 1998.

⑥ Peter C. The creative economy: Which companies will thrive in the coming years? Those that value ideas above all else [R/OL]. Business Week Online, 8-Aug-2000. http://www.businessweek.com/2000/00_35/b3696002.htm

⑦ Howkins J. The creative economy: how people make money from ideas[M]. London: Penguin global, 2002.

象征性价值的产品视为创意产业①；安迪·普括特将文化创意产业看作是连接生产和消费、制造和服务的一个客体集合②；杰夫·伯格斯将文化产业和创意产业很明确的加以区分，并且认为创意产业的创新程度较高③。概观西方主流概念界定（表 1-1-1-1）可发现：(1)文化创意产业概念界定突显个人创造力在生产产品或服务中的价值，强调源于创新的新价值创造过程，显然与一般意义的文化产业存在区别，当然这种多样性创新也许直接源于市场（消费者）需求引导，社会经济变迁及其诱发的消费需求创新也应成为文化创意产业创新之源的重要组成部分；(2)文化创意产业概念界定必须突出绝大多数创意商品生产需要多样性与专门化的技能、知识，这就表明其应高度集聚的特定区位诞生与发展，显然当前的概念界定忽视了该问题；(3)文化创意产业诞生需要一定的制度环境，如管治氛围等；(4)文化创意产业兴起受益于集聚经济与城市化经济，然而其地理集中倾向却不同于传统产业的部门集中。因此，文化创意产业是源于集聚经济并位于城市特定区位的依赖个体技能、创造力与天赋的可创造潜在财富与就业机会的活动集合。

表 1-1-1-1　西方主流创意产业概念

作者	文献	典型概念
DCMS	Creative Industry Mapping Document 1998	创意产业是指那些从个人的创造力、技能和天分中获取发展动力的企业，以及那些通过对知识产权的开发可创造潜在财富和就业机会的活动。
Boggs	Cultural Industries and the Creative Economy-Vague but Useful Concepts	创意产业和文化产业有所不同，并且创意产业有着较高的创新程度。
Coy	The Creative Economy	创意产业是一个产生虚拟价值的产业，其所产生的价值主要是基于个人的金点子。
Howkins	The Creative Economy: How People Make Money From Ideas	创意产业是基于创意力（创造力）生产产品和服务的活动。
Drake	This Place Gives me Space: Place and Creativity in the Creative Industries	创意产业是生产满足个人象征性价值的产品的产业。
Pratt	Creative Cities: the Cultural Industries and the Creative Class	创意产业是连接生产、消费、制造和服务的一个客体。

① Drake G. This place gives me space: place and creativity in the creative industries[J]. Geoforum, 2003, 34 (4): 511-524.

② Pratt A C. Creative cities: the cultural industries and the creative class[J]. Geografiska Annaler, 2008, 90B(2):107-117.

③ Boggs J. Cultural industries and the creative economy: vague but useful concepts[J]. Geography Compass, 2009, 3(4): 1483-1498.

(二)文化创意产业的构成范畴探索

自20世纪90年代至今，文化创意产业政策制定者围绕哪些企业、哪些部门应该纳入文化创意产业范畴产生了激烈的讨论，讨论席卷了国家行政机构，也将各大中小城市政府，甚至民间团体囊括其中。

1. 不同地理尺度文化创意产业的部门构成

(1)国家层面的文化创意产业部门构成

全球化经济时代，各国对本国文化创意产业做出了相对具体的界定。究其符号用语取向，英国堪称创意型先驱，澳大利亚代表艺术产业型，荷兰代表宽泛型，美国代表版权型，中国、韩国、日本代表文化型(表1-1-1-2)。虽然各国对文化创意产业的表述各有特色，但在文化创意产业的部门构成上渐趋一致：①各国所界定的文化创意产业都包含生产、消费环节；②相关国家界定的文化创意产业隶属于文化产业或创意产业的一部分；③相关国家对文化创意产业的部门选择在大体上具有一致性，只在亚类上有所差别。各国文化创意产业的部门构成差异体现在：①囿于国家对文化和创意理解差异，各国的文化创意产业部门范畴略有区别，如英国、澳大利亚将创新与文化所涉及行业几乎全部纳入，而美国则以数字与版权为主；②各国对文化创意产业的部门构成未进行明确界定，官方经济主管或促进部门未给予国家的文化创意产业(企业数量、部门构成、从业人员、产值与利税等)报告，个别国家尝试将文化产业和创意产业进行区分。

表1-1-1-2 国家层面文化创意产业的部门范畴

国家	文献	包含部门范畴
英国	Creative Industries Mapping Document 1998	广告业、建筑业、艺术品和古文物销售业、电脑和电视游戏业、手工艺术品业、设计业、时装设计业、影视业、音乐产业、表演艺术业、出版业、软件业、电视广播业等。
澳大利亚	Creative Industries: a Strategy for 21st Century Australia	核心产业(音乐产业、舞蹈产业、戏剧产业、视觉艺术产业、艺术品和手工品产业、电影业)和关联产业(图书杂志产业、电视产业、广播产业、新闻报刊，及关联程度相对较低的产业设计业、建筑业、旅游业和广告业)。
荷兰	Designing a country—creative industries in the wetherlands	文学出版、摄影、视觉艺术、博物馆、音乐、戏剧产品、歌剧、电影录像、广播电视、软件和数据库、多媒体互联网、研究、设计、广告服务、建筑、版权管理协会。
瑞士	Bulletins on the Creative Economy	音乐产业、图书市场、艺术品市场、电影市场、广播业、表演艺术市场、设计业、建筑业、广告业、软件和游戏产业、手工品艺术产业、图书印刷和出版业、音频市场。

续表

国家	文献	包含部门范畴
德国	Mecklenbur, Bremen, Bavaria, Lower, Saxony and Aachen creative economy report	"文化经济"(音乐市场、文学市场、书籍市场、出版和艺术市场、设计行业、电影电视行业、戏剧、建筑和广告)。 "文化创意经济的核心"(自由艺术家、作家、记者、艺术家、修复师、出版行业、音响工作室、电影和电视产业、音乐厅、电影、歌舞表演;图书销售、唱片、乐器、艺术物品;活动策划;建筑设计、广告设计)。 "创意经济"(广告采购、软件发行、软件顾问和软件开发)。

(2)城市层面的文化创意产业部门构成

全球多数国家虽界定了文化创意产业构成,但治辖的城市会因实际情况做出更加符合地方实际的界定,以促进地方创意经济更好地发展。利用谷歌检索到 20 余个城市文化创意产业官方报告发现:①各城市文化创意产业的构成界定基本一致,主要基于文学、艺术创作、电视电影等产业进行界定;②各城市对是否将新兴行业纳入文化创意产业存在分歧,如软件开发、广告设计、时尚展览设计等;③各城市对文化创意产业构成着眼于本城市的未来发展。因此,城市层面文化创意产业部门构成存在较高的一致性与较低的差异性(表 1-1-1-3),主要诱因是:①全球化导致城市间相互借鉴认知,并且经济全球化导致文化创意产业的众多行业早已在全球主要城市快速发展;②虽然全球化诱致了一致性,但是每个城市固有的文化对其创意产业发展影响深远,部门构成出现一定的差异性是地方性传承的必然。对比国家层面和城市层面的文化创意产业,可以发现两者有共通点但又都存在着一定的差异性。

表 1-1-1-3　城市层面文化创意产业的部门范畴

城市	文献	包含部门范畴
Schleswing-Holstein	The first bulletin on the Cultural Economy in Schleswig-Holstein	本次公报涉及的行业分支有:音乐市场、图书和文学作品市场、手工品艺术和设计、表演艺术、电影、广播、电视和娱乐电子产品、社会文化、文化管理和研究、文化建设和纪念碑保护、文化经济和旅游。
Hessen	The first bulletin on the Cultural Economy in 2003	其对文化经济的定义相对广泛。
Hamburg	The bulletin on the Cultural Economy of Hamburg	将音乐、表演艺术、视觉产业、应用艺术、文化遗产、艺术作品作为其文化创意产业。
Berlin	The bulletin on the Cultural Economy of Berlin	将书籍和印刷市场、电影和电视市场、艺术市场、软件发展/数据库主机/通信、音乐产业、广告业、建筑和文化遗产、视觉艺术作为其文化创意产业。

续表

城市	文献	包含部门范畴
Cologne	The Cologne bulletin on the Cultural Economy	将文化创意产业分为文化产业和创意产业：文化产业可以分为出版业（书籍、印刷、音频和音乐的出版商）、电影产业（电影、电视和视频生产、租赁和分配，电影和戏剧）、私有制广播产业、音乐、视觉和表演艺术（特约艺术家、私人戏剧、卡巴莱格局表演、戏剧和音乐会代理公司）、博物馆、艺术品展览（商业博物馆和艺术品展览）、文化产品销售（音乐、书店、美术馆、艺术品贸易）、建筑（内部建筑、设计、表面和地下建筑）、设计产业（时尚服饰的设计和相关产业）；创意产业可以分为：广告业（广告采购和广告社）、软件和游戏产业（软件发展和游戏，包括咨询）。

（3）国际组织层面的文化创意产业部门构成

区域性或者全球性的国际组织对文化创意产业部门做出界定如表 1-1-1-4，比较表 1-1-1-1、表 1-1-1-2、表 1-1-1-3 发现：①国家、城市、国际组织对文化创意产业的部门构成界定相似度非常高；②国际组织层面文化创意产业部门构成范畴仅以文化、艺术、设计为主要内容，不考虑外围行业，因此其所涉及的范围小于国家、城市的界定。究其原因，全球经济一体化导致各国和城市界定的文化创意产业部门存在核心交集，即文化、艺术、设计为核心的产业部门，因此国际组织以此为口径界定文化创意产业基本范畴（表 1-1-1-4）。

表 1-1-1-4　国际组织层面文化创意产业的部门范畴

国际组织	文献	包含部门范畴
欧盟	Creative Economy	在艺术领域：视觉和表演艺术、文化遗产； 在文化领域：电影和视频产业、电视和广播、视频游戏和音乐、图书和出版行业； 在创意领域：创新和设计（比如流行和产品开发）、建筑和广告产业； 相关产业：个人电脑和手机产业。
世界知识产权组织	Guide on Surveying the Economic Contribution of the Copyright-based Industries	核心版权产业：广告、出版、电影、音乐、演艺、软件、电视与广播、视觉与图形艺术； 关联版权产业：会计、电子商务、乐器制作、高等院校、摄影制造； 部分关联版权产业：建筑、服装鞋设计、设计、时尚、玩具、家庭饰品。

续表

国际组织	文献	包含部门范畴
联合国教科文组织	The Creative Economy Report 2008	专利、商标、版权、设计等。

2. 不同时期文化创意产业统计实践

文化创意产业起源于文化产业，自 1947 年 Theodor Adorno 与 Max Horkheimer 在刻画资本生产者与大众消费者间大众文化与权力的关系时首次使用"cultural industry"与"culture consumption"[①]，直到 1998 年 DCMS 正式提出"creative industry"，历经了漫长的 50 年，学界与政府都非常关注产业构成统计，这既是政府经济发展政策制定的基本依据，又是经济学与管理学研究等学科研究的重要领域。

(1)1998 年之前的产业统计实践与研究论争

自 20 世纪 60 年代，以亚文化、流行文化、大众文化等为代表的社会文化运动在欧美诸国风起云涌，冲击了传统的工业社会结构，为文化消费、文化走向大众提供了动力；20 世纪 80 年代，以美国为首的欧美政府放松了政府对企业管制，增加了企业发展文化产业预期，刺激文化产业的发展，一批以知识产权为核心的文化企业纷纷成立，如微软公司、苹果公司等；伴随 WIPO 与 WTO 的有关知识产权与文化服务贸易规则日益完善和全球化缔结，英国 DCMS 提出产业新业态的社会经济与国际贸易理念[②]；随后，英国抛出创意产业的经济发展理念与产业统计策略，引起了全球的关注与重视。该时期的相关争论焦点围绕作为社会政策的文化消费与文化生产是否能够构成经济社会发展新动力。[③]

(2)1998 年后产业统计实践与学界认知趋同

1998 年英国 DCMS 首次提出文化创意产业概念及构成范畴后，不同国家、城市政府、国际组织都提出了自己的观点与看法(表 1-1-1-1 至表 1-1-1-3)，相关争论既深化了文化创意产业领域的研究认同，又拓展了研究机构的实力。总体而言，现有文化创意产业构成统计存在三类 6 个典型统计实践，第一类是经济(产业)视角的 DCMS、WIPO 模型，第二类是文化内容视角的符号模型(symbolic model)、同心圆模型(concentric circles model)，第三类是经济活动上下游关联视角的

① Adorno T W, Horkheimer M. Dialectic of enlightenment[M]. Trans. Edmund Jephcott. Stanford: Stanford U P, 2002.

② Adorno T W, Horkheimer M. Dialectic of enlightenment[M]. Trans. Edmund Jephcott. Stanford: Stanford U P, 2002.

③ Cruz S S, Aurora A C T. Industry-based methodological approaches to the measurement of Creative Industries: a theoretical and empirical account[R]. FEP working papers No. 453, 2012.

UNCTAD(2004)、Heng(2003)和 Scott(2004)模型。第一类主要将创意力视为文化创意产业投入与其产出的产权、智力财富等，第二类重点强调将文化与流行艺术的价值作为创意产业部门组分，第三类主要讨论创意经济的上下游产业活动关联。不同划分不同存在各自特征、优劣势等(表 1-1-1-5)，不同模型在行业构成、创意力在产业中的控制力等方面存在差异，而且这些模型要便于对研究统计数据进行深入探讨，与国民经济行业编码进行关联。总体而言，现有不同视角模型倾向于将出版、电影、广播与新闻、音乐、视觉与表演艺术、博物馆和艺术展览、文化物品销售、设计(软件、建筑、时尚等)、广告、游戏等产业适宜纳入，且产业统计日趋一致。

表 1-1-1-5　不同视角创意产业部门构成界定模型的特征与优劣势

<table>
<tr><th>视角/模型</th><th>特征</th><th>优势</th><th>劣势</th></tr>
<tr><td>DCMS 模型(英国文化创意产业特别工作组，1998、2001、2010)</td><td>使用创意力作为生产要素，受知识产权保护的文化与版权产业</td><td>简单；
便于支撑政策制定与政府决策</td><td>比较随意；
排斥性较强；
缺乏严格的统计信息兼容</td></tr>
<tr><td>WIPO 知识产权模型(世界知识产权组织，2003)</td><td>法人商品与服务中知识产权表征创意力</td><td>便于区分统计信息经济与创意产业</td><td>定义氛围较宽泛；
部分因难以获得版权而无法被纳入</td></tr>
<tr><td>符号文本模型
(Hesmondhalgh，2002)</td><td>重点关注以严肃与高质艺术为政治与文化发展核心的文化创意产业，比较强调流行文化与社会文化</td><td rowspan="2">文化创意行业组分的选择重视过程且范围较窄</td><td rowspan="2">文化内容与创意力的自由产出并不仅仅是文化活动，也包括其他创意经济</td></tr>
<tr><td>同心圆模型
(KEA European Affairs，2006)</td><td>关注作为符号内容的创意商品在生产过程中的核心性及其传递的层次性</td></tr>
<tr><td rowspan="2">上下游关联视角(Scott，2004；Heng，2003；UNCTAD，2004)</td><td>创意部门被分解为上游活动(如表演、视觉艺术等)与下游活动(如广告、出版、媒体等相关活动)</td><td>发展成可识别的创意经济组分；
简洁；
可支撑政策决策</td><td rowspan="2">上下游活动价值链相互作用与联系的定量分析较困难；
对如效应与外部性等内部关联的测定较为有限
产业上下游会超越国界，尤其是跨国公司与地方公司会建立联系</td></tr>
<tr><td>通过活动功能进行分类：创意产业部门活动的生产功能与分配功能</td><td>通过价值链将上下游不同活动关联组成产业部门</td></tr>
</table>

续表

视角/模型	特征	优势	劣势
系统与社会网络视角(Potts et al., 2008; Potts,2009)	基于相互作用与驱动社会网络的生产过程具有演化系统特征	模拟网络的主体联系与相互作用、社会相互作用过程等	复杂性; 高密度流与联系的模拟数学方法非常有限

资料来源:基于 UNCTAD 的 *Creative Economy Report* 2008 改进。

(三)刻画文化创意产业的侧重点

文化创意产业的概念和构成界定是一个比较复杂的动态过程,复杂性和动态过程决定了文化创意产业的科学认知与产业实践研究相对广泛。为此,本节重点关注文化创意产业概念提出的社会经济与语言文化背景,以及不同地理尺度、不同时期文化创意产业部门构成实践的演进及其本质问题。梳理西方文化创意产业相关概念与产业统计实践可发现:①界定文化创意产业概念时代背景是"culture"和"creativity"两词的社会意义演化,西方城市普遍进入后工业社会的多元思潮复兴、民众消费需求多样,以及城市复兴的政府政策;②文化创意产业概念界定在国际组织、国家和城市层面存在一定差异,相较而言发育程度较高的国家或城市对文化创意产业范畴认识日趋一致,但概念界定受到各国或各城市政府政策影响;③文化创意产业的统计范畴以文化创意产业概念认知为前提,目前较为一致的统计口径是出版、电影、广播与新闻、音乐、视觉与表演艺术、博物馆和艺术展览、文化物品销售、设计(软件、建筑、时尚等)、广告、游戏等产业适宜纳入范畴,且各国文化创意产业的产业统计趋同度较高。

然而,文化创意产业是由复杂的主体、企业及其社会网络等所生产的文化活动与以创造力为核心的商品与服务,具有经济性、社会性,又需相关政策与决策支持;而且一旦与国家或区域关联起来,就会自动涉及边界、创意流等复杂性问题。为此,既需要探讨概念本质,又需要探讨将概念具体化为产业部门组成的统计方法,虽然相关学者或组织从不同视角提供了框架性测度模型,但是如何与国际标准产业分类(International Standard Industrial Classification, ISIC)编码进行恰当关联,以便科学研究与政府产业决策是全球各国与国际组织面临的棘手难题。

二、西方文化创意产业研究的学术群体与热点演进①

文化创意产业作为一个新兴产业在全球范围内快速成长,并成为各国主要城

① 马仁锋,梁贤军,姜炎鹏.西方文化创意产业研究:学术群体与热点演进[J].世界地理研究,2015,24(2):96-104.

市经济复兴、城市更新与全球营销的实践热点。这既源于文化创意产业在实质上促进了经济发展与就业率提升，又因文化创意产业进入门槛相对较低，为创业乐土。John Howkins 在 *The Creative Economy: How People Make Money From Ideas* 中指出全世界每天创意产业所创造的产值达 220 亿美元①，并且以较快速度持续增长，成为城市发展与创新的动力②；在中国沿海及内地大、中、小城市文化创意产业快速崛起③。然而早在 20 世纪 90 年代国外经济学、区域与城市规划、人文地理学、社会学、传播学等学科已开始关注与探索文化创意产业相关的实践与理论问题④。基于此，本节梳理西方文化创意产业研究的来龙去脉、研究机构与主要学者的贡献与创新、研究热点及其演进等，重点阐释由被引用频率处于同研究领域前列的研究者组成文化创意产业研究热点学术群体的变化，以及高被引率文献在文献群中的时间和空间位置及其与相关文献群之间的关系，并系统总结学界关注文化创意产业的发展环境、空间分布与规划、与城市—区域发展关联、创意城市、创意阶层等核心领域的研究动态及存在的问题。

(一)数据源与研究方法

1. 数据源选择与数据处理

西方人文社会科学的主流期刊数据库是 Wiley InterScience、EBSCO、Sciencedirect、Springer LINK、Blackwell 等，然而它们无法涵盖国外全部人文、社会科学期刊，因此，选择 ISI 作为研究的数据库，选择理由：①ISI 是一个综合性数据库，基本囊括了前述 5 个数据库的 70%以上的期刊；且该数据库访问便捷；②ISI 的子数据库具有学术界的较高权威，涵盖 SSCI 全部期刊。

数据处理是在 ISI 数据库提取相关文献，且具有时效性与完整性。(1)数据完整性处理：将创意产业(creative industry)、文化产业(cultural industry)、文化创意产业(cultural creative industry)作为检索主题，是因为英国于 1998 年 *Creative Industry Mapping Document* 1998 明确提出创意产业⑤，但其在各国称谓不一，且

---

① Howkins J. The creative economy: how people make money from ideas[M]. Newyork: Penguin, 2002.

② UNDP/UNESCO. Creative economy report 2013[R]. Paris: UNESCO, 2013.

③ Yong H X, Ann P W. China cultural and creative industries reports 2013[M]. London: Springer. 2014.

④ Gibson C, Kong L. Cultural economy: a critical review[J]. Progress in Human Geography, 2005, 29 (5): 541-561; O'Connor J. The cultural and creative industries: a literature review [R]. 2nd ed. London: Creativity, Culture and Education Series, 2010;赵继敏，刘卫东. 文化创意产业的地理学研究进展[J]. 地理科学进展，2009，28(4)：530-510.

⑤ DCMS. Creative industries mapping document[R]. London: Department of Culture, Media and Sports of the United Kingdom, 1998.

各种称谓已被学界普遍接受①；同时，利用 Histcite 的数据收集功能，将初次在 ISI 数据库中没有收集到的有效数据重新收集整理，确保数据的完整性；此外，鉴于 ISI 数据库中有关文化创意产业的英文文献占 96.732%，而且少数非英语国家的学术首选语言为英语，如韩国、日本、芬兰、法国、德国、意大利、丹麦、瑞典、荷兰、比利时等，因此仅选取英文文献作为研究对象。(2)数据时效性处理：囿于文化创意产业是 2001 年 *Creative Industry Mapping Document* 2001② 引起各国政府开展较为正式官方统计与界定，因此文献起止时间确定为 2001 年 1 月 1 日至 2013 年 12 月 31 日。据前述方法得有效文献 2431 条。

2. 研究方法

研究时主要采用传统文献阅读与 Citespace、Histcite 软件文献计量相结合(图 1-1-2-1)的方法。(1)传统文献阅读与分析主要是筛选完文献后展开论文摘要阅读，初步了解与梳理西方文化创意产业研究的相关领域、方法、实证区域、某些理论问题的主流观点等；(2)利用海量化文献批量处理软件 Citespace 与 Histcite③进行文献计量，其中 Citespace 具有可视化功能，Histcite 能够及时补充遗漏的有效文献。采用传统文献阅读与软件文献计量相结合的研究方法有如下目的：一是梳理西方文化创意产业的研究力量(重要研究者及其来源)和分布规律，二是检视重要研究者的研究领域、方法及其主要贡献，三是围绕相关研究领域梳理西方文化创意产业研究动态。

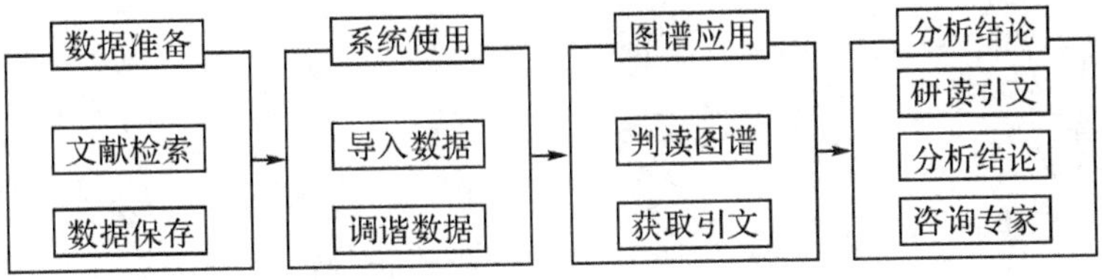

图 1-1-2-1　Citespace 分析流程

(二)西方文化创意产业的研究力量

1. 国家和大学尺度文化创意产业研究力量分异

(1)国家尺度文化创意产业研究力量差异

利用 Citespace 可视化 2431 条文献，可发现文化创意产业研究力量以被引频

---

① Hartley J, Potts J, Cunningham S. Key concepts in creative industries[M]. London: Sage, 2012.

② DCMS. Creative industries mapping document 2001[R]. London: Department of Culture, Media and Sports of the United Kingdom, 2001.

③ Chen C. Top 10 unsolved information visualization problems[J]. IEEE Computer Graphics and Applications, 2005, 25(4): 12-16.

次排名如下：美国以636次被引频次位居第一，英国以281次被引频次名列第二，中国、澳大利亚、加拿大、德国、中国台湾、西班牙、荷兰、瑞典的被引频次依次降低，分别为246、211、102、101、86、74、71、68次，可见文化创意产业研究仍由发源国与实力国占绝对主导地位，当然亚洲新兴崛起国因政府与产业界高度重视亦成为学术研究后起之秀。

Citespce呈现2001—2013年的时间节点图（图1-1-2-2）表现出：①研究力量的来源国高度集中于美国；②研究力量的来源国随时间呈现扩散迹象，最为显著的是中国，说明研究力量的来源国并不一定完全集中于文化创意产业发达国；③研究力量来源国虽有扩散迹象，仅是2005年、2006年度出现小范围迁移，依然呈集聚状态。

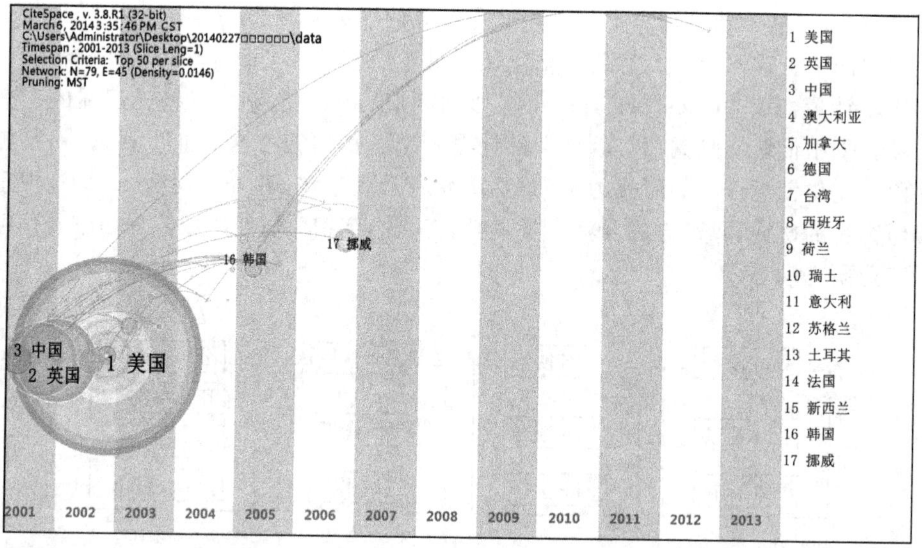

图 1-1-2-2　基于共引国家热点的引文年轮环

（2）大学尺度文化创意产业研究力量差异

现代科学研究是以大学为载体、以研究方向相近的作者群为研究单元展开的，因此大学某一学科研究力量强弱的依据便是该学科团队期刊论文产出被引频次。利用Citespace处理文献数据，可发现西方文化创意产业研究高校期刊论文产出近年被引频次为昆士兰科技大学（2008）/55、多伦多大学（2010）/29、卧龙岗大学（2009）/21、昆士兰大学（2011）/19、利兹大学（2010）/17、北京交通大学（2008）/16、南加利福尼亚大学（2011）/16、格拉斯哥大学（2009）/15、麦考瑞大学（2001）/15、悉尼科技大学（2010）/14，这表明文化创意产业研究力量排名靠前的高校主要集中在澳大利亚、美国和英国，其中澳大利亚有6所进入前10名，这与国家总被引频次存在一定差异，而且这些高校又各有特长，如昆士兰科技大学以艺术学、设计学、传播及其商业管理为核心，多伦多大学以创意阶层研究为优势，卧龙岗大学以艺术、文化地理研究为优势，南加利福尼亚大学以电影研究为优势，利兹大学、格拉斯哥大学分别以艺术—传播—文化地理、戏剧—电影—电视研究为优势。

利用 Citespace 处理后数据呈现的可视化结果如图 1-1-2-3：①文化创意产业研究力量主要集中于昆士兰科技大学，占据主导地位；②文化创意产业的研究机构总体呈分散格局，其中多伦多大学、卧龙岗大学等大学对文化创意产业研究贡献程度较高；③文化创意产业研究机构趋向扩散。

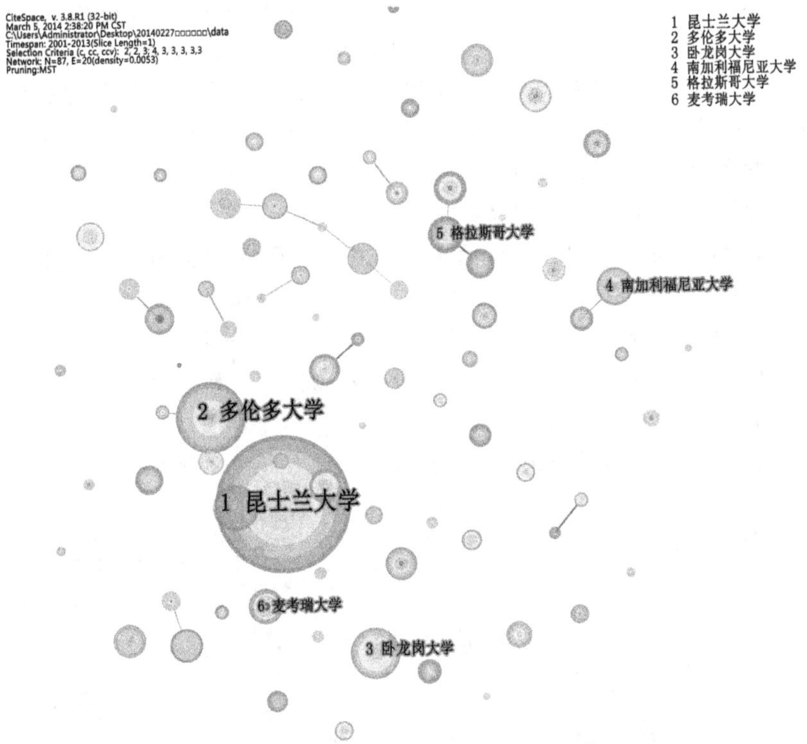

图 1-1-2-3　基于共引研究机构热点的引文年轮环

文化创意产业研究力量在国家尺度和大学尺度差异相比较：两者未呈现高度一致性，体现在研究力量最大来源国家并不是排名靠前大学最多的国家，显然美国文化创意产业研究机构较澳大利亚要分散且各研究大学实力亟待提升。此外，就文化创意产业发展水平而论，澳大利亚文化创意产业发展高地是昆士兰，而当地研究机构实力显著；美国洛杉矶是电影业高地，该城市仅有南加州大学入选前 10；在英国，文化创意产业发展最好的应是伦敦，而研究机构却是格拉斯哥大学、利兹大学排名靠前。因此，美英两国文化创意产业研究机构与地方创意经济发展水平存在错位。

2. 文化创意产业研究的作者群演化

(1)单篇期刊论文被引频次与高频热点研究群

通过 Citespace 的 author(作者)node type 的可视化(图 1-1-2-4)，再将可视化成果用 Narrative 表示可发现 2001—2013 年文化创意产业高频热点研究作者群：Chris Gibson(2009)被引 15 次居首，随后分别是 Jason Potts(2011)被引 13 次、Stuart Cunningham(2009)被引 10 次、该 Y Shibata (2001)与 A Miyakawa (2001)各被引 7 次、Zhang Meiqing(张梅青)(2009)与 Chris Brennan Horley (2010)各被引 6 次，Luciana Lazzerctti (2012)、Christy Collis (2010)、Terry Flew (2010)均被引 5 次。这表明：①高频热点作者在被引频次上存在较大差距，②高频热点作者相对集中在 2001、2009、2010、2011 等年份，③高频热点作者均位于文化创意产业研究实力靠前的大学，这表明相关研究领域相对集中在实力机构。

(2)高频热点研究群及其被引文献生态位

利用 Citespace 可视化功能同显示文化创意产业研究的高频热点研究作者群及其相关文献排名(以 Citespace 中的 Narrative 为准)：Florida(2002)以 *The Rise of the Creative Class* 被引用 84 次位居第一，随后是 Caves (2000) 的 *Creative Industries: Contracts between Art and Commerce* 被引 41 次、Nelson (1982)的 *An Evolutionary Theory of Economic Change* 被引 29 次、Schumpeter (1942)的 *Capitalism Socialism and Democracy* 被引 28 次、Scott(2000)的 *The Cultural*

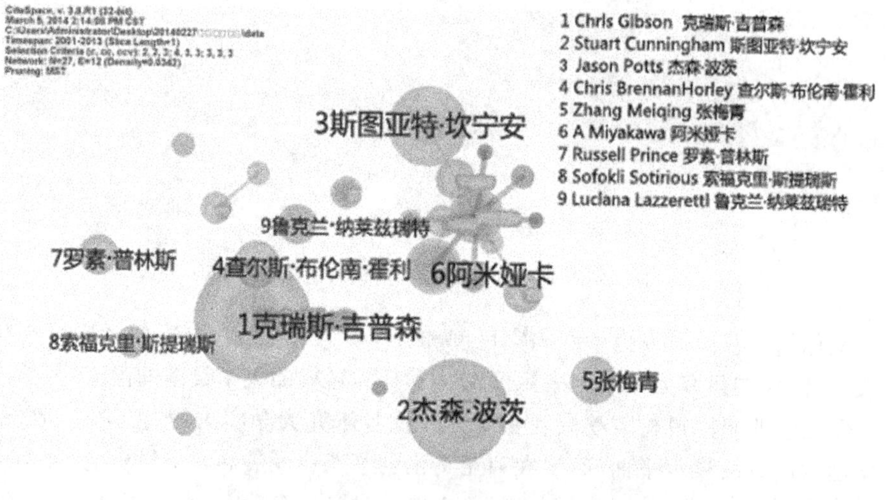

图 1-1-2-4 基于共引作者热点的引文年轮环

Economy of Cities 被引 27 次；排在第六名的是 Hesmondhalgh（2002）的 *The Cultural Industries* 被引用 23 次、Pratt（1997）的 The Cultural Industries Production System 被引 23 次、Cohen（1990）的 *Absorptive Capacity* 被引 23 次、Peck S（2005）的 *Struggling with the Creative Class* 被引用 23 次等。此外，如图 1-1-2-5所示：①被引量上，Florida（2002）处于绝对优势，即为文化创意产业相关研究领域中核心节点的核心，其是文化创意产业研究的核心作者；②文化创意产业研究文献中，同一作者不同研究成果能够成为高频热点的概率比较低，仅有 Schumpeter 1942 年的 *Capitalism Socialism and Democracy* 的 V、P（被引点所在位置）和 1934 年的 *The Theory of Economic Development* 的 V、P 都处于核心节点地位，这既表明文化创意产业相关领域研究未局限在某一个或某几个学术领域的权威而是呈现多样化发展态势，又说明当前文化创意产业研究的理论主线是以经济学的资本、演化、制度等思想为缘起逐渐发展；③热点文献密集出现在 2000、2002 两个年份，这契合了英国 DCMS 发表《文化创意产业路径 1998》和《文化创意产业路径 2001》，但是 2005 年后缺乏相应高频热点研究群。究其成因是人文社会科学界着眼政策实践与成果应用紧跟时代议题才促成了 2000 年前后的高频热点作者群密集，而 2005 年后缺少高频作者群和论著主要是因为近年新发论文历经时间短，尚未被后续研究者关注与引用。

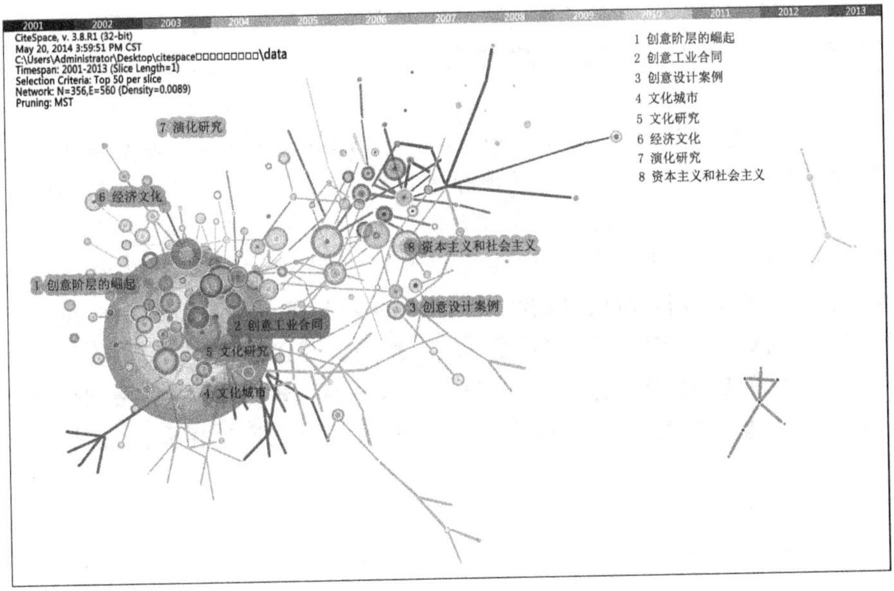

图 1-1-2-5　基于共引文献热点的引文年轮环

（三）文化创意产业研究热点及其演进

1. 热点文献逐渐增多且目前处于成熟期

据 Citespace 可视化结果统计得表 1-1-2-1：①伴随研究深入与全球学者加入，文化创意产业研究的热点成果呈增加趋势；②文化创意产业研究历程呈阶段性发展，即 1996 年之前为萌芽期，显著特征是研究成果少、纵使有高频热点文献也是间接研究文献，如 Schumpeter The Theory of Economic Development (1934) 和 Capitalism Socialism and Democracy (1942)；1996—2005 年是文化创意产业研究的成长期，显著反映在发源国家——英国、澳大利亚的文化创意产业研究产出快速增长，而后起国——日本、韩国、中国也在政策推动下产生了国际研究样本（上海及其田子坊、北京及其 798 艺术区）与国际文献；2006 年至今是文化创意产业研究成熟期，显著特征是文化创意产业相关研究已在理论阐释上形成"创意集群、创意阶层、创意城市"等主流假说，并被广泛的实证研究所证实，此外相关热点作者群虽有扩散迹象，但仍未有效吸引新生研究者加入。当然，2006 年之后热点文献有所减少，亦有可能由于近期成果较少被引用与关注。

表 1-1-2-1 热点文献数量

年份	高频热点文献数/篇
1996—2000	82
2001—2005	129
2006—2013	60

2. 热点领域：创意力、创意集群、创意阶层、创意城市、创意网络、国家创意产业政策

图 1-1-2-4 与图 1-1-2-5 显示，Florida (2002)的创意阶层、Caves (2000)的创意经济：商业与艺术、Nelson (1982)的演化理论及 Schumpeter (1942)的资本、制度与经济转变、Scott (2000)的城市文化经济、Hesmondhalgh (2002)的文化产业、Pratt (1997)的文化产业生产系统、Peck (2005)的反思创意阶层等热点文献，主要探索文化创意产业、创意阶层、创意城市、创意集群等的概念、构成、形成过程与发展机理及其对城市经济社会发展的影响①。相关研究以理论阐释为主，部分经济学者尝试以案例证实自己论点。早在 1980—2000 年，学界就普遍关注如何理解企业或组织的创意力及其管理，对创意力（creativity）本质、产生环境、构成等进行了

① Gibson C, Klocker N. Academic publishing as "creative" industry, and recent discourses of "creative economies": some critical reflections[J]. Area,2004, 26(4): 423-434;Perry M. Finding space for the creative class: a review of the issues, urban policy and research, 2011,29(4): 325-341;Zheng J, Chan R. A property-led approach to cluster development[J]. Town Planning Review,2013,84(5): 605-632.

广泛研究[①]；直到21世纪早期，学术研究与政策实践才转向所谓"创意产业"，创意产业是能够发展或销售基于个人技能与创意力的产品的企业集合。在此情景下，研究若尤其关注创意力与艺术的关系，以及管理、商业等创意生产[②]。这引起经济学者 Florida 对创意阶层的关注，他认为创意阶层是城市与区域发展创新之源，驱动经济社会发展；因此，城市学者 Scott 等开始研讨大规模创意阶层集聚与创意经济发展是否能形成新型城市——创意城市。于是，创意流动和结网、创意集群、区域产业政策便被人文—经济地理学和区域发展研究广泛关注[③]。

3. 热点领域间的逻辑关系演进

海外文化创意产业研究热点领域，既囊括了全部术语的理论界定与典型区域实证，又隐含了逻辑关系。据热点领域文献的相互引用关系（图 1-1-2-6 与表 1-1-2-2）可知，①本地引用（LCS）居前 10 位的分别是"*Struggling with the Creative Class*（Peck J，2005）、*Clubs to Companies*（McRobbie A，2002）、*The Place Gives me Space*（Drake G，2003）、*Cultural Economy：a Critical Review*（Chris Gibson，2005）、*Creative Cities：the Cultural Industries and the Creative Class*（Pratt A C，2008）、*The Artistic Dividend*（Markusen A，2006）、*Risk and Trust in the Cultural Industries*（Banks M，2000）、*When does Start-Up Innovation Spur the Gale of Creative Destruction*（Gans J，2002）、*Cultures at Work*（Gibson C，2003）、*Academic Publishing as Creative Industry*（Gibson C，2004）。前 10 位文献间逻辑关系是文化经济作为创意产业（创意经济）研究缘起，被 Florida 的创意阶层假说引向研究新高潮，进而形成文化创意产业研究三流派：一是创意阶层理论派，认为作为后工业化都市经济的原动力，创意阶层是经济社会发展核心驱动因子，以 Richard Florida 为核心构建 creative class；二是创意城市假说派，认为城市的未来是通过构建开放性、多文化、高品质的人居环境集聚富有创造力的群体来发展创意经济，以 Charles Landry 为核心构建 creative city index，当然该流派衍生了创意场域、创意氛围、创意地方、创意空间等术语；三是艺术、设计、媒介及其商业价值衍生派，认为基于个人技能与创意力的艺术、设计、媒介等必须整合于现代信息技术和商业模式中才能创造价值并提供就业，该流派由以 John Anthony Howkins、Stuart Cunningham 等为首的一批任职于媒介公司或艺术、传播、设计学院的学者组成。当然文化创意产业研究逐渐开拓了新领域，如基于集群视角的创

---

① Thomas K，Chan J. Handbook of research on creativity[M]. London：Elgar，2013.

② Caves R E. Creative industries：contracts between art and commerce[M]. Cambridge and London：Harvard University Press，2000.

③ 马仁锋，梁贤军. 西方文化创意产业认知研究[J]. 天府新论，2014(4)：58-64；Rostam J. Neuwirth. The creative industries：culture and policy[J]. International Journal of Cultural Policy，2014，20(1)：116-118.

意集群演化及其创意扩散、社会经济学视域创意产业发展管理，较多的城市与区域规划者则尝试面向城市规划与更新实施工具讨论文化创意产业规划政策等①。

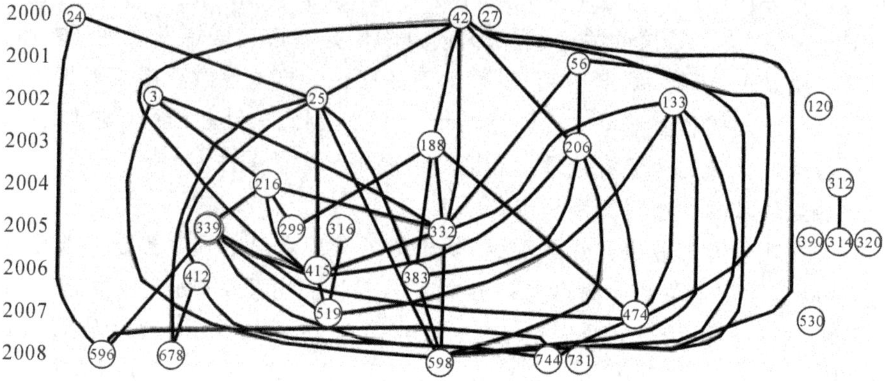

图 1-1-2-6　LCS 前 50 篇文献及其引用关系的引文图

（注：图中数字为高引用文献的编号。）

表 1-1-2-2　本地引用数(LCS)排前 10 位的文献及其相关属性

	Citespace＃/Author/Date	LCS	GCS	LCR	CR
1	339 Peck J/2005,29(4)	73	355	1	66
2	133 McRobbie A/2002,16(4)	43	78	0	22
3	206 Drake G/2003,34(4)	41	67	2	46
4	332 Gibson C/2005,29(5)	29	67	9	143
5	596 Pratt A C/2008,90B(2)	27	63	3	87
6	412 Markusen A/2006,43(10)	25	88	1	56
7	42 Banks M/2000,31(4)	24	69	0	37
8	120 Gans J/2002,33(4)	23	144	0	36
9	188 Gibson C/2003,4(2)	18	39	2	52
10	261 Gibson C/2004,36(4)	18	43	1	57

创意阶层理论作为创意经济、创意城市、创意网络的源头与核心，被西方学界广泛批判性引用与探索性证实。然而创意阶层理论无法诠释作为系统的创意经济、创意城市、创意网络等的萌芽、发展等过程的支撑条件、核心动力、阶段特征，因而在 2008 年前后被引频次非常高，随后逐渐降低；创意产业和创意经济既是创意阶层拥有创意力的商业化产出，又是推动城市或区域发展成为创意城市的核心经

① Gülümser A A, Baycan T, Nijkamp P. Measuring regional creative capacity[J]. European Planning Studies, 2010,18(4): 545-563.

济动力，然而西方学界高度关注创意力的商品化过程和创意产品的商业模式及其产业链条衍生，因而 Howkins、Gibson 的被引频次不逊于 Florida，其理论被各学科广泛接受与关注。创意城市是创意阶层、创意产业、创意经济集聚的场所，又是创意氛围、创意场域等地方创新基质的孕育空间。因此，有关创意城市指数、创意城市形成条件与发展阶段假说等被广泛讨论，但尚未形成一致性见解，被引频次分散于多位学者。

(四)结论

采用 Citespace 等文献计量软件提取 ISI 数据库的 2431 条文化创意产业研究文献，并利用 Citespace 定量与可视化功能，得出结论：(1)西方文化创意产业研究学术群体主要集中在澳大利亚、英国与美国，具体而言，澳大利亚是以昆士兰科技大学、昆士兰大学艺术、设计与传媒为文化创意产业研究阵营和以麦考瑞大学、悉尼科技大学的文化地理学与城市文化经济等领域研究阵营，英国是利兹大学、格拉斯哥大学为首的艺术、设计、传媒和文化地理学二元并进的研究阵营，美国是以南加利福尼亚大学为代表的影视文化研究阵营；尽管文化创意产业研究已扩散众多院校，但目前仍处于高度集聚状态。(2)文化创意产业研究力量与地方创意经济发展水平存在两种匹配类型：澳大利亚呈协调发展，而美国、英国的文化创意产业研究力量与地方创意经济发展水平存在空间错位。(3)西方文化创意产业研究的高频作者是 Chris Gibson、Jason Potts、Stuart Cunningham，但单篇文献被引频次最高的则是 Florida、Caves、Nelson。(4)文化创意产业研究热点是创意力、创意集群、创意阶层、创意城市、创意网络、国家创意产业政策等，且形成以 Richard Florida 为核心的创意阶层理论派，以 Charles Landry 为核心的创意城市假说派，以 John Anthony Howkins、Stuart Cunningham 等为核心的艺术、设计、媒介及其商业价值衍生派。

三、中国文化创意产业研究热点与趋势①

(一)数据源与研究方法

中国知网(http://www.cnki.net)是中国最齐全的期刊文献数据库，囿于中国知网收录区域限制，文中文化创意产业相关文献仅考虑中国内地，尤以文化创意产业相对发达的北京、上海、广州三城市为主，未考虑香港、澳门和台湾的相关文献。中国对文化创意产业的研究从 2005 年开始出现了爆发式的增长，因此文献计量时段为 2005—2013 年较为适宜。利用大连理工大学开发的一款基于信息科学文献的“研究前沿”和“基础知识”在 Java 平台上运行的可视化软件 Citespace，通过中国知网收集文献并将收集到的文献在 Citespace 平台上加以量化，对呈现的图表

---

① 梁贤军，周国强，马仁锋. 中国文化创意产业研究热点与趋势分析[J]. 科技与管理，2015，17(2)：1-6.

结果加以分析[①]，研究中数据处理主要过程如图 1-1-2-1。

(二)中国文化创意产业研究力量演变

共引文献作者(co-authership)和共引文献作者所属研究机构(co-authorship institution)是测度文化创意产业研究力量的重要指标：①以互联网为中介，共引文献作者的全球化趋势日益明显，因此可将共引文献作者作为其研究对象；②研究者所属研究机构对研究者会产生利好影响，研究机构在该领域的团队式研究是研究力量的重要展示。因此，共引文献作者及其所属研究机构的演变图谱，可呈现中国文化创意产业研究力量的动态过程和最新趋势。

1. 热点共引文献作者变化

(1)热点共引文献的作者

热点共引文献作者是 cluster view 中显示的高阈值下引文作者，将其作为分析对象可识别每一年份的高频热点共引文献作者。本节将 2005—2013 年的高频热点文献作者视为中国文化创意产业的研究力量，将引用频次作为衡量热点文献作者的唯一指标。在所有作者中，厉无畏、金元浦、孔建华、张振鹏、高长顺、韩顺发、刘云开、孙洁、李蕾蕾、褚劲风、张京成比较靠前，其引用频次皆在五次或五次以上。图 1-1-3-1 显示，随着时间推移高频热点共引作者的引用次数是累积性变化，且学术新人不断涌现：①厉无畏 2005 年被引用 17 次、金元浦 2006 年被引用 14 次、孔建华 2007 年被引用 10 次、李蕾蕾 2008 年被引用 5 次；张振鹏 2009 年被引用 8 次、孙洁 2009 年被引用 6 次、褚劲风 2009 年被引用 5 次；高长春 2010 年被引用 8 次等；②总引用趋势上，以厉无畏、金元浦、孔建华为代表的 2005 年、2006 年、2007 年热点共引作者的共引次数要远高于其后的热点共引作者的共引次数，其原因是厉无畏、金元浦和孔建华的有效成果较早且其后研究者热衷于引用最初文献；③引用频次随着时间推移呈总体减少状态，其原因是越早刊发成果则被引用的概率越高，后期研究领域多元化使得对前期成果引用频次降低；④到 2012 年、2013 年出现了零高频热点引文的现象，成因是 2012 年和 2013 年的成果较新还没有完全被其他研究者所知晓，这导致高频热点引文作者的缺失；⑤在 2007 年之后，高频热点引文作者从 2005 年和 2006 年的单一作者变成了多个，原因是文化创意产业备受重视，参与的研究者增多。

以上分析表明：①2005 年、2006 年和 2007 年确实产生了文化创意产业研究的有效的重大成果，为中国文化创意产业研究奠定了基础；②研究文化创意产业的研

① Chen C. Top 10 unsolved information visualization problems [J]. IEEE Computer Graphics and Applications, 2005, 25(4):12-16;Chen C, Chen Y, Maulitz R C. Understanding the evolution of NSAID:A knowledge domain visualization approach to evidence-based medicine [A]. Proceeding. of the 9th International Conference on Information Visualization (IV '05)[C], London: July 2005,119-125.

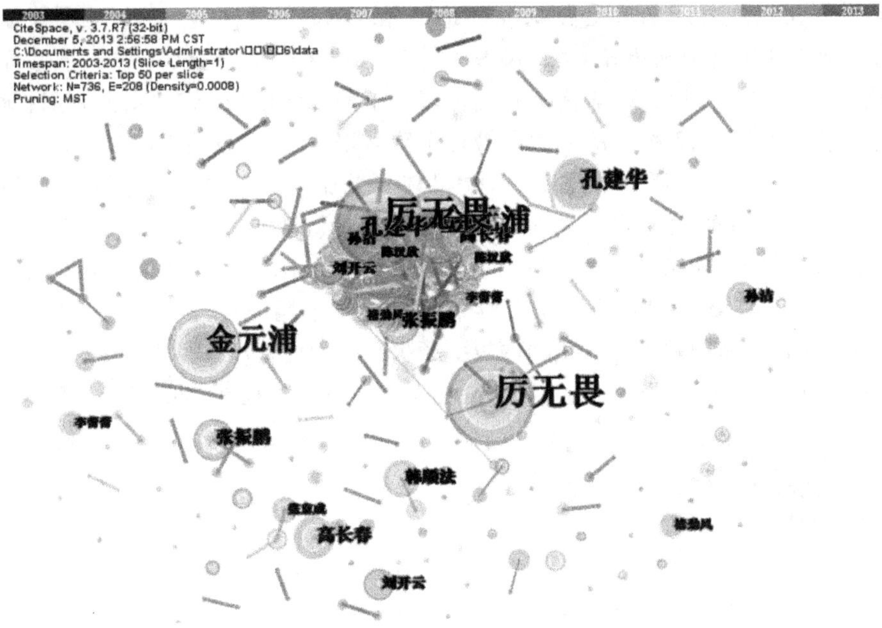

图 1-1-3-1　国内基于共引作者热点的引文年轮环

究者数量日益增多，且文献产出与热点共引文献增长趋势均呈显著态势。

(2)热点共引文献作者的变化特征

本节首先利用 link walkthrough 研究人数的演进，然后依据 timezone 统计热点共引作者数，得 2005—2013 年的热点引文作者数分别为 30、60、50、52、50、52、50、52、56、50、54 个。这表明：①热点引文作者数量总体保持平稳，说明每年产生的有效成果数量并没产生巨大变化，即说明中国需要加强对文化创意产业的深入研究以产生重大成果；②2005 年的研究成果相对于其他年份显得特别少，成因是当时中国刚刚展开文化创意产业研究，起步阶段并没有产生有效成果；③2006 年中国研究文化创意产业的有效成果剧增，这得益于 2005 年的研究铺垫和中国丰富的研究对象与样本区域。文化创意产业热点引文数量分析表明：①中国文化创意产业研究较落后，2005 年之前没有有效的研究成果；②2009—2013 年国内尚未深入研究文化创意产业，以至于该领域每年产生的文献很多但有效成果太少，故热点共引作者数量一直徘徊在 50 左右。

2. 高频热点共引文献作者所属研究机构演变

(1)热点高频共引文献作者的所属机构

高频本书以热点共引文献作者所属机构为分析对象，将 2005—2013 年的高频热点文献作者所属机构视为文化创意产业的研究力量。图 1-1-3-2 显示：(1)高频热点共引文献作者所属单位自 2005—2009 年、2013 年分别是上海社会科学院经济研究所(18 次)；中国传媒大学(10 次)、中国人民大学文学院(10 次)、北京印刷学院(8 次)、北京市社会科学院(7 次)；清华大学美术学院(8 次)；中国科学院地理科学与资源研究所(7 次)；济南大学管理学院(7 次)；北京服装学院(7 次)；(2)热点高频共引文献所属研究机构共引频次呈现先增加后减少的变化态势，主要原因是产生研究成果的机构的积累成果为后期研究成果做铺垫，在 cluster view 中显示，后期成果较前期增加明显；但在 2010 年、2011 年、2012 年缺少高频热点研究机构。对照 CNKI 数据，其原因是这三年有效成果中未能进行科学方式的署名。以上分析表明：①高频热点研究机构的被引频次与时间的关联度不大，②热点研究机构基本都位于高等人才聚集与中国文化创意产业发展的高地，如北京、上海等。

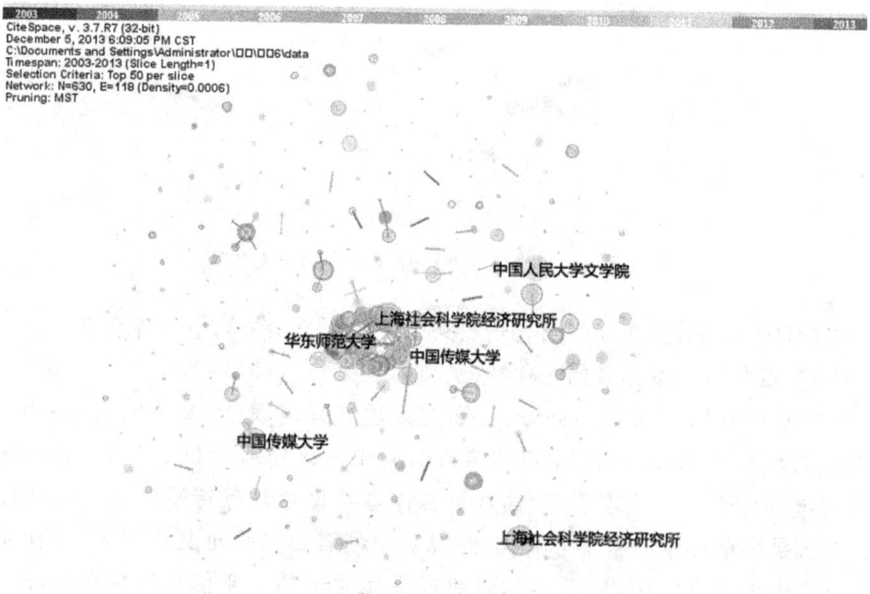

图 1-1-3-2 国内基于热点共引作者所属研究机构的年轮环

(2)热点共引文献作者所属研究机构的演进特征

本节利用 timezone 统计热点共引文献作者所属研究机构，使用 Citespace 的 link walkthrough 来显示每年的研究机构数量，发现：(1)2005—2013 年各年份热点共引文献作者所属机构分别被引用频次为 15、45、50、45、45、46、44、41、52；(2)citespace得不同年代热点共引作者所属研究机构 Network 呈现 N＝630、E＝118(density＝0.006)。这进一步说明：①研究机构的数量总体上保持不变，主因是国内文化创意产业的研究机构基本形成格局；②核心研究机构未随时间而转移，印证了国内研究机构网络的基本成型。由此可以判定：①中国研究文化创意产业的研究机构的网络格局已经成型，主要研究人员基本隶属于这些研究机构；②计量中显示出个别研究机构的新研究者尝试加入该网络，这有利于国内文化创意产业研究的多元化发展。

（三）中国文化创意产业研究热点演进

Citespace 软件提供了高频热点关键词、凸显词、向中心性词的年轮显示和编年图，因此本文将围绕高频热点关键词、凸显词、向中心性词讨论中国文化创意产业研究热点及其演进特征。

1. 高频热点关键词、凸显词和向中心性词的演进

关键词是一篇文章研究的核心内容，本节将 2005—2013 年中国文化创意产业研究文献的高频热点关键词作为研究对象，将采取 timezone 所得出的数值作为高频热点关键词分析对象。citespace 得不同年代热点关键词网络显示 2005—2013 年各热点高频关键词及其发生频次分别为：文化创意产业/157 次、文化创意/91 次、创意产业/80 次、文化产业/59 次、产业发展/44，创意/32 次、知识产权/20 次、产业链/18 次，创意产品/17 次、创意经济/15 次、产业集群/14 次，产业园区/12 次。对照历年文献分析发现：①发生频次反映出中国文化创意产业研究已由最初的纯粹产业研究逐渐扩展到对产业集聚与集群、文化创意产业知识产权等的研究，文化创意产业涵盖的行业伴随时间推移日益广泛；②文化创意产业研究的主线仍然是产业自身，但研究视角逐渐散开，即从经济发展理念扩展为产业链、产业集群、知识产权、城市产业政策等视域；③2008—2013 年未出现文化创意产业的热点高频关键词，主要是因为 2008 年之后的研究具有承继特征，新的关键词尚未引起学界关注等。总体而言，中国文化创意产业研究的高频热点关键词表明：①文化创意产业研究机构的网络呈扩大化趋势；②文化创意产业研究领域越来越深入；③文化创意产业的研究视角虽日益多样，但仍限于经济学（产业经济学、区域经济学）、地理学（人文—经济地理学）、管理学（企业管理）、建筑规划学等；④2008 年之后的相关研究并不突出，说明亟待开拓文化创意产业研究新领域；⑤文化创意产业的研究样区过于集中在北京、上海等国际化大都市，需要拓宽研究区域以发现中国问题。

凸显词可反映出该年份研究的主要内容，进而探究研究内容的演化过程。本节利用 timezone 识别每一个年份的凸显词，所得数值作为直接分析对象，所获取数值为：(1)2005 年凸显词“创意”，凸显值为 7.48；(2)2007 年凸显词为“知识经济、经济发展”，凸显值为 3.92；(3)2010 年凸显词“动漫产业”，凸显值为3.73。但是个别年份的研究内容比较分散无法得到凸显词。结合中国知网文献分析发现：①作为文化创意产业的核心词，“创意”在 2005 年就得到了中国学界重视与确认；②中国学界认为文化创意产业是知识经济一部分；③受行业构成限制，中国学界高度关注文化创意产业的重要分支“动漫产业”。总体而言，凸显词演进表明：①文化

创意产业研究的偏向或喜好是“创意”；②文化创意产业的研究视角多停留在经济学；③中国文化创意产业的研究集中在某几个行业。

向中心性词是连接其他研究内容的中介，它将本来不相干的研究内容连接起来，因此从向中心性词可以看出研究核心的演化过程。利用 timezone 识别每一个年份的向中心性词，将其作为分析对象，所得向中心性词数据为：2005 年“创意”的向中心性值 0.33、“创意产业”的向中心性值 0.24，2006 年“文化创意”向中心性值为 0.31；但随后年份受文献被引用量限制，无法显示出向中心性词。由此可见，中国文化创意产业研究的向中心性词基本围绕“创意”及其邻近词汇发展，因此中国学界文化创意产业研究的核心是“创意”。

2. 国内对创意产业的研究现状与问题

国内“城市与区域发展视角创意产业研究”已经初步形成了“紧跟世界趋势、特色显著”的研究范式。(1)研究内容的方向：紧扣欧美等国家城市创意产业发展新动态，并结合中国大都市中心城区的“退二进三、三次产业升级与转型、历史遗存的保护与再利用”等问题，形成了以创意产业园区建设、创意城市建设、创意产业与城市经济互动、创意产业与城市再生为主的研究方向。① (2)研究方法：以经验主义、实证主义为方法论基础，并尝试因子分析、主成分分析、数据包络分析等计量方法检验中国创意产业和产业园区发展的影响因素及机理，评价城市创意等。② (3)研究学科和研究队伍：到 2014 年基本形成以产业经济学、人文地理学、城市规划、工商管理等学科为主的综合交叉研究，已培养了 110 多名研究生，且形成了北京、上海两个研究阵地。

但是，国内对创意产业研究呈现理论研究滞后于实践需求的态势，尤其是除上海、北京、广州之外的大城市，它们的创意产业才起步，发展模式与政策措施需要更多探索。展望未来，国内创意产业与城市区域发展的研究，仍需从中国城市可持续发展的实际需要出发，梳理中国城市发展创意产业和创意园的理论与实践政策；探索国内主要城市成长为创意城市的模式与机制，特别是从知识经济与全球—地方化视野来阐述国内相关理论与实践；探寻创意阶层兴起与集聚过程中的城市发展机制(如城市规划与城市管理的响应等)。

(四)结论

中国文化创意产业研究热点与趋势的基本特征如下。

(1)中国文化创意产业研究的热点共引文献作者及其所属研究机构正呈现稳

---

① 马仁锋，沈玉芳. 我国创意产业研究的进展与问题：基于城市与区域发展视角[J]. 中国区域经济，2009，1(3)：31-42.

② 梁贤军，周国强，马仁锋. 中国文化创意产业研究热点与趋势分析[J]. 科技与管理，2015，17(2)：1-6.

定态发展趋势，即虽然2005年前后研究成果被广泛引用，而且研究作者和机构、研究产出日渐增加，但有价值的文献并没有随着研究者数量增加而增多，热点共引文献作者数量一致徘徊在50左右。

(2)2005年是中国文化创意产业领域研究取得大发展的一年，随后文化创意产业研究视角由早期经济学逐渐拓展到管理学、人文—经济地理学、建筑规划学。但是，热点研究机构的被引频次与时间的关联度不大，被引的热点研究机构基本都位于高等人才聚集与中国文化创意产业发展的高地，如北京、上海等；中国文化创意产业的研究机构网络格局已成型，个别研究机构新研究者虽尝试性加入该网络，但成效不显著。

(3)中国文化创意产业研究的高频热点关键词、凸显词与向中心性词的体现出：①文化创意产业研究机构的网络虽呈扩大化趋势，但文化创意产业的研究视角仍限于经济学(产业经济学、区域经济学)、地理学(人文—经济地理学)、管理学(企业管理)、建筑规划学等，文化创意产业的研究样区过于集中在北京、上海等国际化大都市，需要拓宽研究区域以发现中国问题；②文化创意产业研究的偏好是"创意"，但研究视角多停留在经济学且研究集中在某几个行业，如动漫产业等；国内学界文化创意产业研究的向中心性词基本围绕"创意"及其邻近词汇，尚未形成新核心词汇。

四、中国创意产业研究的主要领域及动态[①]

国内现有文献主要从产业经济学、经济地理学、区域经济学、城市规划学等学科着眼，研究领域集中在：(1)创意产业发展与城市经济社会转型，主要包括城市创意产业发展的影响因素、城市创意产业的经济学分析、城市发展创意产业对策、创意产业与城市竞争力提升、创意产业与城市经济转型、创意产业园规划建设、"三区"联动发展；(2)创意阶层与城市发展；(3)创意产业与城市互动；(4)创意产业与城市再生(更新)，主要包括创意产业对城市再生(更新)的作用、途径、基本模式及其政策建议；(5)创意城市研究，主要包括创意城市评价、创意城市建设策略、构建创意城市的文化政策等。

(一)创意产业与中国城市—区域转型研究

1.研究方向及其基本观点

西方"创意产业"的引入和学界的广泛宣传、呼吁，逐渐引起城市政府在旧城更新或城市转型中对"产业升级战略、文物保护与利用策略"的实践重视，创意产业在中国发达地区快速发展。国内创意产业发展与城市—区域经济转型的研究，主要集中在表1-1-4-1中的七个方向。

---

① 马仁锋，沈玉芳．我国创意产业研究的进展与问题：基于城市与区域发展视角[J]．中国区域经济，2009，1(3)：31-42.

表 1-1-4-1　创意产业与城市—区域经济转型研究的主要方向

方向	主要观点
城市创意产业影响因素分析	阮仪三(2005)认为城市老建筑资源合理利用，是创意产业发展的关键因素；王志成、谢佩洪、陈继祥(2007)，张纯、王敬甯、陈平(2008)，刘强、李文雅(2008)，谭娜、高长春(2009)认为创意环境和创意资本是城市发展创意产业的关键因素，特别是创意人才投入。其中，谭娜、高长春(2009)还结合组织生态学的理论特征，提出城市创意产业竞争力受到七大因素影响，并通过对全国 20 个城市的截面数据因子分析，表明影响城市创意产业的因素可归结为：基础性环境因素、智力投入和资本投入。王家庭、季凯文(2009)利用数据包络分析法(DEA)对 2004 年中国 15 个主要城市创意产业的投入产出效率进行了总体分析，认为文化、科学技术、城市环境、产业与经济结构、知识产权保护、人才、资本、产业规模、区位等是影响城市创意产业整体效率的重要因素。
城市创意产业的经济学分析	厉无畏、于雪梅(2007)，雷琼、杨永忠、王邦娟(2008)，沈晓平、刘光宇、刘利永(2008)从创意产业本质和国内主要城市创意产业发展情况切入，论述了中国创意产业的发展路径、机制、主要特色等，并从空间布局、法律保护、市场资源、文化氛围、城市营销、创意人才培养等方面提出了城市创意产业发展政策建议。王家庭、季凯文(2009)利用数据包络分析法(DEA)对 2004 年中国 15 个主要城市创意产业的投入产出效率进行了总体分析，发现城市创意产业的综合技术效率比较低且创意产业无效率主要缘于规模的无效率；绝大多数城市创意产业的发展处于规模报酬递增阶段，存在严重的投入拥挤与产出不足现象；各区域创意产业及不同类型创意产业在综合技术效率、纯技术效率与规模效率方面存在明显差异。尹宏(2007)、周膺(2008)从城市经济形态演进视角认为创意经济是符合城市经济形态演进内在规律的高级形态，或是后工业社会的主导经济，并指出创意经济对城市空间资源、产业结构、城市功能、创意人才、资源环境等的发展具有积极功效。王志成、陈继祥、姜晖(2008)从创意经济主要特征着眼提出了教育水平、经营环境以及媒体平台是影响创意经济发展的三大支点，并用跨国横截面数据进行结构方程建模，得出三大支点对于创意经济发展具有不同程度正向影响。王琪(2008)综合评述创意城市理论研究，认为人力资本理论、新经济内生增长理论、创新理论和产业集群理论解释了创意城市产生的必然性。袁界平(2008)认为创意产业初步发展的城市应继续吸引创意阶层，促进其发展。徐朗(2009)用生态位理论来解析长三角 9 个城市创意产业发展的策略。
城市创意产业发展对策研究	邱安昌(2007)，陈新湖、杜一宪(2007)，宋靖航(2008)，陈继稳(2009)，周清(2009)通过分析国际经验和国内城市(上海、北京、成都、呼和浩特)的实际情况，提出我国城市创意产业发展的对策：首先要重点解决好定位、发展模式、政府角色及核心能力培养的问题；其次要通过优化城市创业环境、积极引导要素投入等来改善创意产业发展的基础政策环境等。

续表

方向	主要观点
创意产业与城市竞争力提升关联研究	厉无畏、王如忠、缪勇(2005)和吴明智(2007),陈亚鸥、杨再高、陈来卿(2006),李勃、邢华、李廉水(2006),刘丽、何有缘(2007),刘笑(2008),田克(2008),李靖宇、岳思含(2009)从城市创意产业发展的情况和国际经验,分别针对上海、广州、南京、北京、天津、沈阳、大连提出了发展创意产业提升城市竞争力的策略。陈伟、陈云飞(2007),谭仲池(2007),赵欣(2007),潘玲霞(2008),郝渊晓、张洁、周美莉(2009),李洪琴、郭俊华(2009)认为创意产业是城市竞争力的原动力和核心力量,并分析创意产业与城市结构模式和经济发展模式的优化、经济价值提升及城市吸引力增强的关联,进而从政策、产业组织与形态、城市创意产业特色方面提出城市创意产业发展策略。
创意产业与城市经济转型关联研究	胡小武(2006)、尹宏(2007)、厉无畏(2007)分析创意经济内涵及世界经济发展趋势,认为中国大都市应抓住机遇、推动创意产业发展,以此促进城市经济社会转型,并初步提出了转型策略;陈顺龙(2007),蔺建英、员智凯(2008)认为创意产业对西安城区经济转型具有重要意义,西安需要选择合适路径发展创意产业。
创意产业园区建设研究	张京成(2006),肖雁飞(2007),宋丹峰(2007),伍江(2007),安延清、左琰(2008)根据上海创意产业发展现状,提炼出上海创意产业园区形成的主要模式:从起因看,主要是自发型集聚园区、政府引导推动型园区两类;从商业开发模式看,可分为政府主导招商模式、房地产商开发模式、艺术家开发模式;从园区载体的历史程度看,可分为工业建筑与历史文化风貌区的再开发型、直接在开发区新建型。郭佩艳(2007),奚秀文(2007),吕梁(2007),耿斌(2007),杨琳(2007),刘野(2008),王倩(2008),蒋慧、王慧(2008)等建筑学类专业研究生,从建筑学与城市规划角度,以上海市挂牌的创意园区和北京市典型创意园区为例,探讨旧产业建筑群改造为创意园区的整体策略与原则、园区内部空间改造策略与手法,并针对当前存在的问题和园区改造应遵循的“园区文脉”“创意环境营造”等原则提出旧建筑产业群与创意产业园结合的宏观、微观改造与设计策略、手法及对策建议;褚童洲(2007)对“北京奥林匹克公园”现代建筑群发展文化创意产业进行SWOT分析,从城市局部更新视角探索奥运公园发展旅游、会展、体育健身、文艺演出、广播影视等创意产业的可能性及路径。姚乐嘉(2006)、韩育丹(2007)、彭朋(2008)专门探讨了文化艺术类创意园区(北京798、上海滨江创意产业园、杭州LOFT49、深圳OCT-LOFT等)如何利用产业建筑或产业类历史地段发展创意产业,主要从历史建筑保护的角度、城市复兴的角度、文化创意产业兴起所产生良性效

续表

方向	主要观点
创意产业园区建设研究	益的角度归纳总结艺术创意园区的价值取向、利用模式、形式与空间、室内环境、景观环境，并认为艺术类创意产业园区形成主要有自发式与集中式、分类式与全面式模式。杨海(2006)、张明欣(2007)以上海历史文化风貌区为例，分析了后工业时代创意产业式开发是历史文化风貌区科学合理再利用的典型路径，并让城市形成了新的消费型城市空间；闵思卿(2007)以上海市衡山路—复兴路历史文化风貌保护区为例，认为在风貌保护的过程中，权力、资本和文化是影响风貌区空间生产的三个要素，而且上海历史风貌区空间生产已经被卷入全球化的资本、权力和文化再生产体系之中。刘抚英(2007)从工业废弃地系统协同再生出发，论证了创意产业园区是工业建筑遗产地再续利用的有效模式之一。穆金(2007)根据北京市经济、房地产市场及区域房地产项目，对文化创意园进行了项目开发的市场、经济、财务、环境等的可行性分析与评价。
“三区联动”发展研究	诸大建、黄晓芬(2006)，章仁彪、官远发、王雁(2007)，王松华、田一林(2008)等从创意城市的核心要素“3T”入手，以上海市杨浦区为例，分析了大学校区、科技园区(创意产业集群)、公共社区“三区联动发展”的理念、框架、模式(PPP)及政策建议；王如东(2008)则以苏州工业园区为例，探讨了“三区联动”模式。罗巧灵(2009)则分析创意经济时代大学在城市中的地位与作用，并提出了大学与城市互动发展的建议。

由表1-1-4-1可得出以下结论：(1)城市创意产业影响因素研究，国内主要是梳理国外研究成果并结合国内主要城市创意产业发展现状来总结影响因素，当然也有少数学者应用主成分、因子分析来寻找主导影响因素，如谭娜、高长春(2009)利用因子分析对全国20个城市截面数据分析，发现城市基础环境、智力与资本投入是关键因子；王家庭、季凯文(2009)利用数据包络分析法DEA对2004年中国15个主要城市创意产业的投入产出效率进行分析，发现科学技术、城市环境、结构、知识产权保护、人才、资本、产业规模、区位等是影响城市创意产业整体效率的重要因素。(2)城市创意产业的经济学分析主要是：①通过国内外主要创意城市的创意产业横向对比和纵向研究，提出中国发展的政策建议；②从城市经济形态演进和创意经济的本质出发，利用文献综述法、面板数据分析法、因子分析法，寻求城市创意产业发展的理论依据和关键性因素及城市群的创意城市协调发展策略等。(3)城市创意产业对策研究，主要根据国内外典型城市的创意产业发展经验并结合自身情况，分析北京、上海、成都、呼和浩特等东部与中西部区域发达城市发展创意产业的对策。(4)创意产业与城市竞争力提升关联研究，主要是：①根据国外经验梳理中国某些城市通过发展创意产业提升城市竞争力的政策策略；②认为创意经济(产

业)是城市竞争力的核心与原动力,并分析创意产业作用于城市竞争力的可能方面及其功效。(5)创意产业与城市经济转型关联研究,认为创意经济是未来经济的主导形态,国内大城市必须紧跟世界发展趋势,积极发展创意产业以推动经济转型。(6)创意产业园区建设研究,主要是:①探讨上海、北京等地的创意产业园区成长模式、商业模式、园区与旧产业建筑群再利用的关联模式;②建筑学类和艺术设计类专业研究生从建筑学、城市再生视角探讨了旧产业建筑发展创意园区的整体规划与建设改造策略手法和对策,重点讨论了艺术类创意园区如何利用旧产业建筑群和上海历史文化风貌区如何借创意产业开发模式而成为新的城市消费空间。(7)"三区联动"发展研究,主要探讨了上海杨浦区的"大学—科技园区(创意产业集群)——公共社区"联动发展的运作模式与机制,以及相关政策。

2.研究特色与存在问题

创意产业与中国城市—区域经济转型研究,紧扣世界经济发展趋势和特征,能够充分挖掘国外典型案例,从中获取中国大城市经济发展所急需的创意产业发展政策建议。总体看来,研究特色与问题并存。研究特色集中在:(1)研究方法以经验分析与实证主义为主,也尝试用数量方法探索中国创意产业发展的关键影响因素及问题;(2)研究区域主要以东部大都市为主,并且重点研究了北京、上海两个城市区域的创意产业和创意产业园的模式、商业经营机制、与城市竞争力提升的关联等;(3)研究队伍以北京、上海为阵地,已初步形成以产业经济学、人文地理学、工商管理、城市规划、艺术设计等学科的综合交叉研究模式,培养了近100名硕士和10余位博士,已形成了可持续性的研究队伍。现有研究中存在的主要问题是:(1)对国外经验的梳理,并不能恰当地应用于国内,国内创意产业兴起时间较晚,而且国内发展创意产业的大城市在经济形态、产业结构等都落后于欧美主流城市,最为致命的是国内大城市缺乏发展创意产业的核心因素——创意人才及包容、宽松的环境;(2)以经济效益为主要目标导向的国内诸多创意产业园区建设,都存在同城同质化和临近区域同质化现象,而且园区开发投资的商业气息过度,尤其是某些园区借发展创意产业之名却行房地产开发之实,这将导致创意产业发展的低效益化或者不可持续化;(3)研究方法缺乏对创意人才的培养,对创意阶层需求的社会学、心理学和行为学的研究,这必将导致国内创意产业人才在未来一个时期内的严重短缺;(4)地方政府虽积极推动创意产业发展,但执政与管理服务理念的缺位短期内仍是制约创意产业发展重要因素之一。

(二)创意阶层与中国城市发展研究

1.主要研究方向及进展

国内对创意阶层与城市发展研究主要从两方面展开。(1)探讨创意阶层的空间集散、集中度与城市经济增长的相关性,如盛垒、马勇(2008)梳理了国外对创意阶层研究的相关文献发现:创意阶层具有独特的区位偏好,往往集中在那些能够提供宽松的社会氛围和各种就业机会的多样化城市和区域，创意阶层的密度与地方多样性呈正相关；从城市发展看，创意阶层的相对密度与地方经济增长呈正相关，一个城市和地区对于移民、艺术家、同性恋的开放程度与其经济质量的高低有着密切的关系，而创意阶层的集中程度与地方创新和高科技产业发展也有一定的相关性，创意阶层集中的城市往往也是创新和高科技产业发达的创意中心。(2)创意阶层在创意经济发展中的功能与地位视角，探讨创意阶层形成“创意社群”及其对城市发展与规划的借鉴意义，如刘轶(2007)认为我国的“创意阶层”将会逐步壮大，形成城市中的“创意社群”，并将凭借创造力和对文化艺术生活的要求在经济社会发展中扮演重要角色，充分利用文化、艺术、商业及社区间的联系。“创意社群”将会为城市发展提供强大推动力，为城市规划和发展模式提供新思路。

2. 存在问题

国内学者对创意阶层与城市发展研究，主要梳理国外典型案例和相关经验性理论，缺乏国内实证研究，也未能提出中国化理论。由于社会发展背景和国情的差异，国内研究创意阶层，缺乏规范的统计数据支撑，而且实地调查或访谈也面临诸多困难，因而未来一个时期内创意阶层研究将主要集中在北京、上海和广州等大都市，并只能从住宅小区或社区或创意园区层面进行个案研究。当然，研究主要考察创意阶层的形成及其对城市发展的经济、社会等影响或诉求机理等。

(三)创意产业与城市互动研究

1. 主要研究方向及进展

国内学界对创意产业与城市互动研究主要集中在三方面。(1)厉无畏，王俊、汤茂林，张嵩等简析了创意产业推动城市经济、社会等各方面发展的功效，并给出了一般性政策建议。(2)冯之浚、褚劲风、高峰、马吴斌、胡彬、高宏宇、柯焕章等针对上海、北京等城市，较为详细地阐述了创意产业发展在城市经济增长、产业结构调整、对外贸易扩大、增加就业、城市持续发展等方面的功能及相互作用，只是对于双向循环作用的机理研究非常有限，未能揭示创意产业与城市发展的互动机制。其中，最具代表性的是刘友金、胡黎明、赵瑞霞基于创意产业的三大特点及其与城市发展的关系，借助于系统科学理论建立了创意产业与城市发展的耦合模型，初步探讨了其耦合演化过程，认为创意产业与城市发展的耦合系统将经历低级协调共生、协调发展、极限发展和螺旋式上升 4 个阶段。(3)段进以长三角为例，从城市规划角度对生产总值和人口、各工业行业的比重变化、各行业的发展潜力、人才等进行分析，确定城市创意集群中每个层次的城市定位，指出城市规划也应关注“创意阶层”所需的多元化空间形态，力求为他们打造理想家园。

2. 存在问题

总体看来，国内创意产业发展处于起步阶段，现有“创意产业与城市互动”研究还显得非常薄弱，集中在创意产业对城市发展的单向研究，而且也紧紧围绕产业经济、文化等方面展开。随着创意产业和创意城市的发展，研究者需要对两者关联机理及规划政策响应等方面进行深入探究。

（四）创意产业与城市再生（更新）研究

1. 主要研究方向及进展

城市再生（urban regeneration）是西方在19世纪90年代对“旧城改造（old city renewal）”的称谓，其时代含义与特征是在全球可持续发展理念下，城市开发进入更加强调综合和整体对策的城市再生阶段。在英国，1997年提出的产业政策——“创意产业”正是在这样的背景下应运而生，在大伦敦区域更加侧重遗产保护与合理开发利用，以促进中心城区就业增长与经济复兴。国内创意产业被官方重视并大力推进，也是起因于自发性创意产业集中对大城市旧城复兴的积极影响。

（1）创意产业对城市再生（更新）作用及政策建议，即发展创意产业在提高城市竞争力、增加城市就业、延续城市文脉、塑造城市景观特色等方面的作用，主要有：①王伟年（2006）、周蜀秦（2007）、肖建莉（2007）、王波（2008）等以北京、上海、成都等地创意产业（创意园）发展为例探讨创意产业与城市再生间关系，认为创意产业在城市再生中可以提高城市竞争力、增加城市就业、延续城市文脉、塑造城市景观特色，并指出创意产业园区是城市再生的新模式；②刘强（2007）以上海杨浦区为例从城市更新视角探讨“大学—创意产业集群—城区”互动规律，得出在“三区联动”发展中三方主体需各自转变角色的结论；③周建军（2008）以上海2010年世博会园区的后续利用为例，从区域功能定位、物质空间改造和城市系统优化三个方面分析达成“城市文化创意空间塑造”发展目标的可能性与路径；刘云（2009）从空间角度阐述创意城市含义，通过对西方国家创意城市空间案例的分析，发现其成功经验是强调空间资源整合与用地功能的混合发展以及注重提升生活品质的设施建设。

（2）创意产业与城市再生（更新）原则、机制、模式，即历史文脉的有机延续和创意环境的充分塑造原则，市场主导的价格机制与政府引导的规划调控机制，商务办公模式、博物馆与展示空间模式、公共开放空间模式、商业休闲模式等典型互动模式，主要有：①钟凌艳（2006）将国内外城市复兴的项目划分为五类，并根据文化策略—文化介质的路线建构这五类城市复兴项目的策略；②石崧（2007）以上海作为例探讨了创意产业与城市复兴之间的关系，指出创意空间是城市复兴的新模式；范能船（2008）认为要使历史建筑在城市产业结构升级调整中发挥作用，比较妥善的方法是对历史建筑进行创意性的功能置换，发展创意产业；③张豫（2008）从城市更新理论和创意产业集群对城市更新的影响入手，提出了创意产业集群化导向型城市整体更新和局部更新的原则、战略框架（策略）；汝军红（2009）总结了创意产业发展与历史建筑保护的互动基础、原则、机制；姚瑶（2009）以上海为例研究发现城市更新背景下的旧厂房和旧仓库成为创意产业园发展的物质空间载体，承载和刺激着创意产业的发展与壮大，而创意产业园也为城市更新提供了新的模式和发展策略，加强了人们对这些遗留的旧有工业建筑的认识和再利用，促进了城市旧区的空间复兴。

(3)创意产业与城市再生的空间效应，创意产业的发展恢复了城市历史遗产空间，并形成新的消费空间、创意工作空间与社区空间等，主要有：①童昕(2006)认为知识型、创新型的产业必须依赖高技能和创意人才，而提升生活品质是留住人才的必要条件，并以昌平区高科技走廊的规划为例，认为需要把"投资创业"与"生活宜居"两大功能结合起来，淡化狭隘的支柱产业思想，以更宽泛的视野看待区内不同类型的产业活动，为不同形式的创业和就业提供较为宽松、便利的商务环境，创造一个多元化、有活力的郊区创意生活空间；②李耀华(2008)结合凯文·林奇关于城市空间的六个性能指标，探讨了创意产业集群所需的空间特征和要素；③孙洁(2009)诠释了城市创意产业集群三种不同类型的增长空间，并结合苏荷、鲁尔、硅谷和张江等案例深入剖析国内外城市创意产业集群的成长轨迹。

2. 研究特色与存在问题

国内学者对中国创意产业与城市再生问题研究，主要从人文地理学、城市规划等学科背景展开，已针对上海、北京等地创意产业园区发展与旧工业建筑遗存或历史文化风貌区更新等问题进行了较为系统的讨论，也初步提出了导入创意产业发展视角下的国内旧工业建筑(历史风貌区)更新的原则、模式、政策建议等。但是，当前城市再生以经济、社会、环境与景观为主要目标，城市创意环境营造、城市功能空间与空间功能重塑、创意阶层及创意社区集聚等问题，未能纳入当前创意产业园区研究领域。而且，从早期的艺术家自发集聚利用旧建筑遗存进行艺术生产，发展到如今的政府大力推进，这一过程本身就是在加速推进创意园区快速发展，但却忽视创意园区生存的基本条件：创意阶层的形成与集聚、创意阶层与创意园区的空间诉求等。国内多数城市政府只利用"创意产业园"包装城市旧区，未能从本质入手探讨如何推动创意产业发展和创意园区建设。

(五)"创意城市"研究

"创意城市"(creative city)源于国外 Peter Hall、Charles Landry、Richard Florida、Allen Scott、Gert-Jan Hosper 等学者的研究，他们对创意与城市发展，创意城市的内涵、构成要素、类型、评价及公共政策进行了深入研究。国内对创意城市研究的起点和重点，与国外有较大的差距。国内创意城市研究最早文献是黄怡于 2001 年发表的《读皮特·霍尔的"创造性城市与经济发展"》，该文仅引介了西方学者对创意城市的研究成果。笔者以"创意城市"为检索词检索 CNKI 发现，国内学者都沿用了 Charles Landry (1995)在 *The Creative City* 中的界定与 Allen Scott 在 *Creative Cities: Conceptual Issues and Policy Questions* 中的界定，并认为"创意城市"是 19 世纪 80 年代以来西方发达国家在去工业化过程中出现的一种城市发展理念。不同学者对"创意城市"的关键因素，也有着不同的解释。"创意城市”的内涵随着时代发展不断变化，它的发展将会映射出西方发达国家政府对于城市发展政策变化的轨迹。

1. 研究现状及主要方向

国内创意城市研究，除了综述与引介西方经典文献外，主要集中在中国创意城市建设实践策略、创意城市构建所需的文化政策、创意城市评价三个方向。(1)国内创意城市的实践研究，主要集中在大都市，如上海、北京、南京等城市，而中西部的乌鲁木齐、南宁、衡阳等也提出此理念。创意城市理念的风行，表明国内城市政府与学界已经开始认识到创意城市建设的重要价值。建设策略呈现：①针对国际典型创意城市，总结经验并寻找差距，全面制定本地创意城市的建设策略；②从创意城市的核心支撑要素入手，制定促进创意城市成长的策略。(2)国外经验与创意城市构成要素论研究，探讨国内大城市建设创意城市的文化策略，认为中国城市须以构建 3C 策略(创意环境、创意产业、创意阶层)等为重点。(3)创意城市评价研究，主要是根据西方的“创意城市构成要素论”和经典的“欧洲创意指数、Florida 的创意城市衡量指数、香港创意指数”建构中国的城市创意指数、创意城市评价指标体系及方法，并尝试性地评价中国正在成长中的“创意城市”。

2. 研究特色与存在问题

中国的创意城市正在成长，需要解决实践问题的理论指导，这就引发了当下国内学界对创意城市建设的高度关注，主要围绕大城市成长为创意城市的模式、路径、配套政策与创意城市评价等方面展开，已经取得了初步成绩，如郑晓东博士学位论文《创意城市的路径选择》、易华博士学位论文《基于“3T”理论的上海创意城市发展研究》、褚劲风博士学位论文《上海创意产业集聚空间组织研究》、马仁锋博士学位论文《创意产业区演化与大都市空间重构机理》等，为上海市发展创意产业、成长为创意城市提供了理论指导。当然，现有研究也存在局限：一是国内创意城市建设的泛化与无人问津的“资源型城市转型中创意产业发展”形成矛盾局面，后者是创意产业研究的重点区域与内容；二是对国内城市成长为创意城市的可行性、战略规划、引导策略等缺乏深入探究，以至长三角、珠三角等地区所提出的创意城市定位趋同化现象日益突出；三是缺乏从全球网络、经济和文化的“全球性”与“地方性”的视野探讨中国未来创意城市的格局、发展过程与机理。

五、文化创意产业区域发展差异研究

(一)文化创意产业区域差异研究

1. 产业区域差异研究常用方法

简单梳理产业区域差异研究，旨在厘清其研究视角和方法。赵锋利用基尼系数、锡尔系数和对数离差均值等方法，设计产业差异测度方法，基于国内省际和东、中、西部数据，实证分析了 1997—2011 年中国流通产业发展区域差异，并探究了差异产生的原因、变化规律及措施[①]；汪晓琳等基于产业竞争力视角，采用主成分分析、综合评价、聚类分析等统计分析方法研究2010年中国体育文化产业的区域差异[②]；宁进厅等基于生产和消费视角，对2000—2009年中国31个省区市的互联网产业的区域差异进行研究，使用方法主要有利用锡尔系数和集中化指数[③]；罗顺风利用标准差和变异系数从绝对和相对差异分析了中国服务业1978—2008年发展区域差异[④]（表1-1-5-1）。可见，有关"产业区域差异"研究，研究视角主要有：产业发展水平、产业结构、产业发展速度、产业竞争力、生产和消费、资源条件等，这些视角又可分为绝对角度和相对角度；常用方法有主成分分析、锡尔系数、基尼系数、集中化指数、对数利差、变异系数法等，存在问题是大部分学者进行区域差异比较分析时只有一到两种研究视角，较少关注空间差异比较。

表1-1-5-1 国内产业区域差异相关研究

主要研究者	研究角度	研究方法	研究内容
赵锋	产业发展水平	基尼系数、锡尔系数和对数离差均值	中国流通产业发展水平的区域差异(1997—2011)
汪晓琳	产业竞争力	主成分分析、综合评价和聚类分析	中国体育文化产业的区域差异(2010)
宁进厅	生产和消费	锡尔系数和集中化指数	中国互联网产业的区域差异(2000—2009)
罗顺风	绝对和相对差异	标准差和变异系数	中国服务业发展的区域差异(1978—2008)

2.文化创意产业区域差异研究

基于中国31个省区市1998—2009年的面板数据，钟廷勇等通过构建技术时变的异质性随机前沿模型探究中国文化创意产业技术效率及其影响因素，发现：中国文化创意产业的技术效率水平不高但有小幅上升趋势；技术效率地区差异明显，东部地区是技术效率的高地；产业规模、经济发展、社会资本、信息化和科技水平等影响因素对其有积极的推动作用。[⑤] 安烨等从产业规模和产业结构两方面分析吉

---

① 赵峰.中国流通产业发展水平区域差异实证研究[D].长沙：中南大学，2013.

② 汪晓琳，胡安义.体育文化产业竞争力区域差异的实证研究[J].武汉体育学院报，2013，47(1)：49-57.

③ 宁进厅，邱娟，汪明峰.中国互联网发展的区域差异及其动态演进[J].世界地理究，2010，19(4)：58-64.

④ 罗顺风.中国服务业区域发展差异的收敛性分析[D].杭州：浙江工商大学，2011.

⑤ 钟廷勇，安烨.文化创意产业技术效率的空间差异及影响因素[J].中南财经政法大学学报，2014，(1)：69-75.

林省文化创意产业的增加值、法人单位数、就业人数、全年营业额、产业结构均衡度、产业结构专业化程度等，发现吉林文化创意产业增加值逐年增加，文化创意产业的法人单位数、营业收入和从业人员数占整体经济的比重上升，但内部呈现不平衡发展；文化创意产业呈现三阶段发展特征，典型行业出现集聚现象。① 冯根尧等以中国27个省市为研究单元并运用数据包络分析法实证分析了2008—2010年中国创意产业的创新效率分布特征及其影响因素，发现：中国创意产业的创新效率水平不高，区域差异明显；规模效率对总体效率的作用不如技术效率，故技术效率已成为我国创意产业整体效率水平的主要影响因素。② 顾江等基于两次人口普查数据，从行业和空间差异两个角度分析中国31个省区市文化产业的发展特征及影响因素，发现国内文化产业区域发展显著不平衡。③

已有文化创意产业区域差异研究的视角主要有：产业发展水平、产业结构、技术效率、创新效率、文化背景、区域经济水平、行业差异与空间分布差异等。研究尺度以全国尺度研究占绝大多数，其次为省域尺度研究；但是，浙江省的相关研究鲜见。区域差异比较视角看，以单视角研究为主，缺乏对文化创意产业空间差异研究。

（二）文化创意产业空间分布研究

文化创意产业的概念、统计口径、空间集聚以及其与城市环境的关系是学界关注与研究的重点领域。每个领域都充满了争议，但也存在共同点，即地理学者都强调了空间作为文化、经济活动的载体及其生产要素至关重要④，文化创意产业的空间分布问题也备受关注。国内外学者从不同尺度和视角探究该问题：从宏观到微观重点关注全球尺度的产业网络⑤、区域尺度的区位选择和集聚动因分析⑥、城市尺度的空间分布及其形成机制⑦、分部门的文化创意产业案例⑧及文化创意产业集群对城市空间影响⑨等。区域尺度案例研究表明文化创意产业呈现出向经济发达

① 安烨，钟廷勇．吉林省文化创意产业规模、结构的时空分布和趋势[J]．税务与经济，2015，(5)：106-112.

② 冯根尧，肖维歌．中国区域创意产业创新效率的动态演化研究[J]．西北工业大学学报(社会科学版)，2013，33(3)：33-37.

③ 顾江，吴建军，胡慧源．中国文化产业发展的区域特征与成因研究[J]．经济地理，2013，33(7)：89-114.

④ 赵继敏，刘卫东．文化创意产业的地理学研究进展[J]．地理科学进展．2009，28(4)：503-510.

⑤ Clare K. The essential role of place within the creative industries: boundaries and networks [J]. Cities, 2013, 34(5): 52-57.

⑥ 肖雁飞，王缃韵．中国文化创意产业发展影响因素与实证[J]．科学管理研究，2014，(11)：102-105.

⑦ 褚劲风．上海创意产业空间集聚的影响因素分析[J]．经济地理，2009，(1)：303-310.

⑧ Scott A J. Cultural-products industries and urban economic development: prospect for growth and market contestation in global context[J]. Urban Affairs Review, 2004, 39(4): 461-490.

⑨ 马仁锋．创意产业区演化与大都市空间重构[M]．杭州：浙江大学出版社，2014.

地区或城市集聚的倾向。Scott 研究洛杉矶的家具制造业和时装业、好莱坞的电影产业、美国的唱片业及硅谷的多媒体行业等多文化创意产业重点行业的区位选择。Lazzeretti 研究发现意大利的文化创意产业空间分布呈分散状态，其与文化艺术遗产、地方经济的扩散十分相关，这表明文化创意产业具有根植性。概览国内外研究，文化创意产业空间分布研究呈两种典型范式：一是基于案例（园区、集群或企业）的质性研究和访谈，在区域和城市尺度讨论某一行业的集群或集聚机制，及其对于区位的特殊偏好；二是基于统计数据的定量测度，主要采用空间自相关、基尼系数、区位熵等方法，测度区域文化创意产业的空间状态及其趋势，衡量和比较不同城市和行业的空间状态等。国内外学者虽然已经研究了较多城市或区域文化创意产业空间分布问题，但多采用单一计量方法或案例分析法，存在方法与数据上的局限性。

（三）中国文化创意产业区域差异研究

由于不同区域支撑文化创意产业的经济基础、文化底蕴、人才状态、科技水平、生态环境、基础设施水平以及政府态度有所差异，中国文化创意产业区域发展存在着较大的差异。

从国家和城市两个层面分析中国文化创意产业的空间分布差异。国家层面，胡兵以省域为单元对中国文化创意产业进行空间计量，研究表明中国文化创意产业空间上存在正向自相关，有集聚化发展趋势，并呈现从东部到中部再到西部依次下降的发展态势。2009 年，京津冀地区、长三角地区、珠三角地区已成为中国文化创意产业的高水平发展区①，这三大高水平发展区形成中国文化创意产业“三足鼎立”格局②。随着文化创意产业进一步发展，川渝地区和中部地区的文化创意产业亦有集聚发展趋势。中国文化创意产业六大产业集群逐步形成，空间上呈“弓形”发展格局。城市层面，文化创意产业集聚发展态势逐渐增强。文化创意产业发展初期，由于发展水平低和市场的无序竞争，文化创意企业呈现出“小、散、乱”的空间分布特征；随着产业发展逐渐成熟，文化创意企业的分工愈来愈专业化和精细化，随之空间表现为集聚度逐渐提高，中心城市及周边地区出现点轴状、圈层状和带状的产业分布特征。文化创意产业园逐渐成为城市发展文化创意产业的主要形式。③

除了空间分布差异，文化创意产业在业态上也存在差异（表 1-1-5-2）。六大产业集群中，具有 75 个集聚区的以上海、杭州为重点城市的长三角文化创意产业集群的规模最大，重点发展室内装饰、广告策划、工业设计和动漫等产业；以广州、深

① 叶郎．中国文化产业年度发展报告[R]．北京：北京大学出版社，2013：9-10.

② 张蔷．中国城市文化创意产业现状、布局及发展对策[J]．地理科学进展，2013，32(8)：1227-1236.

③ 罗顺风．中国服务业区域发展差异的收敛性分析[D]．杭州：浙江工商大学，2011.

圳为中心的珠三角产业集群，共有27个集聚区，产业规模位居第二，重点发展影视、广告、动漫、会展、印刷等产业；以广播影视、文艺演出、会展、古玩交易等为重点发展产业的京津冀文化创意产业集群，包括21个产业集聚区，北京和天津是其核心城市。2006—2012年三个文化创意产业集群片区年均增速分别为17.6%、30%和23%；地处沿海、经济实力雄厚、市场体系完善、信息通达、文化消费需求量大、交通便利等是这三个产业集群发展迅速的共同原因。以西安、成都和重庆为重点城市的川渝文化创意产业集群，共有38个集聚区，以动漫游戏、网络软件业为重点发展产业；以长沙和武汉为重点城市的中部产业集群，包含2个产业集聚区，重点发展广播影视、动漫、设计等产业；剩余的以昆明为中心的滇海文化创意产业集群。与前三个产业集群相比，后三个产业集群的产业基础薄弱，规模较小。2006—2012年，川渝、中部、滇海产业集群的年均增速分别为32%、66.7%、47.9%，它们的快速发展都得益于当地政府的重视和大力支持。[①]

表 1-1-5-2　中国六大文化创意产业集群产业发展现状比较

产业集群名称	重点城市	优势行业	产业集聚区数/个	产业发展速度
京津冀文化创意产业集群	北京、天津	文艺演出、广播、影视、会展、古玩交易	21	23%
长三角文化创意产业集群	上海、杭州、苏州	工业设计、室内装饰、广告策划、动漫	75	17.6%
珠三角文化创意产业集群	深圳、广州	影视、广告、会展、印刷、动漫	27	30%
川渝文化创意产业集群	重庆、成都	网络软件、动漫游戏	38	32%
中部文化创意产业集群	长沙、武汉	影视、广播、动漫、设计	2	66.7%
滇海文化创意产业集群	昆明、三亚、丽江	规模尚较小	23	47.9%

资料来源：肖雁飞，王缃韵.中国文化创意产业发展影响因素与实证[J].科学管理研究，2014，(11)：102-105.

(四)长江三角洲南翼文化创意产业研究热点与前瞻[②]

作为中国东部文化资源富集度较高的省份之一，浙江凭借浓厚的文化底蕴、发

---

① 张望.中国文化创意产业发展模式研究[D].南京：南京大学，2011.

② 马仁锋，周国强.浙江文化创意产业研究热点与展望[J].浙江艺术职业学院学报，2016，14(2)：103-110.

达的现代媒体与市场、充足的民间资本，成为文化创意产业快速发展的沃土与学界研究的典型样区。当前，恰逢浙江海洋经济示范区建设，浙江文化创意产业面临海陆一体化发展新契机，回顾与检视浙江文化创意产业研究进展，梳理研究存在的问题与学术前沿成果，成为浙江建设海洋文化强省的时代要求。为此，本节利用文献计量方法系统梳理浙江文化创意产业研究的历程、现状、特征等，展望未来研究面临的科学探索与社会生产需求的挑战，以期阐明浙江文化创意产业深入探究的方向与重点。

1. 数据来源与研究方法

利用中国学术期刊全文数据库(CNKI)，以“文化产业”或“创意产业”为题名，同时分别以“浙江”、“杭州”、“宁波”、“绍兴”、“温州”、“嘉兴”、“湖州”、“金华”、“衢州”、“舟山”、“台州”、“丽水”为主题，“精准”检索 1993—2013 年文献，经初步浏览，剔除人物采访类、新闻报道类、会议记录类、纪实类等非研究性文章后得 306 篇文献；同理得“中国博士学位论文全文数据库”和“中国优秀硕士学位论文全文数据库”的相关博士论文 4 篇、硕士论文 65 篇。三类文献合计 375 篇，剔除重复文献后得研究浙江文化创意产业的相关成果 336 篇。据文献统计，1993—1997 年无相关研究，因此获得如图 1-1-5-1 所示的近 20 年相关研究文献增长趋势，其中高层次文献包括：CNKI 收录的相关硕士和博士论文及“经济地理、人文地理、经济问题探索、上海经济研究、华东经济管理、浙江学刊、浙江社会科学”等期刊刊载论文共计 86 篇，高层次文献占浙江文化创意产业研究文献总数的 25.6%。图 1-1-5-1 显示 1998 年以来浙江文化创意产业的高层次文献与总体文献呈增长趋势，且均从 2005 年起增速明显加快，这与 2005 年浙江省出台《加快文化大省建设的决定》等一系列鼓励文化创意产业发展的文件紧密相连。2009 年，浙江省制定文化创意产业发展规划，研究文献迅速增加并达到峰值。可知浙江文化创意产业的学界研究与政府政策呈正相关，这既表明浙江文化创意产业相关研究机构既未能及时把握市场需

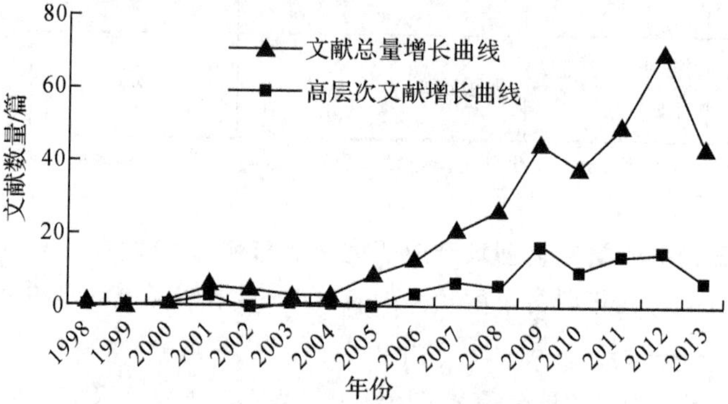

图 1-1-5-1　研究浙江文化创意产业文献增长趋势

求，又不重视学科前沿，因此无法及时引领学术研究潮流。

本文首先利用文献统计学方法，回溯既有研究文献的数量随时间的增长变化，揭示其发展特点；其次借鉴普赖斯方法，确定浙江文化创意产业研究核心作者群；最后综合浙江文化创意产业研究主要领域、基本观点与研究方法，总结浙江文化创意产业研究的贡献与问题，并展望新形势下浙江文化创意产业研究的挑战。

2.研究特点

(1)研究处于起步阶段、高层次文献少且增长缓慢

图 1-1-5-1 显示浙江学界对文化创意产业研究呈现两个阶段：一是 1998—2005 年间零星研究出现，关注文化创意产业的带动作用、发展战略及文化创意园；二是 2006 年后研究成果数量快速增长，主要关注文化创意产业的重点行业，如影视、海洋文化、动漫等，以及个别发育度较高的园区或城区，但直到 2013 年文献未突破百篇。总体而论，现有研究较为零散，各领域的研究尚处于起步阶段。现有研究中的高层次论文仅有 86 篇，其中 CSSCI 源刊收录 29 篇，占总量的 8.6%，分别是《浙江社会科学》3 篇、《浙江学刊》2 篇、《华东经济管理》2 篇、《新闻界》2 篇、《经济地理》、《人文地理》等各 1 篇。可见高影响因子刊物介入浙江文化创意产业研究较少，尤其是在 2005 年后国内产业经济学、人文地理学、工商管理学、艺术与传媒等学科主流刊物非常关注文化创意产业，然而浙江相关机构未能抓住机遇，促成本省文化创意产业研究迅速发展。因此，浙江文化创意产业的总体研究水平亟待提高。

(2)研究浙江文化创意产业的机构和核心作者数与浙江省高校区域分布基本一致

表 1-1-5-3 显示浙江相关科研机构近 20 年所产出的“文化创意产业”研究论文数量，发文量前 10 位的是浙江大学、宁波大学/浙江工业大学、绍兴文理学院、浙江传媒学院、浙江海洋学院、浙江财经学院等，共发表文献 117 篇，占同期全省文化创意产业研究论文的 34.8%，以地方性高校、党校和社科院为主。研究机构所主要集中在杭州市、宁波市，其次是绍兴市、温州市，这既表明浙江文化创意产业研究机构的分布与发展与地方文化创意产业发育程度、城市集聚高校数量相对一致；同时又说明湖州、金华、舟山等市应加大对科研机构的文化创意产业研究投入，以推动浙江文化强省建设。

据普赖斯提出的核心作者计算公式 $M=0.749(N_{max})^{0.5}$，式中 M 为论文数、N_{max} 为所统计时段最高产的作者论文数，只有那些发表论文数在 M 篇以上的人才可称之为核心作者。统计显示 1993—2013 年 $N_{max}=5$，代入上式得 M 值为1.67 篇，取整为 2 篇，即统计期间发表与浙江省文化创意产业相关论文 2 篇以上的作者即为核心作者。经计算，1993—2013 年发表 2 篇以上论文的作者共 29 人，占期间论文作者总数的 10%，所发表的论文占论文总数的 21%。统计结果显示，20 年来

浙江文化创意产业研究核心作者人数及其论文数都处于增长趋势，这说明浙江文化创意产业研究队伍规模在持续扩大；但是排名靠前作者的论文产出量相较国内知名学者仍有较大差距，且论文作者缺乏有效的合作团队，未对某一问题进行深入追踪研究，所发论文的刊载期刊也未进入中国顶级人文社科期刊之列。因此，浙江文化创意产业研究的机构与核心作者均亟待通过校内资源整合、团队协同创新、持续追踪研究动态，才有机会提升实力与竞争力。

表 1-1-5-3 浙江省内相关研究院所 1993—2013 年底刊发文化创意产业论文量

研究机构	刊发论文数/篇	排名
浙江大学	21	1
宁波大学	16	2
浙江工业大学	16	2
绍兴文理学院	12	4
浙江传媒学院	12	5
浙江海洋学院	10	6
浙江财经学院	9	7
浙江万里学院	8	8
宁波市社会科学研究院	7	9
浙江工商大学	6	10

3. 文化创意产业的浙江研究动态

在 336 篇文献中，被核心期刊收录的文章 51 篇、优秀硕博论文 35 篇，共有 86 篇高质量文献。本文梳理 86 篇文献的研究视角、研究领域与内容、方法与主要观点等，以期全面评述浙江学界对文化创意产业研究的进展、贡献及存在问题等。

(1)多学科聚焦浙江文化创意产业的研究分野

经文献梳理，主要有经济学、地理学、建筑规划学三个学科的学者比较重视浙江文化创意产业研究，其中经济学和地理学学者贡献了 74 篇论文，其余文献以建筑规划学文献为主。

经济学的产业经济学或区域经济学学者主要关注浙江文化创意产业的竞争力、发展政策，其中主要文献是硕士学位论文，研究内容多倾向用产业集群理论探究提升浙江文化创意产业竞争力的纵向个案或关键年份的横向对比探索，研究发现影响浙江文化创意产业竞争力在长三角地区具有比较优势，但与上海、江苏有较大差距，主要由于创新人才的存量与吸引力欠缺；而省内城际比较，则杭州、宁波位居前列。当然，个别学者十分关注文化创意产业的发展政策，尤其是城市文化创意产业园培育或创新型城市构建的人力资本集聚政策等。

地理学的经济地理学或文化地理学学者凸显空间性视角，较多学者从空间集聚视角研究文化创意产业的集聚动因、集聚模式及集聚发展环境，重点研究了：①杭州市文化创意产业空间布局，发现杭州市八大文化创意产业行业的区位因子与集聚区位差异明显，即信息服务业、动漫游戏业、设计服务业、现代传媒业对创新源、城市中心/次中心较为看重，而艺术品业、教育培训业、文化休闲旅游业、会展业等更注重交通可达性与自然环境质量等。②杭州或宁波的文化创意产业集群研究，多基于长三角地区或浙江省背景进行发展程度或模式等提炼，研究发现杭州或宁波市的创意产业园与上海、苏州尚存一定差距，尤其是集群内部企业构成、企业创意网络等方面，而且集群发展存在较多的市场不稳定因素。

建筑规划学学者主要关注城市三旧改造，在探索旧厂房或工业遗产改造时寻找最佳接续产业以充分利用历史遗存和文化底蕴。浙江学者非常关注京杭运河杭州段周边的旧厂房、民居的再利用等。韩育丹、徐杰等在研究杭州市旧工业建筑的更新时，认为适当改造建设创意产业园是较好的保护利用模式；傅栾、黄翊、楼小燕等更强调工业遗产的开发利用价值，选择适宜文化创意产业园进行地产营销无疑是较好的模式。

(2)尺度与文化创意产业研究的浙江实践

尺度是地理学的核心概念，文化创意产业研究过程中，各学科的学者总是会不经意地涉及该问题，主要表现在文化创意产业区际的宏观层面区域策略探索，影视、动漫、海洋、旅游等行业的中观层面产业经济研究，以及杭州、宁波等地创意产业园或创意企业的微观分析三个尺度。因此，文中尺度意指分析单元的相对大小，而尚未探索到文化创意产业发展的尺度规律等。

区域文化创意产业的宏观策略研究。学界研究浙江文化创意产业时，经常会将其置于全国、长三角、浙江省等视域进行对比分析或区域一体化研究。全国视域曾有将杭州的文化创意产业与北京、上海进行比较，研究发现杭州在集聚创意阶层、市场发育等方面具有优势；而长三角视域则研究长三角地区创意产业集聚、环长三角文化创意产业战略竞合背景的浙江抉择；省域则研究浙江文化创意产业的发展优势与特点、竞争力及其影响因素，还研究产业集群的动力机制、发展对策。

市域文化创意产业或重点行业的分析。杭州、宁波既是浙江文化创意产业研究的重点城市，也是浙江文化创意产业发展的高地。学界重点研究杭州文化创意产业现状与问题、竞争力、空间布局、集群及其影响因素、产业演进驱动模式、发展对策，以及杭州模式经验和域外比较；研究宁波文化创意产业时则涉及文化创意产业现状与发展对策、产业集群、文化旅游创意产业、港口文化产业等。此外，学界也注意到浙江其他地方的各具特色的文化创意产业，如丽水的生态观光农业、舟山的海洋文化产业、湖州的蚕桑文化资源开发，以及义乌、永康、温州、嘉兴等地文化创意产业。当然，浙江省重点发展的文化创意产业，如动漫、影视、海洋文化业倍受学界关注，学界主要讨论了浙江重点发展的文化创意产业的市场模式、资源基础及其所处的价值环节等问题。

城市的文化创意产业园区的微观研究。微观分析文化创意产业集中在:①创意产业园研究,如创意产业园的理论、沪杭创意产业园景观、杭州十大文化创意产业园区设计资源比较、杭州文化创意产业园发展模式、杭州创意产业园定位策略;②城市内部地块研究,如以杭州白马湖创意城为例探讨农村改造的创意产业发展模式、宁波江东区文化产业定位、浙江宋城集团在地方文化资源与创意经济发展的作用。

(3)浙江文化创意产业研究的主要领域

学界关注浙江文化创意产业,集中于研究文化资源开发、文化创意产业集群、文化创意产业发展影响因素、区际文化创意业对比、地方发展文化创意产业策略等方面。

文化资源开发研究。文化资源的开发是发展文化创意产业的前提和基础,浙江各地的文化资源独具特色。学界重点关注浙江舟山的岛、渔、盐、佛等文化资源利用、湖州含山蚕花节之于湖州市特色文化资源旅游挖掘、浙江省内毗邻区域文化资源的深度开发与有效整合,以及丝绸文化资源评价。研究认为浙江各地都重视文化资源的利用,但尚未构建合理的文化资源转化为创意产业的途径,未能实现文化资源优势的产业化。

文化创意产业集群研究。集群化发展是中国文化创意产业发展的重要趋势,也是产业政策引导核心原则。学界研究浙江文化创意产业集群主要关注内涵界定与特征、集群形成与发展的影响机制、集群的竞争力、集群评估指标体系的构建、杭州和宁波等地文化创意产业集群的实证。

文化创意产业发展影响因素研究。影响因素分析是摸清文化创意产业发展规律的重要环节,浙江学者探究了文化创意产业集群发展的影响因素、单因素对文化创意产业影响、创意产业竞争力影响因素等。研究发现:与京、沪、深相比,杭州动漫公司更易受到作品创作者、内外部环境、作品创意的实现及推广影响,创意产业园则易受到创新环境、网络环境和政府支持三方面影响。运用随机效应模型和Hausman检验,表明产业结构、人才、需求是浙江创意产业集聚的主要动因,而对创意产业集聚区影响创意企业竞争优势的研究表明集聚的规模效应与网络效应是创意产业集聚区的优势所在。

区际文化创意产业对比研究。学界经常将杭州与北、上、广对比,又会与国外城市比较,主要比较地方文化资源条件、文化创意产业规模、发展模式、产业发展定位、政府政策、人力资源等;在此过程中会运用文献分析、问卷调查、实地调查等方法。此外戴俊骋选取上海、广州、深圳、杭州、南京等城市与北京比较文化产业政策;研究认为,浙江发展文化创意产业的优势在于市场发育程度和民间资本的繁荣度。

地方发展文化创意产业策略研究。务实的浙江学界非常关心浙江文化创意产业发展的策略,即各地发展文化创意产业的政策、对策、战略。在寻找适宜策略时,学者们运用自组装理论、政府行为理论、3T 理论以及现实调查法、定位差距法等,构建适宜的产业发展政策。

当然,个别学者还关注了浙江文化创意产业人才培育和评价指数、创意产业与区域发展关系、创意产业品牌营销等。总体而言,浙江文化创意产业研究的理论探索与产业发展实践研究都处于起步阶段,缺少深入和系统的诠释,尤其是鲜见对浙江文化创意产业发展的资源、经济、人才基础等的评价与分析,发展历程和现状及存在问题的研判,浙江文化创意产业发展机制与集群培育机理的阐释等。

(4)浙江文化创意产业重点行业的研究

浙江文化创意产业的行业研究以影视和动漫为主,海洋文化产业是后起之秀。当然现有研究还涉及创意旅游业、生态观光农业等。①浙江省影视业以影视基地的形式发展,著名影视基地是横店、桃花岛、象山、西塘、杭州,其中横店备受学界关注。学界研究了横店、桃花岛、象山、西塘四个影视基地的现状、特点、不足、盈利模式与对策,以及横店影视业集聚发育、品牌构建、产业集群培育策略等。②动漫产业是全球文化创意产业的佼佼者,并形成了独特的产业链;杭州市发展创意产业之初就致力于打造中国"动漫之都",学界关注北京、上海、杭州及深圳等地的动漫创意商业化的影响因素,杭州动漫产业竞争力水平及产业发展环境以及在人文、资金、人才、体制等方面的问题和发展战略抉择,数字娱乐产业集群发展的竞争力比较。③海洋文化产业是浙江文化创意产业的新秀,也是浙江社科界 2010 年前后重点研究的对象,学界主要关注舟山、宁波和浙东地区。以浙江海洋学院和宁波大学为代表的浙东海洋文化研究聚焦区域海洋文化产业现状、集群发展模式和海洋经济示范区建设契机的策略响应。研究认为,浙东已经形成海洋旅游休闲、海洋影视、海洋节庆会展、海洋渔文化等区域特色明显的产业集群,然而在产业集群培育与地方特色资源衔接、市场体制等方面还亟待探索。

4. 浙江文化创意产业研究的挑战与未来重点

(1)浙江文化创意产业研究的贡献及困境

通过梳理和计量分析浙江文化创意产业研究成果,发现:①研究浙江文化创意产业的相关学者仍以经济学、地理学、建筑规划学为主体,这与全国研究文化创意产业队伍基本一致,然而区别在于浙江省尚未形成领军机构与研究团队,如国家社科基金项目数据库显示浙江省至今仅获得与文化创意产业相关的项目 3 项,即"文化产业集团的成长机制与政策取向研究(04BXW009)、我国文化创意产业园区发展现状、趋势及对策研究(12BXW046)、我国文化创意产业集群发展模式与优化路径研究(13BJL081)",同期国家共批准了 129 项,获得资助学者的产出与同类学者相比,缺乏高影响力的论著。②学界研究表明影视、动漫、海洋文化等应是浙江省文化创意产业重点发展的行业，而且发展基础与前景均优于沿海同类产业。③关于地方文化创意产业园和产业集群及文化创意产业发展的影响因素，浙江有别于全国的是较多企业的自主性、民间资本及产业政策引导相对吻合度较高；而创意产业发展的核心因素——创意人才或集聚创意人才的环境，杭州等城市相对弱于同类城市，但政府该类政策显然优于全国其他城市。④研究所涉及的领域，浙江学界较为滞后北京、上海的相关研究，既未能抓住文化创意产业的前沿领域，又未在文化资源利用、创意集群、产业发展影响因素与发展模式、政策等领域深入探究。概而言之，浙江文化创意产业的现有研究尚在理论探索、政策评估与制定、地方需求等方面存在较大差距，在培养研究人才队伍上更落一筹。

(2)面向文化强国和海洋强国的浙江文化创意产业研究前瞻

文化强国、海洋强国是21世纪中国的两项重要国家战略，浙江作为海陆兼备的沿海经济大省、文化资源富集的省份，必须创新发展文化创意产业，勇于开拓文化创意产业学术探索与相关实践。当前，国外重点关注：①产业经济学视角的创意产业链研究，即创意源培养与开发，创意孵化产品的资本、媒体技术、市场营销，创意商品的网络式衍生与产业化，创意产业发展过程中地方阶层与社会财富分配，产业政策等；②人文地理学视的的企业集聚、文化创意集群、产业空间、创意网络与创意城市及其全球—地方链接、就业与文化艺术市场、创新与社会网络等。此外，国外更注重利用质性方法解释创意产业发展相关议题的内在逻辑。因此，浙江文化创意产业研究必须选准突破领域与研究样区，即研究浙江文化创意产业必须以影视产业、动漫产业、海洋文化产业为重点，并紧扣杭州、宁波、舟山等相关产业发育高地进行系统的数据采集、创意阶层访谈与调查、关键企业调研，扎实跟踪浙江文化创意产业发展；当然，还应该积极争取国家社科基金、自然科学基金、艺术科学基金资助，推动浙江省级社会科学重点研究基地的协同创新，培养学术领军人物，建设三个重点行业的研究团队，实现研究队伍与机构的协同提升。

六、文化创意产业发展的科技创新驱动论①

"文化创意产业"一词在2000年前后被引介到中国。国内早期使用文化产业概念，仅限定在娱乐产业，特指歌厅、舞厅、网吧等场所的娱乐活动，常与文化事业相混淆。党的十六大对公益性文化事业和经营性文化产业进行了区分，并在文化体制改革中予以体现，从而使文化产业超出了娱乐范畴，获得独立发展。作为一种新兴产业形态，文化产业被纳入国家的统计体系始于2004年，试行几年之后，2012年国家统计局发布了新的统计标准《文化及相关产业分类(2012)》，然并未涉及创

① 马仁锋，唐娇，张弢，等.科技创新带动文化创意产业发展研究动态与中国议题[J].经济问题探索，2012,(11):93-99.

意产业的专业性统计。虽然文化创意产业在中国起步晚，但正值中国居民日常消费从以物质为主过渡到以文化为主的消费结构转换阶段，发展后劲十足。中国已明确提出要大力推动文化产业跨越式发展，使之成为新的经济增长点、转变经济发展方式的重要着力点，并进行了系列顶层设计。2009年国务院发布了《文化产业振兴规划》，将文化创意产业的发展提升到国家战略层面；"十二五"规划提出"推动文化产业成为国民经济支柱性产业"，党的十七届六中全会通过的《中共中央关于深化文化体制改革推动文化大发展大繁荣若干重大问题的决定》提出要建设文化强国，并进一步重申推动文化产业成为国民经济支柱性产业这一重大论断。

2005年以来中国文化创意产业呈现出逐年向好的发展趋势，特别是在应对国际金融危机冲击的过程中，文化产业逆势而上，发挥了重要作用。国家统计显示，2004年全国文化产业增加值仅为3102亿元，到2010年则达到11052亿元，年均增速为23.28%，高于同期GDP增速近5%。而且在世界金融危机期(2007—2010年)，中国文化产业平均增速为24.19%，高于同期GDP增速近1倍。2011年末，上海、北京、南京、广州、杭州、成都、宁波等城市的文化创意产业产值占地方生产总值的比重均超过8%，成为我国经济增长的新亮点。此外，全国近40个大中城市已建有400余个创意产业园，文化创意产业在传承城市文脉、复兴城市三旧区域、创造就业和促进城市可持续更新中发挥了巨大作用。

虽然我国文化创意产业近年来发展成绩喜人，但是应认识到中国文化创意产业发展的基础薄弱、社会化大生产程度低、产业规模很小、国际竞争力非常弱。2011年我国文化创意产业产值占全国GDP不足4%，占世界文化创意产业市场份额不足3%；而发达国家文化产业产值占国内GDP的份额平均都在10%左右，其中英、美、日等国的创意产业产值占本国GDP比值都在20%以上，美国占世界文化产业市场份额甚至高达43%。我国文化创建产业发展现状与我国作为经济大国和文化资源大国的地位很不相称，也与建设文化强国的目标相距甚远。为此，如何加快我国文化创意产业跨越式发展，提升其国际竞争力，以增强国家软实力，是一项紧迫而又重要的任务。

(一)科技创新是文化创意经济发展的动力源泉

1.技术进步驱动文化创意产业商业模式革新

从康德拉季耶夫长波周期看，技术变化成为商业尤其是产业演替的根本动力(表1-1-6-1)，如第5个长波周期(2004—2060年)中IT、ICTs、数字技术等成为文化创意产业的技术核心。进入后工业社会，后福特制生产模式仍将主导商品与服务生产，然以文化创意的生产与消费将成为第5波中继生物医药、环境技术之后的主导产业，形成以知识和创意为核心的产业经济。文化创意产业的成长不仅是第5个长波周期形成的新兴生产模式，也是个性化消费，更重要的是对于时尚、艺术、音乐等的评论成为生活方式，更多的艺术家和设计者成为企业家，从而创造更多的新工作岗位并将出售地方、国家、全球的文化艺术与设计产品，而且通过互联网和数字技术形成虚拟市场以服务于艺术家的生活与生产，这直接推动消费者与生产者间关系变迁，并为个性化消费提供便利。这种商业模式突出特征是层级性个性消费、手工技艺、工作坊、个人咨询委员会、新建筑与城市艺术等，它不仅是经济长波周期生产模式转变，更是数字媒体与网络技术驱动产品、以个人创意和知识为主线组织生产与营销的商业发展模式转向。

表 1-1-6-1　长波周期、技术变化和商品、服务生产模式演化

长波周期时段	生产模式	组织者	主导技术	经典商品与服务
1781—1840	晚期商人作坊	商人与手工艺家	个人工艺	纺织与服装
1840—1890	早期规模化生产	工业家	机械技术	道路、重型机械
1890—1946	规模生产	工业家	电器技术	汽车、电子产品
1946—2004	弹性专业生产	服务、供给者	微电子技术	计算机、电子产品、航空、家庭用品
2004—2060	个性化消费主导生产	品味的仲裁者	IT、互联网、数字技术	设计服务与艺术品

2.创新之母"创意"及其技术化驱动文化创意产业多样化与城市经济高级化

作为艺术及文化创意产业的核心，"创意力"的发掘与应用，成为推动文化创意产业演化的重要动力源：首先，最直接体现在影像业、电视业、电影业、出版业、文化产业等发展过程中的诸多创意与技术创新①，及发明物在生活中的直接应用(图 1-1-6-1)；其次，艺术创意最直接应用于城市建筑、景观和城市文化艺术产业等方面，如在 19 世纪 80 年代末的欧洲和北美诸多大城市更新过程中，艺术与文化作为城市复兴工具被广泛应用于历史建筑的维护与科学利用、城市改造项目、城市公共空间建设、城市就业机会创造、城市形象改善和提升战略等②。以上内容表明创意及其技术化既是城市生活的重要内容，又是城市新产业的灵魂。

3.技术演进及创意化应用引导生活方式变革，从而诱导城市新兴产业形成

技术创新对城市的影响是全面的、深刻的，主要集中在城市产业的生产过程、

① 尤芬，胡惠林.论技术长波理论与文化产业成长周期[J].上海交通大学学报(哲学社会科学版)，2007(4)：66-73.

② Whitt A. Mozart and the metropolis: the arts coalition and the urban growth machine [J]. Urban affairs Quarterly, 1987(1): 15-36.

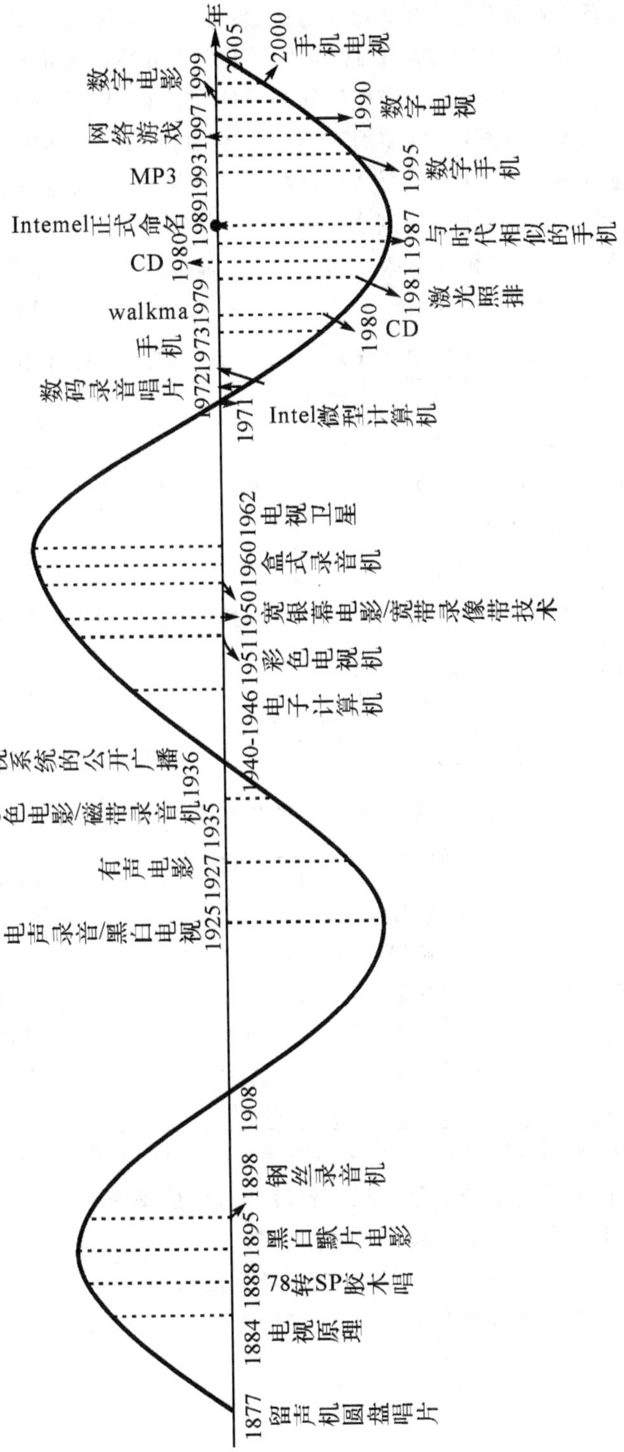

图11-6-1　创意与技术发明应用驱动文化创意产业演进(以影视、广播、电视行业为代表)

新产品和新产业诞生、城市文化的形式、城市物理环境与空间结构和人的生活方式(表 1-1-6-2)等;而每次技术革命不仅是研究发明的重大推动,更是发明创新被迅速应用于经济、社会生活。当然创新与发明家们集聚于某些区域或某些城市,便形成了创新人才高密度区,促使面对面交流及虚拟交流社群成长、新兴产业诞生、新型工作与休闲方式形成等,而这些又提升了区域形象,加速集聚创新资本与创意阶层进入,使城市获得创新与创意的原动力,加速新产业的诞生。当所有的技术进步,都成为生活方式和自我选择,人类会更加和谐、自由、时尚地生活,并创造出新的技术和技术应用路径,这必将推动城市新兴业态和新经济快速形成与发展。

表 1-1-6-2 技术演进对人类生活方式影响:以媒介技术为例

阶段	基本特征					对人类生活方式影响
	方式	起源年代	方法/技术	能源来源	讯息	
口语	双向	4 万—9 万年前	动作/语言	体力	图像/声音	话语权、言传身教、面对面
文字	单向	公元前 3500 年	文字	体力	文字	固化知识传播的阶层
印刷	单向	89—104 年	纸/印刷品	机械	文字/图形	知识垄断权被打破,形成新职业与新产业,文学发展繁荣
电子	单向	1839 年	电报/有线电	电力	文字	技术成为政治奴役社会与民众之工具,形成以通信为主的新产业和职业阶层,电子媒介促成娱乐的商业化
	双向	1876 年	电话/无线电	电力	声音	
	单向	1936 年	电视/卫星	电力/电子	图像/文字/声音/图形	
网络	双向	1990 年	数字信息/线缆/无线电/卫星/光纤/集成电路/计算机	电力/电子/光电子/硅晶	图像/文字/声音/图形/数据	网络推动了政治民主,也消减了民众社会责任;催生了网络经济和虚拟空间,带动了地球村式的教育、学习、购物空间与行为,促成多元化与个性化的社会群体成长

资料来源:孟庆丰. 媒介技术的演进及其社会影响分析. 南京:南京理工大学,2007。

(二)科技创新影响文化创意产业发展机理的国内外研究动态

1. 文化创意产业理论研究现状及趋势

(1)西方"文化创意产业"理论溯源及其流派

文化创意产业虽是在 1997 年由英国 *Creative Industries Mapping Document*

1998 界定[①]，然其理论源头是法兰克福学派的“文化工业理论”。法兰克福学派的代表人物阿多诺（Adorno）和霍克海默（Horkheimer）于 1947 年合著的《启蒙辩证法》中首次提出了文化工业的概念[②]，而法兰克福学派其他学者对这个概念进行了扩展。虽然该理论对文化产业持消极否定的态度，带有明显的时代特征和局限性，但它却开辟了系统研究文化产业理论的先河。之后，西方文化产业的理论研究有了长足进展，形成两大流派：一是侧重对文化产品的内容进行意识形态层面的探讨，同时注重对文化产业的符号生产机制和符号生产原则进行研究的基础理论研究学派，代表性学者有雷蒙·威廉姆斯、斯图亚特·霍尔、约翰·费斯克，如约翰·费斯克从经济学角度对文化的产生、消费及价值交换进行解释，提出了“文化经济”概念；二是以解决实际问题为目的，侧重研究文化产业实践、文化产业政策等的应用理论研究学派，研究内容包括文化产品的研发、生产和营销以及文化产品提供企业的管理和运作等方面的理论，如查尔斯·兰蒂将经济学的“价值链分析法”引入了文化产业的研究，认为文化产业整个过程包括文化产品的创意、产生、流通、传送、最终接受五个阶段。

（2）起步阶段的中国文化创意产业研究阵营与动态

中国文化创意产业研究起步较晚，但以文化产业为概念的相关研究发展较快。2006 年前后，国家文化部先后在北京大学、上海交通大学、清华大学、南京大学、四川大学、华中师范大学、中国海洋大学、南京航空航天大学、云南大学等成立了国家文化产业研究中心，相关学者出版了一批专著，发表了系列学术论文。目前，国内文化产业理论研究，集中在内涵和外延的界定、发展绩效评价、产业政策和战略的探讨、集群发展和竞争力分析、城市创意产业和数字内容产业等个案研究，以及文化产业的行业研究、区域与国际比较研究等。总体而言，我国文化产业研究尚处于百花争鸣的起步阶段，还没有建立系统的理论研究体系，在诸如内涵、外延、评价指标、发展动力与机理等方面还存在诸多争议。

2. 科技促进文化创意经济增长理论的研究现状及趋势

（1）国外科技促进文化经济增长研究的源与流

科技促进文化经济增长研究的源头，可追溯到科技与经济增长关系。科技促进经济增长理论的萌芽是亚当·斯密对技术进步与市场关系的相关论述，其在《国民财富的性质和原因的研究》中指出“国家的富裕在于分工，而分工之所以有助于经济增长，一个重要的原因是它有助于某些机械的发明，这些发明将减少生产中劳

① DCMS. Creative industries mapping document 1998[R]. London: GB Department of Culture, Media, and Sport, 1998.

② 罗松涛. 文化工业的批判与反思——试论阿多诺的文化哲学[J]. 中国特色社会主义研究，2012(2): 104-110.

动的投入、提高劳动生产率。”马克思、恩格斯对科学技术在经济增长中的贡献的论述为“劳动生产力是随科学技术的不断进步而不断发展的”。熊彼特在1912年出版的《经济发展理论》一书中首次提出和使用了“创新”这一概念，认为创新才是资本主义经济增长的核心。罗伯特·索洛(1957)提出了经济增长的索洛余值，并认为这个余值是技术进步所带来的，但却假定技术进步是外生变量，而这一假定把技术进步排除在影响经济增长的最重要因素之外。之后，丹尼森(1962)把经济增长因素分为两类：一类是生产要素投入量，传统的生产要素包括人力、资本和土地等；另一类是全生产要素生产率(TFP)，可分解为资源配置的改善、规模节约、知识进展等，其也被称为“广义技术进步”。进入20世纪80年代后期，卢卡斯、罗默等学者把科技进步促进经济增长的研究向前推进了一大步，建立了诸如卢卡斯的人力资本溢出模型(1988)和罗默的知识溢出模型(1990)等一系列把科技进步作为内生变量的技术进步增长模型，并据此提出了“新增长理论”，认为如果一个经济活动在生产技术方面进步的速度和路径由这个经济系统内在需求所决定，而不是外生决定的常数，那么这种技术进步可称为“内生技术进步”。因此，内生技术进步是经济增长的一个重要源泉。

(2)中国科技促进文化经济增长研究的主要领域与阵地

我国对于经济增长中科技进步因素的学术研究起步较晚，但近年也取得了一些进展。首先，中国政府部门与学术界普遍认识到科技进步对促进经济增长的作用与贡献。其次，科技进步对经济增长贡献率的测算不断发展，如：①科技部系统、国家发改委和国家统计局创造性地研究了科技进步对中国农业、制造业、工业和国民经济的贡献率；②中国社科院数量经济与技术经济研究所曾在20世纪80年代末起与美国哈佛大学合作，对中国经济增长与生产率问题进行了深入研究；③教育部高校系统代表性的学者(李京文、史清琪、周方、张军、邹志庄、赵志耘等)积极引介国外科技进步理论，并对国内部分省份展开实证研究。但从国内现有文献看，相关机构和学者尚未关注科技进步对文化创意产业发展的促进作用。

3.科技创新带动文化创意产业发展的研究现状及趋势

(1)国外研究现状与动态

从科技视角研究文化产业发展的中国文献较少，较有影响的见于经济学家对产业发展中科技进步因素的理论探讨。约瑟夫·熊彼特(1942)提出产业发展过程实质就是在技术创新主导下不断从内部革新经济结构，即不断地破坏旧结构、不断地创造新结构的一种创造性破坏过程，并认为“创新不是孤立的事情，也不是在时间上的均匀分布，而是趋于群集或成簇地发生，这仅仅因为科技成功创新之后，首先是一些、接着是大多数企业会步其后尘”。20世纪五六十年代，西蒙·库兹涅茨在研究产业发展规律时指出：“从单一产业部门来看，其产生与发展的过程往往是与创新的兴衰相联系的。”此外，罗斯托(1963)《在工业化和经济增长的比较研究》

中也认为每个经济阶段演进都是以主导产业部门的更替为特征的，而依靠科技进步形成持续高速增长的上升率则是主导产业的典型特征。进入20世纪80年代，迈克尔·波特(1980)在其《竞争战略》一书中认为，产品创新、过程创新和专有知识的扩散是产业发展的重要因素：产业发展的主要来源是各种类型的技术创新，其中产品创新可扩大市场因而促进产业发展或加强产业的差异化，过程创新能增加或减少生产过程的资本密集性、提高或降低规模经济性，专有知识的扩散则会影响产业的竞争优势。近年来经济地理学界和管理学界逐渐关注技术扩散与产业发展，主要集中在：①宏观尺度的技术扩散研究，主要从技术扩散、技术贸易、技术选择的角度研究了发达国家与发展中国家技术扩散的特点、模式、效用、技术追赶路径以及海外R&D布局等问题[①]；②微观尺度的技术扩散研究，分别论证了技术创新的持续性、集群性和企业创新机制[②]；③基于跨国公司的全球生产网络、本土公司战略和本土公司所在区域的优势相互之间的战略协同，从技术学习视角研究产业与区域创新发展[③]。对科技创新与文化创意产业发展关联的研究还集中在集群内学习、网络学习、创意产生过程等。[④]

(2)国内研究现状与动态。随着科技在经济社会发展中的地位日益凸显，国内研究文化创意产业的个别学者开始从科技视角来对其进行研究。胡惠林提到了文化产业发展的“科技前导规律”，认为生产技术与传播技术是推动文化产业革命的主导力量，还比较分析了技术长波理论与文化产业成长周期的关系；解学芳对科技创新和文化产业发展进行了历史分析，认为科技发展与文化产业管理制度建构之

---

① Boschma R A, Anne L J. Knowledge networks and innovative performance in an industrial district[J]. Industry &Innovation, 2007, 14(2): 177-199; Coe D T, Helpman E, Hoffmaister A W. International R&D spillovers and institutions[J]. European Economic Review, 2009(2): 1-19; Kuo C, Yang C. Knowledge capital and spillover on regional economic growth: evidence from China[J]. China Economic Review, 2008, 19(4): 594-604; Maskell P, Malmberg A. Myopia, knowledge development and cluster evolution[J]. Journal of economic geography, 2007, 7(5): 603-618; Ozman M. Inter-firm networks and innovation: asurvey of literature[J]. Economics of Innovation and New Technology, 2009, 18(1): 39-67.

② 曾刚，林兰. 技术扩散与高新技术企业区位研究[M]. 北京：科学出版社，2008；王缉慈. 超越集群[M]. 北京：科学出版社，2010.

③ Birkinshaw J, Hamel G, Mol M J. Management Innovation[J]. The Academy of Management Review, 2008, 33(4): 825-845; Chen L. Learning through informal local and global linkages: the case of Taiwan's machine tool industry[J]. Research policy, 2009, 38(3): 527-535; Guo B, Guo J J. Patterns of technological learning within the knowledge systems of industrial clusters in emerging economies[J]. Technovation, 2011, 31(2&3): 87-104.

④ Castaer X, Campos L. The determinants of artistic innovation: bringing in the role of organizations[J]. Journal of Cultural Economics, 2002(1): 29-52; Comunian R. Exploring the role of networks in the creative economy of North East England: economic and cultural dynamics[A]. //Barney Warf. Encounters and Engagements between Economic and Cultural Geography[C]. Dordrecht: Springer, 2012; Earl P E, Potts J. The creative instability hypothesis[J]. Journal of Cultural Economics, 2012(3): 32-52.

间形成了互动和谐的逻辑关系，在短期视域内文化产业管理制度与科学技术进步之间存在时滞性，是一种反逻辑的演进轨迹，特别是技术反文化特性与管理主体利益初衷导致两者存在明显的"时间差"问题；张培奇、雷鸣、朱宁嘉等也对科技与文化产业发展的内在关系进行了类似的分析。另外，顾江采用赫芬达尔指数测算法，对我国30个省区市的文化产业和高新技术产业的融合程度进行了实证分析，并提出依靠科技创新促进文化产业转型升级的路径选择。总体来讲，国内学者已从科技视角对文化产业展开了一些研究，但是这些研究基本上是理性辨析，还没有形成系统的理论基础体系和研究框架，更缺乏对此问题的实证研究等。而对于创意产业与科技进步关联研究，主要集中在创意产业区或创意集群内的缄默知识学习与分享、信息技术与创意产业、创意企业网络学习等①。

4.国内科技创新带动文化创意产业发展研究的评价

国内科技创新带动文化创意产业发展研究的主要特点是：第一，国内外文化产业和科技进步单个侧面的研究成果较为丰富，但同时也还存在一些改进和发展的空间，主要集中在逻辑分析框架的系统化与理论化方向，且需紧扣创意经济学与科技经济学的融合；第二，国内科技和文化创意产业交叉研究的成果较少，且较多集中在理论可行性的辨析，注重在理论指导下的实践，还没有建立比较完整的理论体系和研究框架，特别是实证研究严重不足。总体而言，我国科技创新带动文化创意产业发展研究处于起步阶段，缺乏有理论影响力和实践说服力的本土化研究成果，尤其是实证研究。

（三）科技创新带动文化创意产业发展的研究逻辑

1.核心概念研究

国内外综述表明，科技创新带动文化创意产业发展机理研究面临的基本问题是界定清楚文化创意产业、文化科技创新、科技创新带动产业发展等核心概念，因此，未来研究应梳理相关核心概念的源与流，阐明其本质特征与统计范畴，以便为国内实证研究与政府决策创造有利的科学前提与统计基础。

2.关键问题探索

关键问题一：构建基础性理论。通过科学的研究范式和方法，构建文化创意产业发展的科技带动理论，应是研究的重点。如果没有对文化创意产业发展的科技创新带动理论的相关范畴进行科学界定，没有掌握文化创意产业发展和科技创新的内在关联性，没有挖掘、揭示出一些基础性理论问题，那么后续研究中就无法构

① 肖雁飞，廖双红．创意产业区新经济空间集群创新演进机理研究[M]．北京：中国经济出版社，2011；朱华晟，吴骏毅，魏佳丽．发达地区创意产业网络的驱动机理与创新影响[J]．地理学报，2010，65(10)：1241-1252；于鹏，杨燕英，刘寿先．文化创意产业集群内部的知识流动研究[J]．现代传播，2011(8)：153-154.

建出科学的实证分析模型，制定出前瞻性强的政策建议。

关键问题二：建立科学的计量经济模型和系统仿真模型。实证分析模型关系到研究结果是否符合实际，在相当大的程度上决定着研究质量的高低。因此，根据中国客观情况，利用科学的方法，建立科学的计量经济模型和系统仿真模型是未来研究需重点解决的关键问题。

关键问题三：建立完善的实证研究数据库。建立完善的数据库是实证研究的基础。然而，在资料收集时，部分资料不易取得，并且有些数据可能由于口径、计算方法不一致而难以兼容。特别是由于中国文化创意产业发展起步较晚，在文化创意产业统计上存在统计资料缺失、统计口径不规范以及重复计算等诸多问题。对此，应该采用样本点实地调研的方式来解决，获取相应的数据。

关键问题四：提出前瞻性的、落地的政策建议。研究终极目的在于提出科技与文化相融合的政策，促进文化创意产业可持续发展，使文化创意产业成为中国支柱性产业。为此，必须进行理论创新，提出的政策建议不仅要求能够落地、具有可操作性，而且更要求具有前瞻性，能够真正实现引领文化产业的大发展。

3. 重要领域实证

文化创意产业演化轨迹表明其每一步跨越都是建立在科技创新基础上的。然而，文化创意产业的类型日益多样和丰富，而且科技创新在不同类型的文化创意产业中的贡献与作用机理也不尽相同。因此，科技创新带动文化创意产业发展研究的重要领域主要包括：一是根据核心概念的界定和统计范畴，厘清文化创意产业的行业分类体系以及相应的科技 R&D 统计规则，尤其是从市场主体——法人视角研究核心概念与统计规则；二是从历史演化视角梳理科技创新和文化创意产业发展的演化历程；三是科技创新与文化创意产业发展的互动机理研究；四是科技创新带动文化创意产业发展评价研究，即探究科技创新对文化创意产业发展的影响因子、评价指标体系、评价方法与模型等；五是文化创意产业发展的科技支撑战略，尤其是从国家、区域、地方或城市三个层面探究科技创新资源的优化组合与配置机制，以提升文化创意产业的科技资源空间响应能力；六是探究科技带动文化创意产业发展的城乡统筹与国民福祉均衡问题。

第二节　文化创意产业群集重塑城市—区域关系

工业社会以来，城市—区域形成一定规模和结构体系。然而，进入 21 世纪后文化创意产业迅速兴起，日益成长为各大、中、小城市的重要产业。国内外实践表明创意产业对提高城市竞争力、促进城市创新发展有重要作用。那么，在城市群地区，文化创意产业对城市转型的作用能否带动大城市周边的小城市崛起，从而实现城市群内部城市结构体系的改变？另外，文化创意产业的行业范畴比较宽泛，包括媒体业、艺术业、网络信息业、软件业、时尚业、建筑设计业、工业设计业、咨询服务业、广告及会展业、休闲娱乐业等，那么这些小城市又凭借什么类型的文化创意产业实现城市位序提升，这些城市在国家、区域、城市群等不同尺度下所发生的等级跃升又有什么不同？

一、文化创意产业生产过程特性与生产网络

英国 DCMS（Department for Culture，Music，Sport）创意产业工作小组（Creative Industry Task Force）发表的 *Creative Industry Mapping Document* 1998 首次明确界定文化创意产业："所谓的创意产业是指那些从个人的创造力、技能和天分中获取发展动力的企业，以及那些通过知识产权开发创造潜在财富和就业机会的活动。"可见，文化创意产业实质包括文化创意企业提供的文化创意产品和服务。对于文化创意产品特性的研究，国内外学者从不同角度进行了探讨：Scott 指出蕴含观念价值于其中的文化资本是决定创意产品价值的关键而不是单纯的使用价值①；Howkins 强调创意产品的原创性，认为源于创作者创意的创造性使得创意产品成为一种具有经济价值的创造性商品或服务②；Carreiro 认为技术对于创意产品的研发和生产具有重要影响。中国学界郭小东等通过对创意产品的出口研究认为创意产品对知识产权较为敏感，产品贸易受到距离远近的影响③；林明华等认为文化、经济和技术的有机融合形成了创意产品的本质④。可见，文化创意产品注重原创性和文化价值的蕴含，受到技术进步的影响，在市场上具有高风险性且受到贸易距离的影响。

然而，文化创意产业的独特性除了体现在产品方面，还体现在产品生产过程方面。(1)创意人才的集聚性。由于原创性的要求，创意创新是文化创意产品生产过程中不可或缺的，而创意创新的源头是创造者自身知识、文化、信息等。因此，文化创意产品的生产过程需要大量具有创意的人才，以保证持续不断的创新活动。(2)经济环境的适宜性。一方面，文化创意产品的高附加值性主要面向中高端消费市场；另一方面，文化创意产业的高风险性需要寻求市场资本的投资来降低风险。因

---

① Scott A J. The cultural economy of cities：essays on the geography of image-producing industries [M]. London：Sage，2000：204-206.

② Hartley J. The creative economy：how people make money from ideas [M]. London：Allen Lane，2001.

③ 郭小东，吴宗书. 创意产品出口、模仿威胁与知识产权保护[J]. 经济学(季刊)，2014，13(3)：1239-1260.

④ 林明华，杨永忠. 中国创意产业发展的影响因素及策略研究[J]. 华东经济管理，2012，26(8)：19-23.

此，文化创意产品的生产和消费均需要较高水平的经济环境。(3)文化环境的适宜性。文化创意产品本身蕴含的文化价值，实质是一种特定消费群体的价值观念。同时，由于不同消费者持有的文化观念不同，对文化创意产品的需求也呈多样性。因此，文化创意产品的生产需要和谐、包容、多元化的文化环境。(4)技术创新的渴求性。作为产品创意创新核心的一部分，技术的研发和迁移应用对于文化创意产品的构成有着重要影响，同时也导致文化创意产业非常注重知识产权保护的制度环境。

正是由于文化创意产品及其生产过程具有以上特性，文化创意产业具有生产网络特征。Caves 等认为文化创意产业在地理空间上通常表现为集聚性，其产业组织则呈现出网络化特征①；Yusuf 认为由于文化创意产业需求情况的不稳定性和依赖多种资源融合的特性，创意企业比普通制造企业更依赖于产业网络；Scott 认为这种跨越产业边的网络关系，能促进创意程度提升，使得企业获得更多的创意资源②；Jason Potts 试图从社会网络市场角度基于市场的需求与供给来界定创意产业③。国内对文化创意产业生产网络的研究较晚，基本延续国外的研究思路。杨锐等从网络结构、关系互动视角对苏州 IT 产业的创新活动影响进行分析，认为基于不同知识基础的创新活动需要建构不同的网络关系组合和相应的网络结构。④ 朱华晟等以上海市创意设计业为例，认为创意产业存在网络关系，基于投入产出关系的产业链分工协作仍然是网络驱动的重要逻辑。⑤ 李蕾蕾以深圳传媒产业“大事记”作为数据来源，详细叙述了影响深圳传媒产业发展历程的社会地理关系网络可视化的方法，揭示了传媒产业“社会地理网络”的存在。⑥ 可见，文化创意产业的区位网络化趋势已经逐渐显现，但这些案例多是单个城市文化创意产业的某一行业，在更大区域和维度上尚未突破。

---

① Caves R. Creative industries: contracts between art and commerce [J]. MA: Harvard University Press, 2000; Heur B. The clustering of creative networks: between myth and reality [J]. Urban Studies, 2009, 46(8): 1531-1552.

② Scott A J. The cultural economy of cities: essays on the geography of image-producing industries [J]. London: Sage, 2000.

③ Potts J, Cunningham S, Hartley J, et al. Social network markets: a new definition of the creative industries[J]. Journal of Cultural Economics, 2008, 32(3): 167-185.

④ 杨锐，李伟娜. 网络结构、关系互动对创新活动的影响——苏州 IT 产业集群实证分析[J]. 科学学研究，2010，28(7)：1094-1103.

⑤ 朱华晟，吴骏毅，魏佳丽，等. 发达地区创意产业网络的驱动机理与创新影响——以上海创意设计业为例[J]. 地理学报，2010，65(10)：1241-1252.

⑥ 李蕾蕾. 中国文化创意产业集聚区(或园区)的经济与政治分析：网络集群与空间政治[J]. 中国文化产业评论，2012，26(1)：53-61.

二、文化创意产业空间集聚—扩散及其影响因素

全行业或区域层面文化创意产业的布局特征是倾向集聚于大城市中心区以及边缘区。Caves认为创意活动的空间集聚往往会发生在大城市①；Scott强调大城市对创意产业发展具有重要作用，Hutton发现大都市创意产业倾向集中于城市中心及边缘地区②；Currid发现在纽约具有原创性和创新性的地方往往容易集聚艺术和文化行业，它们的行业分布也相对集中③。李蕾蕾指出国内文化创意园集聚更多是政府主导规划而成而不是自发集聚，导致园区内企业“各自为政”，互不交流，没有产生集群效果，此类创意产业园发展实际上已经步入误区。④ 分行业或城市内部文化创意产业的空间布局具有一定的分异性。如O'Connor认为高度集聚的艺术园区表明城市特定地区对创意产业有强烈的吸引力。Hutton提出大城市内城和中央商务区边缘地区特别是那些历史建筑对于以设计和创意服务部门为主的创意产业园有特别的吸引力；同时还认为不同层次的设计和创意服务行业分布在城市的不同地点，知名的设计企业和普通设计企业的集聚分布多数按层次从中央商务区向中央商务区边缘和内城区域延伸，从内城的外围向中等规模城镇扩散是生产性服务业的扩散路径。⑤ Markusen等研究发现休斯敦以南地区文化创意产业的空间分布经历由房租低廉的旧城区向周边迁移的过程。⑥ 褚劲风对上海创意产业集聚园研究后指出，上海创意产业园空间分异是市场和政府多方发力导致的，最终形成了市场需求导向、政府主导推进轮流影响互相联动的园区发展模式。⑦ 罗蕾对武汉市中心城区不同类型的创意企业进行空间分布特征分析后，认为创意企业具有显著的趋城市中心特性，并且有“多中心”的商圈集聚格局，不同类型的创意企业表现出不同的空间形态、密度和发展阶段。⑧ 马仁锋认为文化创意产业园“形成”和“发展”两个阶段受到的影响因素并不完全一致，这将导致不同阶

---

① Caves R E. Handbook of the economics of art and culture[M]. New York: Elsevier, 2006.

② Hutton T. The new economy of inner city [J]. Cities, 2004, 21(2): 89-108.

③ Currid E. New York as a global creative hub: a competitive analysis of four theories on world cities [J]. Economic Development Quarterly. 2006, 20: 330-350.

④ 李蕾蕾. 文化创意产业集群的概念误区与研究趋势[J]. 深圳大学学报(人文社会科学版), 2009, 26(4): 66-67.

⑤ Hutton T. Reconstructed production Landscapes in the postmodern city: applied design and creative services in the metropolitan core [J]. Urban Geography, 2000, 21(4): 285-317; Hutton T. The new economy of inner city [J]. Cities, 2004, 21(2): 89-108.

⑥ Markusen A, King D. The Artistic Divided: The arts hidden contributions to regional development [R]. Minneapolis: University of Minnesota, 2003.

⑦ 褚劲风. 上海创意产业园区的空间分异研究[J]. 人文地理, 2009, 24(2): 23-28.

⑧ 罗蕾, 田玲玲, 罗静. 武汉市中心城区创意产业企业空间分布特征[J]. 经济地理, 2015, 35(2): 114-119.

段的文化创意产业在区位选择上出现差异性。[①]

文化创意产业空间布局具有一定要素趋向性。Florida 对文化创意产业的重要载体——创意阶层(creative class)提出"3T"准则，认为科技、人才、宽容度是影响创意阶层集聚和文化创意产业发展的主要因素[②];Glaeser 在 Florida 的"3T"准则的基础上提出了"3S"理论，即阳光、技术和城市蔓延，强调环境对文化创意产业的影响[③];Landry 将文化创意产业区位因素总结为七要素[④];Frenkel 等分析美国创意阶层对居住区位选择时发现除了最重要的经济水平、住房负担能力、通勤时间外，文化和以文化为导向的生活方式也是相对重要的因素，这也在一定程度上肯定了 Florida 在创意阶层"3T"要素中以宽容度为指标代表的文化导向对创意阶层集聚的影响[⑤]。Christopher Ling 试图探究景观与创造力之间的关系，认为生态边缘具有多样性的景观对创意阶层具有一定的吸引力，多样性的景观与城市社区的创造活力有着潜在联系。[⑥] 不同于国外学者注重创意阶层的研究，国内学者更多从产业视角探讨文化创意产业的影响因素。蒋慧等认为创意产业园所在城市或地区为创意阶层和创意企业提供良好的外部条件，包括文化政策、产业政策和法制环境等，这对各种创意企业的进驻产生强大的吸引力。[⑦] 申玉铭在个体城市层面对中国 35 个主要中心城市创意产业发展支撑条件进行定量评价，认为文化创意产业主要受基础设施、科技、人才和政府服务等影响。[⑧] 文婷从省域尺度出发以考虑空间相互影响为前提，实证计量、分析了人才、技术、宽容、政策和基础设施 5 种要素对中国省域文化创意产业发展的影响程度，认为技术因素是文化创意产业发展的最重要因素，其次是宽容和人才因素。[⑨] 陈汉欣分析了深圳文化创意产业基本特点，提出文化创意产业集聚区形成原因：一是提供文化创意产业的空间和载体；二是形成文化创意产业内部各行业之间，以及创意产业和其他产业经济之间的互动机制；

---

① 马仁锋. 创意产业区演化与大都市空间重构机理研究[D]. 上海：华东师范大学，2011.

② Florida R. cities and the creative class [J]. City & Community, 2003, 2(1):3-19; Florida R. Cities and the creative class [M]. London: Routledge, 2005.

③ Glaeser E L. Review of Richard Florida's the rise of the creative class [J]. Regional Science and Urban Economics, 2005,35: 593-596.

④ Landry C. The Creativity City Index [J]. City, Culture and Society, 2011,(2): 173-176.

⑤ Amnon F, Edward B, Sigal K. Residential location choice of knowledge-workers: the role of amenities, workplace and lifestyle [J]. Cities, 2013,35: 33-41.

⑥ Ling C, Dale A. Nature, place and the creative class: Three Canadian case studies [J]. Landscape and Urban Planning, 2011,99: 239-247.

⑦ 蒋慧，王慧. 城市创意产业园的规划建设及运作机制探讨[J]. 城市发展研究，2008,15(2): 6-12.

⑧ 申玉铭，邓秀丽，任旺兵，等. 我国创意产业发展的支撑条件评价及空间发展战略[J]. 地理研究，2012, 31(7): 1269-1279.

⑨ 文婷，胡兵. 中国省域文化创意产业发展影响因素的空间计量研究[J]. 经济地理，2014, 34(2): 101-107.

三是搭建中小型创意企业展示自我和沟通交流的平台。[①]

三、创意阶层群集与创意城市—区域的浮现

自英国于20世纪90年代首次提出“创意经济”概念后，创意经济最先在国际性大城市兴起，社会中逐渐出现了拥有丰富创意的人群；伴随着创意产业的发展和空间集聚，大量有创意、有才华的人才被吸引，流向大城市，创意阶层逐渐形成。美国学者 Florida 提出“创意阶层(creative class)”，认为“创意阶层是指所有需要创意的职业，包括科学家、工程师、诗人、艺术家、设计师、卫生及法律从业者、高科技和知识密集型行业的从业者”[②]。Florida 指出未来的社会“创意”和“才能”将是财富的主要来源，城市的繁荣发展不再单单依靠廉价的劳动力、发达的科技水平与政府支持，创意阶层对城市发展的贡献将愈来愈大。Florida 还将创意阶层分为“高创造力核心群体”和“创造性职业从业人员”。“高创造力核心群体”包含科学家、学者、小说家、诗人、艺术家、演员、建筑设计师、文化人士、咨询公司人员及有较强社会舆论影响力的人员。高科技和金融等知识含量高的行业从业者则属于“创造性职业从业人员”。

创意阶层是一个新兴而独特的阶层，具有区别于其他社会阶层的特征。①个人特征。创意阶层不同于每天按部就班机械式完成工作的劳动者，他们更灵活，更愿尝试具有一定创造力的工作，且年轻人是主要构成；创意阶层整体上受教育水平高，如李振华在上海市创意阶层研究发现上海的创意产业从业者中，本科生、硕士生、博士生所占比例分别为81.5%、17.3%、1.2%[③]；创意阶层享有共同的价值观和能力：他们都尊重和欣赏个性、喜欢多样性和包容性的城市环境、崇尚实力、能透过事物现象看本质、十分注重自我价值的实现等。②工作特征。团队合作是创意阶层的主要创作形式，这在很大程度上是创意产业的空间集聚特性决定的；工作带给从业者的价值感以及工作本身的弹性和灵活性是创意阶层进行工作选择时考虑的重要因素。③消费特征。创意阶层的文化消费具有多样性。从事创意产业的人们，在释放自我和塑造自我的过程中，构建了独特的消费方式，同时也彰显了他们独特的身份。[④] 除了多样性的文化消费，创意工作者也很喜欢参与式的体验消费和体育活动，注重体验性精神享受，渴望刺激。[⑤] ④地理特征。创意阶层在地域选

---

① 陈汉欣. 深圳文化创意产业的发展特点与集聚区浅析[J]. 经济地理，2009，29(5)：757-764.

② Florida R. The rise of creative class [M]. New York：Basic，2002.

③ 李振华.上海市创意阶层休闲消费认同研究[D].上海：华东师范大学，2008.

④ Anthinodors C，Ronald H. Theory building for experiential consumption：the use of the phenomenological tradition to analyze international tourism [R]. American Marketing Association，Conference Proceeding，2002.

⑤ Landry C. The creative city：A toolkit for urban innovations[M]. London：Earthscan，2002.

择上偏向于城市，其选择的城市又具有共性：拥有良好的生活条件和完善便利的生活设施，如充足的商品和服务供给、美丽整洁的环境、良好的社会治安、优质的公共服务和便捷的交通通信设施；具有多样性和包容性的社会氛围。

伴随着创意经济的发展，创意城市(creative city)逐渐兴起。Peter Hall 对雅典、佛罗伦萨、伦敦、维也纳、巴黎和柏林做了有关创意城市产生条件的研究，发现秩序消失殆尽的城市不易产生创意，而高度保守和稳定的城市同样很难产生创意；处在旧秩序将被推翻、新秩序尚未建立时期的城市却拥有丰富的创意。他的发现对创意城市产生条件研究有很多的启发。对创意城市类型划分的研究较多，其中较为典型的是 Hospers 的四分法[①]：①技术创新型城市，即因技术创新而获得发展的城市，或者历史上为技术革命的发源地，有很好的技术发展基础；②文化智力型城市，即因文学和艺术等“软”条件而兴起繁荣的城市；③文化技术型城市，即既有技术又有文化，兼具以上两类城市的特点，Hall 称之为“艺术与技术的联姻”，并认为该类城市将是 21 世纪创意城市发展的趋势；④技术组织型城市，即政府与企业联手合作来建设与发展的城市。

显然，创意城市影响因素的经典研究存在三因素说、七要素说和“3T”理论。Hospers 主张三因素说，认为集中性、非稳定状态和多样性可以提高创意城市形成的可能性[②]，认为人口数量和密度的增加可大大提高人与人之间的交流效率，保证创意产生的信息需求，即集聚效应能促进创意的产生。多样性包括城市居民个体的差异以及不同个体的知识、技能和行为方式的不同，甚至可扩展到城市不同的意象和建筑差异。多样性为城市生活增加了活力，为创意产业的产生提供环境。另外，处于混乱时期的城市较容易产生创意，这表明非稳定性也是创意城市产生的重要影响因素。Landry 主张七要素说，认为“意志与领导素质、人力的多样性、人员品质、人才的发展机会、地方认同、组织文化、都市空间与设施、网络动力关系七大要素是创意城市产生的基础”。Florida 是“3T”理论的创造者，认为人才、技术和包容度是影响城市创意产生的主要要素。

当然，随着时间的推移，这些预测并逐渐成为现实。尽管信息通信技术具有潜在的“区位解放(location liberating)”效应，但在很大程度上它仍然是特大城市地区创意、创新和创业的孵化器。特别是，信息技术将散布全球各地大部分以知识为基础和信息密集的“新经济”活动，达成了多目标的经济活动变得自由自在，这毫无疑问导致了产品和服务的生产链过程更大的灵活性，促进了新形式的商业网络的出现，实现了创意技能拥有者的创新、创业梦，通常这些都加强了生产网络的集聚

① Hospers G. Creative cities in Europe: urban competitiveness in the knowledge economy [J]. Intereconomics, 2003, 38(5): 260-269.

② 马仁锋，梁贤军．西方文化创意产业认知研究[J]．天府新论，2014(4)：58-64.

经济作用。正如Florida告诉我们的那样,这是大城市的步伐在各种活动中产生促进创造力的动力。在一般情况下,新技术和新方法推动企业选址决策的过程和力量导致企业在不同行业和职业中分配工作和就业机会的空间格局不均衡,影响移民模式以及地方发展程度,无论扩大还是缩小,增长、停滞还是下降。当然,基于信息通信技术的创意和创业活动的集中行为似乎是行之有效的作为大都市地区经济发展和地方表现的强大内生过程。随着时间的推移,这会延续甚至深度影响一些社会群体幸福感,进而加剧生活质量的空间不平等。

因此,更好地理解基础的过程创新和新技术应用,尤其是基于信息通信技术的更广泛的民间创造性生产活动,有利于我们更加了解创意活动由此产生的空间和社会分配结果。显然,在知识经济中,城市形态和功能主要由全球市场力量而非城市自身治理形成。随着知识在创造财富发展的作用成为城市的关键问题,城市管理部门和规划人员需要发现新的方法来利用创意生产的巨大潜能。毫无疑问,基于信息技术的创新活动和创意,必将促成创意城市—区域的崛起。

四、文化创意产业群集形塑城市群"三结构一网络"

创意产业集聚区的发展不仅加快了城市空间结构优化,而且通过城市空间景观塑造、城市历史环境重生和传统产业空间置换发挥着积极的空间效应①,并通过城市再生、结构调整、网络构建和需求创造等路径有力促进城市的全面转型②。可见,文化创意产业对城市空间结构具有重构作用,进而也会影响城市群空间结构的升级。那么,文化创意产业具体通过什么途径对城市空间结构发生重构作用呢?

"三结构一网络"是中国地理学与城市规划学的一个共享共用概念。随着中国改革开放政策不断深入,城镇得到快速发展,城镇体系规划相关理论也逐渐丰盈起来。国内首次系统出现城镇体系规划理论与方法是由宋家泰、顾朝林1988年在《城镇体系规划的理论与方法初探》一文中提出的,将城镇体系规划基本内容归纳为结构与网络问题,即城镇体系的地域空间结构、等级规模结构、职能类型结构和网络系统组织,简称"三结构一网络"③。"三结构一网络"在当时中国改革开放城镇开始大量建设但区域规划理论和方法又匮乏的背景下,发挥了重要的规划引导作用。但当时的"三结构一网络"受时代环境影响,过于注重城市规模等级而忽略城市发展特色。换言之,仅是注重城市尺度的空间结构与网络分析,缺乏明确的区域发展战略与目标。由于理论时代局限,这一理论框架符合改革开放初期中国城

① 汪毅,徐昀,朱喜钢. 南京创意产业集聚区分布特征及空间效应研究[J]. 热带地理,2010, 30(1): 79-83.

② 孙洁. 文化创意产业的空间集聚促进城市转型[J]. 社会科学,2012, 33(7): 49-56.

③ 宋家泰,顾朝林. 城镇体系规划的理论与方法初探[J]. 地理学报,1988,43(2): 97-107.

镇发展已经起步但水平较低的状况；然而新时期改革开放已经过去40年，中国工业化、城镇化水平早已迈入新的阶段，因循守旧已然不可取。新时代背景下，中国城镇体系规划有了新的发展目标和指导理论，国内部分学者如张泉等从"三结构一网络"视角探究我国城镇体系规划创新与"三规合一"的关系[①]，姚士谋分析了城市群发展面临的问题[②]，方创琳分析了城市群发展的新驱动力[③]。可见，城镇体系规划中的"三结构一网络"理论经历了由城市向城市群或区域的转变，仍然是中国城市群发展与规划的重要理论基点。

随着中国经济发展，人民生活水平和社会生产力的提高，人们对于生活质量的要求越来越高，对于各类服务需求也越发多样化、个性化。产业的多样化、个性化和高端化引起了城市的多样化、个性化和功能的强化，城市规模与城市能级不再是单一的正相关关系——现代城市强调功能强弱，而非规模大小[④]。文化创意产业作为后工业社会城市经济的政府新宠，同时其自身行业范畴的宽泛性、资源依托的隐性以及路径发展的创新性等各种特性使得文化创意产业的某个行业具有成为特定城市职能的可能性，进而该城市在一定区域中的等级也相对得到提升，城市规模会得到逐步发展，城市基础设施相应会得到较大改善。因此，城市层面看，文化创意产业通过作用于城市"三结构一网络"使得城市具有等级跃升的可能性；城市支柱产业层面看，文化创意产业具有改变城市"三结构一网络"中职能结构的可能性，进而具有优化城市产业结构的可能性；城市群层面看，文化创意产业在影响并改变城市"三结构一网络"的过程中，也在改变着城市所在区域的结构性。顾朝林在《新时期城镇体系规划理论与方法》指出："城镇体系规划以城镇体系的等级规模结构、职能结构和空间结构现状及发展趋势分析为基础，但绝不仅仅是规划城镇体系，要加强市场经济条件下城市化和城镇发展机制的研究。"[⑤]可见，文化创意产业重构城市群是基于城市节点发生作用的。因此，本书从单个城市入手，以文化创意园和文化创意企业群集为分析切入点，刻画文化创意产业发展演变轨迹，从而甄别不同城市尤其是大城市周边的小城市行业比较优势所在，并作为城市等级规模、职能、结构调整以及城市群内在结构性优化政策的重要参考。

---

① 张泉，刘剑．城镇体系规划改革创新与"三规合一"的关系——从"三结构一网络"谈起[J]．城市规划，2014，38(10)：13-27；甄峰，席广亮．理论与实践高度融合的城市地理学[J]．人文地理，2012，27(3)：131-135．

② 姚士谋，武清华，薛凤旋等．我国城市群重大发展战略问题探索[J]．人文地理，2011，26(1)：1-4．

③ 方创琳．中国城市群形成发育的新格局及新趋向[J]．地理科学，2011，31(9)：1025-1034；王婧，方创琳．中国城市群发育的新型驱动力研究[J]．地理研究，2011，30(2)：335-347．

④ 张泉，刘剑．城镇体系规划改革创新与"三规合一"的关系——从"三结构一网络"谈起[J]．城市规划，2014，38(10)：13-27．

⑤ 顾朝林，张勤．新时期城镇体系规划理论与方法[J]．城市规划学刊，1997(2)：14-26．

第三节 文化创意产业空间动态效应研究标靶与路线

在国家自然科学基金青年科学基金项目“创意产业对城市空间重构的作用机理研究：以沪、杭、甬为例（批准号 41301110）”和教育部人文社会科学研究青年基金项目“我国大都市文化创意产业发展的空间调控模式研究（批准号 13YJC790107）”的支持下，本书从文化创意企业、文化创意企业群落的成长和衰退的微观动态出发，研究长江三角洲地区文化创意产业地理格局的演变，揭示了产业空间动态背后的“创造性破坏”驱动因素，指明了产业动态之于城市—区域重塑的空间效应，突出了多尺度空间力量的重要作用。本书以企业视角研究中国长江三角洲地区文化创意企业群集格局演变，从理论和实证两个层面丰富和发展了中国文化创意产业的经济地理学研究。

一、科学问题

本书试图回答城市与区域发展视域文化创意产业动态研究的三大科学命题。第一，文化创意活动自身有着怎样的发展规律？在不同城市尤其是在城市群地区体现出怎样的发展特征？第二，不同城市，文化创意企业地理格局与城市和区域有着怎样的互动规律和驱动因素？第三，在城市群背景下，文化创意活动强调创意流和项目式生产网络整合形成文化创意生产网络，是否会促进城市和区域形成新形态？如果是，那么对于广泛分布于这个城市群各城市的文化创意企业应当采取怎样的管治思路和方案？

二、研究内容

本书以人文—经济地理学、产业经济学的原理为理论基础；选用“理论研究—假设建构—案例验证—理论总结应用”的研究逻辑；充分利用企业空间动态定量分析方法等对文化创意企业、文化创意企业群集、文化创意企业生产网络进行空间性分析、社会网络分析（Social Network Analysis）等数理统计、空间分析相结合的混合研究方法；兼顾理论分析与案例验证相结合的研究手段；以长江三角洲地区文化创意企业动态为研究对象。

1. 文化创意产业理论及动态分析

理清文化创意产业相关概念、统计范畴，阐释创意阶层、创意城市、城市群结构等理论，文献计量分析中外文化创意产业研究热点及其学术群体、文化创意产业与城市—区域发展关系、文化创意产业地理格局、文化创意产业发展的科技驱动，构建文化创意产业群集重塑城市—区域的分析框架。

2. 文化创意产业发展与城市关系的理论解析

溯源国内外文化创意产业区位脉络，甄别文化创意产业生产的过程特性，识别文化创意产业群集与城市的位序规模、职能、空间等结构之间的关系。

3. 长江三角洲地区文化创意产业发展条件评估

产业发展需要各种资源支撑，主要包括人力资源、科技资源、基础设施资源等。评估产业发展条件是分析长江三角洲文化创意产业与长江三角洲城市群关系的前提。因此，梳理文化创意产业发展条件评估理论和方法，构建评估长江三角洲地区文化创意产业发展条件的指标体系，定量识别长江三角洲地区文化创意产业发展条件的核心因子，尤其重点剖析了浙江省文化创意产业发展的人才引力、文化资本的多尺度地域差异。

4. 长江三角洲地区文化创意产业增长态势和文化创意企业空间动态研究

基于文化创意产业增速、行业构成、发展效率、地域特点，定量诠释长江三角洲地区和浙江省文化创意产业的增长趋势与效率分异。随后，基于文化创意企业的经济普查数据，利用区位熵、空间基尼系数、E-G 指数、空间自相关等方法刻画长江三角洲地区和浙江省各市文化创意企业地理格局及其变化特征。

5. 长江三角洲地区南翼文化创意企业动态的驱动因素研究

构建文化创意企业区位模型，采用因子分析、多元回归来识别文化创意企业动态的驱动因素，进而利用结构主义诠释各因素的作用机制，并重点以浙江省信息业、设计业为对象解析和佐证文化创意企业动态的分析逻辑。

6. 基于产业园和上市公司生产网络微观分析文化创意产业动态的空间效应

追溯文化创意产业园概念，梳理产业园分类，构建长江三角洲地区文化创意产业园属性数据库，空间分析产业园层面长江三角洲地区文化创意产业地理格局及其变化，透视文化创意产业地理格局的空间效应，继而以浙江省文化创意产业园生长模式的类型效益差异分析，佐证文化创意产业园之于城市—区域发展的效益。

基于长江三角洲地区文化创意产业总体状态和园区层面地理格局分析，选取文化创意产业中典型企业，分析其生产网络，通过文化创意企业上市公司总部和分公司数据的社会网络分析，刻画长江三角洲地区典型文化创意企业的网络格局，透视文化创意产业如何影响长江三角洲城市位序规模和产业结构变化，实现了从产业动态分析转向产业空间效应诠释。

三、研究区域、数据源与方法

(一)研究区域概况

长江三角洲是引领中国经济发展的重要区域，也是中国最早跻身世界级城市群行列的地区，学界从不同研究角度对该经济区提出了诸如长三角经济区、长三角城市群、长三角都市圈等概念，且不同概念下又有“小长三角”“大长三角”“泛长三角”等说法。本书所指长江三角洲是上海市，浙江的杭州、宁波、绍兴、嘉兴、台州、湖州、舟山7个城市和江苏的苏州、无锡、南通、常州、镇江、南京、扬州、泰州8个城市，共计涵盖16个城市的长三角地域范围。长江三角洲城市群在“十一五”就已重视发展创意产业，特别是沪、杭、宁等城市在“十二五”大量建设创意产业园，2015年末各市建有创意产业园数分别为上海230家、杭州128家、南京45家。长江三角洲城市群不仅在产业战略上重视创意经济的机遇与挑战，创意产业发展水平整体呈上升趋势，且城际差距逐年减少，而且已形成各具特色的创意产业竞合发展格局。[①] 当然，本书个别章节以长江三角洲南翼为具体分范围，主要是浙江省行政管辖地域单元。

（二）长江三角洲文化创意产业分类标准

文化创意产业作为新兴产业，发展时间较短，在国内发展尚未成熟。学界对其认识和理解尚有较大争论，官方也尚未提出国家层面统一的具体概念和分类标准，从而造成中国文化创意产业分类标准统一性的缺失，而长江三角洲地区一些城市在实际发展文化创意产业过程中，从谋求产业标准话语权角度出发，依据国内外相关研究资料和自身城市发展需求来制定城市层面的文化创意产业分类标准。由于城市间发展文化创意产业的条件也不尽一致。因此，城市层面的文化创意产业分类标准源于不同城市自身对文化创意产业的解析，自然出现总体相似、细节交叉的情况。另外，长期以来长三角地区城市受行政区划和经济、文化地位的影响，形成三个核心城市：上海、杭州、南京，相对而言这三个城市的文化创意产业分类标准具有较强的影响力。长江三角洲地区其他城市在受到全域城市群影响的同时，行政方面还受到各自省会城市更大的影响，特别是中国文化创意产业在起步阶段由政府主导、自上而下推行的情况，长江三角洲地区其他非核心城市并未提出自身的文化创意产业分类标准，而是模糊、淡化这一概念，在实际规划发展中大都采用核心城市的标准。

表1-3-3-1梳理了长江三角洲核心城市的文化创意产业分类标准。上海将文化创意产业分十类，分别是：媒体业、艺术业、网络信息业、软件业、时尚业、建筑设计业、工业设计业、咨询服务业、广告及会展业、休闲娱乐业。杭州则分为八类：信息服务业、动漫游戏业、设计服务业、现代传媒业、艺术品业、教育培训业、文化休闲旅游业、文化会展业。南京分为十类：建筑设计、广播影视、工艺美术、计算机软件设计、动漫游戏、广告设计、时尚设计、表演艺术、出版发行、工业设计。表中可看出上海、杭州、南京的分类标准之间的差异，表象上主要是由产业之间的不同划分产生。如文化创意产业中的设计业，南京分类较细致，分为5类：建筑设计、计算机软

---

① 马仁锋. 中国长江三角洲城市群创意产业发展趋势及效应分析[J]. 长江流域资源与环境，2014，23(1)：1-9.

件设计、广告设计、时尚设计、工业设计；上海划分为2类：建筑设计业、工业设计业；而杭州仅仅划分为设计服务业。实际上这些分类都源于不同城市对文化创意产业不同行业核心的不同认知。南京划分出计算机软件设计而没有再分，表明南京的分类标准认知中计算机软件设计是其核心主要部分；上海则细分出网络信息业、软件业，并且没有将其与设计行业分类相融合，表明在其分类认知中软件开发设计仅仅是软件业的一部分，不全是核心部分，而且与计算机软件行业相关联的网络信息行业也是重要的一部分，相关衍生行业内容与数量也较为丰富，并在此基础上划分出了网络信息业。这种不同的认知既与城市自身现有的文化创意产业类型和数量有关，也与城市政府对文化创意产业未来发展的规划和自身发展定位有关。

表1-3-3-1　长三角核心城市文化创意产业分类标准

城市	文化创意产业分类标准(大类)	发布时间	标准来源文件
上海	媒体业、艺术业、网络信息业、软件业、时尚业、建筑设计业、工业设计业、咨询服务业、广告及会展业、休闲娱乐业	2005年	《上海市文化创意产业分类目录》
杭州	信息服务业、动漫游戏业、设计服务业、现代传媒业、艺术品业、教育培训业、文化休闲旅游业、文化会展业	2005年	《杭州市文化创意产业八大重点行业统计分类》
南京	建筑设计、广播影视、工艺美术、计算机软件设计、动漫游戏、广告设计、时尚设计、表演艺术、出版发行、工业设计	2006年	《南京市文化产业发展"十一五"规划纲要》。

注：数据源自各地市政府官方网站

分类标准发布时间，上海和杭州在2005年发布，南京则于2006年发布。南京在《南京市文化产业发展"十一五"规划纲要》中也明确提出杭州和上海分别推出了自己城市的分类标准，南京也势在必行。可见，南京的文化创意产业分类标准受到杭州、上海的影响，并在此基础上形成符合自己定位和特色的分类标准，这表明这些城市的文化创意产业分类标准并不是完全不兼容；相反，除了自身特色和需求，大部分内容是共通的。总体来看，长三角地区文化创意产业分类尚未形成统一标准，但核心城市的文化创意产业分类标准在本地区具有一定的权威性和影响力，而且在产业发展中被具体实践过，具有一定的代表性和可操作性。因此这些城市文化创意产业分类标准对于长江三角洲地区城市文化创意产业分类具有重要的参考价值和借鉴意义。

就本书而言，研究长江三角洲地区文化创意产业，涵盖长江三角洲地区文化创意产业分类。然而核心城市的分类标准仅是城市层面的，针对性较强，对长江三角洲来说未免力不从心，特别是省级行政区划对行政区内和区外城市的影响力不同，从而所受分类标准影响力会出现不一致的情况，进而导致产业结构分析出现偏差，这无疑是研究所要力图避免的。因此，本书从便于综合研究长江三角洲地区全域文化创意产业结构出发，考量核心城市的文化创意产业分类标准的参考意义，从核心城市的城市层面文化创意产业分类标准中提炼归纳出区域性的、城市群层面的文化创意产业分类标准。这一分类将文化创意产业主要行业分为五类：①软件及计算机；②设计咨询；③休闲娱乐；④传媒；⑤时尚艺术及文艺会展。由于文化创意产业本身具有良好的兼容性，不同行业之间存在交叉。因此对于这五类的划分，本书除了考虑涵盖已有分类标准中的行业外，还对产业名称进一步明确为以某一产业自身发展为目的的才能归为该类。当然，研究长江三角洲地区南翼浙江省文化创意产业发展等内容均以浙江省杭州市文化创意产业统计口径为基准。

（三）研究内容、数据源及方法

学界对于三角洲地区城市群层面文化创意产业格局分析较少，采用数据大多从统计年鉴等处提取，采用方法也主要是主成分分析、空间自相关分析、区位熵、空间基尼系数等。本书对长江三角洲地区文化创意产业各层面数据均整理汇总到2015年，特别是在园区数据方面深入挖掘自2005年以来长江三角洲地区文化创意产业园区各项属性。在分析方法方面，对经济普查的文化创意产业数据分析时，采用4种以上的主流产业空间集聚研究方法，如表1-3-3-2所示。

表1-3-3-2 研究内容、主要研究方法和所需数据及其来源

研究内容	主要研究方法	所需数据	数据来源
文化创意产业发展条件	回归分析法	科技专利授权量、净流入人口数、剧场影剧院数量、文化创意产业人数	《中国城市统计年鉴(2005)》《中国城市统计年鉴(2010)》《中国城市统计年鉴(2015)》
文化创意产业增长态势	简单数量统计、DEA分析法	行业属性值、投入指标选择创意人员数量、R&D经费支出占GDP的比重、发明专利授权量、产出指标选择文化创意产业增加值	《中国城统计年鉴(2014—2015)》《上海市统计年鉴(2014—2015)》《浙江统计年鉴(2014—2015)》《江苏统计年鉴(2014—2015)》及2016年相关城市统计公报
文化创意产业空间动态	区位熵、空间基尼系数、赫尔芬达指数、E-G指数、聚类和异常值分析、空间自相关	行业属性值、行业从业人数	《浙江经济普查年鉴》(2004、2008、2013)、《江苏经济普查年鉴》(2004、2008、2013)和《上海经济普查年鉴》(2004、2008、2013)提取汇总的各城市文化创意产业从业人员数等

续表

研究内容	主要研究方法	所需数据	数据来源
文化创意企业动态	区位熵、主成分分析和 OLS 模型	行业从业人数	源于三次经济普查数据提取汇总的各城市文化创意产业从业人数等
文化创意产业空间动态的空间效应	主成分分析、核密度分析	从业人员、文化创意产业发展因素的指标数据，文化创意产业园数量及具体分布	《中国城市统计年鉴》《长江三角洲城市年鉴》《中国文化创意产业集聚区分布图(2015)》，以及各政府官网
文化创意企业上市公司生产网络动态效应	社会网络分析	长三角地区文化创意企业上市公司总公司和子公司分布数据	上市公司年报表

本书从产业动态的地理格局演变视角探究长江三角洲地区文化创意产业与城市—区域之间的关系机制，重点刻画长江三角洲地区文化创意产业发展条件、增长态势与空间动态，分析文化创意企业动态与企业空间动态驱动因素，甄别文化创意产业空间动态在产业园、企业生产网络两个微观层面的地理格局演变的空间功效，阐明城市—区域文化创意产业发展如何发生牵引作用，推动城市群的规模、空间、职能等结构重塑。这将丰富和完善文化创意产业是如何影响城市内部结构转换、进而如何完成城市群结构升级的相关理论探索，从而为城市政府制定产业规划方案提供科学参考，也有助于实现长江三角洲地区城市群内部文化创意产业协调发展，增强长江三角洲的国际竞争实力，实现城市产业与空间的双转型。

第二章　长江三角洲地区文化创意产业发展条件

理查德·佛罗里达的《创意经济》强调："在今天，关键问题是，只有人才能够建构新理念、新技术、新商业模式、新文化形式和新产业，这些才是我所说的创意资本。"对中国长江三角洲地区而言，文化创意产业发展，既离不开产业政策催化，更离不开各类创意人才的群集和富有创业精神的企业家群体。然而，不论是创意人才抑或是企业家，都需要适宜的居住、生活与生产环境，尤其是优美的自然环境、包容开放的创新环境。鉴于长江三角洲地区自然地理环境本底的相对均质性，本章重点围绕宏观层面的产业政策、专利、创意人才等，微观层面的人才引力和文化资本的密度分异，评析长江三角洲地区文化创意产业发展条件。

第一节　文化创意产业政策与长江三角洲创意经济兴起

中国文化创意产业发展相对滞后，直至2005年国务院正式出台《国务院关于非公有制资本进入文化产业的若干决定》，明确提出要鼓励民营资本进入文艺表演、影视制作及发行等文化产业，支持民营资本参与部分国有文化单位的股份制改造，其后包括国务院、财政部等多部委和各行业的主管部门先后出台一系列鼓励和扶持政策，引导资本进入文化产业。各级地方政府也在此基础上出台一系列扶持地方文化产业的相关政策和文件。政府推动以及受政策红利影响，文化创意企业如雨后春笋般出现，文化创意产业正式发展并扩张。因此，中国文化创意产业发展起步阶段的主导力量是政府自上而下的推动力。

长三角地区文化创意产业也在这一时期受政府推动开始起步。但由于经济、人口等方面的差距，各地区正式推动文化创意产业的时间也不尽一致。由表2-1-1-1可知，上海、杭州、绍兴、台州2005年就开始推动文化创意产业发展，其后，大部分城市也都陆陆续续推动本地区文化创意产业发展。其中，起步最晚的两个城市分别是南通和泰州，时间分别为2010年和2011年，较最先起步的城市其发展时间分别晚了5年和6年。从标志性政府文件看，上海、杭州、南京、无锡等城市对于文化创意产业发展的指向性较为明确、针对性很强，而绍兴、嘉兴等城市都较为笼统提出发展文化产业，仍然延续之前政府推动文化产业的思路，这也表明了不同城市的文化创意产业受当地政府重视程度不一。

表 2-1-1-1　长三角地区各城市文化创意产业正式兴起时间及相关标志性政策文件

城市	产业正式兴起时间	标志性文化创意产业促进政策文件
上海	2005 年	《上海创意产业发展重点指南》
杭州	2005 年	《关于进一步推进杭州八大文化产业发展的若干意见》
宁波	2007 年	《宁波市人民政府关于加快推进宁波市工业设计与创意街区建设的实施意见》
绍兴	2005 年	《关于深化文化体制改革推进市直文化单位改制的若干政策意见》
嘉兴	2008 年	《关于推动文化大发展大繁荣的若干政策意见》
台州	2005 年	《关于推进台州文化产业发展的若干意见》
湖州	2008 年	《湖州市推动文化大发展大繁荣的意见(2008—2012)》
舟山	2008 年	《中共舟山市委舟山市人民政府关于加强公共文化服务体系建设的实施意见》
苏州	2006 年	《苏州市“十一五”文化发展规划》
无锡	2006 年	《无锡市“十一五”文化发展规划纲要》《关于鼓励和扶持动漫产业发展的若干政策意见》
南通	2010 年	《南通市 2010—2015 年文化建设规划纲要》
常州	2007 年	《关于加快文化事业和文化产业发展若干经济政策的意见》
镇江	2009 年	《关于批准西津渡文化产业集聚区为镇江市市级服务业集聚区的通知》《关于加快全市新兴产业发展的指导意见》
南京	2006 年	《南京市文化产业发展“十一五”规划纲要》《关于加快发展南京文化产业的意见》《关于鼓励和扶持动漫产业发展的政策意见(试行)》《关于扶持文化产业园建设的实施意见》
扬州	2009 年	《扬州市文化发展规划纲要(2009—2014)》
泰州	2011 年	《2012—2015 年泰州市文化产业发展规划》

资料来源:文件均由作者在长江三角洲地区相关城市政府公开网站收集整理而成。

第二节　长江三角洲地区文化创意产业发展条件

文化创意产业发展条件评价的实质是对影响城市文化创意产业因素的判识,构建相关评价指标体系离不开相应理论支撑。本节梳理文化创意产业发展条件评价理论和方法的文献,并结合长江三角洲地区城市的具体条件构建评价体系,分析长江三角洲地区文化创意产业发展条件,从而更加清晰地把握长江三角洲地区文化创意发展态势。

一、文化创意产业发展条件评价的理论基础

国内外学界对文化创意产业发展条件评价有着众多的视角和观点，具有代表性的观点与影响指标如表 2-2-1-1 所示。Florida 认为城市文化创意产业发展主要是依赖于创意人才(创意阶层)的集聚，吸引创意阶层的因素无疑就是促进城市文化创意产业发展的因素；在此基础上，他提出了“3T”理论，即技术水平、人才水平和宽容(technology, talent, tolerance)。Landry 则通过研究创意城市假说，提出居民素质、城市领导力与意志力、人口多样性与人才多样性、组织与管理文化、本地认同、城市空间与设施、全球网络系统的城市活力是构建创意城市的七大要素。① Glaeser 在总结 Florida“3T”理论的优缺点后，否认其提出的“波西米亚效应”，并提出了 3S 理念，即技术、阳光和城市蔓延(skills, sun, sprawl)，更加强调了环境对发展创意产业的重要作用。② 澳大利亚创新研究机构“2thinknow”构建了一套包括文化资产、人力资本、市场网络和专利授予 4 个方面、共 162 个指标的评价指标体系评价全球创新型城市，并对全球创新型城市定量比较与排名，并在实践上取得了不错效果。③ Clark 则从城市便利性理论出发，认为城市便利性的高低是吸引人才集聚的重要因素，同时将城市便利性指标分为两类：从自然地理条件出发确立的自然便利性指标和从城市社会条件出发确立的社会便利性指标。④ 香港大学文化政策研究中心借鉴 3T 理论与香港自身经济文化特色，提出了基于创意效益、结构与制度资本、人力资本、社会资本与文化资本五方面，比较系统的创意产业评价体系“5Cs 创意模型”⑤。上海创意产业中心则综合了之前各国家和地区研究机构相关理论和指标，结合中国特色国情及上海本地发展状况，从产业规模、科技研发、文化环境、人力资源和社会环境 5 方面构建指标，提出了“上海城市创意产业指数”评价⑥创意产业发展。

可见，文化创意产业发展条件评价观点中“3T”理论无疑是极具影响力。众多观点或评价指标都是对其进行批判或结合实际改造之后提出的，在实践层面的应

① Landry C. The creative city: a toolkit for urban innovators [J]. Community Development Journal, 2000, 36(2): 165-167.

② Glaeser E L. Review of Richard Florida's the rise of the creative class [J]. Regional Science and Urban Economics, 2005, 35: 593-596.

③ 2thinknow. Innovation cities top100 index 2015 [EB/OL]. http://www.innovation-cities.com/innovation-cities-index-2015-global/9609.

④ Clark T N, Lloyd R, Wong K K, et al. Amenities drive urban growth [J]. Journal of Urban Affairs, 2002, 24(5): 493-515.

⑤ 香港中文大学文化政策研究中心. 香港创意指数中期报告[R], 2004.

⑥ 上海创意产业中心. 2006 上海创意产业发展报告[M]. 上海：上海科学技术文献出版社，2006.

用反馈也较好。因此，在构建长江三角洲地区文化创意产业发展条件评价体系时，应当参考“3T”等相关观点。

表 2-2-1-1　学界主要影响城市文化创意产业发展因素及观点

研究机构或学者	主要观点	主要影响因素或指标
Florida	3T	技术、人才和宽容度
Landry	创意城市七要素	居民素质、城市领导力与意志力、人口多样性与人才多样性、组织与管理文化、本地认同、城市空间与设施、全球网络系统中的城市活力
Glaeser	3S	技术、阳光和城市蔓延
澳大利亚创新研究机构“2thinknow”	全球创新型城市评价指标	文化资产、人力资本、市场网络和专利授予
Clark	城市便利性	自然便利性指标（如自然气候等）；社会便利性指标（如城市各类便利设施）
香港大学文化政策研究中心	5Cs 创意模型	创意效果、机构与制度资本、人力资本、社会资本和文化资本
上海创意产业中心	上海城市创意指数	产业规模、科技研发、文化环境、人力资源和社会环境

注：作者整理相关文献。

二、评价指标与方法

表 2-2-2-1 列举了一些具有代表性的文化创意产业发展影响因素研究文献，这些研究文献在准则层和指标项选取上，多采用 3T 和城市便利性观点，通常涵盖经济、社会、科技、政府等因素。城市便利性指标、科技指标、人才指标、城市环境（氛围）指标都是文化创意产业影响因素实证研究的重要参考。

因此，本节基于长江三角洲地区文化创意产业影响因素的研究文献与研究需要，综合城市便利性观点和“3T”观点，将城市文化创意产业发展条件分解为 3 个维度准则层：创新性、多样性和便利性。其中，在“3T”观点中，技术是创新性的体现；宽容度代表了包容性高、乐于接受新事物和新思维的多元文化城市氛围；人才则既具有创新性，又具有天然的文化属性特征，而多样化的人口自然带来多元文化的聚集。因此可以将人才分解到创新性和多样性中。在便利性观点中，城市便利设施的数量是城市便利性的显著特征。最后本节建立了长三角地区文化创意产业发展条件评估指标体系（表 2-2-2-2）。

表 2-2-2-1 文化创意产业影响因素代表性研究文献的指标梳理

研究文献	研究区	准则层	具体指标
《我国创意产业发展的支撑条件评价及空间发展战略》	中国 35 个主要城市	基础、科技、人才、市场、政府支撑	GDP,第三产业增加值比重,城镇化率,第三产业就业比重,人均 GDP,剧场和影剧院数,公共图书馆图书总藏量,每百人公共图书馆藏书,R&D 支出占 GDP 的比重,每十万人专利授权数,将万人中在校大学生数,科学研究、技术服务和地质勘探业从业人员占总从业人员比重,信息传输、计算机服务和软件业从业人员占总从业人员比重,文化、体育和娱乐业从业人员占总从业人员比重,城市居民人均消费性支出,城市居民人均可支配收入,社会消费品零售总额,财政支出中的科技支出,财政支出中的教育支出,实际使用外资金额
《中国省域文化创意产业发展影响因素的空间计量研究》	中国 31 个省、自治区、直辖市	人才、技术、宽容、政策和基础设施	文体娱乐业就业人数,研究与开发机构人员数量,专利申请授权数,高技术产业产值,流动人口数量,社会公平指数,社会包容指数,文化事业财政拨款,人均文体娱乐固定资产投资,互联网宽带接入端口数量,人均高速公路线路长度
《中国长江三角洲城市群创意产业发展趋势及效应分析》	长三角城市群	经济、创新、文化、智力、社会	人均地方生产总值,城市化率,每万人拥有的公共图书馆数量,每万人拥有的体育馆、剧场与影院数量,城市绿化面积,每万人拥有的公共交通车辆数量,每万人拥有的卫生工作人员数量,人均文教、科学与卫生财政支出、每百万人拥有的发明专利数,每万人拥有的各类专业技术人才数,总人口数,从业人口数,普通高校在校人口数,地方创意阶层人口数
《浙江省城市创新能力的评价研究》	浙江省 58 个县和县级市	创新投入、创新绩效、创新支撑民生发展	每万人口 R&D 人员数量,全社会 R&D 投入占 GDP 比重,地方财政科技拨款占地方财政支出的比重,规上工业企业 R&D 经费占主营业务收入的比重,每万人口专利授权指数,新产品产值率,高新技术产业增加值占工业增加值的比重,服务业增加值占 GDP 的比重,每百人国际互联网用户数,每百人移动电话用户数,环境质量综合评分,人均财政科普活动经费
《基于 3T 理论视角的长沙创意产业发展研究》	长沙市	人才、科技、宽容	高校人才的基本情况,创意产业从业人员数量,科研实验室的分布与集聚情况,科技发明专利的申报数以及专利的市场投入率,文化融合情况,政策给予的优惠和便利情况

续表

研究文献	研究区	准则层	具体指标
《城市视角下的文化创意产业研究》	中国 248 个地市	影响文化创意产业从业人员区位选择的事物和体验、宽容氛围、机会	便利性设施数量，男性同性恋交友信息数，居民服务和其他服务业从业人数，普通高等学校数，剧场和影院数，公共图书馆图书总藏量，医院与卫生院床位数，工业二氧化硫排放量，年末实有出租汽车数

注：由相关文献①整理而成。

表 2-2-2-2 长江三角洲地区文化创意产业发展条件评估指标体系

目标层	准则层	指标层
城市文化创意产业发展条件	创新性	科技专利授权量（X_1）； 大专以上学历人数
	多样性	净流入人口数（X_2）； 外来人口数量
	便利性	剧场、影剧院数量（X_3）； 城市便利设施数量

对长江三角洲文化创意产业发展条件的评估，本章选择 2005 年、2010 年、2015 年三个年份的数据进行分析。在实际数据获取过程中，发现长三角地区大专以上学历人数、外来人口数量、城市便利设施数量数据缺失，难以获取，因此选择科技专利授权量数（X_1）、净流入人口（X_2）、剧场影剧院数量（X_3）三个指标构建回归方程，两边同时取对数得：

$$\ln Y=\beta_0+\beta_1\ln X_1+\beta_2\ln X_2+\beta_3\ln X_3+\varepsilon \qquad \text{（式 2-2-2-1）}$$

三、发展条件核心影响因素及其计量

（一）模型结果分析

将 2005 年、2010 年、2015 年三个年份数据导入 SPSS22.0 软件进行数据处理

① 申玉铭，邓秀丽，任旺兵，等. 我国创意产业发展的支撑条件评价及空间发展战略[J]. 地理研究，2012，31(7)：1269-1279；文婷，胡兵. 中国省域文化创意产业发展影响因素的空间计量研究[J]. 经济地理，2014，34(2)：101-107；马仁锋. 中国长江三角洲城市群创意产业发展趋势及效应分析[J]. 长江流域资源与环境，2014，23(1)：1-9；张洁音，黄友，张乐萍，等. 浙江省城市创新能力的评价研究——基于 58 个市(县)的创新能力分析[J]. 华东经济管理，2012，26(10)：13-18；杨凤鸣，基于 3T 理论视角的长沙创意产业发展研究[J]. 经济地理，2014，34(7)：111-115；段楠. 城市视角下的文化创意产业研究[D]. 天津：南开大学，2012.

后得到表 2-2-3-1。可知三个年份数据模型的相关系数 R、R^2 均大于 0.4，且 R^2 和调整后的$\overline{R^2}$均接近 1，表明模型相关系数拟合得较好，文化创意产业从业人数基本上能由回归方程模型完全解释。

表 2-2-3-1　回归分析模型拟合度检验

年份	R	R^2	调整后的$\overline{R^2}$	标准估算的错误
2005	0.956a	0.914	0.908	0.30329647
2010	0.973a	0.947	0.944	0.23748760
2015	0.924a	0.853	0.842	0.39687283

注：由式 2-2-2-1 计算、整理、汇总而得。

方程拟合度检验通过也表明了在构建回归方程时选择的指标变量与文化创意产业人数之间的关系较为紧密，反过来验证了评估城市文化创意产业发展条件指标体系的合理性。

将不同年份的通过 T 检验后的回归模型系数检验结果汇总成表 2-2-3-2，可以注意到 2005 年和 2010 年对因变量影响最大的均为科技专利授权量(X_1)，2015 年对因变量影响最大的则变为净流入人口数(X_2)。其中，2005 年和 2010 年科技专利授权量(X_1)在回归方程中标准系数分别为 0.956 和 0.973，呈现增长趋势；2015 年净流入人口数(X_2)在回归方程中标准系数为 0.924。

表 2-2-3-2　回归方程模型系数及显著性检验

年份	模型	非标准化系数		标准系数	t	显著性
		B	标准错误	β		
2005 年	(常量)	$-7.839E\text{-}17$	0.076		0.000	1.000
	科技专利授权量(X_1)	0.956	0.078	0.956	12.209	0.000
2010 年	(常量)	$-1.380E\text{-}16$	0.059		0.000	1.000
	科技专利授权量(X_1)	0.973	0.061	0.973	15.873	0.000
2015 年	(常量)	$-1.964E\text{-}16$	0.099		0.000	1.000
	净流入人口数(X_2)	0.924	0.102	0.924	9.013	0.000

注：结果由式 2-2-2-1 计算、整理、汇总而得。

2005—2010 年是长三角地区乃至全国自上而下发展文化创意产业的时期。在产业发展初期，长江三角洲地区城市对于创意阶层的吸引还停留在经济水平层面，对于城市的多样性和便利性尚未有所注重。多样性指标中的人口多样性和文化多元化，没有直观体现出对创新性的影响。城市便利性作为吸引创意阶层的重要影响因素，在中国长期不受重视，往往只是作为城市经济发展好坏的副产品。2010 年出现的房地产热词“逃离北上广”与随后相应产生的“逃回北上广”，体现了城市便利性在城市人口吸引过程中的巨大影响，但这种影响还没有超过经济压力的影响。该时期城市便利性对创意阶层的吸引力还没有完全体现出来，而创意、创新作为文化创意产业的核心，无疑是十分重要的。从影响城市文化创意产业发展的因素看，创新性是直接影响因素。文化创意产业发展初期，由于受政策引导，许多地方往往借鉴之前工业园区发展模式建立创意园，将具有创新性或者从事创意、创新工作的企业集中起来，形成类似工业集聚区的创意集聚区，从而由点带面，将文化创意产业的发展影响扩展到城市或者区域。一方面，这对文化创意产业的发展和集中起到了一定的孕育作用，反映在2010年创新性系数相对于2005年有所增长；另一方面，由于文化创意产业是新兴产业，地方政府对文化创意产业的发展认识也有所局限，认为既然文化创意产业依赖于创意，那么将成形的文化创意企业集中后就能成为文化创意产业集聚区，但这实际上无形地将文化创意产业的门槛提高了。国外文化创意集聚区，刚开始往往是一群流浪艺术家集聚在城市较为破败或边缘的地区进行自由散漫的创作，从而拥有了一定的文化氛围和知名度，进而聚拢了大量人气，吸引一些具有类似创意、创新特征的人和企业集聚在此。在中国北京的"798"、上海的"田子坊"也有类似的情形出现。从该角度看，从事文化创意的门槛是较低的，没有强制要求一定的学历和科技含量。

科技专利授权量代表的创新性在一定程度上隐含了拥有高学历的高科技人才从事文化创意产业的必要性。Florida 的"3T"强调技术、人才和宽容度，技术和人才的水平固然重要，但没有足够的宽容度来接纳新的或者外来的人和事物，就不可能具有天马行空的创意，也就缺乏合适的"创意氛围"。城市净流入人口数多少在一定程度上表明了该城市对于新事物的接纳态度，同时也暗示了城市其他条件对于外来人口的吸引力。流入的人口，带来的不仅仅是人口的多样性，还带来了多元文化。不同背景的人一起工作、学习、交流，共同增添了城市的创意气质，这实际上是对创意和创新的进一步认可与发扬。因此，2015年模型呈现了城市文化创意产业主要影响因素是多样性，这实际上降低了文化创意产业的准入门槛，认可让更多拥有不同学历、背景、技能的人从事文化创意产业。此外，Florida 还提出文化创意产业发展较好的城市的第三产业较为发达，净流入的人口带来的大量人力资源，刺激第三产业进一步发展，城市相应的各类服务和设施更加方便快捷，进一步增强了城市对创意阶层的吸引力，从另一方面鼓励了文化创意产业的发展，可见文化创意产业与城市以及城市其他产业具有正反馈作用。

三年份的回归模型通过显著性检验的自变量发生了变化，表明在不同时期影响文化创意产业发展的主导因素有所改变。2005年和2010年的显著影响因素是科技专利授权量，它反映了城市的创新性。这说明较长的一段时间，长江三角洲地区城市文化创意产业发展是受到城市创新性高低的影响。2015年，影响城市文化创意产业发展的主要条件已由原来科技专利授权量所代表的创新性转变为净流入人口数所代表的多样性。这一改变既证明了文化创意产业发展过程确实受多个因素的影响，也表明了长江三角洲地区城市发展文化创意产业过程在不同时期或阶段所受的主要影响因素有所不同，这种改变既源于文化创意产业自身的发展特性，也源自政府引导。

（二）核心影响因素综合排名

根据表2-2-3-2回归模型系数的计算结果，计算2005年、2010年、2015年三个年份长江三角洲地区城市文化创意产业发展条件得分，并按得分将城市从高到低排列整理（表2-2-3-3）。

表2-2-3-3 2005—2015年长江三角洲地区各市文化创意产业发展条件排名

排名	2005	2010	2015
1	上海	上海	上海
2	杭州	杭州	苏州
3	南京	南京	宁波
4	宁波	无锡	杭州
5	无锡	苏州	南京
6	苏州	宁波	无锡
7	常州	常州	嘉兴
8	镇江	绍兴	常州
9	绍兴	南通	绍兴
10	台州	镇江	镇江
11	南通	台州	湖州
12	扬州	嘉兴	舟山
13	泰州	湖州	台州
14	嘉兴	扬州	扬州
15	湖州	泰州	南通
16	舟山	舟山	泰州

注：排名结果由表2-2-3-2回归模型系数计算整理而得。

排名看，上海始终位居第一，表明上海长期以来，无论在城市创新性方面还是多样性方面，都在长江三角洲地区稳居首位，这也与上海长期以来的经济和文化中心、国际化大都市形象相吻合。除上海外，不同年份排名前5位的城市基本上均为杭州、南京、宁波、无锡和苏州。其中，杭州、南京、无锡、苏州这4个城市从2005年到2010年排名均和上年持平或有所上升，说明这四个城市的城市创新性方面均具有突出优势。但从2010年到2015年，除了苏州上升势头良好，升至第二位外，杭州、南京、无锡三个城市的排名均有所下降，这表明这三个城市在城市多样性方面稍弱，城市在吸引人口方面相比排名靠前的城市有所不足，但这几个城市的经济发展一直都较为良好，杭州、南京均是区域中心城市，对外来人口的吸引力依然力压一般普通城市。排名靠前的城市中，宁波的排名呈现先下降后上升的状态，宁波2005年到2010年有所下降，表明宁波的创新性与排名靠前的其他城市有一定差距，并且随时间增长差距呈现扩大趋势。另外，宁波在2010—2015年上升至第三位，体现了其在城市多样性方面有很大优势，在吸引人口流入方面要强于很多之前创新性较强的城市。值得一提的是，总体来看，2005年、2010年排名前3位的城市均为上海、杭州、南京，这三个城市均为长江三角洲地区经济和政治中心城市，也是文化创意产业发展的高地；2015年则变为上海、苏州、宁波，而苏州、宁波不是区域经济和政治中心城市，这既表明了文化创意产业的发展既受原有的经济中心影响，也因为自身发展特性受其他因素影响，从而引起整个区域城市产业发展排名的变动，在一定程度上突破了文化创意产业依附固有的经济和政治中心城市的发展束缚。此外，苏州的区域面积和人口数量在长江三角洲地区均名列前茅，它自身地理位置紧靠上海，经济和文化交流相对密切，区位优势明显。

3年份排名均在后十位城市的文化创意产业发展条件相对排名靠前城市的创新性和多样性方面要弱，也可以说在科技研发方面和吸引人口流入方面还显得弱势。综合来看，城市排名的变化情况，个别城市依然有自身优势。嘉兴和湖州的排名不断上升，这反映了嘉兴和湖州在城市创新性方面持续增强，在城市多样性方面也有较为良好的表现，整体呈现出城市文化创意产业发展条件越来越好的趋势。这两个城市原有的经济水平一般，文化创意产业发展排名也靠后，但在地理位置上均靠近上海、苏州、杭州。另外，台州、泰州、扬州呈现排名不断下降趋势，表明文化创意产业发展条件逐渐落后，城市创新性逐渐被拉开差距，多样性方面又相对不足。泰州、扬州原本经济水平一般，台州虽然经济情况稍好，但和周边的宁波、绍兴相比还是有所差距，离长江三角洲区域中心城市也相对较远。

长江三角洲地区文化创意产业发展条件较好的城市基本上仍属于区域中心城市或经济发达城市，受城市群核心城市和经济发展水平的双重影响，经济发展水平一般的城市的文化创意产业发展条件有待进一步完善。但嘉兴、湖州这样距离区域中心城市较近的城市的文化创意产业发展条件排名有所提升，超过距离中心城市较远的一般城市，从而形成文化创意产业发展条件优良的"次高地"。因此，长江三角洲地区城市文化创意产业发展条件总体与经济发展状况有关，同时也受到距离城市群中心城市远近的影响。

第三节　长江三角洲南翼文化创意产业发展条件市际竞争

本节以浙江省市域或县域为分析单元，首先定性刻画浙江省文化创意产业发展条件市际差异，随后采用定量方法分析县际人才引力、文化资本等的差异。

一、浙江省文化创意产业发展条件市际差异定性刻画

国内外学者提出，文化创意产业是以文化为生产对象和灵感来源，经过创造力和聪明才智的“加工”，同时借助高科技手段，生产出具有较高市场价值与经济意义产品的产业。不难发现，文化创意产业的发展至少需要有文化、人才、科技和政府支持等。其中，文化是创新的支撑点，丰富多彩的文化资源可为区域文化创意产业发展奠定坚实基础，多以地方的历史文化和民族风俗的精神内涵和物质形式呈现。人才是地区文化创意产业发展的关键条件。与区域社会人口相比较，高校师生是具有高素质的人才，他们具有较强的科研能力，能够为地方政府或企业提供科研方面的帮助和贡献，故高校数量可以反映一地区人才资源的情况。然而，仅有文化和人才条件还不能支撑一个产业的发展，科技和政府支持也是必不可少的条件。创意产业园是文化创意产业发展的一种新型组织形式，园区建设和发展往往会得到地方政府的资金、技术、基础设施、政策等支持，故本节用地方文化创意产业园数量来体现科技资源和政府支持度。

（一）浙江文化创意产业发展条件概况

首先，具有丰富的专业人才。浙江既拥有浙江大学、浙江理工大学、宁波大学、温州大学等综合类高等院校，又具有中国美术学院、浙江传媒学院等艺术类院校，还有浙江师范大学、杭州师范大学等师范类院校。这些院校开设有书法、雕塑、动漫、设计、表演、传媒等各类艺术专业。截至 2013 年年，浙江高等院校本专科及研究生在校生人数 101.74 万人。充足的人才资源为浙江文化创意产业发展提供强有力的支撑。

其次，具有深厚的历史文化底蕴。浙江不仅有越剧、婺剧、瓷器、丝绸、刺绣、剪纸、木雕、根雕、米塑等大量传统文化资源，亦有“吴越文化”“良渚文化”“商帮文化”“港口文化”和“海洋文化”等特色文化。截至 2013 年，浙江拥有 6 个国家历史文化名城、6 个全国历史文化名镇、2 个全国历史文化名村，深厚的历史底蕴为其文化创意产业发展提供了丰富创意资源。

第三，具有数量众多的文化创意产业园。浙江有 70 多个文化创意产业园，多数位于杭州、宁波、绍兴、温州等市。这些产业园有着完善的基础设施、大量的创意型人才，且类型多样、各具特色。

（二）各市文化创意产业发展条件比较

浙江省11市文化创意产业发展条件各具特色，主要从文化资源、人才条件、科技政策条件和其他条件四方面进行梳理如表2-3-1-1。

表 2-3-1-1　浙江各市文化创意产业发展条件

地区	文化资源	人才条件	科技政策条件（文化创意产业园）	其他条件
杭州	拥有八千年文明史、五千年建城史，是中国七大古都之一，历史文化资源丰富，如："良渚文化""吴越文化"和"南宋文化"	拥有以浙江大学、中国美术学院、浙江传媒学院等为代表的38所高等院校，在校生高达45.9万人（2012年），为文化创意产业发展提供丰富的专业人才	LOFT49文化创意产业园、A8艺术公社、白马湖生态创意、创意良渚基地、杭州国家动画产业基地、唐尚433、西湖创意谷、运河天地文化创意园等众多文化创意产业园	①民营经济发达，有充足的民营资本；②有西湖、大运河、西溪湿地、钱塘江等独特的自然景观资源；③有"中国动漫之都""中国电子商务之都""东方休闲之都""中国女装之都""江南艺术品交易中心"等文化创意品牌，产业基础扎实
宁波	历史文化名城，有独特的历史文化，如七千年的河姆渡文化、亚洲最古老的藏书楼——天一阁、商帮文化和港口文化等	拥有宁波大学、浙江大学宁波理工学院、宁波工程学院等高校16所，在校学生15.3万人（2013年），但创意人才依旧不足	江北区有创意1842外滩、1956产业园、134创意谷、宁波大学科技产业园、慈城天工之城；江东区有甬江东岸文化创意产业基地、江东三厂时尚创意街区；海曙区有新芝8号；鄞州区有梁祝产业园；镇海区有大学科技园创意产业基地；象山县有象山影视基地	①宁波是"中国品牌之都"，经济实力强，有较强的产业基础；②宁波制造业已经开始从单纯的加工制造进入急需创意设计的复合运营和品牌创造阶段，企业众多，创意产业渗透面极大，市场十分广阔

续表

地区	文化资源	人才条件	科技政策条件（文化创意产业园）	其他条件
温州	有“百工之乡”的美称，以瓯绣、黄杨木雕、细纹刻纸、许大同制笔、石雕、米塑、泰顺车木工艺、洞头贝雕为代表的民间工艺资源丰富；有“戏曲故里”“歌舞之都”“书画名城”的特色文化资源	有温州大学、温州职业技术学院等高校 7 所，在校生 7.65 万人（2012 年），但文化创意产业从业人员学历不高，人才资源缺乏	“东瓯智库”、吴桥工业区、鹿城工业区、浙江工贸学院创意园区等	①温州轻工产业规模大、市场覆盖面广，工业设计与广告方面的市场需求巨大；②有着扎实的轻工产业基础
嘉兴	中国江南文化的重要发源地和国家历史文化名城，其马家浜文化源远流长；拥有丰富多彩的江南民间艺术，如秀洲农民画、蓝印花布、描花灶头、雕花糕模、泥塑蚕猫、刺绣、剪纸、建筑饰物等	有同济大学浙江学院、嘉兴学院等高校 6 所，在校生 6.37 万人（2013 年）；有嘉兴科技城等 37 家科研机构，新兴科教资源和人才储备丰富	嘉兴环南湖文化创意产业带，包括嘉兴创意江南文化产业园、嘉兴国际创意文化产业园、嘉兴现代文化创意产业园等	紧邻沪、苏、杭，面向杭州湾，连接长三角南北两翼，具有独一无二的区位条件
湖州	国家历史文化名城；有丝绸之府、鱼米之乡、文化之邦的美称；是书画圣地，湖笔文化是其代表；是茶文化胜地，有《茶经》等代表作；是丝绸文化发源地，钱山漾遗址为其代表；有南浔古镇、琉璃工艺品、民间古藏馆等传统文化资源	有湖州师范学院、湖州职业技术学院、湖州师范学院求真学院 3 所高校	湖州南浔文化创意产业集聚区，又细分为南浔影视拍摄区、琉璃庄园、善琏镇湖笔文化园等区块	①地处长三角中心区域，是沪、杭、宁三大城市的共同腹地，是连接长三角南北两翼和东中部地区的节点城市，区位条件优越；②南浔古镇荣获“中国十大魅力名镇”称号；全市拥有国家级生态乡镇 31 个，生态环境优美

续表

地区	文化资源	人才条件	科技政策条件（文化创意产业园）	其他条件
绍兴	越文化的发源地，是有2500年历史的国家首批历史文化名城；民俗文化以茶道和越剧为代表；是瓷器的发源地，又以“丝绸之府”著称	有绍兴文理学院、越秀外国语学院、浙江工业大学之江学院、阳明书院等高校，在校生5.39万人（2010年）	金德隆文化创意园	绍兴的民营经济总量占全市经济总量的95%，民间资本充裕，民营经济特别发达
金华	国家级历史文化名城；拥有婺剧、迎会、木雕、根雕等一大批特色传统文化资源；东阳有“民间艺术之乡”的美称	有浙江师范大学、义乌工商职业技术学院、金华职业技术学院、浙江横店影视职业学院等9所高校，在校生8.44万人（2013年）	义乌国际商贸城文化创意产业集聚区，包括义乌市“学院2号·义乌创意园”等区块；东阳文化创意产业集聚区，包括浙江横店影视产业试验区和东阳民间工艺产业基地	有优良的文化创意产业发展条件：义乌被称为“全球最大的小商品集散中心”，中国四大影视基地之一的横店有“中国好莱坞”之称，二者均已形成较成熟的文化创意产业
衢州	国家级历史文化名城，拥有1800年历史；受周边地域文化的影响，衢州文化具有吴越文化和徽派文化的综合特点；有开化根雕、衢州特产白瓷、衢州尚书文化艺术村等	有衢州职业技术学院和衢州学院2所普通高校，在校生1.17万人（2012年）	中国围棋谷和中华龙谷等文化创意产业园区；衢州醉根艺品有限公司和衢州火神瓷业有限公司等	钱塘源中国竹子之乡等美誉，森林覆盖率达到60%以上，生态环境优美，生态产业资源丰富
舟山	拥有自然和人文、历史和现代、陆地和海洋相互渗透的海洋文化体系；拥有佛教和道教等宗教文化，徐福文化、海岛远古文化、沙雕文化、军事文化、休闲文化等分支文化	有浙江海洋大学、浙江海运职业技术学院等3所高校，在校学生2.33万人（2013年）	定海区文化创意园区	背靠沪、杭、甬，面向太平洋，既是华东门户，又是南北海运线的中心点，区位条件优良

续表

地区	文化资源	人才条件	科技政策条件（文化创意产业园）	其他条件
台州	中国戏曲——南戏的主要发源地；有发达的民间工艺：仙居针刺无骨花灯被称为“中华第一灯”；临海的剪纸、台州的玻璃雕刻和刺绣等9项传统工艺被列入省级非物质文化遗产保护名录	台州学院、台州职业技术学院、台州广播电视大学3所主要高校，在校生1万余人（2013年）	台州经济开发区创意产业园、市区艺术走廊、天台雕刻工艺产业园、仙居工艺品产业园、温岭创意产业园	有雄厚的经济基础和发达民营经济
丽水	具有丰厚的文化积淀；有“秀山丽水、养生福地”的区域品牌；独特的瓯江文化；有青瓷、宝剑、石雕、竹炭、黑陶、木玩、油画等丰富的民间工艺资源	丽水学院、丽水职业技术学院等3所高校，在校3.96万人（2013年）	丽水万象文化创意产业园、丽水遂昌“三墩文化园”	有优良的生态环境条件，有“浙南林海”“浙江绿谷”“华东天然氧吧”的美称，为华东地区设区市中首个国家级生态示范区

文化资源方面，浙江省11市的文化创意资源在历史文化、民间工艺、特色传统三方面各有所长，不分伯仲。①杭州、绍兴、宁波、金华、衢州、嘉兴和湖州拥有悠久的历史和深厚的文化积淀，均已获“国家历史文化名城”称号。杭州拥有“良渚文化”“吴越文化”和“南宋文化”；绍兴以其酒文化、桥文化和越剧闻名；宁波的商帮文化及港口文化是其特色；金华是婺剧文化的中心；衢州文化有吴越文化和徽派文化的综合特点；嘉兴的马家浜文化源远流长；湖州是丝绸文化的发源地。②温州、舟山、台州和丽水的历史文化资源虽不及上述地区丰富，却依旧独具特色。温州有瓯绣、黄杨木雕等丰富的民间工艺资源，被誉为“百工之乡”；舟山的海洋文化、宗教文化、军事文化将其与浙江其他地区区分开来，个性十足；台州有发达的民间工艺，其玻璃雕刻和刺绣等9项传统工艺被列入省级非物质文化遗产保护名录；丽水有独特的瓯江文化和青瓷、宝剑、油画等丰富的民间工艺资源。

人才条件方面，浙江省11市均有高等院校为其文化创意产业提供人才支撑，但地区差异大。①杭州拥有浙江大学等综合大学以及中国美术学院、浙江传媒学院等艺术类专业院校为其提供创意专业人才，2012年底杭州有38所高校，在校生人数共计45.9万人。因此，不论是创意专业人才还是人才数量，杭州均是浙江的"第一"。②2013年底宁波拥有宁波大学等高校16所，在校学生15.3万人。在全省11个市中，宁波的人才数量仅次于杭州，但因缺乏艺术类院校而创意专业人才不足。③金华、温州、嘉兴和绍兴的高校在校生人数虽不及杭州和宁波，却明显优于浙江其他市；其中，金华有浙江师范大学和浙江横店影视职业学院为其提供充足的创意专业人才。④湖州、衢州、舟山、台州和丽水的高校在校生人数少，人才资源缺乏。

透过文化创意产业园数量看科技政策条件。浙江11市中，杭州和宁波的文化创意产业园最多，其次为温州、金华、嘉兴、台州、湖州、绍兴；而衢州、舟山和丽水的文化创意产业园最少。这间接反映出，杭州和宁波市政府对文化创意产业的科技政策支持力度最大，衢州、舟山和丽水的政策支持力度不足。

其他支持条件方面，对于杭州、宁波、温州、金华、绍兴和台州而言，雄厚的民间资本和产业基础为其发展文化创意产业奠定扎实的经济基础；杭州、丽水、衢州、湖州和舟山具有良好或独特的生态环境优势；而湖州、嘉兴和舟山的优越区位条件，为其文化创意产业发展提供极大的便利。

二、浙江省文化创意产业发展的人才条件地域分异[①]

省域竞争即是人才的竞争，人才引力的强度决定了各省未来发展的高度。通常一个区域人才环境的优劣决定了区域的人才引力强弱，可通过刻画区域人才环境予以体现。国外人才引力研究集中在影响人才流动的因素和产业集群对人才的引力方面。博格提出了人才为了改善生存条件和生活环境的"推拉理论"，指出人才的流动是由于流入地有利于人才改善生活环境的拉力和流出地不利于改善人才生活环境的推力共同造成的；斯托特从心理因素角度分析了人才流动原因；马金斯基从工作关系、个人、经济机会三因素讨论了人才离职的原因。马歇尔指出较大规模的产业集聚可以为工人提供集中的、更有保障的劳动力市场，可以吸引人才聚集；波特认为产业集群可以提供更多的就业机会，会吸引更多的高素质人才。国内相关研究起步较晚，研究区域集中在省级区域人才引力比较、城市人才吸引因素；研究内容聚焦在人才引力因素及其评价指标体系、产业集群的人才引力差异、人才引力现状与提升策略。梳理发现新兴产业集群较传统产业集群人才引力强，经济因素是影响制造业集群人才引力的最重要因素；人才引力受多维因素的影响，可以围绕"数量—素质—培养—流动"或"经济发展—生活服务—科技创新—教育文化—就业保障"两种视角构建指标体系，关键在于厘清人才引力与其变量的相关特

① 李章凯，马仁锋，王益澄，王楠楠，晏慧忠. 浙江县域人才引力及其空间分异研究[J]. 世界科技研究与发展，2015，37(6)：760-766.

征;人才引力现状评价与提升对策以“吸引理论”或“人才二次吸引”为基础,采用因子分析法、系统动力学建模、模糊层次综合评价法、层次分析法、熵值法等方法进行定量评估,从而提出政策调整措施。

总体而言,国内外人才引力研究呈现多元化趋势,但是尚未形成理论体系、实证和定量分析依然比较缺乏、区域人才引力评价指标争议较多,县域层面的研究较少。市域、省域的人才环境评价宏观性、综合性强,然而不够精确。县域人才环境评价不仅具有综合性、定量性、宏观性、指导性强的特点,而且能够精细反映省域内的社会经济发展水平、环境质量,以及培养人才、发挥人才潜力的各项客观条件。因此,通过县域人才环境因素变化分析全省宏观人才环境构建中的得失日益受到重视。

(一)研究方法

1.人才引力影响因子选择

美国心理学家勒温的人才场论指出,人才环境对于人才能力发挥有很大的影响。宏观层面看,影响人才聚集的环境因素包括经济、社会文化、自然生态、政治制度等;微观层面看,区内收入、消费、文化、治安、交通、教育、医疗、工作、生活、政策和市场等都对人才向区域聚集有一定影响。考虑到指标的可操作性、可比性和可获得性,本节构建了包括经济实力、科研教育、人才发展、城市发展的人才引力指标体系(表 2-3-2-1)。

(1)经济实力:是一个地区竞争力评价中的最重要因素,也是吸引人才、促进人才成长的根本因素。只有拥有良好的经济实力才能够为人才提供优越的研究环境和生活条件,才能最大限度发挥人才潜力。此外,良好的经济发展水平不仅有利于本区域人才的培养,同时也有利于区域稳定流入人才。人均 GDP 反映了区域规模的扩张;在岗职工平均工资反映了区域内职工的收入水平,收入越高对人才吸引力越大;人均进出口总额反映了区域内外经济的联系程度;社会消费品零售总额反映了区域内人们的生活水平和生活质量;住房是人才最关心的因素之一,人均购买商品住宅面积可表示区域的住房环境。

(2)科研教育只有是提供给人才的优秀科研和工作环境,能让人才发挥出他们的最大价值。对于高素质人才来说,他们都非常重视下一代的教育,能否让后代接受优质的教育也是人才选择居住地点的重要因素。科技拨款占财政支出比重反映了政府对科技研究的重视程度,教育从业人员占总职工数、教育投入占 GDP 比重、高等学校在校学生数反映了区域的教育质量,每万人拥有专业技术人员数反映了区域的专业教育水平。

表 2-3-2-1　人才吸引环境指标体系

一级指标	二级指标	三级指标	单位	代码
人才环境因素	经济实力环境因素	人均 GDP	元	X_1
		在岗职工平均工资	元	X_2
		人均进出口总额	美元	X_3
		社会消费品零售总额	万元	X_4
		人均购买商品住宅面积	平方米	X_5
	科研教育环境因素	教育从业人员占总职工数	%	X_6
		教育投入占 GDP 比重	%	X_7
		高等学校在校学生数	人	X_8
		科技拨款占财政支出比重	%	X_9
		每万人拥有专业技术人员数	人	X 10
	人才发展环境因素	引进高层次人才数	人	X_{11}
		人才服务中介机构数	个	X_{12}
		人才市场应聘人数	人	X_{13}
		累计博士(后)人才数	人	X_{14}
	城市发展环境因素	城市人口规模	万人	X_{15}
		三废综合处理率	%	X_{16}
		每万人拥有病床位数	张	X_{17}
		社会保障支出占 GDP 比重	%	X_{18}
		建成区绿化覆盖率	%	X_{19}

(3)人才发展：在经济基础上，人才还关心就业、创业和发展的各种服务和保障的“软环境”。政府通过设立一系列的保障政策、搭建各种人才服务平台，使人才流动自由、交易手续简便，用法律保障人才权益。选取引进高层次人才数、人才服务中介机构数、人才市场应聘人数、累计博士(后)人才数来反映政府为人才发展提供的服务环境。

(4)城市发展：当人才在考虑是否向一个区域流动时，不仅会考虑区域的经济水平，而且会考虑区域的发展规模、医疗保险、社会保障、生态环境等诸多因素。城市人口规模可表示城市发展规模，工业固体废物综合利用率、废水排放达标率和废气处理率的平均值作为“三废”综合处理率可反映地区废物处理状况，建成区绿化覆盖率可反映城市绿化环境状况，每万人拥有病床位数和社会保障支出占 GDP 比重可测度区域医疗保险、社会保障的发展水平。

2. 人才引力分析模型

首先需对原始数据进行无量纲化处理：

$$X_{ij}^{*}=(X_{ij}-Y_{j})/S_{j} \quad \text{（式 2-3-2-1）}$$

其中，Y_j 和 S_j 分别是第 j 个变量的平均值和标准差；n 为样本容量；P 为指标个数，X_{ij} 为第 i 个地区的第 j 个指标值；$i=1,2,3,\cdots,n$；$j=1,2,3,\cdots,p$。

因子分析的基本思想是根据变量间的相关程度将变量分组，在保证信息不丢失的情况下，试图用最少的因子来解释繁杂的原始变量，揭示出事物之间的本质联系。每个城市的综合因子变量得分计算公式为

$$S_i=\sum_{j=1}^{z}d_j f_{ij} \quad \text{（式 2-3-2-2）}$$

式中 d_j 是第 j 个公因子的贡献率，f_{ij} 为第 i 个城市第 j 个公因子的得分，z 为选定的公因子个数。

3. 人才引力空间变异分析模型

1）空间权重矩阵分为空间邻接标准和空间距离标准，采用空间邻接标准的表达式为：

$$w_{ij}=\begin{cases}1, & \text{当区域 } i \text{ 与 } j \text{ 有公共边}\\ 0, & \text{当区域 } i \text{ 与 } j \text{ 无公共边}\end{cases} \quad \text{（式 2-3-2-3）}$$

2）空间自相关的测度，包括全局空间自相关和局部空间自相关。

全局空间自相关 Moran's I 的公式为

$$I=\frac{n\sum_{i=1}^{n}\sum_{j=1}^{n}w^{ij}(X_i-\overline{X})(X_j-\overline{X})}{\left(\sum_{i=1}^{n}\sum_{j=1}^{n}w_{ij}\right)\sum_{i=}^{n}(X_i-\overline{X})^2} \quad \text{（式 2-3-2-4）}$$

式中，X_i、X_j 为区域 i、j 的观测值；$\overline{X}$ 为所有属性的平均值，w_{ij} 为空间权重矩阵，表示区域 i、j 的空间关系。I 值越趋近于 1，表示正相关性越显著，即相邻空间单元相似性越强；值越趋近于 −1，表示负相关性越强，即相邻空间单元差异性越强；I 值越接近于 0 时，则表明相邻空间单元相关性越弱。通常通过标准化统计量 *Z-score* 得分检验来验证假设是否成立。*Z-score* 的计算公式为

$$Z\text{-}score=\frac{I-E(I)}{\sqrt{var(I)}} \quad \text{（式 2-3-2-5）}$$

全局空间自相关是一个总体指标，无法准确描述局部的相关性。在区域总体差异减小的情况下，局部的差异很有可能变大，因此需要用局部空间自相关来准确描述区域空间差异的变化趋势。局部空间自相关 Local Moran's I 的数学统计式为

$$I_i=Z_i\sum_{j\neq 1}^{n}w'_{ij}Z_j \quad \text{（式 2-3-2-6）}$$

式中，Z_i 是 X_i 的标准化量值；Z_j 是与第 i 区域相邻接的属性标准化值；w'_{ij} 是按照行和归一化的权重矩阵。Moran 散点图的横轴对应变量的所有观测值，纵轴对应空间滞后向量的所有取值。空间滞后就是该观测区域周围邻居观测值的加权平均。

(二)浙江省域人才引力空间分异特征

1. 区域概况与数据来源

2013 年浙江省地方生产总值和人均 GDP 分别位列全国第 4 与第 2 位(港、澳、台除外)，是全国最具活力的区域之一。但是浙江省人口受教育水平却在全国排名中落后于部分中西部省份。《2013 年浙江省非公人才发展报告》调查显示全非公单位(企业)高级人才比例仅为 9%，低于全国平均水平。未来十年是浙江省推动经济结构转型，全面实施新型工业化、城镇化、信息化，加速与国际高接轨的重要时期，人才是其核心力量，因此提高人才吸引力、优化人才结构是浙江省的重要议题。本节以浙江 69 个县(市/区)为研究单元，数据均来源于《浙江统计年鉴2014》、浙江省各县市 2014 年统计年鉴以及浙江省各县市统计局网站。

2. 各县市人才引力评价

选取 2013 年浙江省 69 个县市单元 1102 个数据指标进行分析，首先根据式 2-3-2-1将数据标准化，然后将标准化后的数据用 SPSS 19.0 进行因子分析法。分析显示 19 个指标间的 KMO 值为 0.787，大于 0.6，这表明各变量之间的相关性很高，适合使用因子分析法；选特征根大于 1 的 3 个公因子，累积方差贡献度为 87.41%，表明这 3 个因子包含了浙江省人才引力因素的绝大部分信息，基本可以代表前述 19 个原始变量的变化，旋转因子载荷阵、特征值、贡献率和累计积贡献率见表 2-3-2-2。

表 2-3-2-2　浙江省 2013 年人才引力旋转因子载荷阵、特征值、贡献率和累计积贡献率

指标代码	第一公共因子	第二公共因子	第三公共因子
x_5	0.985	−0.008	0.027
x_9	0.94	−0.231	0.122
x_2	0.929	−0.156	0.108
x_{14}	0.847	−0.35	−0.019
x_1	0.823	−0.276	0.449
x_4	0.763	0.1	0.109
x_3	−0.725	−0.016	−0.118
x_{10}	−0.72	0.415	−0.434
x_{12}	0.1	0.93	0.109
x_{13}	−0.068	0.926	0.221
x_{11}	0.355	0.868	−0.216

续表

指标代码	第一公共因子	第二公共因子	第三公共因子
x_6	−0.429	0.859	−0.197
x_7	−0.477	0.766	−0.343
x_8	0.491	0.69	−0.226
x_{15}	0.013	0.141	0.871
x_{18}	0.577	−0.253	0.752
x_{19}	0.347	−0.317	0.738
x_{17}	0.257	0.125	0.533
x_{16}	−0.052	0.05	0.482
特征值	5.746	3.967	2.745
贡献率	0.42628	0.23921	0.20856
累计贡献率	0.42628	0.66549	0.87405

注：第一公因子为经济科研因子，第二公因子为人才培养扶持因子，第三公因子为城市生活因子。

如表 2-3-2-2 所示，69 个县市三个主成分公因子的贡献率依次为 0.42628、0.23921、0.20856，由此可以得到各城市综合因子评价公式：

$$F=0.42628F_1+0.23921F_2+0.20856F_3 \qquad (式\ 2\text{-}3\text{-}2\text{-}7)$$

其中，F_1、F_2、F_3 依次为第一、第二、第三主成分的得分。根据公式，综合得分排序得到浙江省县域城市 2013 年人才引力排行榜（见表 2-3-2-3），受篇幅限制，此处只列出综合得分前后各 15 名的县（市/区）。

表 2-3-2-3 浙江省 2013 年县（市/区）人才引力排行榜

城市	人才引力		经济科研		人才扶持		城市生活	
	综合得分	排名	因子得分	排名	因子得分	排名	因子得分	排名
舟山市区	2.617	1	3.250	3	2.908	3	2.568	1
杭州市区	2.420	2	3.476	1	3.351	1	0.657	12
宁波市区	2.292	3	3.350	2	3.125	2	0.561	15
绍兴市区	1.949	4	2.936	5	2.400	5	0.590	14
义乌市	1.551	5	3.137	4	0.809	21	0.098 19	31
嘉兴市区	1.478	6	1.996	8	2.204	6	0.482 97	18
湖州市区	1.470	7	1.813	9	2.462	4	0.518 62	16
温州市区	1.272	8	2.333	6	0.876	17	0.326 42	22
金华市区	1.213	9	1.372	11	1.784	8	0.966 66	7
台州市区	1.119	10	0.794	21	2.090	7	1.346 83	4

续表

城市	人才引力		经济科研		人才扶持		城市生活	
	综合得分	排名	因子得分	排名	因子得分	排名	因子得分	排名
温岭市	1.082	11	0.916	16	1.597	10	1.483 33	3
富阳市	0.991	12	1.352	12	1.330	13	0.463 59	19
绍兴县	0.876	13	0.936	15	1.683	9	0.356 29	21
平湖市	0.804	14	0.189	28	1.596	11	1.637 90	2
慈溪市	0.695	15	2.010	7	−0.015	36	−0.757 92	55
				……				
洞头县	−0.579	55	−0.511	50	−0.845	54	−0.761	56
仙居县	−0.587	56	−0.278	41	−0.861	55	−1.262	62
武义县	−0.589	57	−0.823	63	−0.995	60	−0.001	40
三门县	−0.675	58	−0.602	57	−0.934	59	−0.934	51
浦江县	−0.689	59	−0.446	49	−0.551	47	−1.759	67
常山县	−0.717	60	−0.662	60	−0.920	57	−1.028	58
遂昌县	−0.720	61	−0.869	65	−1.117	64	−0.396	52
松阳县	−0.722	62	−0.988	67	−1.174	65	−0.096	42
文成县	−0.738	63	−0.678	61	−1.772	69	−0.119	43
云和县	−0.760	64	−1.191	69	−1.177	66	0.139	29
开化县	−0.802	65	−0.523	51	−0.595	49	−2.096	69
泰顺县	−0.916	66	−0.634	58	−1.072	62	−1.866	68
景宁县	−0.974	67	−1.030	68	−0.924	58	−1.506	64
庆元县	−1.007	68	−0.824	64	−1.296	67	−1.659	66
磐安县	−1.040	69	−0.907	66	−1.375	68	−1.555	65
均值	0.176		0.311		0.220		−0.041	
标准差	0.844		1.149		1.1821 90		0.890	

表 2-3-2-3 显示综合人才引力前三名是舟山市辖区、杭州市辖区和宁波市辖区；经济科研和人才扶持引力因子评价结果中得分前三位均为杭州市辖区、宁波市辖区和舟山市辖区，得分最低的后三位分别为云和县、景宁县、松阳县和文成县、磐安县、庆元县；城市生活因子得分最高的前三位为舟山市辖区、平湖市和温岭市，得分最低的后三名依次是开化县、泰顺县和浦江县；经济科研因子、人才培养扶持因子、城市生活因子得分高于均值的县域单元分别有 27 个、31 个、50 个，综合引力得分高于均值的县域单元有 32 个。此外，在各项单项因子评价中标准差结果中，综合引力标准差最小，人才扶持培养引力标准差最大，这表明浙江省各县域城市人才

扶持培养引力差异最大、综合引力差异最小。

3. 各县人才引力空间分异特征

(1)人才引力的全局空间分异

空间分异能够准确地刻画县域人才引力强弱的空间分布，因此利用 Moran's I 定量分析浙江省各县人才引力的空间差异(表 2-3-2-4)。全局自相关三个因子值及综合因子的 Moran's I 都为正值，呈空间集聚现象，表明浙江省县域人才引力存在十分显著的空间集聚性，即人才引力强的县市和人才引力强的县市相邻接、人才引力弱的县市和人才引力弱的县市相邻接的现象十分明显。因此可以推测出整个浙江省内区域人才引力空间分异明显，存在人才引力“两极化”空间。

表 2-3-2-4 浙江省主成分因子的 Moran's I 值

主成分因子	Moran's I
经济科研因子	0.757696
人才扶持因子	0.777328
城市生活因子	0.750630
人才综合引力	0.788347

(2)人才引力的局部空间差异分析

使用表 2-3-2-3 中各因子得分及人才引力综合得分建立数据库，借助 ArcGIS10.0 的自然断点分级处理数据，得到 2013 年浙江省人才引力各因子的空间分异图，并计算得到 2013 年浙江省人才引力各因子的空间分异的 Moran 散点图(图 2-3-2-1)。运用 ArcGIS10.0 自然断点法和 Geoda0. 9. 5－i 软件作出 2013 年浙江省经济科研因子 Moran 散点图，如图 2-3-2-1(a)所示。散点图有 76％的点落在一、三象限内，表明浙江省县域的经济科研引力在空间上有高值簇和低值簇的现象，呈现出较强的空间分异格局。LISA 集聚图显示，在经济科研引力上，宁波和舟山形成高高集聚，在丽水几个县市和江山、仙居及岱山形成低低集聚，分异明显。由此可知，浙江省科研经济引力格局呈南北两翼高、中间低、浙东北经济科研水平高于浙西南的格局，与自相关分析结果相符合。

2013 年浙江省人才扶持因子 Moran 散点图如图 2-3-2-1(b)所示。人才扶持引力的空间差异较大，绝大部分点落在一、三象限内，占 78％，呈明显的集聚性。Lisa 集聚图显示宁波和舟山的自身和周边水平都比较高，衢州市辖区和丽水市辖区的人才扶持引力高于周边县市，有利于带动周边县市。人才引力分布图显示浙江省 11 个市辖区人才扶持培养引力较高，但是强度总体偏低，市辖区向周边辐射力不是很强，总体上浙北地区明显强于浙南地区。

2013 年浙江省城市生活因子 Moran 散点图如图 2-3-2-1(c)所示。由图可知，大部分点落在一、三象限，第三象限的点多于第一象限，低低集聚现象明显。观察

LISA集聚图可知，浙南、浙中和浙北共有10个县市显示为低低集聚，分布较为均匀。江山市和东阳市城市生活引力高于周边县市，呈高低集聚，舟山群岛呈高高集聚。观察城市生活因子分布图可知，浙江省城市生活引力格局相较于前几项格局分布较为均衡，这和全局自相关分析结果吻合，其原因是因为东部县市的基础设施、社会保障服务相较于西部县市较好，西部县市的自然环境优于东部县市。

为了进一步明晰分异趋势，本节利用浙江省69个县市数据来聚类分析表2-3-2-3中各主成分因子得分，得到表2-3-2-5，显示2013年浙江省县市人才引力区域类型差异：浙江省人才引力环境优劣分布表现出明显的地带性格局，强人才引力县市主要集中在浙江东部及东北部地区，引力较弱的县市主要分布在浙西南地区，形成以湖州、嘉兴、杭州、宁波的市区为核心，温州、台州的市区为次核心，南北两头较强，中间较弱，东边较强，西边较弱的地理格局。

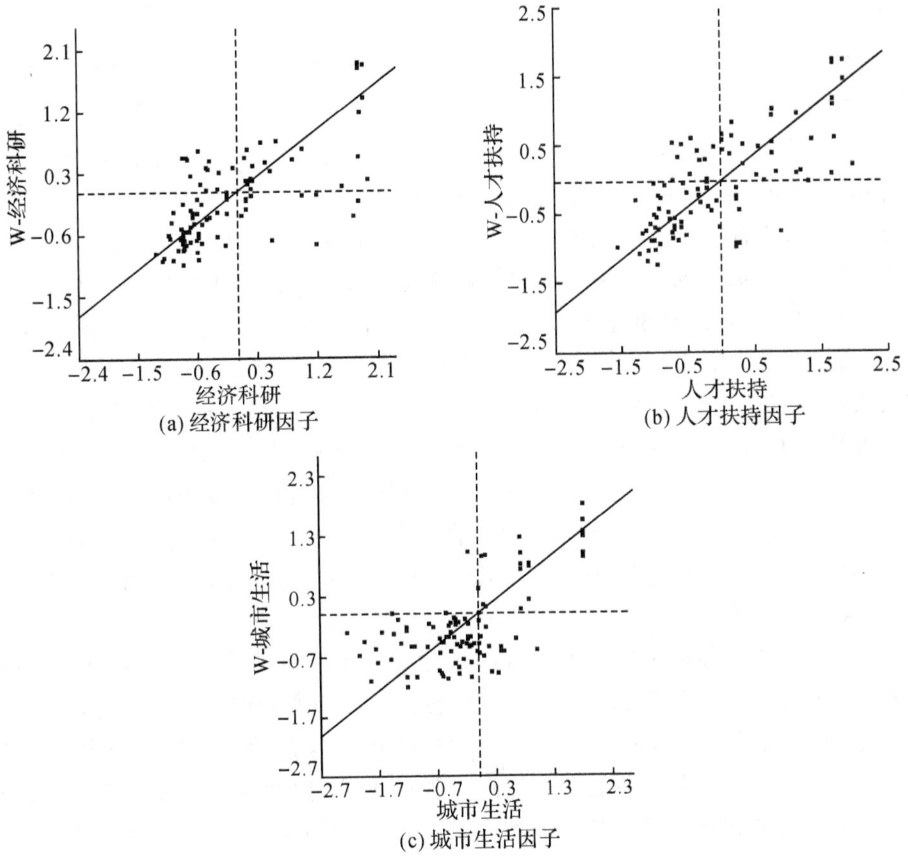

图2-3-2-1　人才扶持因子Moran散点图

表 2-3-2-5 浙江人才引力三类县市所包含县市

类型	县(市/区)名称
高人才引力县市 (0.99171～2.61702)	舟山市区、杭州市区、宁波市区、绍兴市区、嘉兴市区、湖州市区、金华市区、富阳市
中等人才引力县市 (－0.13129～0.876)	义乌市、温州市区、台州市区、温岭市、绍兴县、平湖市、慈溪市、余姚市、嘉善县、长兴县、乐清市、海宁市、衢州市区、桐庐县、安吉县、诸暨市、丽水市辖区、上虞市、奉化市、德清县、苍南县、桐乡市、象山县、岱山县、永康市
低人才引力县市 (－0.04033～0.18062)	东阳市、玉环县、临安市、临海市、建德市、江山市、天台县、海盐县、新昌县、宁海县、平阳县、瑞安市、嵊泗县、龙游县、永嘉县、淳安县、嵊州市、缙云县、兰溪市、青田县、龙泉市、洞头县、仙居县、武义县、三门县、浦江县、常山县、遂昌县、松阳县、文成县、云和县、开化县、泰顺县、景宁县、庆元县、磐安县

(三)结论

本节利用人才场论构建包括经济实力、科研教育、人才发展、城市发展在内的人才引力评价指标体系,综合集成因子分析与空间自相关,构建县域人才引力计量模型;随后以浙江省为实证甄别出人才引力的核心因子——经济科研、人才培养扶持、城市生活。浙江的实证表明本节构建的人才引力综合评判模型具有科学性、可行性。研究发现:(1)县域层面看,省域人才引力的核心因子是经济科研、人才培养、城市生活等;(2)影响浙江省县域人才引力的各因子空间分布具有正相关性,空间集聚特征明显。经济科研环境引力格局呈现浙东北部城市高于浙西南部城市,人才扶持培养引力较强的县集中在各地级市辖区及杭、嘉、甬的部分县级市,城市生活引力格局呈现集聚单元均衡分布态势,自然环境质量较高的市辖区引力相对较强;(3)将浙江省人才引力各因子及综合得分进行系统,可发现人才引力强的县市大多集中在浙北,形成以环杭州湾地区为人才吸引核心、以温台沿海城市群为人才吸引次级核心的格局。

为此,应重点扶持衢州、丽水的经济低洼县的经济发展,提升产业层次,培育地区的特色产业,缩小其与发达县市的经济差距。(1)以县域经济发展创造人才引进的环境,健全县域人才引进、流动、评价、激励的政策体系,完善人才市场运作机制;各市辖区要有针对性地向周边县市输送合适的人才,做到人才资源和教育资源互动。浙西地区县市要继续保持良好的生态环境,优化人才社会保障制度,加强地区公共服务设施建设,提升公共服务水平;浙东地区县市则主要着眼于产业结构调整、布局优化,重点开展环境整治建设,提高地区的环境质量。(2)浙江省层面看,必须协调好省内南、北的相互关系,尤其是交通廊道建设,提速省内板块间相互协作;浙北地区要继续保持经济优势,同时向浙南地区输送企业和教育资源,促进产业升级;浙南地区应找准自身的发展定位,着力打造合适的特色发展模式。

三、浙江省文化资本多尺度地域分异及其经济影响[①]

区域经济差异是客观存在的,区域经济发展不平衡的问题在长三角地区日益严重。长期以来,学界热衷从经济现象本身去寻找答案,包括自然资源决定论、资本决定论、技术决定论和地理环境决定论等学说,忽视文化对经济发展影响。文化与经济具有不可分割的关系:微观角度看,文化因素对人们的经济行为有重要影响;宏观角度看,文化因素还对经济发展起着关键作用。经济学视域经济与文化关系研究经历了“合—分—合”阶段,如18世纪古典经济学家亚当·斯密、约翰·穆勒认为文化约束甚至比个人利益追求更能影响人的精神行为;新古典经济学一直将文化因素作为经济分析的既定前提排除在讨论范围之外;19世纪70年代后,经济学又将文化纳入经济分析过程,集中探讨文化作为模型的外生变量(将经济和文化视为并列因素),对文化和经济在本质上是一个整体(文化只是经济现象的一个特例)进行论证。21世纪以来,文化与经济关系日益密切,区域经济差异研究不可忽视文化影响。显然,文化之于经济发展具有不可忽视的影响,文化已经成为一种社会资本直接或间接作用于经济发展。文化的传承与积累形成一种特殊的资本——文化资本。文化资本最早是由法国社会学家布迪厄提出。Throsby将文化资本引入经济学研究领域,并把文化资本看作一种经济现象,认为文化资本变量可以和生产过程中其他形式的资本变量一起发挥作用,应用于文化和经济增长决定论模式。自2004年文化资本概念被引入中国后,有关文化资本与经济增长关系的研究文献涌现。早期以定性分析为主,如金相郁从文化经济学角度阐释文化与经济间关系,并认为经济主体是消费者、企业与政府,通过三种主体的经济行为发挥文化在经济活动中的作用;高波等认为文化资本对经济增长的作用体现在具有报酬递增特性,制约着人们对资源、技术、制度等要素选择。随后的实证分析以全国尺度研究居多,主要采用层次分析法估算文化资本存量,并运用柯布—道格拉斯生产函数、面板数据的固定效应模型进行计量分析。

现有研究仍有如下问题亟待深化。(1)文化资本理论研究主要集中在文化社会学和文化经济学领域,前者注重对文化资本的产生、发展及其社会功能研究,后者注重对文化生产、积累以及文化资本与经济发展的关系的探讨,忽视了文化资本对于区域经济发展差异的影响。(2)不同区域具有不同的文化禀赋,文化资本存在一定程度的差异,关于文化资本区域性的测度局限在国家、省域层面,小尺度的精

① 马仁锋,吴丹丹,王腾飞.文化资本多尺度差异及其对浙江区域经济影响[J].宁波大学学报(人文科学版),2017,30(3):82-86.

细化研究仍相当匮乏，文化资本的尺度效应解析成为区域经济增长差异动因识别的困境。为此，本节以浙江省为案例，以企业家精神衡量文化资本区域差异和动态变化，从省域和县域层面对浙江省文化资本区域差异及其对经济发展影响进行实证，以期全面解析文化资本的区域经济发展影响，丰富文化经济的区域增长分异研究。

（一）文化资本的内涵与测度

1. 文化资本的内涵与特征

文化是一个复杂的总体，包括知识信仰艺术、法律道德风俗以及人类所能获得的才能和习惯等。文化的基本内涵由两部分组成：传统和与人们有关的价值。社会学角度文化资本总结为：那些非正式的人际交往技巧、习惯、态度、语言风格、教育素质、品位与生活方式，其具有文化能力、文化产品和文化制度三种存在形式。文化能力是指具体的状态，是精神和身体的持久“性情”；文化产品是指客观的状态，如书籍、图片、工具、机器、词典等文化商品，这些文化商品是理论留下的痕迹或理论的具体呈现，又或是对这些理论问题的批判；文化制度是体制的状态，是一种客观化的形式，这种形式赋予文化资本一种完全原始性的财产，文化资本正是受到了这笔财产的庇护。经济行为角度文化是指人们所选择与遵从的特定价值观体系，它构成了人们的主观模型。鉴于此，将人们所习得的能够为其未来带来收益的特定价值观体系称为文化资本，因为它是未来收入的资本化。文化资本不仅是人类走出蒙昧所积累的第一笔资本，也是每个人一生中开始积累的第一笔资本。Throsby 认为文化资本是以财富的形式具体表现出来的文化价值的积累，它除了拥有经济价值外，还贮藏或提供文化价值。该解释兼顾了具体的、物质的方面和抽象的、精神的方面。本节认为文化资本是能够以财富的形式表现出来的、作为人类劳动成果的文化价值的积累，是指能够为其未来带来收益的特定价值观念所组成的体系，文中特指浙江历史悠久的商业传统和“悯商重贾”的从商风气对企业家价值观体系所造成的影响的那部分。浙江文化资本在民营经济发展的过程中起着核心作用。企业家是文化资本的拥有者，在生产的过程中企业家投入的正是这种稀缺的资源。

2. 企业家精神与文化资本的测度

文化—经济地理学视角，文化影响区域经济增长的机制是通过文化—经济主体行为影响区域经济增长。企业家是文化—经济行为的核心构成，企业家身上体现出创新和创业精神是其文化价值观的选择。将企业家精神定义为文化资本积累不仅是一种理论上的推测，它还得到大量事实证明。文化资本视角能够较好地解释企业家精神所表现出来的空间与时间的重大差异，显示出企业家精神形成与变迁的一些内在特征。因此企业家精神是文化资本的核心，企业家精神的文化测度是文化资本量化的重要手段。

创新精神、创业精神反映了企业家价值观的不断扩展和创新，或者说是企业家文化资本的持续积累。创新精神并不只是指科学技术的发现与发明，还指价值观的创新。无论是采用一种新产品、新的生产方法，还是开辟一个新市场，利用一种新资源，实现一种新组织，这些都意味着企业家价值观体系的扩展。如从需求角度看，企业家精神体现为将更多的消费者的价值观纳入自身价值观体系，使其不断扩展，发现和挖掘消费者新需求，开始开发新产品和新市场。同时，从制度变迁看，浙江省制度创新源于浙江人自强不息、坚忍不拔的创业精神。鉴于此，本节以专利授权量为创新精神的代理变量，以私营企业单位数量和私营企业从业人员数量为创业精神的代理变量，对浙江省文化资本进行测度。

(二)浙江省文化资本的动态变化与空间分布

1.研究区域概况

截止到2013年，以县域为分析单元，浙江省共有67个县(市/区)，包括浙江省的11个地级市区、21个县级市、34个县、1个自治县，共计67个研究单元。自2014年以后，浙江省的行政区划进行了微调，鉴于县域数据统计和统一性，故相关行政区划仍以2013年为基准进行数据整合。相关数据源自《浙江统计年鉴》《中国经济普查年鉴》以及各个市的统计年鉴。

浙江是一个依靠民营资本发展起来的经济大省。改革开放后，浙江私营经济、个体经济发展迅速，自1988年6月国务院颁布《私营企业暂行条例》以来，浙江一大批个体工商大户向私营企业发展，个体工商户规模持续扩大，至2013年私营企业单位数增至72.3万个。浙江从“资源弱省”跃升为“经济强省”。浙江之所以能在短时间内实现经济的飞速增长，与浙江传承悠久的历史文化有着深刻的内在联系，浙江文化里一直流淌着一种创新冒险的精神气质，一种大气开放而能兼收并蓄的生活态度，一种理性务实的人生追求，一种“工商皆本”的价值理念。这是源于越文化，融入现代元素，在市场经济实践中形成的“浙江精神”。

2.浙江省域文化资本的动态变化

浙江省第一次经济普查始于2004年，并先后于2008年、2013年进行普查，浙江省2004年私营企业单位数为21.85万个，到2013年私营企业单位数增至72.3万个，近十年增加了2倍多。这表明浙江私营、民营企业急剧增长。尤其是改革开放之后，进入21世纪以来浙江乡镇民营企业异军突起，浙江省2004年、2008年、2013年专利申请量呈现逐年递增趋势。截至2004年，累计申请专利137876件，授予专利权85770件，分别位居全国第三位和第二位。2013年浙江省专利申请总量为29.4万件，授权量为20.23万件，均保持全国第二位。每万人专利授权量从2004年的18.74件增加到2013年的41.91件。这表明从2004年国家第一次经济普查到2013年第三次经济普查，浙江省创新精神不断增强，创新能力不断提升。伴随着综合创新与创业精神的不断强化，以创新和创业为核心的浙江人文精神逐步形成，浙江省文化资本显著提高。

3. 浙江省县域文化资本的空间分布

基于2013年浙江省67个县域的每万人专利授权量、私营企业单位数量和私营企业从业人员三个指标，计算浙江县域文化资本综合水平值，来衡量浙江县域以创新和创业精神为代表的企业家文化资本的空间分布；然后基于ArcGIS10.2自然断点法，将浙江省各县区文化资本指数分为很低、低、中、高和很高5个等级。由此可知，浙江省文化资本区域分布差异显著，具有南北分异、东西分异和高值东北集聚、低值西南集中的特征，且呈现以杭州、宁波、金华—义乌、温州—台州等地区为高值核心区的空间格局特征。

(三)浙江区域文化资本与区域经济发展

1. 县域层面的文化资本与经济发展的计量分析

在县域层面，选择人均GDP、城镇居民人均可支配收入、农村居民人均可支配收入三个指标作为经济发展变量；选择每万人专利授权量、每万人私营企从业人员作为文化资本代理变量来计算Pearson相关系数。通过相关分析，对文化资本与经济发展之间的相关性进行描述，选用Pearson相关系数进行检验。结果显示每万人专利授权数量与农村居民人均纯收入、城镇居民人均可支配收入、人均GDP(中度)正相关，每万人私营企业从业人员与城镇居民人均可支配收入低度正相关，与人均GDP、农村居民人均纯收入有不显著的相关性。结果表明，在县域层面，相比于私营企业从业人员数量的增加，浙江省专利授权数量的增加对经济发展的影响更为显著。以创新精神为核心的文化资本的增强，对提高城镇居民收入和农村人均纯收入、促进经济发展有着积极的作用(表2-3-3-1)。

表2-3-3-1　2013年浙江省文化资本与经济发展的Pearson相关系数

	人均GDP(元)	城镇居民人均可支配(元)	农村居民人均纯收入(元)
每万人专利授权量(件)	0.704**	0.617**	0.599**
每万人私营企业从业人员(人)	0.224	0.273*	0.21

注：**表示在0.01水平上显著相关；*在0.05水平上显著相关。

2. 省域层面的文化资本与经济发展计量分析

在省域层面，首先运用1990—2014年浙江省私营企业从业人数、专利授权量、地区GDP、全社会固定资产投资、地区就业人数的数据进行Pearson相关系数计算。如表2-3-3-2所示，结果表明，私营企业从业人员、专利授权量与地区生产总值、人均GDP、全社会固定资产投资、地区就业人数4个变量均为高度正相关，且私营企业从业人员与经济增长变量的相关性较强。这表明创业和创新精神对浙江经济发展具有较强的促进作用，且创业精神文化资本的经济效益更为显著。

表 2-3-3-2　1990—2014 年浙江文化资本与经济增长相关变量 Pearson 相关系数分析

	地区生产总值（亿元）	全社会固定资产投资（亿元）	地区就业人数（万人）	人均 GDP（元）
专利授权量(件)	0.959**	0.968**	0.883**	0.950**
私营企业从业人员(万人)	0.993**	0.973**	0.985**	0.995**

注：** 表示在 0.01 水平上显著相关。

3. 柯布—道格拉斯生产函数升量研究

为进一步实证检验文化资本对于区域经济增长的影响，本节在柯布—道格拉斯生产函数的基础上建立如下计量模型：

$$Y_i = AK_i^{\alpha} L_i^{\beta} H_i^{\eta} E_i^{\gamma} \quad \text{（式 2-3-3-1）}$$

其中，Y_i 表示总产出，用第 i 地区生产总值（单位：亿元）表示；K_i 表示资本投入，用第 i 地区固定资产总投入（单位：亿元）估算；L_i 表示劳动投入，用第 i 地区就业人数（单位：万人）估算；H_i 表示第 i 地区专业技术人员，在此用地区专利授权量（单位：件）表示；E_i 表示第 i 地区企业家人数，用地区私营企业从业人数（单位：万人）表示；α、β、η、γ 分别表示资本、劳动、专业技术人员、企业家的产出弹性。

对公式 2-3-3-1 取对数，即为：

$$\ln Y_i = \ln A + \alpha \ln K_i + \beta \ln L_i + \eta \ln H_i + \gamma \ln E_i \quad \text{（式 2-3-3-2）}$$

对公式 2-3-3-2 进行适当的修正，得到以下计量模型：

$$\ln Y_i = \mu_0 + \alpha \ln K_i + \beta \ln L_i + \eta \ln H_i + \gamma \ln E_i \quad \text{（式 2-3-3-3）}$$

式中，μ_0 表示常数项。本节在此基础上实现文化资本中创新精神和创业精神的测度与检测。

为更精确度量浙江文化资本对于区域经济增长的影响，在此以地区 GDP 的对数 $\ln Y$ 作为被解释变量，以 $\ln H$ 和 $\ln E$ 作为反映区域文化资本的代表变量，以 $\ln K$ 和 $\ln L$ 来描述物质资本存量和人力资本存量，通过多元回归模型来分析文化资本对于区域经济增长的影响程度。运用 1990—2014 年浙江省统计数据，进行向后筛选策略的多元回归分析，经过两次完成回归方程的建立，剔除的变量为代表人力资本存量的地区就业人数 $\ln H$。最终回归方程为：

$$\ln Y_i = 2.693 + 0.489 \ln K_i + 0.097 \ln H_i + 0.259 \ln E_i \quad \text{（式 2-3-3-4）}$$

模型拟合的结果表明统计量：物质资本存量 $\ln K_i$ 为 6.645；专利授权量 $\ln H_i$ 为 3.09；私营企业从业人数 $\ln E_i$ 为 2.508。最后一次筛选得到 R^2 为0.997，说明模型拟合度较好。从文化资本角度看，被解释变量与创新精神和创业精神的代理变量的回归结果系数为正，说明文化资本对浙江经济发展具有正向影响，是经济增长的重要因素；且相比于创新精神的代理变量，私有企业从业人数作为创业精神的代理变量对于浙江经济增长的促进作用更为明显。当以地区 GDP 的对数为被解释变量时，私营企业就业人数年增加 1 个单位，地区 GDP 就增加0.259个单位。以上表明，在著名的温州模式、义乌崛起的背后，浙江敢为人先、勇于拼搏的创业精神是浙江经济发展的强大推动力。正是这种创业精神和创新精神的能动作用形成了浙江经济发展的特色。

(四)结论

基于浙江省县域和省域两个层面的数据，对浙江省文化资本区域差异及其对经济发展影响进行实证研究得出如下结论。(1)浙江省文化资本动态变化特征明显通过对以私营企业从业人数和专利授权量为代表的文化资本的测度，表明随着改革开放以来浙江省创业创新精神不断增强，且随着宏观环境的改善，文化资本增长的速率逐渐加快。(2)浙江文化资本空间分布差异显著。从总体上看浙江地区都属于越文化，但是由于自然和历史条件，形成了浙东北创新文化区和浙西南保守型文化区，故浙江县域文化资本表现出显著的差异性，形成南北分异、东西分异和高值东北集聚、低值西南集中的特征，且呈现以杭州、宁波、金华—义乌、温州—台州等地区为高值核心区的空间格局特征。(3)浙江省文化资本对经济增长具有正向影响，且文化对经济的影响具有尺度性。在县域层面，专利授权数量与农村居民人均纯收入、城镇居民人均可支配收入、人均 GDP(中度)正相关；私营企业从业人数与城镇居民人均可支配收入低度正相关，与人均 GDP、农村居民人均纯收入的关系不显著。在省域层面，Pearson 相关系数分析和多元线性回归方程分析都表明私营企业从业人数和专利授权数量对浙江经济增长具有显著影响，且创业精神比创新精神指标的影响程度更大，表明文化对经济的影响具有层次性。

第四节　本章小结

文化创意产业发展需要各种要素的有效组织，当然城市或区域培育文化创意产业都以产业政策为催化剂，集聚创意人才、风险投资、高科技公司等，甚至改善城市人居环境以群集更多的创意、创新人才。本章聚焦宏观、微观两个层面长江三角洲地区，尤其是浙江省的文化创意产业发展条件分析与评价。

宏观层面，首先厘清长江三角洲地区文化创意产业的起步历程，指出长江三角洲地区城市文化创意产业兴起得益于相关标志性政策等的引导。其次构建了长江三角洲地区文化创意产业发展条件的评价方法和指标体系，定量甄别出影响长江三角洲地区文化创意产业发展条件主要因素 2005 年、2010 年是科技专利授权量代表的创新性，2015 年之后是净流入人口数代表的多样性，并据此刻画了长江三角洲地区 16 个城市不同时期文化创意产业发展条件的综合排名。

微观层面，聚焦于地方人才引力和以企业家精神为代表的文化资本及其分异定量刻画，并以浙江省县域实证。

微观层面研究发现：(1)影响浙江省县域人才引力的因子主要是经济科研因子、人才培养扶持因子、城市生活因子，人才引力影响因子都具有正相关性且呈现空间集聚特征；浙江省县域城市人才引力地域分异呈现出浙北地区人才引力强的状态，并形成以环杭州湾地区为人才吸引核心、以温台城市群为人才吸引次级核心的空间格局。(2)运用 Pearson 相关系数检验，建立扩展的柯布—道格拉斯生产函数模型，探究以私营企业从业人数和专利授权量为代表的企业家精神文化资本对浙江省区域经济发展的影响：浙江文化资本动态变化特征明显，且整体呈现不断提升态势；浙江文化资本空间分布差异显著，呈现以杭州、宁波、金华—义乌、温州—台州等地区为高值核心区的空间格局特征；文化资本对区域经济的发展有着积极的影响，且文化对经济的影响具有层次性；在县域层面，创新精神对浙江经济增长影响较大；在省域层面，则创业精神对区域经济增长的影响更为显著。

第三章　长江三角洲地区文化创意产业增长态势

2004年以来，长江三角洲地区文化创意产业快速发展，各城市文化创意产业逐步壮大，成长为城市经济发展的新兴产业。长江三角洲地区文化创意产业每年新增产值占地方生产总值比重不断上升，个别城市如上海、杭州等的比重在近年甚至达到15%以上，文化创意产业对城市经济增长和城市未来发展的影响日益显著。然而，长江三角洲地区各城市长期以来经济、人口等的不均衡发展，以及各自文化创意产业发展条件的差异，客观影响着文化创意产业的地域增长态势。因此，本章重点分析长江三角洲地区文化创意产业发展现状特征及其地域增长分异趋势。

第一节　长江三角洲地区文化创意产业的增长与效率分异

一、增长特征

图3-1-1-1反映了2013—2015年长江三角洲角地区文化创意产业增加值占GDP比重情况。选择该时期长江三角洲文化创意产业数据分析可以更加清晰直观地刻画长江三角洲文化创意产业的增长趋势。

总体增长趋势看，2013—2015年长江三角洲16个城市文化创意产业增加值占GDP比重均呈现稳定增长趋势。但大部分城市增长幅度不大，少数城市在个别年份增长幅度较大。仅有杭州2015年和台州2014年涨幅较为明显。这说明长江三角洲城市文化创意产业总体发展基调是长期稳步增长。

具体比重看，2013—2015年除上海、杭州在0.1以上，其他城市均在0.1以下。除了少数城市外，长江三角洲大部分城市的文化创意产业增加值占自身GDP比重并不高，文化创意产业尚未成为长江三角洲地区城市经济增长的主要来源。

综合增长趋势和具体比重看，长江三角洲地区文化创意产业总体发展较快，上海、杭州、南京等区域中心城市文化创意产业的影响力在经济方面已经逐步显现出来，但其尚未对长江三角洲地区二线、三线城市经济发展产生较为重要影响，文化创意产业增加值还没有成为大部分城市地方生产总值的主要增长源。因此，长江

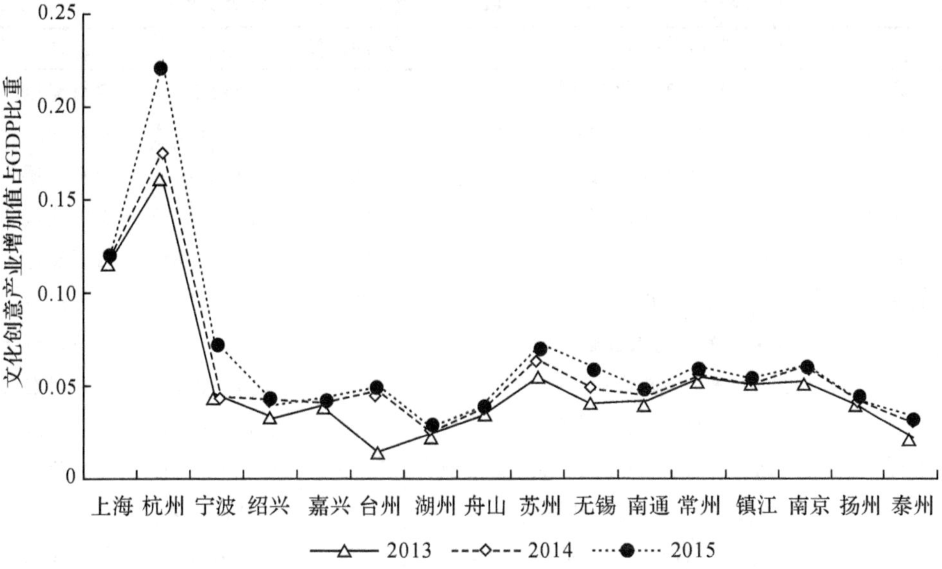

图 3-1-1-1　长江三角洲地区 2013—2015 年文化创意产业增加值占地方生产总值比重

注：相关指标数据均来自《中国城市统计年鉴(2014—2015)》《上海统计年鉴(2014—2016)》《浙江统计年鉴(2014—2015)》《江苏统计年鉴(2014—2015)》及 2016 年相关城市统计公报。

三角洲地区文化创意产业增长主要影响区域中心城市和经济较发达城市。

二、结构变动

由于中国尚未实施文化创意产业调查标准和官方统计，因此长江三角洲地区尚未有各类文化创意具体企业、产业的统计数据。一方面，各城市规划建设的文化创意产业园在发展过程中根据园区自身定位引进相关产业类型的文化创意企业；另一方面，大量同类或相关文化创意企业由于集聚效应等原因聚集，使得某些文化创意产业园的某类文化创意产业具有优势，这主要表现在园区产业属性。某一城市大量样本数据的文化创意产业园在一定程度上就能反映该地区的文化创意产业结构。因此，本节通过研究不同时段长江三角洲地区文化创意产业园类型数量，间接分析长江三角洲地区的文化创意产业结构。鉴于数据获取来源和长江三角洲地区文化创意产业起步时间，选择 2005 年和 2015 年两个年份，园区数据均从《中国文化创意产业集聚区分布图(2015)》中挖掘、整理、汇总并结合各城市文化产业主管部门网站信息或政府产业规划文件而形成，具体名录可见表 3-1-2-1；同时，汇总表 3-1-2-1中各产业园的行业属性数据，可得图 3-1-2-1。

表 3-1-2-1　长江三角洲地区主要城市文化创意产业园名录

地区	园区名称	挂牌时间	起因	载体
上海	上海张江文化产业园	2004	政府推动	自行建造
上海	上海康琳创意园	2001	非政府推动	自行建造
上海	上海逸飞创意街	2006	非政府推动	自行建造
上海	上海车博汇	2006	非政府推动	自行建造
上海	上海浦东美邦启立产业园	2010	政府推动	自行建造
上海	上海双创产业园	2008	政府推动	历史建筑
上海	达之路钻石文化创意园	2012	政府推动	自行建造
上海	上海国际传媒产业园	2004	政府推动	自行建造
上海	上海张江创星园	2013	政府推动	自行建造
上海	上海张江文化科技创意产业基地	2005	政府推动	自行建造
上海	张江 368 文化产业园	2013	政府推动	自行建造
上海	上海喜马拉雅中心	2006	政府推动	自行建造
上海	波特营	2010	政府推动	历史建筑
上海	上海创智空间张江信息园	2005	政府推动	自行建造
上海	上海创智空间康桥信息园	2015	政府推动	自行建造
上海	上海东方尚博创意产业园	2010	政府推动	历史建筑
上海	上海浦东软件园	1998	政府推动	自行建造
上海	上海华畔创意园	2007	政府推动	历史建筑
上海	尚街 Loft 浦东创意创业园	2007	政府推动	历史建筑
上海	上海尚馥骊湾 88 文化创意园	2012	政府推动	历史建筑
上海	金桥网络文化产业基地	2009	政府推动	自行建造
上海	上海由度慧谷	2011	非政府推动	自行建造
上海	上海金桥谷创意产业园	2008	政府推动	历史建筑
上海	上海左岸 88	2012	非政府推动	历史建筑
上海	东方艺术中心	2003	政府推动	自行建造
上海	动漫谷文化创意产业基地	2008	政府推动	自行建造
上海	国家数字出版基地	2008	政府推动	自行建造
上海	国家对外文化贸易基地	2011	政府推动	自行建造
上海	留学生创业园	2004	政府推动	自行建造
上海	唐镇电子商务港	2015	政府推动	自行建造
上海	南汇新场民间技艺文化创意基地	2008	政府推动	历史建筑
上海	上海文化服务贸易平台	2008	政府推动	自行建造

续表

地区	园区名称	挂牌时间	起因	载体
上海	800 秀	2008	政府推动	历史建筑
上海	上海静安现代产业园	2005	政府推动	历史建筑
上海	明圭传媒文化园	2013	政府推动	自行建造
上海	窗钩传媒文化园	2001	政府推动	自行建造
上海	上海静安创展中心	2008	政府推动	自行建造
上海	上海静安创艺空间	2006	政府推动	自行建造
上海	上海安垦绿色	2013	政府推动	自行建造
上海	上海静安文教用品产业园区	2001	政府推动	自行建造
上海	上海 3 乐空间	2006	政府推动	自行建造
上海	上海 98 创意园	2006	政府推动	自行建造
上海	上海申达静安都市产业园区	2012	政府推动	自行建造
上海	上海源创	2013	政府推动	自行建造
上海	上海汇智创意园	2013	政府推动	自行建造
上海	现代戏剧谷	2009	政府推动	自行建造
上海	上海设计工厂	2004	非政府推动	历史建筑
上海	上海越界文化产业园	2007	非政府推动	历史建筑
上海	越界・太保园区	2012	非政府推动	自行建造
上海	越界・X_2 创意空间	2006	非政府推动	历史建筑
上海	越界・永嘉庭	2007	非政府推动	自行建造
上海	越界・航天大厦	2012	非政府推动	历史建筑
上海	越界・500 视觉园	2011	非政府推动	历史建筑
上海	越界・明园商务中心	2000	非政府推动	自行建造
上海	越界・智慧谷	2014	非政府推动	历史建筑
上海	尚街 Loft 时尚生活园	2008	非政府推动	历史建筑
上海	尚街 Loft 滨江时尚服饰园	2013	非政府推动	历史建筑
上海	徐汇创意园	2009	政府推动	历史建筑
上海	徐汇德必易园	2012	非政府推动	自行建造
上海	中意设计交流中心(上海徐汇基地)	2014	政府推动	自行建造
上海	上海电子艺术创意产业基地	2008	非政府推动	自行建造
上海	漕河泾德必易园	2012	非政府推动	自行建造
上海	上海 2577 创意大院	2005	政府推动	历史建筑
上海	上海智慧线创意产业园	2013	非政府推动	自行建造

续表

地区	园区名称	挂牌时间	起因	载体
上海	上海西岸创意园	2007	政府推动	历史建筑
上海	上海虹桥软件园	2008	政府推动	自行建造
上海	上海尚建园	2007	政府推动	历史建筑
上海	上海乐山软件园	2007	政府推动	自行建造
上海	上海数字娱乐中心	2004	政府推动	自行建造
上海	上海汇丰创意园	2006	非政府推动	自行建造
上海	上海 D1 国际创意产业园	2013	政府推动	历史建筑
上海	上海浦原科技创意产业园	2013	非政府推动	自行建造
上海	上海文定生活家居创意设计中心	2008	非政府推动	历史建筑
上海	上海云洲古玩城	2005	政府推动	自行建造
上海	上海马利印象	2006	非政府推动	自行建造
上海	创邑·河	2006	政府推动	历史建筑
上海	长宁德必易园	2011	非政府推动	历史建筑
上海	昭化德必易园	2012	非政府推动	历史建筑
上海	上海天山软件园	2013	政府推动	自行建造
上海	上海慧谷白猫科技产业园	2006	政府推动	自行建造
上海	上海时尚产业园	2005	政府推动	历史建筑
上海	天杉德必易园	2011	非政府推动	自行建造
上海	愚园 1890	2013	非政府推动	历史建筑
上海	上海法华 525 创意树林	2008	非政府推动	自行建造
上海	尚街 Loft 长宁会馆	2013	非政府推动	自行建造
上海	上海多媒体印象产业园	2002	政府推动	自行建造
上海	上海映巷创意工场	2007	非政府推动	历史建筑
上海	上海原弓艺术仓库	2006	非政府推动	历史建筑
上海	上海湖丝栈创意园	2006	政府推动	历史建筑
上海	上海苏州河 DOHO	2006	政府推动	历史建筑
上海	上海周家桥创意产业园	2004	政府推动	历史建筑
上海	上海 Z58 创意之光	2007	非政府推动	历史建筑
上海	上海华联创意广场	2006	非政府推动	历史建筑
上海	创邑·源	2006	非政府推动	历史建筑
上海	上海聚为园	2013	非政府推动	历史建筑
上海	上海红坊创意产业集聚区	2006	政府推动	历史建筑

续表

地区	园区名称	挂牌时间	起因	载体
上海	沪西德必易园	2013	非政府推动	自行建造
上海	上海E仓创意园	2008	非政府推动	历史建筑
上海	上海创邑金沙谷(金沙谷创意园)	2006	非政府推动	历史建筑
上海	上海长寿苏河创意园	2007	政府推动	历史建筑
上海	上海景源时尚创意园	2009	政府推动	历史建筑
上海	上海天地软件园	2004	政府推动	自行建造
上海	谈家28-文化·信息商务港	2009	政府推动	自行建造
上海	桃浦文化创意产业园	2010	政府推动	历史建筑
上海	越界·苏河汇	2012	非政府推动	历史建筑
上海	上海中华1912	2013	政府推动	历史建筑
上海	上海金沙3131创意园	2008	政府推动	自行建造
上海	大宁德必易园	2011	非政府推动	自行建造
上海	珠江创意园	2007	非政府推动	历史建筑
上海	上海合金工厂创意园	2008	非政府推动	历史建筑
上海	越界·乐平方	2012	非政府推动	历史建筑
上海	越界·大宁财智中心	2012	非政府推动	历史建筑
上海	上海创意仓库(四行仓库)	2005	政府推动	历史建筑
上海	上海M50	2005	政府推动	历史建筑
上海	上海工业设计园	2008	政府推动	自行建造
上海	上海苏河现代艺术馆	2005	政府推动	历史建筑
上海	上海焊点1088	2009	非政府推动	历史建筑
上海	上海新慧谷科技产业园	2008	政府推动	自行建造
上海	JD制造	2012	非政府推动	自行建造
上海	老四行创意园	2012	政府推动	历史建筑
上海	上海苏河艺术中心	2005	政府推动	历史建筑
上海	上海孔雀园	2006	非政府推动	历史建筑
上海	上海名仕街时尚文化产业园	2007	非政府推动	历史建筑
上海	上海四行天地创意园	2013	政府推动	历史建筑
上海	新华文化创新科技园	2010	政府推动	自行建造
上海	上海多媒体谷	2007	非政府推动	自行建造
上海	环上大国际影视园区	2014	政府推动	自行建造
上海	上海1933老场坊	2006	政府推动	历史建筑

续表

地区	园区名称	挂牌时间	起因	载体
上海	上海半岛湾时尚文化创意产业园	2007	政府推动	历史建筑
上海	德必运动 Loft 创意基地	2012	非政府推动	历史建筑
上海	老洋行 1913 创意园	2012	非政府推动	历史建筑
上海	柏航德必易园	2013	非政府推动	自行建造
上海	上海花园坊节能环保产业园	2008	政府推动	历史建筑
上海	上海东大名创库	2000	非政府推动	历史建筑
上海	上海德邻公寓	2012	政府推动	历史建筑
上海	1468 创意园区	2013	非政府推动	自行建造
上海	上海智慧桥创意产业园	2006	政府推动	自行建造
上海	上海同乐坊	2006	政府推动	历史建筑
上海	空间 188	2006	政府推动	历史建筑
上海	上海通利商务创意园	2005	非政府推动	自行建造
上海	上海中房 Lbox	2007	非政府推动	自行建造
上海	上海绿地 IT 顺风港	2006	非政府推动	历史建筑
上海	上海昂立设计创意园	2005	政府推动	历史建筑
上海	上海法兰桥	2008	非政府推动	历史建筑
上海	上海绿地阳光园	2006	非政府推动	历史建筑
上海	优族 173 创意休闲广场	2006	非政府推动	历史建筑
上海	上海国家音乐产业基地	2008	政府推动	自行建造
上海	上海鑫鑫 1930 创意园区	2007	非政府推动	历史建筑
上海	上海建桥 69	2007	非政府推动	历史建筑
上海	上海彩虹雨	2013	非政府推动	自行建造
上海	上海新兴港	2008	非政府推动	历史建筑
上海	上海物华园	2013	非政府推动	自行建造
上海	中国出版蓝桥创意产业园	2010	政府推动	自行建造
上海	上海明珠文化创意产业园	2008	非政府推动	自行建造
上海	上海大柏树数字设计创意产业集聚区	2008	非政府推动	自行建造
上海	上海 8 号桥	2008	政府推动	历史建筑
上海	上海田子坊	1998	政府推动	历史建筑
上海	上海卓维 700	2005	政府推动	历史建筑
上海	上海汇针 751 文化传媒	2012	政府推动	历史建筑
上海	上海 SOHO 丽园	2007	政府推动	历史建筑

续表

地区	园区名称	挂牌时间	起因	载体
上海	上海创意产业之窗	2005	政府推动	自行建造
上海	上海智造局	2007	政府推动	历史建筑
上海	上海聚荣轩生活艺术空间	2006	非政府推动	历史建筑
上海	上海国际设计一场	2011	政府推动	自行建造
上海	上海国际时尚中心	2013	政府推动	历史建筑
上海	尚街 Loft 婚纱艺术产业园(五维空间)	2007	非政府推动	历史建筑
上海	上海创意联盟	2005	政府推动	自行建造
上海	上海 63 号建筑设计创意工场	2001	政府推动	自行建造
上海	海上海创意产业园区	2006	非政府推动	自行建造
上海	上海创邑 · Young	2009	政府推动	自行建造
上海	上海梅迪亚 1895	2008	非政府推动	历史建筑
上海	中环滨江 128(上海理工大学国家大学科技园)	2006	政府推动	自行建造
上海	上海东纺谷	2005	政府推动	历史建筑
上海	上海国际家用纺织品产业园	2003	非政府推动	历史建筑
上海	上海环同济设计创意集聚区	2009	政府推动	自行建造
上海	上海铭大创意广场	2008	非政府推动	历史建筑
上海	上海国际设计交流中心	2008	政府推动	自行建造
上海	上海复旦软件园创业基地	2009	政府推动	自行建造
上海	上海 800 艺术区	2009	非政府推动	历史建筑
上海	上海滨江创意产业园	2006	非政府推动	历史建筑
上海	创智天地	2003	政府推动	自行建造
上海	上海 1919 创意码头	2009	非政府推动	历史建筑
上海	上海 M50 半岛文化创意产业园	2008	非政府推动	历史建筑
上海	上海国际工业设计中心	2013	政府推动	历史建筑
上海	上海动漫衍生产业园	2013	政府推动	自行建造
上海	上海玻璃博物馆	2014	政府推动	历史建筑
上海	越界 · 智汇园	2013	非政府推动	历史建筑
上海	中国(上海)网络视听产业基地	2010	政府推动	自行建造
上海	上海众欣文化产业园	1995	政府推动	自行建造
上海	虹桥 525	2011	非政府推动	自行建造
上海	虹桥德必易园	2014	非政府推动	自行建造

续表

地区	园区名称	挂牌时间	起因	载体
上海	七宝古镇	2010	政府推动	历史建筑
上海	上海仓城影视文化创意产业园	2009	政府推动	自行建造
上海	上海第一视觉创意广场	2006	政府推动	自行建造
上海	上海时尚谷创意园区	2013	非政府推动	自行建造
上海	上海创异工房	2013	非政府推动	自行建造
上海	上海泰晤士小镇	2013	政府推动	自行建造
上海	上海叁零文化创意产业园	2014	非政府推动	历史建筑
上海	上海尚都里休闲广场	2011	政府推动	自行建造
上海	上海尚之坊时尚文化创意园	2011	非政府推动	自行建造
上海	上海西虹桥创意产业园	2007	非政府推动	自行建造
上海	上海迎祥文化园	2011	政府推动	历史建筑
上海	上海青浦现代印刷产业园区	1995	政府推动	自行建造
上海	上海旅游纪念品设计大厦	2001	政府推动	自行建造
上海	上海南苏河创意产业园	1999	政府推动	历史建筑
上海	上海滩·老码头	2013	政府推动	历史建筑
上海	上海滩·幸福码头	2013	政府推动	历史建筑
上海	上海滩·外码头	2013	政府推动	历史建筑
上海	上海江南智造创意产业集聚区	2013	非政府推动	自行建造
上海	上海老码头创意园区	2008	政府推动	历史建筑
上海	上海大剧院	1998	政府推动	自行建造
上海	越界·智造局一期	2007	非政府推动	历史建筑
上海	越界·智造局二期	2008	非政府推动	历史建筑
上海	佛罗伦萨—中意设计交流中心上海孵化基地	2014	政府推动	自行建造
上海	中广国际广告文化创意产业园	2007	政府推动	自行建造
上海	上海复华高新技术园区	1994	政府推动	自行建造
上海	上海艺谷文化创意产业园	2012	非政府推动	自行建造
上海	南翔智地企业总部园	2008	非政府推动	历史建筑
上海	越界·南翔智地	2014	政府推动	自行建造
上海	东方慧谷	2006	政府推动	自行建造
上海	雅昌(上海)艺术中心	2014	非政府推动	历史建筑
上海	廊下乐农文化创意产业园	2011	政府推动	自行建造

续表

地区	园区名称	挂牌时间	起因	载体
上海	枫泾文化创意产业园区	2009	政府推动	自行建造
上海	中国农民画村	2008	政府推动	自行建造
上海	南上海艺术创意产业园	2013	政府推动	自行建造
上海	上海海湾新文化创意产业园	2014	政府推动	自行建造
上海	江南三民文化村	2011	政府推动	历史建筑
南京	徐庄数字文化产业园(徐州软件园)	2010	政府推动	自行建造
南京	世界之窗文化产业园	2004	政府推动	历史建筑
南京	南京十朝文化园	2009	政府推动	历史建筑
南京	垠坤·创意中央科技文化园	2009	非政府推动	历史建筑
南京	南京数码动漫创业园	2013	政府推动	自行建造
南京	南京 1912 街区	2004	政府推动	历史建筑
南京	南京晨光 1865 科技创意产业园	2006	政府推动	历史建筑
南京	创意东 8 区(南京世界之窗科技创意园)	2006	政府推动	历史建筑
南京	南京无为文化创意产业园	2010	政府推动	历史建筑
南京	南京秦淮茶都文化产业园	2009	政府推动	历史建筑
南京	南京通济都市创意产业园	2010	非政府推动	历史建筑
南京	凤巢文化产业园	2008	政府推动	历史建筑
南京	南京宏光织造创意产业园	2007	政府推动	历史建筑
南京	南京大明西区文化创意产业园	2015	政府推动	历史建筑
南京	白下高科技创意文化产业园	2013	政府推动	自行建造
南京	南京世界之窗茶艺博览园	2010	政府推动	自行建造
南京	南京秦淮特色文化产业园	2005	政府推动	历史建筑
南京	越界·梦幻城	2014	政府推动	历史建筑
南京	南京国家广告产业园	2012	政府推动	自行建造
南京	垠坤西祠数字网络产业园(西祠街区)	2006	政府推动	历史建筑
南京	知海文化产业园	2011	非政府推动	自行建造
南京	江苏模范路创意设计产业集聚区	2010	非政府推动	自行建造
南京	紫金智梦园	2013	政府推动	历史建筑
南京	江苏建筑工程设计创意产业园	2008	政府推动	自行建造
南京	艺术金陵文化创意园	2013	政府推动	历史建筑
南京	智慧谷动漫软件园	2013	政府推动	自行建造
南京	世界之窗软件园	2003	政府推动	自行建造

续表

地区	园区名称	挂牌时间	起因	载体
南京	老学堂创意园	2008	政府推动	历史建筑
南京	石榴财智中心文化产业基地	2013	政府推动	历史建筑
南京	石城现代艺术创意园	2005	政府推动	自行建造
南京	红山创意工厂产业园	2007	政府推动	历史建筑
南京	南京幕府智慧产业园	2007	政府推动	自行建造
南京	南京幕府山创意谷	2010	政府推动	自行建造
南京	南京工业大学科技创新园	2003	政府推动	自行建造
南京	华宏家纺科技创意产业园	2010	非政府推动	自行建造
南京	江苏凤凰新华创意产业园	2011	政府推动	历史建筑
南京	南京留学生文化创业孵化园	2013	政府推动	自行建造
南京	禾盛文化创意科技产业园	2010	非政府推动	自行建造
南京	南京紫东国际创意园	2009	政府推动	自行建造
南京	江苏金箔文化产业园	2009	政府推动	自行建造
南京	中国(南京)软件谷	2011	政府推动	自行建造
南京	时代创智社区	2011	政府推动	自行建造
南京	智汇魔方集智工场	2010	非政府推动	历史建筑
南京	紫金(雨花)科技创业特别社区	2011	政府推动	自行建造
南京	江宁高新园	1994	政府推动	自行建造
南京	杨柳湖文化风景区	2012	政府推动	历史建筑
南京	方山艺术营	2012	政府推动	自行建造
南京	南京世界之窗创意园	2006	政府推动	自行建造
南京	南京 J6 软件创意园	2011	政府推动	历史建筑
南京	凤凰山艺术园	2014	政府推动	自行建造
南京	南京软件园	1999	政府推动	自行建造
南京	南京惠通创意产业园	2010	政府推动	自行建造
南京	宝塔山·创意产业园	2013	政府推动	历史建筑
南京	茉莉江苏文化产业博览园	2011	政府推动	自行建造
南京	茉莉江苏茶博园	2011	政府推动	自行建造
南京	南京国际画家村	2011	政府推动	自行建造
南京	南京大学生创意文化产业园	2012	政府推动	自行建造
南京	江苏未来影视文化创意产业园	2008	政府推动	自行建造
南京	春东湖文化创意产业园	2015	政府推动	自行建造

续表

地区	园区名称	挂牌时间	起因	载体
南京	高淳陶瓷文化创意产业园	2012	政府推动	自行建造
无锡	无锡太湖新城科教产业园	2006	政府推动	自行建造
无锡	新华太湖数码动画影视创业园	2006	政府推动	自行建造
无锡	无锡国家工业设计园	2003	政府推动	自行建造
无锡	中国(无锡)艺术产业园	2010	政府推动	自行建造
无锡	无锡国家数字电影产业园(华莱坞)	2012	政府推动	自行建造
无锡	中视传媒无锡影视基地	1987	政府推动	自行建造
无锡	凤凰艺术园	2014	非政府推动	自行建造
无锡	无锡灵山文化旅游创意产业园	1997	政府推动	历史建筑
无锡	559 文化创意产业园	2010	政府推动	历史建筑
无锡	北塘科技创业服务中心	2002	政府推动	自行建造
无锡	崇安区文化创意产业园(原北仓门艺术中心)	2005	政府推动	历史建筑
无锡	无锡数字动漫创业服务中心	2011	政府推动	自行建造
无锡	N1955 南下塘文化创意产业园	2010	政府推动	历史建筑
无锡	无锡国家软件园	2008	政府推动	自行建造
无锡	无锡新区创新创意产业园	2007	政府推动	自行建造
无锡	江苏软件外包产业园	2006	政府推动	自行建造
无锡	吴文化博览园	2008	政府推动	自行建造
无锡	江阴扬子江文化创意产业园	2010	政府推动	自行建造
无锡	江阴软件园	2007	政府推动	自行建造
无锡	江苏金一文化产业园	2011	政府推动	自行建造
无锡	中国裳岛	2010	政府推动	历史建筑
无锡	江苏无锡宜兴环保科技工业园	1992	政府推动	自行建造
无锡	宜兴文化创意产业园	2009	政府推动	自行建造
常州	常州科教城	2003	政府推动	自行建造
常州	环太湖艺术城	2014	政府推动	自行建造
常州	武进工业设计园	2011	政府推动	自行建造
常州	常州西太湖科技产业园	2013	政府推动	自行建造
常州	西太湖国际智慧园	2012	政府推动	自行建造
常州	淹城春秋文化产业园	2010	政府推动	自行建造
常州	光辉文化艺术创意园	2010	政府推动	自行建造
常州	常州嬉戏谷	2011	政府推动	自行建造

续表

地区	园区名称	挂牌时间	起因	载体
常州	常州国家广告产业园区灵通基地	2015	政府推动	自行建造
常州	常州创意产业基地	2012	政府推动	自行建造
常州	常州市国家广告产业园区	2012	政府推动	自行建造
常州	常州国家广告产业园区三井基地	2013	政府推动	自行建造
常州	常州国家广告产业园区保纳基地	2012	政府推动	自行建造
常州	常州恐龙园	2000	政府推动	自行建造
常州	常州软件园	1999	政府推动	自行建造
常州	江苏华夏工美产业博览园	2008	政府推动	自行建造
常州	黑牡丹常州科技园	2014	政府推动	自行建造
常州	青果巷历史文化街区	2010	政府推动	历史建筑
常州	华德创意园	2012	非政府推动	自行建造
常州	运河五号创意街区	2008	政府推动	历史建筑
常州	国光 1937 科技文化创意园	2014	政府推动	历史建筑
常州	常州文科融合发展产业园	2013	政府推动	自行建造
常州	常州壹地创意设计产业园	2008	政府推动	自行建造
常州	东方盐湖城	2015	政府推动	自行建造
常州	天目湖生态休闲文化创意产业园	2011	政府推动	自行建造
苏州	苏州长桥街道特色文化产业园	2009	政府推动	自行建造
苏州	香山工坊	2009	政府推动	历史建筑
苏州	中国光华文化创意产业园	2010	政府推动	自行建造
苏州	宋锦文化产业园	2014	非政府推动	自行建造
苏州	静思园	1993	政府推动	历史建筑
苏州	元和文化创意产业园	2012	非政府推动	历史建筑
苏州	苏州阳澄湖数字文化创意产业园	2011	政府推动	自行建造
苏州	苏州婚庆创意产业园	2009	非政府推动	自行建造
苏州	苏州容创创意产业园	2009	非政府推动	历史建筑
苏州	苏州桃花坞文化创意园	2011	政府推动	历史建筑
苏州	博济平江创意园	2009	政府推动	历史建筑
苏州	江南文化创意设计产业园	2009	政府推动	历史建筑
苏州	989 文化创意产业园	2010	政府推动	历史建筑
苏州	苏州沧浪文化产业街区(文庙古玩市场)	1994	政府推动	自行建造
苏州	山塘街历史街区	1990	政府推动	历史建筑

续表

地区	园区名称	挂牌时间	起因	载体
苏州	姑苏＊69阁	2013	政府推动	历史建筑
苏州	博济江南智造文化创意园	2013	非政府推动	自行建造
苏州	苏大平江科技园（大学生文化创意产业园）	2012	政府推动	自行建造
苏州	苏州高博文化创意产业园	2011	政府推动	自行建造
苏州	苏州工业园区	1994	政府推动	自行建造
苏州	苏州国际科技园	2010	政府推动	自行建造
苏州	博济·苏印文化科技园	2014	非政府推动	自行建造
苏州	苏州博济科技创业园	2008	非政府推动	自行建造
苏州	苏州苏绣文化产业群	2004	政府推动	自行建造
苏州	越界·X2创意街区	2014	非政府推动	历史建筑
苏州	苏州科技城	2006	政府推动	自行建造
苏州	常熟国家大学科技园	2010	政府推动	自行建造
苏州	太仓科教新城	2010	政府推动	自行建造
苏州	天镜湖文化科技产业园	2010	政府推动	自行建造
苏州	太仓大学科技园	2011	政府推动	自行建造
苏州	江苏太仓创意产业（LOFT工业设计）园	2010	政府推动	自行建造
苏州	国际新媒体产业园	2005	政府推动	自行建造
苏州	太仓张江信息产业园	2011	政府推动	自行建造
苏州	昆山国家影视网络动漫实验园	2015	政府推动	自行建造
苏州	昆山东南东文化创意园	2012	政府推动	自行建造
苏州	江南农耕文化园	2010	政府推动	自行建造
苏州	张家港国家影视网络动漫实验园	2010	政府推动	自行建造
南通	海安523文化产业主题公园	2010	政府推动	自行建造
南通	南通鹏远创意产业园	2012	非政府推动	自行建造
南通	1895文化创意产业园	2012	政府推动	历史建筑
南通	南通飞越百度文化广场	2011	政府推动	自行建造
南通	清之华园·创意设计园	2014	政府推动	自行建造
南通	南通市中国家纺创意产业园	2012	政府推动	自行建造
南通	南通星湖101广场	2009	非政府推动	自行建造

续表

地区	园区名称	挂牌时间	起因	载体
南通	如皋软件园(桃园镇)	2011	政府推动	自行建造
南通	如皋文化创意产业园	2010	政府推动	自行建造
南通	麒麟红木文化产业园	2013	政府推动	自行建造
扬州	江苏扬州甘泉影视基地	2011	政府推动	自行建造
扬州	扬州智谷文化创意产业园	2008	政府推动	历史建筑
扬州	江苏扬州市文化创意产业园	2009	政府推动	历史建筑
扬州	扬州市维扬区文化产业园	2012	政府推动	自行建造
扬州	邗江文化创意产业园	2010	政府推动	自行建造
扬州	扬州玉文化创意产业园	2008	政府推动	历史建筑
扬州	扬州 723 文化科技园	2012	政府推动	历史建筑
扬州	江苏信息服务产业基地	2011	政府推动	自行建造
扬州	扬州汶河文化产业园	2010	政府推动	自行建造
镇江	镇江西津渡文化创意产业园	2010	政府推动	历史建筑
镇江	润州创意产业园	2004	政府推动	自行建造
镇江	长山文化产业园	2015	政府推动	历史建筑
镇江	江苏文化科技产业园	2009	政府推动	自行建造
泰州	泰州文化创意产业园	2012	政府推动	自行建造
泰州	梅兰坊文创园	2015	非政府推动	历史建筑
泰州	中国黄桥乐器文化产业园	2012	政府推动	自行建造
泰州	姜堰市溱湖湿地公园	2003	政府推动	自行建造
杭州	越界・锦绣工坊	2013	非政府推动	历史建筑
杭州	山南国际设计创意产业园	2010	政府推动	自行建造
杭州	凤凰公社文化创意园	2014	非政府推动	历史建筑
杭州	西湖创意谷	2007	政府推动	历史建筑
杭州	开园 198	2015	政府推动	历史建筑
杭州	时尚创意园	2008	政府推动	历史建筑
杭州	劳动路涌金创意园	2008	政府推动	自行建造
杭州	LOMO 后工厂绍兴路创意园	2010	政府推动	自行建造
杭州	杭州市维艺 56 创意园	2010	非政府推动	自行建造
杭州	浙报理想 * 智库创意产业园	2012	政府推动	历史建筑
杭州	浙报理想 * 长城 F317 创意产业园	2010	政府推动	自行建造
杭州	天水 177 创意园区	2010	非政府推动	历史建筑

续表

地区	园区名称	挂牌时间	起因	载体
杭州	王星记文化创意产业园	2010	非政府推动	自行建造
杭州	浙报理想文化创意产业园	2010	政府推动	自行建造
杭州	南宋御街中北创意街区	2013	政府推动	历史建筑
杭州	杭州经纬国际创意产业园	2010	非政府推动	历史建筑
杭州	门婆园·智慧园	2010	非政府推动	自行建造
杭州	浙江传媒学院文化创意产业园	2007	政府推动	自行建造
杭州	299 文化创意园	2013	政府推动	自行建造
杭州	福勒 199 创意园	2015	非政府推动	历史建筑
杭州	116 时尚设计创意园	2008	政府推动	自行建造
杭州	杭州创意大楼	2010	非政府推动	自行建造
杭州	传媒文化创意产业园	2007	政府推动	自行建造
杭州	HCDC 杭州创意设计中心	2014	政府推动	历史建筑
杭州	聚落五号创意产业园	2012	政府推动	历史建筑
杭州	东街 6 号＊艺术空间	2012	非政府推动	自行建造
杭州	东方电子商务园	2009	政府推动	自行建造
杭州	和达文化创意产业园	2010	非政府推动	历史建筑
杭州	杭州下沙大学科技园	2007	政府推动	自行建造
杭州	浙报理想＊下沙影视创意产业园	2010	政府推动	历史建筑
杭州	西湖数字娱乐产业园	2004	政府推动	自行建造
杭州	杭州国家软件产业基地	2002	政府推动	自行建造
杭州	467 创意联盟＊浙工大设计产业园	2010	政府推动	自行建造
杭州	凤凰·创意国际	2008	政府推动	历史建筑
杭州	凤凰国际大厦	2012	政府推动	自行建造
杭州	象山艺术公社	2007	政府推动	自行建造
杭州	中国美术学院象山校区七号楼	2010	政府推动	自行建造
杭州	画外桐坞文化创意产业园	2011	政府推动	自行建造
杭州	西湖数源软件园	2008	非政府推动	自行建造
杭州	黄龙体育文化创意产业园	2010	政府推动	自行建造
杭州	杭州西溪创意产业园	2009	政府推动	自行建造
杭州	福地创业园 2.0	2014	非政府推动	自行建造
杭州	中国美院风景建筑设计创意产业园	2011	政府推动	自行建造
杭州	杭州紫东创意设计产业园	2011	非政府推动	自行建造

续表

地区	园区名称	挂牌时间	起因	载体
杭州	浙报理想·青芝坞七树园	2014	政府推动	历史建筑
杭州	昆仑工坊	2011	非政府推动	历史建筑
杭州	浙大·创新科技园	2008	政府推动	自行建造
杭州	紫荆城创意产业园	2015	非政府推动	自行建造
杭州	2 号创业园	2010	非政府推动	自行建造
杭州	西溪华洋创意园	2014	非政府推动	自行建造
杭州	西湖国家广告产业园区	2012	政府推动	自行建造
杭州	尚坤·生态创意园	2012	政府推动	自行建造
杭州	运河天地文化创意园	2008	政府推动	历史建筑
杭州	LOFT49 创意园	2003	政府推动	历史建筑
杭州	A8 艺术公社	2006	非政府推动	历史建筑
杭州	唐尚 433 文化创意园	2005	非政府推动	历史建筑
杭州	理想丝联 166 创意产业园	2011	非政府推动	历史建筑
杭州	乐富·智汇园	2010	非政府推动	历史建筑
杭州	西岸国际艺术园区	2008	非政府推动	历史建筑
杭州	浙窑陶艺公园	2008	政府推动	历史建筑
杭州	创意桥文化创意产业园	2008	非政府推动	历史建筑
杭州	富义仓创意空间	2010	政府推动	历史建筑
杭州	华源创意工场	2013	政府推动	历史建筑
杭州	SOHO 创意部落	2012	非政府推动	自行建造
杭州	建华文化创意产业园	2011	非政府推动	自行建造
杭州	浙报理想·祥园创意产业园	2012	政府推动	自行建造
杭州	利尔达特色文创楼宇	2001	政府推动	自行建造
杭州	杭州文化商城	2002	政府推动	自行建造
杭州	半山中材楼	2010	政府推动	自行建造
杭州	美达丽阳国际	2010	非政府推动	自行建造
杭州	汉嘉设计集团	2007	非政府推动	自行建造
杭州	元谷创意园	2011	非政府推动	自行建造
杭州	元谷—小河园	2008	非政府推动	自行建造
杭州	元谷—和睦园	2008	非政府推动	自行建造
杭州	元谷—湖墅园	2008	非政府推动	历史建筑
杭州	元谷—长乐园	2008	非政府推动	历史建筑

续表

地区	园区名称	挂牌时间	起因	载体
杭州	元谷—拱北园	2008	非政府推动	自行建造
杭州	智点微创园	2010	非政府推动	自行建造
杭州	浙报理想·丝科院服饰文创园	2011	政府推动	自行建造
杭州	浙报理想·678建筑装饰创意园	2010	政府推动	历史建筑
杭州	祥符桥新文化创意园	2010	政府推动	自行建造
杭州	“185智造”文化创意产业园	2008	政府推动	历史建筑
杭州	天堂e谷	2012	政府推动	自行建造
杭州	杭州国家动画产业基地	2004	政府推动	自行建造
杭州	白马湖生态创意城	2007	政府推动	自行建造
杭州	东信科技园	2013	非政府推动	自行建造
杭州	金润科技园	2010	非政府推动	自行建造
杭州	三花·江虹国际创意园	2013	非政府推动	自行建造
杭州	万轮科技园	2012	非政府推动	自行建造
杭州	东方文化创意园	2009	政府推动	历史建筑
杭州	智新塘文化创意园	2011	政府推动	自行建造
杭州	湘湖文化创意产业园	2007	政府推动	自行建造
杭州	汇林科技创意园	2013	政府推动	自行建造
杭州	潮锦文化创意产业园	2013	非政府推动	历史建筑
杭州	杭州台湾城文化创意园	2012	政府推动	自行建造
杭州	浙江国际影视中心	2015	政府推动	自行建造
杭州	水天一设文化创业园	2013	政府推动	自行建造
杭州	创意临平基地	2014	政府推动	自行建造
杭州	超山休闲文化创意产业园	2008	政府推动	自行建造
杭州	临平新天地文创园	2012	政府推动	自行建造
杭州	锦衣汇文化创意园	2012	政府推动	自行建造
杭州	创意良渚基地	2008	政府推动	历史建筑
杭州	良渚玉文化园	2010	政府推动	历史建筑
杭州	玉鸟流苏创意产业园	2014	政府推动	自行建造
杭州	浙江婚庆用品文化创意产业园	1998	政府推动	自行建造
杭州	创意西溪基地	2014	政府推动	自行建造
杭州	西溪基地·洪园艺术集合村	2012	政府推动	自行建造
杭州	五常文化创意园	2011	政府推动	自行建造

续表

地区	园区名称	挂牌时间	起因	载体
杭州	创意径山基地	2015	政府推动	历史建筑
杭州	分水制笔创意园区	1999	政府推动	自行建造
杭州	杭州圣泓工业设计创意园	2012	非政府推动	自行建造
杭州	洋溪·逸龙文化创意产业园	2014	非政府推动	自行建造
杭州	昌化国石文化城	2014	政府推动	自行建造
宁波	余姚市阳明 188 文化创意产业园	2010	政府推动	自行建造
宁波	浙江象山县象山影视城	2004	政府推动	自行建造
宁波	杉杉·时尚产业园	2009	非政府推动	自行建造
宁波	梁祝文化产业园	2013	政府推动	自行建造
宁波	创新 128 园区	2009	政府推动	自行建造
宁波	宁波新芝 8 号创意园	2006	政府推动	历史建筑
宁波	宁波 228 创意园	2008	政府推动	历史建筑
宁波	宁波和丰创意广场	2009	政府推动	自行建造
宁波	创意三厂	2010	非政府推动	自行建造
宁波	宁波大学科技产业园	2007	政府推动	自行建造
宁波	宁波创 e 慧谷	2007	非政府推动	自行建造
宁波	宁波 211 创意产业园	2009	政府推动	历史建筑
嘉兴	嘉兴国际创意文化产业园	2009	非政府推动	自行建造
嘉兴	嘉兴东栅创意产业园	2009	政府推动	自行建造
嘉兴	江南传媒文化创意产业园	2009	政府推动	自行建造
嘉兴	嘉兴现代文化创意产业园	2009	政府推动	历史建筑
嘉兴	西塘古镇	1990	政府推动	历史建筑
嘉兴	浙江汉坊印刷创意园	2008	政府推动	自行建造
嘉兴	海宁廉政主题文化园	2014	政府推动	自行建造
嘉兴	南浔古镇文化休闲旅游集聚区	2010	政府推动	历史建筑
湖州	湖州多媒体产业园	2008	政府推动	自行建造
湖州	中国轻纺城创意产业基地	2010	政府推动	自行建造
湖州	中国轻纺城 F5 创意园	2014	政府推动	自行建造
湖州	矗石湖文化创意园	2010	政府推动	历史建筑
湖州	中欧纺织创意中心	2013	政府推动	自行建造
绍兴	绍兴金德隆文化创意园	2010	非政府推动	自行建造
绍兴	绍兴传媒文化创意产业园	2011	政府推动	自行建造

续表

地区	园区名称	挂牌时间	起因	载体
绍兴	嵊州文化创意产业园	2014	政府推动	自行建造
绍兴	达利丝绸文化产业园	2010	政府推动	自行建造
舟山	舟山市定海伍玖文化创意中心	2010	政府推动	自行建造
舟山	舟山市科技创意研发园	2011	政府推动	自行建造
台州	台州开发区文化创意产业园	2008	政府推动	自行建造
台州	黄岩华迈文化产业园	2010	非政府推动	自行建造
台州	台州设计创意产业园	2013	政府推动	自行建造

资料来源：宁波大学人文地理学 2014 级硕士研究生周国强整理，2017 年 3 月。

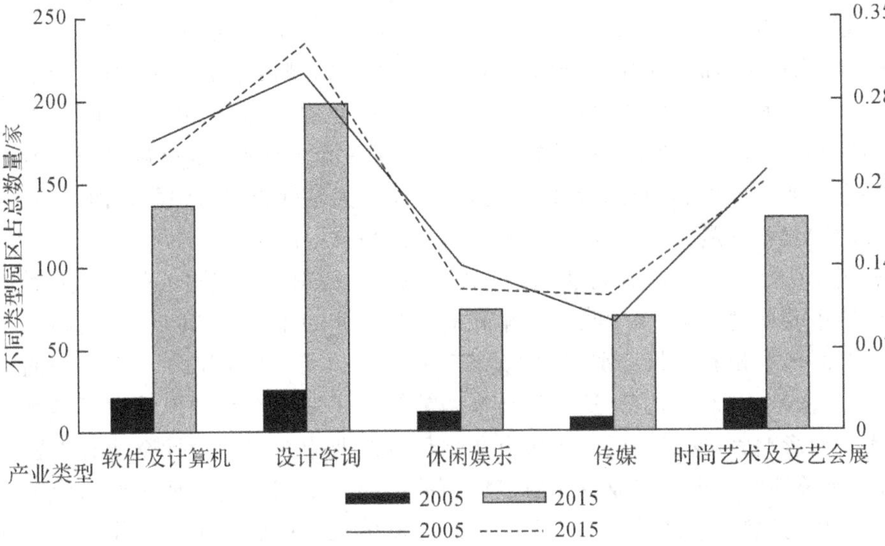

图 3-1-2-1　长江三角洲地区 2005 年和 2015 年文化创意产业结构

依据图 3-1-2-1，可知长江三角洲地区文化创意产业园类型数量和所占比重，进而可刻画长江三角洲地区 2005 年和 2015 年文化创意产业结构。2005 年，根据园区数量和所占比重划分，从高到低排列五类产业依次是设计咨询业、软件及计算机业、时尚艺术及文艺会展业、休闲娱乐业和传媒业，实际所占比重分别约为 30%、24%、22%、14%、10%。这表明 2005 年长江三角洲地区文化创意产业结构以设计咨询业为主，软件及计算机业、时尚艺术及文艺会展业紧随其后，休闲娱乐业和传媒业最末。2015 年五类产业所占比重的排名顺序相对于 2005 年没有变化，从高到低依然是设计咨询业、软件及计算机业、时尚艺术及文艺会展业、休闲娱乐业和传媒业。但由于企业和园区数量的增长，实际所占比重发生了较为明显的变化。总体看，设计咨询业和传媒业比重持续增长，其余产业比重均呈现下降趋势，但上升和下降的幅度都不是很大。这表明长江三角洲地区文化创意产业结构有进一步增强设计咨询业和传媒业所占比重的发展趋势，但现有产业排名顺序尚未改变，未来一段时间内长江三角洲地区文化创意产业结构基本稳定。

2005 年至 2015 年，长江三角洲地区文化创意产业结构中持续出现类似排名且产业比重首位始终是设计咨询业，这一现象和趋势是有一定背景的。为达成在全球化环境下倡导和维护文化多样性的目的，联合国教科文组织 2004 年尝试促进成员城市对当地文化发展经验的认可和交流，建立了“创意城市网络(creative city network)”。“创意城市网络”共有 7 类称号：“工艺和民间艺术之都”“设计之都”“美食之都”“文学之都”“音乐之都”“媒体艺术之都”“电影之都”。只有某一城市在国际化过程中保持并发扬自身特色的工作被联合国表示认可，该城市才能被列入全球创意城市网络。由于联合国教科文组织的权威性和“创意城市网络(creative city network)”在国际上的巨大影响力，对获得称号的城市来说，一方面肯定了城市本身某一方面的突出特质，也是城市文化创意产业的一部分；另一方面“创意城市网络”的称号大大增加了城市的知名度，扩大了城市的影响力，反过来推动城市文化创意产业的发展和创意城市的构建，使其能在大量同类城市中脱颖而出，在创意城市的构建和发展方面更进一步，更具代表性和典型性。

截至 2016 年底，中国有北京、上海、深圳、杭州、成都、哈尔滨、苏州、顺德、景德镇 9 座城市获此类称号，其中长江三角洲地区有 3 个，上海于 2010 年 2 月获得“设计之都”称号，杭州和苏州分别在 2012 年 5 月和 2014 年 11 月获得“工艺与民间艺术之都”的称号。“设计之都”这一称号本身就表明了城市在创意设计方面具有很强的实力和影响力，这毫无疑问与城市文化创意产业中众多的设计企业有着紧密联系，也是长期以来设计产业持续稳定增长的结果。长江三角洲地区作为中国制造能力最强的地区，生产过程经历了由早期的模仿“山寨”到后来的合作开发再到现在的自主创新，背后是知识产权意识和创新能力的增强，反映到产业方面即为设计咨询行业的迅速发展。而上海作为长江三角洲的核心城市，是文化创意产业起步最早和目前发展态势最好的城市之一，它获得了“设计之都”的称号。虽然长江三角洲地区仅有上海一座城市获得称号，但上海在长江三角洲发展区域内乃至国家层面都具有相当程度的代表性和影响力。特别是设计行业本身离不开创意人才的聚集和良好的经济环境，而长江三角洲地区集聚了大量的外来人口和各类资本，经济环境要好于国内其他很多区域。设计咨询产业在文化创意产业结构所占比重较高，具有一定的说服力。

杭州和苏州获得“工艺与民间艺术之都”称号，表明长江三角洲地区的艺术产业具有相当好的实力和基础，但获得的时间较晚，表明艺术类产业的影响力和实力较晚被认可，这与自身发展程度不高和大众对其的认知审美水平不足有所关联。

但随着社会生产力的提高，人民生活水平快速提升，人们不仅要吃得饱，更要吃得好，对于生活品质开始有所追求，大众对于时尚艺术的关注程度和鉴赏水平相较之前有较大提升。当下现实也与产业结构中时尚艺术及文艺会展业属于第二梯队的排名相符合。

长江三角洲地区高校科研院所林立，拥有多所国内外知名院校。此外，上海20世纪90年代初期就建设有国家级软件产业园，国内最大的电商阿里巴巴总部就设立在杭州，总体上拥有良好的科技氛围和人才环境，非常适宜软件及计算机这类人才导向型高科技企业的集聚。在互联网经济时代，软件及计算机为传统行业接入互联网发挥了极其重要的作用，如手机上开发的各类衣食住行移动应用软件(APP)，已经完全融入人们日常生活中了。这些应用软件都有力地推动了软件及计算机业的发展。但由于软件及计算机业具有先天门槛，受教育程度不高的人士和非专业人士无法从事这一行业。这一门槛虽然保证了行业的专业性，但也拒绝了很多人的进入，在一定程度上影响了产业发展。

休闲娱乐业和传媒业整体而言都是内容相对较新，国内发展时间较短的产业。休闲娱乐业由于受传统观念影响，被认为是不务正业的产业，污名化较为严重，早期出现的休闲娱乐产业规模较小、数量较少，提供的产品和服务也和现在不可同日而语。随着经济的发展和思想观念的转变，公众逐渐对其持有正面认知，认同放松与娱乐的理念，休闲娱乐业才逐步发展起来。传媒业过去受经济发展程度和信息传播方式的制约，行业以政府官媒为主体，民间资本涉足较少，总体企业数量较少，产品和内容也较为单一。随着市场经济的发展、信息技术的革新，人民的精神文化产品需求大增，更多民间资本涌入传媒行业，传媒行业涌现大量新生企业，传播方式更加多样化，信息更加多元化，虽然基础不高但总体上呈现上升趋势。休闲娱乐业和传媒业虽然发展势头良好但起步较晚，所占文化创意产业比重不高，属于第三梯队。

总体看，长江三角洲地区文化创意产业结构现状呈现三梯队形势：(1)第一梯队为设计咨询业，所占比重最大约为32%左右；(2)第二梯队是软件及计算机业、时尚艺术及文艺会展业，所占比重均在20%左右；(3)第三梯队是休闲娱乐业和传媒业，所占比重均不足14%。此外，比重呈现增长趋势的有设计咨询业、时尚艺术及文艺会展业和传媒行业，其余产业的比重略有下降趋势。

三、发展效率

中国各城市都在大力发展文化创意产业，但是各城市的文化创意产业发展基础不同，单从文化创意产业产值或增加值，抑或是文化创意产业从业人员数量角度分析，既不能反映不同城市文化创意产业发展的实际速度，也不能对其未来发展趋势和潜力做出评估。国内一些学者开始尝试从产业投入产出效率研究文化创意产业的发展效率。马萱等在区域文化产业效率研究方面采用DEA模型进行实证分析,发现中国中西部地区和东部地区的文化产业效率在逐步缩小①。方忠利用Malmquist指数对福建省文化创意产业效率及其动态差异进行了实证研究,并认为全省生产效率虽然有所提升,但区域差异依旧明显,各地区文化创意产业尚处在不同的发展阶段。② 这些都表明了产业效率研究对于区域性的城市文化创意产业有着较为积极的意义。为此,本节通过研究长江三角洲地区文化创意产业的效率,研判产业发展质量,进而揭示长江三角洲地区不同城市发展文化创意产业的未来趋势和潜力。

(一)研究方法遴选

研究产业效率方法有:随机前沿分析法(SFA)和数据包络分析法(DEA)。SFA在于前沿生产函数的建立,反映在具体的技术条件和给定生产要素的组合下投入组合与最大产出量之间的函数关系,通过不同企业实际产出与理论最优产出之间的差距比较从而得出企业的综合效率。DEA主要是通过保持决策单元(Decision Making Units,DMU)的输入或者输入不变,利用数学规划和数据统计确定相对有效的生产前沿面,将各DUM投影到DEA的生产前沿面上,并通过比较DUM偏离DEA前沿面的程度来评估单元的相对有效性。虽然SFA考虑了随机误差,能十分方便地检查结果的显著性,对效率估计的离散程度也较小,但DEA和SFA相比较,DEA不需要构造随机前沿函数,就能够处理多投入多产出的情况,对于技术效率也能很快直接得出。在数据要求方面,DEA和SFA相比具有明显劣势,SFA的模型考虑更加细致,基本假设较为复杂,还需要考虑生产函数、技术无效率项分布的具体形式,这直接导致对模型很难做进一步扩展,因此SFA对投入产出的数据要求更高,若投入产出数据不符合模型基本假设,则易出现偏度问题而最终导致计算失败;而DEA本质则是通过线性规划方法来度量效率,即不需要已知生产前沿的具体形式,而只需已知投入产出的数据,对数据方面的要求大大降低。对于文化创意产业来说,其涵盖内容较多,不能很方便地构造随机前沿函数,而且属于多投入多产出产业,因此运用SFA对文化创意产业的产业效率进行评估,是不太合适的。故而本节在文化创意产业效率研究方法上选择数据包络分析法(DEA)。

DEA是国际运用较为广泛的一种统计学方法,最初是由运筹学家Charnes Cooper & Rhodes(1978)提出的一种能根据输入数据和输出数据来评价决策单元(DMU)的优劣,评价部门(或单位)间的相对有效性的方法。他们提出的第一个基

---

① 马萱,郑世林. 中国区域文化产业效率研究综述与展望[J]. 经济学动态, 2010, 17(3): 83-86.

② 方忠,张华荣. 基于Malmquist指数的福建文化创意产业效率区域差异分析[J]. 亚太经济, 2014, 30(3): 128-132.

于规模收益不变(CRS)假定的 DEA 模型,后来被称为 CCR 模型。而后 Banker Charnes and Cooper(1984)选择规模收益可变(VRS)建立模型,改变 CCR 模型中规模收益不变的假设前提,提出了 BCC 模型,最具代表性的 DEA 模型有 CCR、BCC、FG 和 ST 模型。

DEA 计算的技术效率,又可分解为规模效率(scale efficiency, SE)和纯技术效率(pure technical inefficiency, PE)。因此,技术效率=纯技术效率×规模效率。运用 DEA 分析法,选择 CCR 模型可以研究在成本不变的情况下,文化创意产业在各城市的技术效率,即产业效率的高低。

假设有 n 个生产决策单元(DMU)($j=1,2,3,\cdots,n$),每个决策单元有相同的 m 项投入(输入)($i=1,2,3,\cdots,m$),每个 DUM 有相同的 s 项产出(输出)($r=1,2,3,\cdots,s$)。设 x_{ij} 为第 j 决策单元的第 i 项投入,y_{rj} 为第 j 决策单元的第 r 项产出,衡量第 j_0 决策单元是否 DEA 有效。

因此 CCR 模型为

$$\max \frac{u^T Y_0}{v^T X_0}$$

$$\text{s. t} \frac{u^T Y_0}{v^T X_0} \leqslant 1, j=1,\cdots,n, u \geqslant 0, v \geqslant 0$$

(式 3-1-3-1)

CCR 的对偶输入模型为

$$\min \theta$$

$$\text{s. t} \sum_{j=1}^{n} X_j \lambda_j \leqslant \theta X_0,\ \text{s. t} \sum_{j=1}^{n}{}_j \lambda_j \leqslant Y_0,\ \lambda_j \geqslant 0, j=1,\cdots,n$$

(式 3-1-3-2)

式 3-1-3-2 表示当新一组的产出大于或等于之前的产出时,新的投入组合能比原有的组合缩小 θ 倍。这一公式一定有解,且 $\theta \leqslant 1$。特别是,当 θ 为 1 时,称为 DEA 有效。公式中,θ 即为所求数值,在 CCR 模型中被称为总体技术效率(TE)或技术效率,从而与纯技术效率相区分。

运用 DEA 的 CCR 模型,可以在成本不变的情况下,计算出文化创意产业在各城市的技术效率高低。DEA 的 CCR 模型在计算上需要两个部分,即投入和产出;对 DEA 的计算结果来说,投入越少,产出越多,得出的相对效率越高。对于一般产业来说,投入的部分包括人力的投入和物力的投入,实际指标可以选择产业的从业人员数和资金投入量作为衡量标准;但由于文化创意产业的特殊性,考量产业核心在于创意创新,因此投入部分应该补充发明专利授权量作为指标。文化创意产业作为新兴产业,由于国内没有统一的概念和界定,以及各市情况不同,各地区对文化创意产业的从业人员数和资金投入量没有准确的数据,因此为了尽可能地保证各个地区在创意产业统计方面的一致性,从数据的可收集性和有效性出发,选择统计年鉴中登记的相关行业从业人员数量进行指标数据合成。在创意产业相关行业的遴选上，选择“信息传输计算机服务和软件业、金融业、租赁和商业服务业、科研技术服务和地质勘查业、公共管理、居民服务和其他服务业、教育、卫生社会保险和社会福利业、文化体育和娱乐业”共计 9 类行业为创意产业，这些行业的从业人员被视为创意人员(表 3-1-3-1)。

表 3-1-3-1 长江三角洲地区各市三次经济普查中文化创意产业从业人员数量

第一次经济普查(2004 年)			第二次经济普查(2008 年)			第三次经济普查(2013 年)		
城市	总就业人数(人)	文化创意产业从业人员数量(人)	城市	总就业人数(人)	文化创意产业从业人员数量(人)	城市	总就业人数(人)	文化创意产业从业人员数量(人)
上海	9110000	1267000	上海	10415000	1744000	上海	12246000	3238000
杭州	3006939	238997	杭州	4260899	443612	杭州	5912400	990277
宁波	2934460	92363	宁波	3742185	253682	宁波	5144559	621540
绍兴	1900887	31713	绍兴	2825270	84152	绍兴	3736700	142876
嘉兴	1419396	32352	嘉兴	1757106	84152	嘉兴	2062200	178244
台州	1447276	29659	台州	1966319	88267	台州	2509600	152915
湖州	581250	19833	湖州	726393	36993	湖州	1093600	78556
舟山	255563	14133	舟山	334580	51846	舟山	470000	71268
苏州	3839143	136123	苏州	5836294	312550	苏州	7176299	506510
无锡	2192513	78899	无锡	2841279	160098	无锡	3465822	258368
南通	1806016	61024	南通	2807747	115882	南通	2898138	204030
常州	1416069	43401	常州	1996010	94644	常州	2767459	255394
镇江	895422	41406	镇江	1196904	44002	镇江	1399363	99073
南京	2219958	435441	南京	2696106	248225	南京	3660127	625087
扬州	1245376	44401	扬州	1819419	51319	扬州	2660910	135344
泰州	1161606	41518	泰州	1743130	72300	泰州	2282711	81496

资料来源：作者整理计算。

依据投入和产出构建文化创意产业效率评价指标体系(表 3-1-3-2)。产出部分包括有形资产(如产值增加、GDP 增长等)和无形资产(如影响力扩大、城市知名度提高等)两方面，但由于无形资产不能准确具体度量，而且就文化创意产业本身来讲，最令人关注的是它对城市经济增长的推动作用，因此这里以有形资产代替全部产出收益。有形资产中最具有代表性和明确指向性的就是文化创意产业增加值，故选择文化创意增加值作为产出指标。

根据 DEA 的 CCR 模型，将发明专利授权量、R&D 经费占该地区 GDP 的比例和创意人员数量(万人)作为投入，文化创意产业的增加值作为产出(表 3-1-3-1 和表 3-1-3-3)。同时，为了更好地评价长江三角洲地区文化创意产业的发展现状，弥补单一年份城市自身无法纵向比较的缺点，本节选择了 2013 年、2014 年、2015

年的数据进行计量。这些数据均来自各地统计年鉴、统计公报以及相关新闻报道。其中，由于湖州、泰州 2013 年文化创意产业增加值，嘉兴 2015 年 R&D 经费支出占 GDP 的比重缺失，故根据相近年份的数据，利用平均值算法得出相关数据。

表 3-1-3-2 长江三角洲地区文化创意产业效率评价指标体系

一级指标	二级指标	三级指标
投入	人力投入	创意人员数量(万人)
	物力投入	R&D 经费支出占 GDP 的比重(%) 发明专利授权量(件)
产出	有形资产 无形资产	文化创意产业增加值(亿元)

注：相关指标数据均来自《中国城市统计年鉴(2014—2015)》《上海统计年鉴(2014—2016)》《浙江省统计年鉴(2014—2015)》《江苏统计年鉴(2014—2015)》及 2016 年相关城市统计公报。

表 3-1-3-3 长江三角洲地区文化创意产业效率评价指标的原始数据

城市	文化创意产业增加值(亿元)			高校生在校人数(万人)			人均 GDP(元)			发明专利授权量(件)			R&D 支出占 GDP 比重(%)		
	2013 年	2014 年	2015 年	2013 年	2014 年	2015 年	2013 年	2014 年	2015 年	2013 年	2014 年	2015 年	2013 年	2014 年	2015 年
上海	2500	2820	3020	50.48	50.66	51.16	90993	97370	103141	48680	50488	17601	3.56	3.66	3.7
杭州	1359.51	1607.27	2232.14	47.18	47.46	47.55	94791.18	103813	139653	4903	5552	8296	2.95	3	3
宁波	316.9	339.39	565.14	14.9	15.09	15.58	93322.03	98362	136773	2246	2832	5412	2.21	2.3	2.33
绍兴	134.43	177.9	201.15	7.7532	8.0348	8.38	80212	86135	100796	729	880	1523	2.1	2.2	2.3
嘉兴	118.78	137.8	147.7	9.58	10.27	8.27	69269.37	73361.05	100852	407	546	1184	2.49	2.65	2.7
台州	42	150.7	173.24	2.9749	3.2631	3.3567	52511.91	56315.44	59499	737	791	1386	1.63	1.66	1.67
湖州	42	49	55	4.55	4.54	4.3	62070.57	66757.68	79024	521	700	1647	2.42	2.6	2.85
舟山	32.38	36	41.6	2.3301	2.2731	2.3468	81653.51	89306	112172	211	258	406	1.36	1.38	1.4
苏州	703.56	877.5	1015.5	20.1926	20.9479	21.48	123382.1	123209	136300	4413	5264	10488	2.6	2.7	2.68
无锡	321.47	408	497.58	11.14	11.424	11.5341	124819.1	126389	130938	2731	2801	5480	2.57	2.73	2.8
南通	203.46	250.5	298.2	8.6	8.74	9	69051.43	77457	84236	746	932	2217	2.35	2.42	2.55
常州	231.02	275.97	306.05	10.63	10.8557	11	93047.07	104423	112221	1173	1689	2664	2.5	2.57	2.61
镇江	151.15	167	185.6	8.31	8.4214	11.4595	92782.11	102652	110351	874	1274	2797	2.43	2.55	2.55
南京	408.6	511.6	590	80.74	80.5338	81.26	98171.55	107545	118171	4729	5265	8244	2.95	2.98	2.99
扬州	130.91	148	172.72	8.17	8.0955	8.0923	72797.5	82654	89647	406	467	754	2.11	2.5	2.55
泰州	64	97.67	119.57	4.91	4.9305	5.62	64946.87	72706	78781	240	345	651	2.1	2.25	2.4

(二)结果分析

1. 发展效率现状

表 3-1-3-4 汇总了运用公式 3-1-3-2 计算的长江三角洲地区 2013—2015 年总体文化创意产业技术效率、纯技术效率和规模效率。可知，三年长江三角洲地区文化创意产业平均技术效率先是由 2013 年的 0.713 增长到 2014 年的 0.732，随后在 2015 年降至 0.609，呈现了先上升后下降的波动趋势。数值看，技术效率最高也仅有 0.732，表明长江三角洲地区文化创意产业总体技术效率水平不高，投入产出尚未达到最优。技术效率反映了对资源配置能力、资源使用效率能力等方面的综合考量和评价。长江三角洲地区 2013—2015 年文化创意产业增加值总体是稳

定增长的，但是技术效率增长水平不高，反映了相对于产出增长，长江三角洲地区文化创意产业投入增长要更快，即投入冗余、产出不足的结果，整体的资源配置和使用未达到最优化的局面，且2015年呈现下降趋势，表明了长江三角洲地区文化创意产业发展质量有恶化趋势。

表3-1-3-4 长江三角洲地区2013—2015年总体文化创意产业技术效率、纯技术效率、规模效率

年份	产业技术效率	纯技术效率	规模效率
2013	0.713	0.893	0.782
2014	0.732	0.928	0.780
2015	0.609	0.921	0.655
Mean	0.685	0.914	0.739

注：数据均由DEA模型计算后整理汇总所得。

进一步参照纯技术效率和规模效率三年的平均值，可以发现纯技术效率在2013年和2014年均呈现增长情况，2015年稍有下落，降低至0.921，但和2014年0.928相比差距较小。纯技术效率反映的是DMU在最优规模的情况下投入要素的生产效率，纯技术效率的数值较高且波动较小，表明长江三角洲地区近年文化创意产业发展技术进步方面一直是稳步发展，这与各地区对文化创意产业中创意创新的重视和创意氛围的提升密不可分。

规模效率自2013年以来呈现下降趋势，2014年相较2013年下落轻微，但到2015年后降至0.655。由于技术效率＝纯技术效率×规模效率，因此可以推断长江三角洲地区文化创意产业总体技术效率下降的原因主要源于规模效率。规模效率反映的是真实生产规模与理想最优生产规模的差距。长江三角洲地区总体文化创意产业规模效率数值较低且持续下降，表明了在资源的投入配置、整体产业结构等方面亟待优化改进。

综合看，长江三角洲地区总体文化创意产业技术效率不高且有波动趋势，纯技术效率较为稳定且较高，规模效率呈现持续下降趋势，长江三角洲地区的文化创意产业结构有待优化，投入产出比有下降趋势，在资源优化配置上尚未达到最优局面，需要针对产业规模进行改善和调整。

2. 发展效率空间分异

由表3-1-3-5可知，2013—2015年长江三角洲地区文化创意产业平均技术效率最高的地区分别是上海和杭州，平均技术效率为1，DEA有效；其次是苏州、扬州、泰州、无锡、南通、常州、嘉兴，这些城市除嘉兴外基本集中在江苏，基本集中在长江三角洲地区中北部，杭州和上海连线以北的地区；长江三角洲地区文化创意产业平均技术效率最低的是镇江、绍兴、宁波、舟山、台州、南京、湖州，平均技术效率均低于0.685，主要集中在杭州—上海一线的两侧。总体看，长江三角洲地区文化创意产业技术效率较高及以上的城市，均位于长江三角洲地区中部、北部的靠近沿海一侧。

表 3-1-3-5　基于 DEA 计算的长江三角洲地区文化创意产业发展效率

城市	文化创意产业发展的技术效率				文化创意产业发展的纯技术效率				文化创意产业发展的规模效率			
	2013	2014	2015	平均	2013	2014	2015	平均	2013	2014	2015	平均
上海	1.000	1.000	1.000	1.000	1.000	1.000	1.000	1.000	1.000	1.000	1.000	1.000
杭州	1.000	1.000	1.000	1.000	1.000	1.000	1.000	1.000	1.000	1.000	1.000	1.000
宁波	0.507	0.449	0.548	0.501	0.765	0.731	0.773	0.756	0.662	0.614	0.709	0.662
绍兴	0.641	0.685	0.491	0.606	0.758	0.906	0.911	0.858	0.845	0.756	0.539	0.713
嘉兴	0.905	0.816	0.464	0.728	0.932	0.916	0.86	0.903	0.971	0.891	0.539	0.800
台州	0.194	0.639	0.465	0.433	0.84	0.902	0.896	0.879	0.232	0.708	0.519	0.486
湖州	0.285	0.241	0.178	0.235	0.634	0.906	1.000	0.847	0.449	0.266	0.178	0.298
舟山	0.516	0.444	0.381	0.447	1.000	1.000	1.000	1.000	0.516	0.444	0.381	0.447
苏州	0.944	1.000	0.909	0.951	0.986	1.000	0.995	0.994	0.957	1.000	0.914	0.957
无锡	0.746	0.825	0.802	0.791	0.864	0.939	1.000	0.934	0.863	0.879	0.802	0.848
南通	0.902	0.892	0.5	0.765	0.908	0.934	0.738	0.860	0.993	0.956	0.677	0.875
常州	0.812	0.777	0.615	0.735	1.000	0.99	0.965	0.985	0.812	0.785	0.638	0.745
镇江	0.725	0.67	0.56	0.652	1.000	1.000	1.000	1.000	0.725	0.67	0.56	0.652
南京	0.402	0.383	0.295	0.360	0.605	0.621	0.602	0.609	0.664	0.617	0.49	0.590
扬州	1.000	1.000	0.851	0.950	1.000	1.000	1.000	1.000	1.000	1.000	0.851	0.950
泰州	0.827	0.893	0.683	0.801	1.000	1.000	1.000	1.000	0.827	0.893	0.683	0.801
Mean	0.713	0.732	0.609	0.685	0.893	0.928	0.921	0.914	0.782	0.780	0.655	0.739

表 3-1-3-5 显示长江三角洲地区文化创意产业平均纯技术效率最高的地区是上海、杭州、扬州、镇江、泰州，这些城市均是平均技术效率较高及以上的城市，且有一半以上城市属于江苏。其次较高城市分别是常州、无锡、苏州，均为平均技术效率较高的城市，且均属于江苏；这些城市的地理位置均连成片，且均与平均纯技术效率较高的城市地区相连。原本平均技术效率较高城市中的嘉兴和南通，其平均纯技术效率落到了较低水平城市的行列，也从侧面说明了这两个城市平均规模效率处在较高的水平。平均纯技术效率较低的城市较多，包括南京、镇江、南通、绍兴、宁波、台州、湖州、嘉兴等城市，相对比较分散。

表 3-1-3-5 显示，长江三角洲地区文化创意产业平均规模效率的地区分布和平均技术效率的地区分布一致，由技术效率和规模效率的关系进一步证实了长江三角洲地区文化创意产业的规模效率差异是引发地区产业技术效率差异的主要原因。

综合看，受规模效率影响，长江三角洲地区文化创意产业平均技术效率的地区分布和平均规模效率的地区分布一致。技术效率和规模效率较高城市多属于江苏省，技术效率较高及以上的城市均位于长江三角洲地区中部、北部靠近沿海一侧，总体连成带状，没有零散分布的城市。纯技术效率较低的城市分布均较为分散，且数量较多，大部分为浙江所辖城市。

四、结论

本节从产值增长状况、产业结构类型和产业发展效率三个维度研究了长江三角洲地区文化创意产业发展特征，发现：(1)长江三角洲地区文化创意产业增长迅速，主要集中在中心城市和经济较发达城市，且文化创意产业结构以设计咨询业、软件及计算机业、时尚艺术及文艺会展业、休闲娱乐业和传媒业为主体；(2)长江三角洲地区文化创意产业平均技术效率不高，虽然长江三角洲整体文化创意产业增加值有所增长但呈现投入冗余、产出不足的态势，整体资源配置和使用未到达最优化状态，且有进一步恶化趋势；(3)文化创意产业发展效率的地域分异在平均技术效率上呈现苏南地区城市、上海高于其他城市，且沿海一侧城市高于内陆城市。

第二节 长江三角洲南翼文化创意产业增长趋势

一、浙江省文化创意产业增长水平差异

据本书文化创意产业统计口径，计算出2004年和2008年浙江省各市和全国文化创意产业从业人数、所占比重及其变化情况(表3-2-1-1)。

表3-2-1-1 浙江各市2004年与2008年文化创意产业从业人数、比重及变化情况

地区	从业人数/人		比重/%			变化情况	
	2004年	2008年	2004年	2008年	均值	增长量/人	增长率/%
杭州	181758	305615	28.47	33.25	30.86	123857	68.14
宁波	89465	117187	14.01	12.75	13.38	27722	30.99
温州	60370	81285	9.46	8.84	9.15	20915	34.64
嘉兴	33211	46420	5.20	5.05	5.13	13209	39.77
湖州	15716	19027	2.46	2.07	2.27	3311	21.07
绍兴	42286	75488	6.62	8.21	7.42	33202	78.52
金华	66358	123371	10.39	13.42	11.91	57013	85.92
衢州	8768	15593	1.37	1.70	1.53	6825	77.84
舟山	8685	11074	1.36	1.20	1.28	2389	27.51
台州	92222	108049	14.45	11.75	13.10	15827	17.16

续表

地区	从业人数/人		比重/%			变化情况	
	2004 年	2008 年	2004 年	2008 年	均值	增长量/人	增长率/%
丽水	13620	16121	2.13	1.75	1.94	2501	18.36
浙江	638395	919230	7.09	7.20	7.15	280835	43.99
全国	8998000	12760719				3762719	41.82

注：表格中浙江各市的“比重”为各市文化创意产业从业人数与浙江省之比；黑体的浙江省“比重”为其文化创意产业从业人数与全国之比。数据源于浙江省 2004 年和 2008 年经济普查年鉴。

(一)浙江文化创意产业总体水平

总量看，2004 年与 2008 年浙江文化创意产业从业人数分别为 63.84 万人、91.92 万人，增长 28.08 万人，涨幅 43.99%，高出同期全国涨幅 2.17 个百分点，且两年份占全国文化创意产业从业人数比重的平均值为 7.15%。

(二)浙江各市文化创意产业发展水平差异

浙江各市情况看，2004 至 2008 年四年间各市文化创意产业从业人数有不同程度的增加。据两年份各市文化创意产业从业人数占全省比重的平均值，按从高到低顺序对各市进行排序：杭州、宁波、台州、金华、温州、绍兴、嘉兴、湖州、丽水、衢州、舟山(表3-2-1-2)。

表 3-2-1-2　浙江 11 市 2004 年与 2008 年文化创意产业从业人数占全省比重平均值

地区	比重均值(%)
杭州市	29.59
宁波市	13.38
台州市	13.10
金华市	11.91
温州市	9.15
绍兴市	7.42
嘉兴市	2.27
湖州市	1.94
丽水市	1.53
衢州市	1.53
舟山市	1.28

按 2004 年和 2008 年的“比重平均值”可将浙江 11 个市分为四类。

(1)“比重平均值”大于 30%的市，即杭州市(30.86%)，其文化创意产业从业人数占全省近 1/3。杭州市 2004、2008 年文化创意产业从业人数分别为 18.18 万人、30.56 万人，涨幅 68.14%，远远超过同期浙江省涨幅(43.99%)。杭州是浙江省科技创新中心和现代服务业中心，拥有文化底蕴深厚、经济发达、科技实力强、人才资源丰富、人居环境宜人等方面的优势条件，不仅在全省甚至在全国文化创意产业发展水平中都位居前列。

(2)“比重平均值”大于10%小于30%的市，有宁波(13.38%)、台州(13.10%)、金华(11.91%)，三市比重平均值之和为38.39%，超过全省的1/3。宁波市2004、2008年文化创意产业从业人数分别为8.95万人和11.72万人，涨幅30.99%；台州市分别为9.22万人、10.80万人，涨幅17.16%；金华市分别为6.64万人和12.34万人，涨幅85.92%。三市文化创意产业从业人数较接近，但涨幅差异大。宁波是浙江副省级城市、计划单列市，是重要的工业中心和国际化港口城市，拥有丰富的高校人才，较强产业基础和旺盛的市场需求优势。台州是浙江省东部的沿海城市，有着雄厚的经济基础和丰富的文化资源，民间工艺发达。金华市有两大文化创意产业中心——义乌和东阳：义乌是全球最大的小商品集散中心，东阳的横店影视城有“中国好莱坞”之称。义乌和东阳独特的文化创意资源和良好的经济基础极大地促进了金华市文化创意产业的快速发展。

(3)“比重平均值”大于5%小于10%的市，有温州(9.15%)、绍兴(7.42%)、嘉兴(5.13%)，三市比重平均值之和为21.7%，超过全省的1/5。温州市2004、2008年文化创意产业从业人数分别为6.04万人、8.13万人，涨幅34.64%；绍兴分别为4.23万人、7.55万人，涨幅78.52%；嘉兴分别为3.32万人、4.64万人，涨幅39.77%。温州是浙南经济和文化中心，发达的轻工业和旺盛的市场需求为其文化创意产业发展奠定扎实的经济基础。绍兴是越文化的发源地，拥有2000多年悠久历史，是中国历史文化名城，历史文化底蕴之深厚，是其他任何地区都无法比拟的。嘉兴则得到浙江省政府的重视，其“环南湖文化创意产业带”被列为省重点扶持的十大文化创意产业集聚区之一。

(4)“比重平均值”小于5%的市，为湖州(2.27%)、丽水(1.94%)、衢州(1.53%)、舟山(1.28%)。湖州2004、2008年文化创意产业从业人数分别为1.57万人、1.90万人，涨幅21.07%；丽水分别为1.36万人、1.61万人，涨幅18.36%；衢州分别为0.88万人、1.56万人，涨幅77.84%；舟山分别为0.87万人、1.11万人，涨幅27.51%。可知，四市文化创意产业基础均比较薄弱，发展水平待提高。

综上分析发现，浙江文化创意产业发展规模和发展水平市际差异大，发展不均衡。杭州市的文化创意产业实力最雄厚，为浙江文化创意产业的领头羊；宁波、台州、金华文化创意产业发展水平次之，是浙江文化创意产业发展的重点城市；湖州、丽水、衢州、舟山为浙江文化创意产业欠发达地区。

二、浙江省文化创意产业增长速度差异

(一)浙江及各市文化创意产业增长速度差异

总量看,2004—2008 年间浙江文化创意产业从业人数增长 28.08 万人,涨幅 43.99%(图 3-2-2-1),高出同期全国涨幅 2.17 个百分点,这表明浙江文化创意产业发展速度快于全国平均水平。浙江各市文化创意产业从业人数也均在上升,但增长速度有较大差异。各市文化创意产业从业人数增长率由高到低排名依次为:金华、绍兴、衢州、杭州、嘉兴、温州、宁波、舟山、湖州、丽水、台州。

浙江省各市文化创意产业从业人数增长情况可分为两类:第一类是 2004—2008 年地区文化创意产业从业人数增长率大于浙江省平均值(43.99%),如金华(85.92%)、绍兴(78.52%)、衢州(77.84%)、杭州(68.14%),表明这四个城市文化创意产业发展速度快于浙江省平均速度;第二类是 2004—2008 年地区文化创意产业从业人数增长率小于浙江省平均值(43.99%),如嘉兴(39.77%)、温州(34.64%)、宁波(30.99%)、舟山(27.51%)、湖州(21.07%)、丽水(18.36%)、台州(17.16%),表明其文化创意产业发展速度慢于浙江省平均速度。

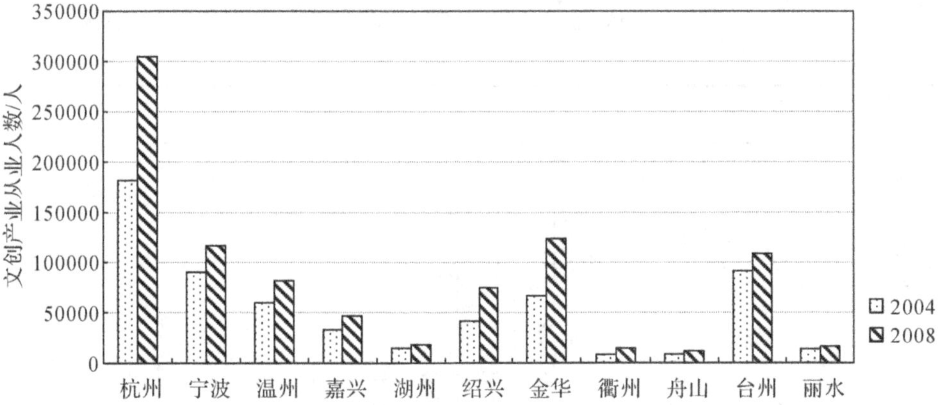

图 3-2-2-1　浙江 11 市 2004 年与 2008 年文化创意产业从业人数变化情况

(二)浙江各市文化创意产业增长趋势特点

浙江各地文化创意产业相对于总产业而言发展迅猛,充满生命力。将各地文化创意产业从业人数增长率和地区总产业从业人数增长率进行比较(表 3-2-2-1 与图 3-2-2-2),可发现:2004—2008 年间,全国、浙江省及其大部分市域的文化创意产业从业人数增长率均大于总产业的增长率,仅有湖州、舟山、台州、丽水四市文化创意产业从业人数增长率小于总产业的增长率,这说明文化创意产业在全国及浙江大部分地区发展速度超过总产业的增速,发展迅猛,充满生命力;而湖州、舟山、台州、丽水四市文化创意产业发展速度不及总产业的发展速度,发展滞后,需引起地

方政府的重视。

表 3-2-2-1 浙江 11 市文化创意产业与总产业从业人数增长率

地区	文化创意产业从业人数增长率	总产业从业人数增长率	相对涨幅
杭州	68.14%	43.91%	24.23%
宁波	30.99%	28.72%	2.27%
温州	34.64%	10.23%	24.42%
嘉兴	39.77%	23.93%	15.85%
湖州	21.07%	26.53%	−5.46%
绍兴	78.52%	51.47%	27.04%
金华	85.92%	43.37%	42.55%
衢州	77.84%	43.03%	34.81%
舟山	27.51%	34.25%	−6.74%
台州	17.16%	37.64%	−20.48%
丽水	18.36%	33.80%	−15.44%
浙江	43.99%	34.01%	9.98%
全国	41.82%	27.71%	14.11%

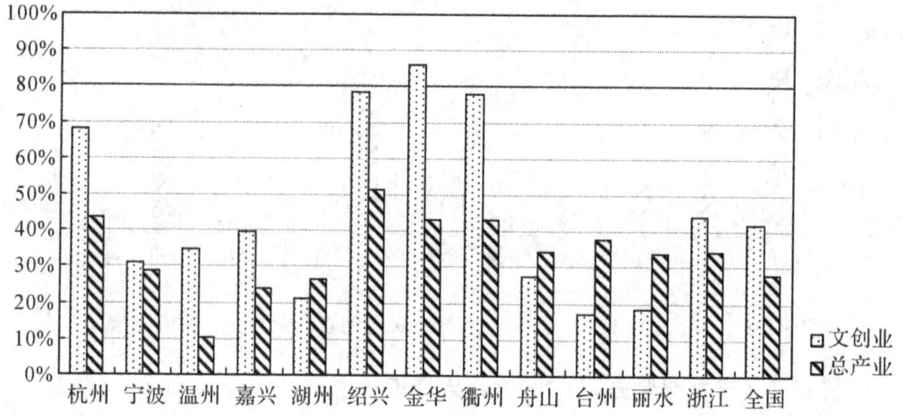

图 3-2-2-2 浙江 11 市 2004 年与 2008 年文化创意产业与地区总产业从业人数增长率比较

三、浙江省文化创意产业增长的地域分异

浙江省文化创意产业可分为六类：研发设计业、信息软件业、建筑景观业、文化艺术业、咨询策划业、时尚消费与娱乐休闲业；十六中类：工业设计业、研究开发业、

软件设计业、计算机系统服务业、信息服务业、建筑工程业、建筑装饰业、城市绿化业、传媒出版业、艺术品创作及交易业、展演业、广告策划业、咨询业、时尚消费业、运动休闲业、旅游休闲业。

(一)浙江省及各市文化创意产业结构分异

2008 年浙江全社会总产业从业人数为 1865.14 万人，按照本书对文化创意产业范围的界定方法，2008 年浙江省文化创意产业法人单位的就业人数为 91.92 万人，占全部从业人数的 4.93%。其中，文化艺术业和建筑景观业从业人数最多，分别为 30.68万人和 29.1 万人，各占文化创意产业从业人数比重的 33.38%和 31.66%；而研发设计业从业人数最少，为 2.69 万人，占全部从业人数比重的 2.93%(表 3-2-3-1)。

表 3-2-3-1 浙江各市 2008 年文化创意产业大类行业从业人数

	地区	研发设计	信息软件	建筑景观	文化艺术	咨询策划	时尚消费与娱乐休闲	总和
1	杭州	13005	68560	112255	49423	37810	24562	305615
2	宁波	3246	13388	44586	25492	16419	14056	117187
3	温州	1595	7120	25292	24803	11653	10822	81285
4	嘉兴	2443	3878	13961	12472	5495	8171	46420
5	湖州	654	1650	5432	6325	2110	2856	19027
6	绍兴	1885	3828	39045	19224	5987	5519	75488
7	金华	803	6067	21604	82005	6657	6235	123371
8	衢州	401	1279	5452	4823	2004	1634	15593
9	舟山	326	1034	4219	1090	1187	3218	11074
10	台州	2253	4025	13333	75958	5426	7054	108049
11	丽水	315	1104	5831	5189	1758	1924	16121

运用 SPSS22.0 软件层级聚类中的 Q 型聚类，采用类间平均链锁法，对浙江 11 市文化创意产业从业人数数据进行聚类分析，如表 3-2-3-2 所示；进而对“五类”聚类结果进行分析图(3-2-3-1)。

表 3-2-3-2 浙江 11 市文化创意产业从业人数聚类分析

类别	市名称
第一类	杭州
第二类	宁波
第三类	温州、绍兴
第四类	嘉兴、湖州、衢州、舟山、丽水
第五类	金华、台州

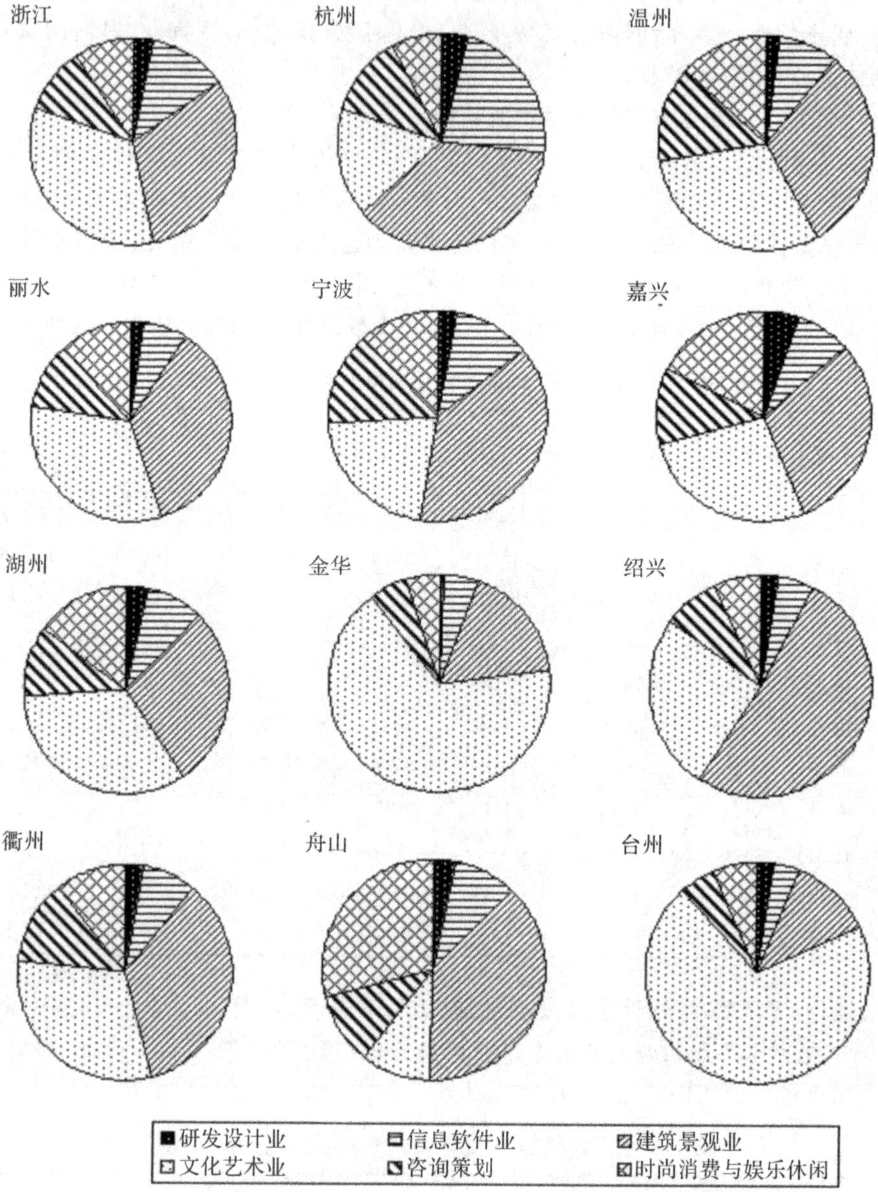

图 3-2-3-1 浙江及其 11 市 2008 年文化创意产业大类行业产业结构

第一类：六类行业均衡发展，文化创意产业高水平城市——杭州。其研发设计业、信息软件业、建筑景观业、咨询策划业、时尚消费与娱乐休闲业的从业人数在 11 个市中均位列第一，仅文化艺术业的从业人数少于金华和台州，文化创意产业总的从业人数位列第一。产业结构上，杭州市文化创意产业大类产业从业人数前三名是建筑景观业、信息软件业、文化艺术业，其从业人数分别为11.23万人、6.86万人、4.94万人，占文化创意产业的36.73%、22.43%、16.17%。咨询策划业、时尚消费与娱乐休闲业、研发设计业发展相对滞后，分别占文化创意产业的12.37%、8.04%、4.26%。综上所述，杭州市文化创意产业及其各类分行业发展水平均位全省前列，其中，以建筑景观业、信息软件业、文化艺术业、咨询策划业为主。

第二类：六类行业均衡发展，文化创意产业较高水平城市——宁波。除了文化艺术业，其研发设计业、信息软件业、建筑景观业、咨询策划业、时尚消费与娱乐休闲业的从业人数在11个地级市中仅次于杭州市，均位列第二；文化创意产业总从业人数也居全省前列。产业结构上，宁波市文化创意产业以建筑景观业、文化艺术业、咨询策划业为主，其从业人数分别为4.46万人、2.55万人、1.64万人，占文化创意产业的38.05%、21.75%、14.01%。

第三类：文化创意产业结构同质城市——温州与绍兴。两市文化创意产业从业人数总量接近：温州文化创意产业从业总人数为8.13万人，绍兴为7.55万人。同时，按大类行业从业人数占文化创意产业比重，从高到低进行排序两市文化创意产业的产业结构类似，均为"建筑—景观业—文化—艺术业—咨询策划业—时尚消费与娱乐休闲业—信息软件业—研发设计业"。其中，温州市建筑景观业、文化艺术业、咨询策划业的从业人数分别为：2.53万人、2.48万人、1.16万人，占文化创意产业总从业人数比重分别为31.12%、30.51%、14.34%；绍兴分别为3.9万人、1.92万人、0.6万人，占文化创意产业总从业人数比重分别为51.72%、25.47%、7.93%。由此可见，两市建筑景观业、文化艺术业、咨询策划业较发达。

第四类：文化创意产业低水平城市——嘉兴、湖州、衢州、舟山、丽水。在全省11市中嘉兴、湖州、衢州、舟山、丽水的文化创意产业从业总人数分别为4.62万人、1.90万人、1.56万人、1.11万人、1.61万人，在11市中位列倒数5位，表明其文化创意产业发展水平落后。产业结构上，嘉兴、湖州、衢州、丽水4市均以建筑景观业、文化艺术业、时尚消费与娱乐休闲业为主；舟山市较特殊，以建筑景观业、时尚消费与娱乐休闲业、咨询策划业为主，且其时尚消费与娱乐休闲业发展突出，从业人数0.32万人，占总量的29.06%，这与舟山市海洋旅游业发达的事实相符。

第五类：文化艺术发展突出城市——金华与台州。通过观察各市文化创意产业大类产业结构图(图3-2-3-1)可以发现，金华与台州两市文化创意产业大类产业结构十分相似，文化艺术业发展突出是其共同的显著特征。金华和台州文化创意产业文化艺术业从业人数分别为8.2万人和7.6万人，在浙江11市中位列第一和第二，占其文化创意产业从业总人数的66.47%和70.3%。由此可见，金华与台州市文化艺术业发达，为其文化创意产业的支柱性行业。实际上，对于金华而言，东阳市横店文化产业是其文化艺术业的主要贡献部分。2013年统计数据显示，横店文化产业增加值占GDP的比重达28%，相当于全国平均水平2.78%的10倍多。

影视文化产业的发展，极大地带动了旅游、商业、餐饮、住宿等产业的发展，文化产业提供的就业岗位达36000个，占全镇就业人数的一半多。在台州，仙居县的工艺美术行业，2002年创税1.49亿元，直接从业人员10万人，产品远销100多个国家和地区，是全国最大的木质工艺品出口基地县，被授予"中国工艺礼品之都"和"中国工艺品城"荣誉称号。由此可见，实证分析结果与实际情况相符。

(二)浙江文化创意产业增长的热点行业

首先对浙江省及各市的十六个中类行业从业人数按由高到低进行排序，然后分别计算出现各中类行业出现在前八名的次数，按出现频次高低进行排序(表3-2-3-2)，结果如下：建筑装饰业(12)、建筑工程设计业(12)、计算机系统服务业(12)、咨询业(11)、艺术品创作及交易业(11)、旅游休闲业(10)、传媒出版业(8)、广告策划业(8)、运动休闲业(6)、软件设计业(3)、城市绿化业、信息服务业、研究开发业、时尚消费、工业设计、展演业出现频率为0。由此可见，建筑装饰业、建筑工程设计业、计算机系统服务、咨询业、艺术品创作及交易业、旅游休闲业、传媒出版业、广告策划业出现频次为8次及以上(参评样本的2/3)，为浙江省及各市文化创意产业中的高热点行业；运动休闲业、软件设计业城市绿化业分别出现6次、3次、3次，为文化创意产业中的低热点行业；信息服务业、研究开发业、时尚消费业、工业设计业、展演业出现频率为0，为文化创意产业中的一般行业。

表3-2-3-2 中类行业位列半数以前的次数

中类行业名称	位列半数以前的次数(1～12)
建筑装饰业	12
建筑工程设计业	12
计算机系统服务业	12
咨询业	11
艺术品创作及交易业	11
旅游休闲业	10
传媒出版业	8
广告策划业	8
运动休闲业	6
软件设计业	3
城市绿化业	3
信息服务业	0
研究开发业	0
时尚消费业	0
工业设计业	0
展演业	0

第三节　本章小结

本章聚焦长江三角洲地区文化创意产业的增长与效率分异，以及长江三角洲南翼浙江省文化创意产业增长水平与速度、产业结构及增长热点行业，诠释长江三角洲地区文化创意产业的地域增长差异。

长江三角洲地区文化创意产业发展特征：(1)长江三角洲地区文化创意产业发展迅速，主要集中在中心城市和经济较发达城市，且文化创意产业结构以设计咨询业、软件及计算机业、时尚艺术及文艺会展业、休闲娱乐业和传媒业为主体。(2)长江三角洲地区文化创意产业平均技术效率不高，虽然长江三角洲整体文化创意产业增加值有所增长但呈现投入冗余、产出不足的态势，整体资源配置和使用未到达最优化状态，且有进一步恶化趋势。(3)文化创意产业发展效率的地域分异在平均技术效率上呈现苏南地区城市、上海高于其他城市，且沿海一侧城市高于内陆城市。

长江三角洲地区南翼的浙江省文化创意产业增长态势呈现：(1)浙江省文化创意产业增长水平在2004—2008年高出同期全国涨幅2.17个百分点，且两年份占全国文化创意产业从业人数比重的平均值为7.15%。省内各市2004—2008年文化创意产业从业人数有不同程度的增加，但发展不均衡。杭州市实力最雄厚，为浙江文化创意产业的领头羊；宁波、台州、金华文化创意产业发展水平次之，是浙江文化创意产业发展的重点城市；湖州、丽水、衢州、舟山为文化创意产业欠发达地区。(2)浙江省文化创意产业增长速度有较大差异，增长率由高到低排名依次为：金华、绍兴、衢州、杭州、嘉兴、温州、宁波、舟山、湖州、丽水、台州。此外，相对于国民经济全行业而言各市文化创意产业发展迅猛，充满活力。(3)浙江省文化创意产业结构变动呈现“五类”：第一类是六类行业均衡发展且文化创意产业发展高水平城市(杭州)；第二类是六类行业均衡发展且文化创意产业发展较高水平城市(宁波)；第三类是文化创意产业结构同质城市，包括温州与绍兴；第四类是文化创意产业发展低水平城市，包括嘉兴、湖州、衢州、舟山、丽水；第五类是文化艺术业发展突出城市，如金华与台州。中类行业分析显示浙江省文化创意产业增长的热点是建筑装饰业、建筑工程业、计算机系统服务业、咨询业、艺术品创作及交易业、旅游休闲业、传媒出版业、广告策划业。

第四章　长江三角洲地区文化创意企业空间动态及其分解

20世纪90年代以来，以“文化”“知识”和“技术”为主的“新经济”快速兴起，依托新技术、新业态、新方式渗透到各领域，“文化创意产业”应运而生[①]。中国面临“中等收入陷阱”，创意提升制造业主导的产业结构，加速发展文化创意产业等战略性新兴产业成为国家经济社会转型发展的必然趋势。国外文化创意产业理论研究可追溯到佛罗里达(Florida)的“3T”假说，即创意人才(talent)、技术(technology)、宽容度(tolerance)是营造城市创新氛围、催化文化创意产业的重要条件；斯科特(Scott)认为产业综合体内促进学习和创新效应的网络结构由高等院校、科研院校、研发中心等正规机构以及俱乐部、商务会所、休闲中心等非正式社交场所等社会间接资本组成，可形成一种有利于学习机制和创新机制迸发的组织机构，即“创意场域(Creative Field)”。国内学界引介文化创意产业理论并在：文化创意产业集聚与发展的影响因素[②]、文化创意产业集聚与城市空间发展[③]、文化创意产业空间格局与演变[④]等方面展开实证研究。文化创意产业的空间格局演变研究多通过统计数据、普查数据和问卷数据从全国、省城、市城或者产业园区层面[⑤]解析文化创意产业空间特点[⑥]。中国城市文化创意产业已形成了六大文化创意产业集群，主要群集在中心城区、中心城区外围、高科技园和远郊县(区)，可通过重点分析北京、上海、杭州、南京、宁波等城市文化创意产业发展影响因素与空间格局，发现城市内

---

① 马仁锋.大都市创意空间识别研究[J].地理科学进展，2012，31(8)：1013-1023.

② Florida R. The rise of the creative class[M]. New York：Basic Books，2002；Scott A J. Creative cities：conceptual issues and policy questions [J]. Journal of Urban Affairs，2006，28(1)：1-17；王缉慈.超越集群：中国产业集群的理论探索[M].北京：科学出版社，2010；马地. 798创意产业区形成因素研究[J].中国城市经济，2008(10)：24-27；陈倩倩，王缉慈.论创意产业及其集群的发展环境[J].地域研究与开发，2005，24(5)：5-8.

③ 马仁锋.创意产业区演化与大都市空间重构机理研究[D].上海：华东师范大学，2011.

④ 罗蕾，田玲玲，罗静.武汉市中心城区创意产业企业空间分布特征[J].经济地理，2015，35(2)：114-119；黄斌.北京文化创意产业空间演化研究[D].北京：北京大学，2012；李慧.郑州文化创意产业空间区位研究[D].开封：河南大学，2012.

⑤ 吴开嶂.杭州文化创意产业园区发展模式研究[D].杭州：浙江工商大学，2012.

⑥ 张蔷.中国城市文化创意产业现状、布局及发展对策[J].地理科学进展，2013，32(8)：1227-1236；黄斌.北京文化创意产业空间演化研究[D].北京：北京大学，2012.

部文化创意产业具有重要区位指向。此外，马仁锋[①]基于两次经济普查数据，利用统计方法构建了由全局与局部 Moran's I 指数初次判别与回归分析检验甄别上海、宁波的创意空间格局。总体而言，中国文化创意企业空间动态研究，尚未开始从微观视角以大样本企业属性数据为支撑的分行业文化创意产业时空演变研究。因此，本章探索性运用长江三角洲地区经济普查数据和空间计量方法，刻画长江三角洲地区16个城市文化创意企业空间动态，阐明文化创意产业的时空演变，为合理调控长江三角洲地区文化创意产业空间提供参考。

第一节　文化创意企业范畴及其空间动态分析框架

文化创意企业是文化创意产业的微观主体，梳理与界定文化创意企业概念，辨析文化创意企业基本特征，厘清与明晰中国文化创意企业的数据源类型，既是研究文化创意企业空间动态的基础，又是开展中国文化创意产业微观研究的必行路径。在此基础上，进一步诠释长江三角洲地区文化创意企业数据源和行业构成，并提出基于经济普查数据提取和实地调查赋有空间属性企业数据两类数据源的文化创意企业研究内容及其相应方法。

一、文化创意企业概念、特征与数据源类型

文化创意企业是文化创意产业的微观主体，世界知识产权组织（World Intellectual Property Organization，WIPO）认为创意企业是源于个体创造力、技能与才华，通过知识产权的开发与运用创造财富和就业机会的依法设立并以营利为目的的经济组织[②]；而 Cunningham 则认为那些能以创意产品的生产销售为主要收入的企业就是创意企业[③]。国内对这一概念研究不多，马仁锋从企业生产视角提出通过利用雇员创造力提供创意产品的法人组织即为文化创意企业。[④] 刘颖结合企业定义和以创意能力为核心的行业特殊性，提出文化创意企业是依法设立并以营利为目的，以文化内容和创意成果为核心价值，以知识产权为保障，通过从事创

---

① 梁贤军，周国强，马仁锋．城市文化创意产业的空间组织研究[J]．宁波大学学报（理工版），2015，28(2)：75-79.

② World Intellectual Property Organization. Managing creative enterprises[R]. Paris: University Paris I-Sorbonne, 2006.

③ Cunningham S D. Creative enterprises[R]//Hartley J. (Ed.) Creative Industries[C]. Newyork: Blackwell, 2005: 282-298.

④ 马仁锋．大都市创意空间识别研究——基于上海市创意企业分析视角[J]．地理科学进展，2012. 31(8)：1013-1023.

意产品和服务的创作、生产、传播和销售等经济活动，满足社会公众文化体验消费需求的经济组织。[①] 由此可知，文化创意企业实质是以创意为核心的生产、销售创意商品的经济组织。文化创意企业主要有以下特征：

①较强的创新性。创意企业以创意为核心，生产的创意产品本质上也是创意的结晶和载体。没有足够的创新，企业生产出的产品就没有吸引力，企业也将很快失去活力。而最大的创意来源于人才，具有创新性的人才是支撑企业生存和发展的根本。

②较低的消耗性。文化创意企业生产消耗的实质是创意的消耗，对自然资源和环境的要求不高。

③较高的价值性。对文化创意产品的消费实质是对创意的认可，核心价值也就在于创意本身，具有生产创意的文化创意企业就具有很强的价值性。因而文化创意企业大部分处于价值链的上游。这些特征再次回应了 Florida 的"创意阶层"理论，城市经济的发展离不开企业的发展，企业的发展离不开这些具有创意、创新性的人才(创意阶层)。因此，文化创意企业的发展态势分析，可以通过研究从业人员变化，透视产业动态演进。因此，从微观视角研究文化创意产业，既可以从文化创意产业相关行业人员统计数据着手，又可以直接选取典型文化创意行业的企业属性数据进行研究。

文化创意企业的数据源可以分为两类。(1)基于中国政府统计年鉴、普查数据等，根据文化创意企业的特征筛选统计数据中大致符合文化创意产业特征的行业来进行数据汇总处理，如马仁锋研究长江三角洲地区文化创意产业从业人员、梁贤军研究宁波文化创意企业空间组织时，均利用中国经济普查数据合成文化创意产业相关指标，并且取得了较为理想的研究结果。[②] 该类数据由于以官方经济普查数据为基底，数据真实性和可获取性较高，但是不同地级市在处理普查数据的统计口径上有相对不一致的产业小类，对文化创意产业数据汇总会造成一定困难，对计量分析的结果会造成一定误差；此外，由于经济普查数据是面板数据，缺乏空间属性和企业关系属性，不能细致分析产业联系、产业结构与产业的企业主体动态。因此，该类易于获取的统计数据的研究单元一般是以县(市/区)及以上行政区，研究单元的地理范围较大时往往会忽视产业空间集聚的地方性等背景。(2)直接获取文化创意企业及其属性数据，关注文化创意企业的空间属性、投入—产出属性、业务链属性等，进而按照业务范畴分类选择相应文化创意企业进行统计，可以得到较为准确详细的文化创意企业属性数据，数据采集方法与一般产业微观层面研究方

① 刘颖. 中国文化创意企业创意效率研究[D]. 北京：中国矿业大学，2015.

② 马仁锋. 中国长江三角洲城市群创意产业发展趋势及效应分析[J]. 长江流域资源与环境，2014，23(1)：1-9；梁贤军，周国强，马仁锋. 城市文化创意产业的空间组织研究——以宁波市为实证[J]. 宁波大学学报(理工版)，2015，28(2)：75-79.

法类似，但是调查成本非常高。学界研究实践中，该类数据由于需要采集大量企业数据并加以识别，数据采集工作量大，故会在较大研究范围遴选典型企业及其属性数据，如李仙德选择用上市公司数据代替全行业的企业数据来研究长三角城市群网络[①]；或是研究较小范围的企业注册数据，如李佳洺收集包括文化创意产业在内的杭州市主城区全行业企业工商注册数据，研究杭州市产业空间集聚[②]。该类企业数据是为了更加细致地考察产业结构或者企业联系，故对精度要求较高，数据采集工作量大且要求更加翔实，为方便分析必须通过地理空间矢量软件将企业属性与空间属性匹配。

二、基于经济普查的文化创意企业甄别与数据处理

(一)基于经济普查的文化创意企业识别标准与产业构成

表 4-1-2-1 总结了代表性研究文献中文化创意企业主要识别标准及数据来源，可知甄别文化创意企业，在学术研究统计实践层面主要分为 2 类。(1)源于研究区域现有文化创意产业分类标准直接进行识别，如黄江、黄鹤分别研究杭州市区、北京朝阳区文化创意企业空间分布时均直接采用了当地城市文化创意产业分类标准[③]。(2)根据实际情况结合相关文件标准提出符合自身条件的企业识别标准，如马仁锋研究上海文化创意企业时基于 2002 年国家统计局公布的《国民经济行业分类标准》(GB/T4754—2002)并参照张京成在《中国创意产业发展报告 2007》中的行业分类方法，提出文化创意产业统计主要包括影视文化类、电信软件类、工艺时尚类、设计服务类、展演出版类、咨询策划类、休闲娱乐类和科研教育类共 8 个大类、21 个中类、80 个国民经济行业小类中所囊括的法人单位[④]；罗蕾等参照《文化及相关产业分类(2012)》并结合武汉文化创意产业发展状态提出七大类方案，分别是：新闻出版类、广播影视服务类、创意设计类、创意科技类、时尚休闲运动类、工艺美术品类和艺术培训服务类[⑤]。由于国家没有统一的文化创意产业分类标准，不同研究区域的学者会根据研究区域自身的产业分类标准进行判识；同时，受数据可

---

① 李仙德. 基于上市公司网络的长三角城市网络空间结构研究[J]. 地理科学进展，2014，33(12)：1587-1600.

② 李佳洺，张文忠，李业锦，等. 基于微观企业数据的产业空间集聚特征分析——以杭州市区为例[J]. 地理研究，2016，35(1)：95-107.

③ 黄江，胡晓鸣. 创意产业企业空间分布研究——以杭州市为例[J]. 经济地理，2012，31(11)：1851-1856；黄鹤. 基于企业数据分析的文化创意产业城市空间布局研究——以北京市朝阳区为例[J]. 西部人居环境学刊，2015，30(1)：19-26.

④ 马仁锋. 大都市创意空间识别研究——基于上海市创意企业分析视角[J]. 地理科学进展，2012，31(8)：1013-1023.

⑤ 罗蕾，田玲玲，罗静. 武汉市中心城区创意产业企业空间分布特征[J]. 经济地理，2015，35(2)：114-119.

获取性影响，作为文化创意产业微观主体，城市层面文化创意企业数据量较大且分类识别更为困难。

表 4-1-2-1 文化创意企业研究主要识别标准及数据来源

文献	研究区域	识别标准	数据来源
大都市创意空间识别研究	上海市18个城区	主要包括影视文化类、电信软件类、工艺时尚类、设计服务类、展演出版类、咨询策划类、休闲娱乐类和科研教育类共8个大类、21个中类、80个国民经济行业小类中所囊括的法人单位	《上海经济普查年鉴(2004)》、《上海经济普查年鉴(2008)》数据库，产业部门的类型采用由国家统计局确定的4位数编码，选取涉及的行业代码，以区为统计单元，统计研发设计创意业、建筑设计创意业、文化艺术创意业、咨询策划创意业、时尚消费创意业
创意产业企业空间分布研究	杭州市8个城区	杭州市统计局对创意产业分为信息服务业、动漫游戏业、设计服务业、现代传媒业、艺术品业、教育培训业、文化休闲旅游业和文化会展业	《浙江省杭州市企业名录(2010)》《浙江省杭州企业黄页(2010)》和《杭州统计年鉴》
基于企业数据分析的文化创意产业城市空间布局研究	北京朝阳区	北京市文化创意产业分类标准(2006)	产业数据源于北京市统计年鉴和朝阳区统计年鉴，并由朝阳区文化创意产业办公室提供各类产业的分项数据
武汉市中心城区创意产业企业空间分布特征	武汉七个中心城区	分为7大类：新闻出版类、广播影视服务类、创意设计类、创意科技类、时尚休闲运动类、工艺美术品类和艺术培训服务类	《湖北省武汉市工商注册企业名录(2013)》《武汉大黄页(2013)》和《武汉统计年鉴(2013)》

资料来源：作者整理。

总体而言，文化创意产业在中国发展时间较短，缺乏专门的官方文化创意企业数据统计，不同城市统计口径标准相对缺乏统一性。同时，文化创意企业研究领域主要聚焦城市建成区，较少关注乡村地区。这既与产业分类标准不统一和相关数据获取困难有一定关系，又说明中国文化创意产业发展存在显著的区位指向。

(二)长江三角洲地区文化创意企业的行业与数据

鉴于文化创意企业数据直接采用大规模入户调查收集方法十分困难，因此长江三角洲地区文化创意企业研究数据由长江三角洲各市创意产业人员数统计给予以替代。文化创意产业具体行业从业人员统计数据，源自统计标准一致的中国政府组织的2004年、2008年和2013年经济普查数据。这基本与长江三角洲地区文化创意产业发展起步时间一致，时间间隔完全满足研究需要。因此，本章依据经济普查数据汇总形成文化创意产业从业人员统计数据，研究文化创意企业动态。

创意产业从业人员的经济普查数据选择长江三角洲各城市三次经济普查数据(第三产业卷)除批发与零售业、住宿与餐饮业、房地产外的行业法人单位从业人员。由于江苏省三次经济普查中行业分类与浙江、上海不同，为了统一口径，选择“信息传输、计算机服务和软件业，金融业，租赁和商务服务业，科学研究、技术服务和地质勘查业，居民服务和其他服务，教育，卫生、社会保障和社会福利业，文化、体育和娱乐业，公共管理和社会组织”9类行业从业人员数据进行合成。其中，江苏省在第三次经济普查中将金融业统计划归银行整理，导致数据缺失，但由于金融业从业人数相较于总体从业人数不多，且增长幅度较小。因此，采用第二次普查金融业相关数据代替，所产生误差在可接受范围内。

三、文化创意企业空间动态研究的内容与方法

(一)基于经济普查数据的文化创意企业空间动态研究

从国家三次经济普查数据提取的文化创意企业相关数据，均为面板数据，且缺乏企业相关属性数据。为此，文化创意企业动态仅能研究文化创意企业的空间分布、空间集聚、空间扩散等格局，以及格局变化；亦即，基于面状统计数据仅能刻画文化创意企业的产业结构和产业空间分异。本节基于主流产业分布与产业集聚研究方法，结合空间自相关分析，综合定量研究长江三角洲地区文化创意企业的集聚和集聚——扩散格局演化(表4-1-3-1)。

(1)区位熵可衡量某一区域某一要素的空间分布情况，可以测度某一产业部门的专业化程度，以及某一区域在高层次区域的地位和作用。对于产业结构研究，区位熵指标主要用于分析区域主导专业化部门的状况。本章采用区位熵刻画长江三角洲地区不同城市间的文化创意企业集聚程度的差异，能较好地反映各城市文化创意企业的集聚水平。

(2)空间基尼系数(可简称G指数)，最初由克鲁格曼(Paul Robin Krugman)提出用于测算美国制造业行业的集聚程度，现在被广泛应用于衡量产业空间集聚程度。该计算方法由于没有考虑企业规模的差异，即使结果大于0，也不能直接判断存在集聚现象。因此，本章将G指数测量文化创意产业企业集聚程度的结果作为辅助指标。

(3)赫芬达尔指数(HHI指数,简称H指数),被经济学研究广泛采用,被普遍认为是测度产业市场集中度的一个相对理想的方法。它是指一个行业中各市场竞争主体所占行业总收入或总资产百分比的平方和,用来计量市场份额的变化,即市场中厂商规模的离散度。H指数综合反映了企业的数目和相对规模,能够反映出行业集中度所无法反映的集中度差别。

(4)E-G指数。由于空间基尼系数只能表明某产业在某区域的集中,没有考虑到企业之间的规模差异。因为,如果某一地区某产业中存在规模很大的企业时,就会产生很大的基尼系数,但并不代表有较高的集聚度。因此,利用空间基尼系数比较产业之间集聚程度时,文化创意产业的企业规模或城市区域大小的差异可能会造成产业集中度测算比较的误差。Ellision和Glaeser(1997)提出的E-G指数则可以弥补这一不足。

(5)聚类和异常值分析(Anselin Local Moran's I),实际是通过对局部计算和显著性分析,得出统计显著性的热点、冷点和空间异常值。由于空间基尼系数与E-G指数都还只是对创意企业在整个区域的分布均衡程度或集聚程度的测度,只能从数值上表明相对其他地区,该地区集聚程度高低;但是对于在空间分布上是否存在集聚地区不能判断出来。因此,采用空间自相关分析的聚类和异常值分析对其进行一步分析,可以判识出现集聚的区域。

表4-1-3-1 基于经济普查数据的长三角文化创意企业集聚格局研究方法汇总

研究方法	计算公式	具体指标解释	计算结果解释
区位熵	$LQ_{ij}=\frac{q_{ij}}{q_j}\Big/\frac{q_i}{q}$	LQ_{ij}是j城市的i产业在长三角城市群的区位熵;q_{ij}为j城市的i产业的相关指标;q_j为j城市所有产业的相关指标;q_i指在长三角范围内i产业的相关指标;q为长三角所有产业的从业人员指标(本章中i为文化创意企业从业人员数量)	LQ_{ij}的值越高,城市文化创意产业集聚水平就越高:当$LQ_{ij}>1$时,可认为j城市的文化创意企业集聚程度在整个长三角范围来说具有优势;当$LQ_{ij}<1$时,认为j城市的文化创意企业集聚程度处于劣势地位。
空间基尼系数	$G=\sum_i(S_i-X_i)^2$	S_i是i城市文化创意企业从业人数占长三角文化创意产业总从业人数的比重,X_i是该城市就业人数占长三角总就业人数的比重	G的值在0和1之间。因此若G的值越是接近0,则表明长三角城市群的文化创意企业分布越分散;若G的值越接近1,则该地区文化创意企业集聚程度越高。

续表

研究方法	计算公式	具体指标解释	计算结果解释
赫芬达尔指数	$H=\sum_{i=1}^{N}\left(\frac{X_i}{X}\right)^2=\sum_{i=1}^{N}S_i^2$	S_i 是 i 城市文化创意产业就业人数占长三角城市群文化创意产业总就业人数的比重	当所有的企业规模相同，$X_1=X_2=\cdots=X_N=1/N$ 时，H 指数$=1/N$；当区域有一家企业独占，即 $X_1=X$ 时，H 指数$=1$。区域内企业的规模越是接近，且企业数越多，H 的值就越接近于 0。H 的指数越高，表明长三角城市群文化创意企业集聚程度越高。
E-G 指数	$\gamma=\frac{G-(1-\sum_{i=1}^{M}X_i^2)H}{(1-\sum_{i-1}^{M}X_i^2)(1-H)}=\frac{\sum_{i-1}^{M}(S_i-X_i)^2-(1-\sum_{i=1}^{M}X_i^2)H}{(1-\sum_{i-1}^{M}X_i^2)(1-H)}$	E-G 指数计算前提：假设长三角区域中文化创意产业有 N 个企业将该经济体划分为 M 个地理区域；G 表示空间基尼系数，H 代表赫芬达尔指数，本章中 M 为 16	EG 指数结果一般可分为三个区间：第一个区间为 $\gamma<0.02$，表明区域是分散的；第二个区间为 $0.02<\gamma<0.05$，表明文化创意产业在长三角城市群分布比较均匀；第三个区间为 $\gamma>0.05$，表明在长三角城市群文化创意产业集聚度比较高。
聚类和异常值分析	$S_i^2=\frac{\sum_{j=1,j\neq i}^{N}(X_i-\bar{X})^2}{N-1}-\bar{X}^2$ $Z_{I_i}=\frac{I_i-E[I_i]}{\sqrt{V[I_i]}}$ $\varepsilon[I_i]=\frac{\sum_{j=1,j\neq i}^{N}w_{i,j}}{N-1}$ $V[I_i]=E[I_i^2]-E[I_i]^2$ $E[I_i^2]=A-B$ $A=\frac{(N-b_{2_i})\sum_{j=1,j\neq i}^{N}w_{i,j}^2}{N-1}$ $B=\frac{(2b_{2_i}-N)\sum_{k=1,k\neq i}^{N}\sum_{h=1,h\neq i}^{N}w_{i,k}w_{i,h}}{(N-1)(N-2)}$ $C=\frac{\sum_{i=1,i\neq j}^{N}(X_i-\bar{X})^4}{(\sum_{i=1,i\neq j}^{N}(X_i-\bar{X})^2)^2}$	X_i 是要素 i 的属性、$\bar{X}$ 是对应属性的平均值，$w_{i,j}$是要素 i 和 j 之间的空间权重，N 等于要素的总数目	如果要素的 Z 得分是一个较高的正值，则表示周围的要素拥有相似值（高值或低值）。输出的结果中会将具有在 0.05的显著水平的统计显著性高值聚类表示为 HH，低值聚类表示为 LL。 如果 Z 得分是一个较低的负值，则表示有一个具有在 0.05 的显著水平统计显著性的空间异常值。输出的结果中，HL 表示要素是高值要素而四周围绕的是低值要素；LH 表示要素是低值要素而四周围绕的是高值要素。

资料来源：吉亚辉，李岩. 甘肃省制造业产业集聚的实证研究[J]. 工业技术经济，2011，31(7)：17-21；张卉. 产业分布、产业集聚与地区经济增长[D]. 上海：复旦大学，2007；彭耿，刘芳. 产业集聚度测量研究综述[J]. 技术与创新管理，2010，31(2)：181-184。

(二)基于调查且赋予空间属性企业数据的文化创意企业空间动态研究

基于赋有空间属性及其他业务属性的(抽样)调查获得企业数据,在企业经济活动属性全部具备情况下,可以研究企业区位及企业进入、退出和迁移的影响因素,企业地理集聚—扩散的格局及其影响因素,企业的本地与全球生产网络(GPN),企业创新或并购的影响因素,企业集合体及其空间影响等。其中,企业区位、企业地理集聚—扩散、企业集合体的空间效应等是典型的企业空间动态研究话题。[①] 对于企业区位及其变迁,可以运用地理空间分析方法与空间计量模型实证,如 Baldwin 和 Melitz 等学者从企业区位主动选择与被动选择的视角理解中国城市生产效率的差异及其变化,分析企业区位自选择效应的空间差异。对于企业地理集聚—扩散可以运用核密度估计方法、标准差椭圆及平均最近邻距离分析法等进行分析。

1. 核密度分析

关于点数据的空间分析方法,核密度分析法应用较为广泛。核密度是对点格局进行密度估计,能够反映点数据的空间集中程度。在计算核密度的过程中,在搜索区域内部的点会有不同的权重:离格网搜寻区域中心较近的点会被赋予的权重较高,而离格网中心较远距离的区域,赋予的权重则会较低。核密度的值愈大,表示点数据的分布愈集中。该分析的算法满足以下公式[②]:

$$f_n(X) = 1/nh \sum_{i=1}^{n} k(X - X_i)/h$$

其中,n 为点数据,h 为搜索半径,$X - X_i$ 为估计点到样本点的距离,k 为核 F 函数。考虑到模型计算与简化的需要,选取 500m×500m 的网格作为输出单元;搜索半径 h 根据多次调试,综合考虑光滑程度和保持空间详细程度两个方面,选择 3000m。根据该分析工具,通过对企业数据进行核密度估计,可以大致得出文化创意企业集聚分布的中心。

2. 标准差椭圆

标准差椭圆(Standard Deviation Ellipse,SDE)是空间统计方法中能够精确地揭示地理要素空间分布整体特征的有效方法[③],可以从重心、展布范围、密集性、方向和形状等多重角度揭示地理要素的空间分布整体特征及其时空演化过程。其中,SDE 中心反映经济要素空间分布整体在二维空间上的相对位置(中心);依据椭圆曲线的面积、x 轴、y 轴的标准距离和旋转角度等信息可以观察研究对象的中

① 史进,贺灿飞. 企业空间动态研究进展[J]. 地理科学进展,2014,33(10):1342-1353.

② 吴康敏,张虹鸥,王洋,等. 广州市多类型商业中心识别与空间模式[J]. 地理科学进展,2016,35(8):963-974;郭洁,吕永强,沈体雁. 基于点模式分析的城市空间结构研究 [J]. 经济地理,2015,35(8):68-74.

③ 陈阳,李伟芳,任丽燕,等. 空间统计视角下的农村居民点分布变化及驱动因素分析[J]. 资源科学,2014,36(11):2273-2281.

心趋势、集聚程度和方向趋势。椭圆面积越小，x 轴、y 轴的标准距离越小，表示研究对象集聚程度越强；反之，则越弱。相关计算公式为：

$$SDE_x = \sqrt{\sum_{i=1}^{n}(X_i - \bar{X})^2 \Big/ n}$$

$$SDEy = \sqrt{\sum_{i=1}^{n}(Y_i - \bar{Y})^2 \Big/ n}$$

其中，X_i 和 Y_i 是企业 i 的坐标，$\{\bar{X},\bar{Y}\}$ 表示企业的平均中心，n 等于企业总和。

3. 平均最近邻距离分析

平均最近邻距离能够计算同种类型 POI 的平均距离，刻画同类型 POI 的邻近度。本章利用平均最近邻距离分析文化创意产业企业的空间集聚程度。[①] 定义平均最近邻指数为 R，R 值的计算公式为：

$$R = \overline{r_1}/r_0 = 2\sqrt{A}\sum_{i=1}^{n} d_i；$$

$$\overline{r_1} = \sum_{i=1}^{n} d_i/n；\quad \overline{r_0} = 0.5/\sqrt{n/A}$$

式中，$\overline{r_1}$ 为同类型商业设施最邻近实际距离的平均值；$\overline{r_0}$ 为最邻近距离的期望值；d_i 为最邻近实际距离；n 为同类商业设施的数量；A 为研究区域面积。“最近邻指数”的表示方式是“平均观测距离”与“预期平均距离”的比率。预期平均距离是假设随机分布中的邻域间的平均距离。如果 $R<1$，所表现的模式为集聚；如果 $R>1$，则所表现的模式趋向于离散；如果 $R=1$，则所有点的空间分布呈现随机分布模式。

第二节　长江三角洲地区文化创意企业地理格局变化

基于经济普查数据提取并汇总长江三角洲地区文化创意企业面板数据，随后采用区位熵、集聚指数、集聚格局冷热点识别等方法分别刻画长江三角洲地区文化创意企业地理格局动态。

一、文化创意企业区位熵演变

运用表 4-1-3-1 中区位熵计算公式处理长江三角洲地区各城市文化创意产业

① 李阳，陈晓红. 哈尔滨市商业中心时空演变与空间集聚特征研究[J]. 地理研究，2017，36(7)：1377-1385.

从业人员数据(表 4-2-1-1),可得各城市文化创意产业 2004 年、2008 年、2013 年区位熵值(表 4-2-1-2),汇总整理表 4-2-1-2 得如表 4-2-1-3 长江三角洲地区文化创意企业 2004—2013 年区位熵变化。整体看,2004—2013 年区位熵均大于等于 1 的城市有南京、上海、杭州,2008 年起区位熵大于等于 1 的城市增加了舟山,这代表了以上城市为文化创意企业增长方面相对于长江三角洲其他城市处于优势地位。其中,除了舟山外,上海、南京、杭州均为长江三角洲城市群的核心城市,文化创意产业起步于 2000 年前后,文化经济的产业基础和市场条件均较好。舟山作为长江三角洲地区唯一的海岛城市,文化创意产业发展起步较晚,由于地理位置和海洋资源特点,随后发展的文化创意产业企业类型不同于沿海大陆城市,以海洋文化为核心的文化创意企业居主导地位,如海洋旅游、海洋娱乐、海洋工艺品设计等,发挥了舟山的独有优势,从而使其区位熵高于其他城市。

其余城市文化创意产业区位熵始终落后于南京、上海、杭州,反映了长江三角洲地区一般城市文化创意企业的发展依然受到原有的经济、文化、政治地位等方面的影响,与核心城市差距十分明显,且差距将长期存在。

表 4-2-1-1 长江三角洲地区 2004、2008、2013 年各城市文化创意企业数与从业人员数

城市	文化创意企业数量/家			从业人员数量/人		
	2004 年经济普查提取	2008 年经济普查提取	2013 年经济普查提取	2004 年经济普查提取	2008 年经济普查提取	2013 年经济普查提取
上海	77635	84604	110951	1267000	1744000	3238000
杭州	12418	23497	57976	238997	443612	990277
宁波	6464	10915	27917	92363	253682	621540
绍兴	2328	5510	10959	31713	84152	142876
嘉兴	2562	4583	11094	32352	84152	178244
台州	2319	4997	10773	49265	88267	152915
湖州	1216	2004	5077	19833	36993	78556
舟山	935	2008	3652	14133	51846	71268
苏州	6499	13876	36633	136123	312550	506510
无锡	3778	6839	17554	78899	160098	258368
南通	2526	4309	10484	61024	115882	204030
常州	2440	5184	14328	43401	94644	255394
镇江	2004	2671	6558	41406	44002	99073
南京	12429	11958	27328	435441	248225	625087
扬州	1931	3193	7422	44401	51319	135344
泰州	1306	2544	5113	41518	72300	81496

表 4-2-1-2　长江三角洲地区 2004、2008、2013 年各城市文化创意企业区位熵

城市	2004	2008	2013	平均值
上海	1.889300242	2.023887012	2.059023385	1.99073688
杭州	1.079718577	1.258348984	1.304282219	1.214116593
宁波	0.427575270	0.819338677	0.940805009	0.729239652
绍兴	0.226633324	0.360000863	0.297748609	0.294794265
嘉兴	0.309628051	0.578849333	0.673074019	0.520517134
台州	0.278386317	0.542554597	0.474486951	0.431809288
湖州	0.463519691	0.615526789	0.559370488	0.546138989
舟山	0.751240726	1.872898906	1.180797441	1.268312358
苏州	0.481659317	0.64726392	0.549624633	0.559515957
无锡	0.488845998	0.681037588	0.580511943	0.583465176
南通	0.459009654	0.498835172	0.548218463	0.502021096
常州	0.416349515	0.57309871	0.718634701	0.569360975
镇江	0.628171545	0.44433667	0.551319834	0.541276016
南京	2.664571037	1.11277565	1.329912297	1.702419661
扬州	0.997504082	0.340913749	0.396084194	0.578167342
泰州	0.485534752	0.501311396	0.278012326	0.421619491

表 4-2-1-3　长江三角洲地区 2004—2013 年文化创意企业区位熵变化

年份	$LQ\geqslant 1$	$LQ<1$
2004 年	南京、上海、杭州	扬州、舟山、镇江、无锡、泰州、苏州、湖州、南通、宁波、常州、嘉兴、台州、绍兴
2008 年	南京、上海、杭州、舟山	扬州、镇江、无锡、泰州、苏州、湖州、南通、宁波、常州、嘉兴、台州、绍兴
2013 年	南京、上海、杭州、舟山	扬州、镇江、无锡、泰州、苏州、湖州、南通、宁波、常州、嘉兴、台州、绍兴

注:数据由表 4-1-3-1 中区位熵公式计算汇总。

二、文化创意企业集聚指数演化

通过表 4-1-3-1 有关公式计算得出长江三角洲地区各城市基尼系数和 E-G 指数(表 4-2-2-1),继而汇总得到文化创意企业空间集聚度指数变化表(表 4-2-2-2),可以发现 2004 年、2008 年、2013 年长江三角洲地区文化创意企业的 G 指数和 H 指数均为正且不断减小,而 E-G 指数均为负且在不断增大。G 指数和 H 指数的减小,表明长江三角洲地区文化创意企业正呈现不断扩散趋势。

表 4-2-2-1 长江三角洲地区文化创意企业的基尼系数与 E-G 指数

城市	赫芬达尔指数			空间基尼系数			E-G 指数		
	2004 年	2008 年	2013 年	2004 年	2008 年	2013 年	2004 年	2008 年	2013 年
上海	0.235967	0.201442	0.179673	0.052281	0.051556	0.179673	0.066107	0.049179	0.04238
杭州	0.008396	0.013034	0.016805	4.58E-05	0.000549	0.016805	0.007202	0.008231	0.009879
宁波	0.001254	0.004262	0.00662	0.002248	0.000207	0.00662	0.006859	0.006349	0.007479
绍兴	0.000148	0.000469	0.00035	0.001721	0.001482	0.00035	0.002878	0.003619	0.003946
嘉兴	0.000154	0.000469	0.000544	0.000765	0.000248	0.000544	0.001605	0.0014	0.001202
台州	0.000129	0.000516	0.000401	0.000869	0.000367	0.000401	0.001668	0.001753	0.00178
湖州	5.78E-05	9.06E-05	0.000106	7.75E-05	3.54E-05	0.000106	0.000269	0.000239	0.000338
舟山	2.94E-05	0.000178	8.7E-05	3.22E-06	3.87E-05	8.7E-05	5.2E-05	5.08E-05	6.24E-05
苏州	0.002724	0.00647	0.004396	0.003154	0.001921	0.004396	0.01174	0.015443	0.014554
无锡	0.000915	0.001698	0.001144	0.001	0.000372	0.001144	0.003829	0.00366	0.003395
南通	0.000547	0.000889	0.000713	0.00076	0.000898	0.000713	0.002598	0.003574	0.002374
常州	0.000277	0.000593	0.001118	0.000544	0.000329	0.001118	0.001597	0.001806	0.002164
镇江	0.000252	0.000128	0.000168	8.83E-05	0.000201	0.000168	0.000639	0.000649	0.000553
南京	0.027871	0.004081	0.006696	0.010877	4.19E-05	0.006696	0.003926	0.003296	0.003786
扬州	0.00029	0.000174	0.000314	0.000329	0.000652	0.000314	0.001235	0.001501	0.002001
泰州	0.000253	0.000346	0.000114	0.000284	0.000343	0.000114	0.001075	0.001378	0.001473

表 4-2-2-2 长江三角洲地区文化创意企业空间集聚指数

集聚指标项	G 指数	H 指数	E-G 指数
2004	0.279264324	0.075047801	−0.270042154
2008	0.234839763	0.059241892	−0.220685118
2013	0.219249666	0.057330912	−0.199467870

注:数据由 G 指数、H 指数、E-G 指数计算整理后所得。

虽然 E-G 指数一般通过判断其所在区间($\gamma<0.02$,$0.02<\gamma<0.05$,$\gamma>0.05$)来表明区域产业集聚—扩散程度。但这是结果均在 E-G 指数为正的情况下才能分析得出。当 E-G 指数为负数时,说明该产业内部的企业集聚程度超过了所在区域的集聚程度,即 H 指数过大,而 G 指数过小。李文秀对美国服务行业进行 E-G 指数测度时就指出 γ 系数都小于 0,反映了服务业各行业内的企业集聚程度超过了该行业的区域集聚程度,集聚结构相对较好。[①] 而从现有产业划分看,文化创意产业大都属于第三产业(服务业),所以李文秀的研究假设适用于文化创意企业的空间集聚—扩散分析情境。同时,当 E-G 指数为负数时,E-G 指数越小,表明集聚

① 李文秀,谭力文.服务业集聚的二维评价模型及实证研究——以美国服务业为例[J].中国工业经济,2008,26(4):55-63.

程度越高，因此E-G指数的增长表明集聚程度有所下降。

G指数和H指数实质上反映了长江三角洲地区各城市纷纷发展自身文化创意产业，使得城市间文化创意产业发展总体差距缩小，进而呈现出文化创意企业不断分散趋势。E-G指数不断增加反映集聚程度有所下降，则说明了由于城市之间文化创意产业发展差距的不断缩小，原有文化创意产业发展较好的地区文化创意企业增长的速度落后于文化创意发展一般的地区，从而使得这些区域的集聚化程度减弱，长江三角洲地区文化创意企业总体的集聚速度逐渐变慢。综合看来，长江三角洲地区文化创意企业时空动态从2004年到2013年呈现不断分散态势，总体集聚速度逐渐放缓。

三、文化创意企业空间集聚动态

采用表4-1-3-1中聚类分析公式得如表4-2-3-1的长江三角洲地区2004年、2008年、2013年的文化创意企业集聚值，进而利用GeoDa 0.9.5－i软件进行LISA分析，识别长江三角洲地区文化创意企业集聚时空格局异常值，并对比三个年份的结果，得出长江三角洲地区文化创意企业空间集聚异常状态。

(1)2004年长江三角洲地区文化创意企业仅有南京、上海呈现为集聚态势。

表4-2-3-1　长江三角洲地区文化创意企业集聚值

	2004年	2008年	2013年	均值
上海	1.8893	2.023887	2.059023	1.990737
杭州	1.079719	1.258349	1.304282	1.214117
宁波	0.427575	0.819339	0.940805	0.72924
绍兴	0.226633	0.360001	0.297749	0.294794
嘉兴	0.309628	0.578849	0.673074	0.520517
台州	0.278386	0.542555	0.474487	0.431809
湖州	0.46352	0.615527	0.55937	0.546139
舟山	0.751241	1.872899	1.180797	1.268312
苏州	0.481659	0.647264	0.549625	0.559516
无锡	0.488846	0.681038	0.580512	0.583465
南通	0.45901	0.498835	0.548218	0.502021
常州	0.41635	0.573099	0.718635	0.569361
镇江	0.628172	0.444337	0.55132	0.541276
南京	2.664571	1.112776	1.329912	1.70242
扬州	0.997504	0.340914	0.396084	0.578167
泰州	0.485535	0.501311	0.278012	0.421619

且高值要素四周围绕的是低值要素(HL);其余城市均为分散状况,且为低值要素所围绕(LL)。这反映了在长江三角洲地区文化创意产业发展初期,仅有南京和上海处于文化创意企业集聚的“高地”。因此,文化创意企业数量上,南京、上海相对其他城市有很大优势。这与上海、南京是长江三角洲地区核心城市,其余许多城市文化创意产业发展起步较晚、原有经济发展水平也较一般有很大关系。

(2)2008年和2013年长江三角洲地区文化创意企业集聚特征明显的城市均是上海,呈现HL的集聚态,其余城市的文化创意企业集聚情况总体而言始终不明显(LL),这表明上海文化创意企业集聚速度和数量始终要远超长江三角洲地区其他城市。2004年至2013年正是文化创意产业在长江三角洲地区全面发展时期,各城市纷纷发展具有自身特色的文化创意企业,文化创意企业数量总体有所增长,原有文化创意产业集聚有优势的城市与其他城市的差距被迅速缩小,如南京从原本的HL集聚态掉落至LL的非集聚态。上海由于文化创意产业始终保持较高的增长速度,其文化创意企业才能一直保持着区域集聚的态势。

综合看,长江三角洲地区文化创意产业发展初期,企业集聚趋于核心城市,如上海、南京;长江三角洲地区各城市非常注重文化创意产业发展政策,除了作为核心城市的上海在文化创意产业始终高速增长且保持集聚状态,其他城市文化创意企业增长差异不断缩小,整体分布趋向均衡发展。长江三角洲地区文化创意企业集聚时空格局演化进一步印证了长江三角洲地区文化创意企业依然存在集聚态发展态势,但集聚速度降低,大部分趋于均衡分布。

第三节 长江三角洲南翼文化创意企业增长模式的时空变化①

《中国创意产业发展报告2017》显示,2016年北京、上海、广东、湖南、浙江、云南等省市的文化创意产业增加值占GDP的比重已突破7%,成为区域经济的战略性支柱产业与新增长点。可见,文化创意产业在推动国民经济增长、促进就业等方面,发挥着越来越重要的作用。目前,学界重点关注文化创意产业的概念、产业的空间集聚、城市环境与文化创意产业的关系,以及研究方法等议题。每个领域都充满了争议,但也存在共同点,即地理学家都强调了空间作为文化、经济活动的载体及其生产要素是至关重要的;其中文化创意产业的空间分布问题备受关注。国内外学者从不同尺度和视角探究该问题。(1)从宏观到微观,重点关注全球尺度的产

① 马仁锋,张茜.浙江文化创意产业空间发展质量评价[J].浙江艺术职业学院学报,2016,14(4):116-123.

业网络、区域尺度的区位选择和集聚动因、城市尺度的空间分布及其形成机制、分部门的文化创意产业以及文化创意产业集群对城市空间影响等。(2)区域尺度案例研究表明文化创意产业呈现出向经济发达地区和城市集聚的倾向。如斯科特(Scott Alan)研究洛杉矶的家具制造业和时装业;好莱坞的电影产业、美国的唱片业及硅谷的多媒体行业等多文化创意产业重点行业的区位选择,发现基于本地网络文化创意产业集群是创意产业发展典型模式;拉泽雷蒂(Lazzeretti Luciana)研究发现意大利的文化创意产业空间分布呈分散状态,其与文化和艺术遗产、地方经济的扩散十分相关,西班牙则高度集聚,并与城市经济、大城市中的创意人才聚集十分相关,这说明文化创意产业具有极强的根植性。总之,文化创意产业空间分布研究呈两种典型范式:一是基于案例(园区、集群或企业)的质性研究和访谈,在区域和城市尺度讨论某一行业的集群或集聚的机制,及其对于区位的特殊偏好;二是基于统计数据的定量测度,主要采用空间自相关、基尼系数、区位熵等方法测度区域文化创意产业的空间状态及其趋势等。虽然浙江具有发展文化创意产业的优越资源禀赋、浓郁文化底蕴和充足民间资本,且文化创意产业发展水平与规模均位居全国前列,但是浙江文化创意产业相关研究鲜见关注空间组织及其演变问题。因此,基于2004年与2008年浙江经济普查数据,运用空间分位图、空间自相关和基尼系数、区位熵方法研究浙江文化创意产业的省域和市域空间特征及其变化,为浙江文化创意产业健康发展提供科学依据。

一、文化创意产业统计范畴、数据来源与研究方法

(一)统计范畴与数据来源

明确统计范畴是文化创意产业的空间分布分析的重要前提,不同国家的界定存在显著特色:以英国为代表的国家对文化创意产业的行业范畴界定突出“创意”型,以澳大利亚为代表的国家范畴界定突出“艺术性”,以荷兰为代表的国家范畴界定比较宽泛,以美国为代表国家的范畴界定突出“版权”,以中国和韩国为代表的国家则注重“文化性”。本节以国家统计局《文化及相关产业分类(2012)》为据,结合《国民经济行业分类》(GB/T4754—2002)》,确定文化创意产业分为5个大类(研发设计创意业、建筑设计创意业、咨询策划创意业、时尚消费创意业、文化艺术创意业)、共87个子行业(表4-3-1-1)。

文中数据源于2004年与2008年《浙江经济普查年鉴》,据表4-3-1-1统计各市文化创意产业的“文化创意产业法人单位数”与“文化创意产业从业人员数”,以作为实证分析的属性数据。

表 4-3-1-1　文化创意产业统计范畴

分类	行业名称	行业代码	分类	行业名称	行业代码
研发设计	基础软件服务	6211	文化艺术	卫生陶瓷制品制造	3151
	应用软件服务	6212		特种陶瓷制品制造	3152
	其他软件服务	6290		日用陶瓷制品制造	3153
	计算机系统服务	6110		园林、陈设艺术及其他陶瓷制品制造	3159
	互联网信息服务	6020		工业自动控制系统装置制造	4111
	自然科学研究与试验发展	7510		电工仪器仪表制造	4112
	工程和技术试验与发展	7520		绘图、计算及测量仪器制造	4113
	农业科学研究与试验发展	7530		实验分析仪器制造	4114
	医学研究与试验发展	7540		试验机制造	4115
	社会人文科学研究与试验发展	7550		供应用仪表及其他通用仪器制造	4119
建筑设计	工程管理服务	7671		环境监测专用仪器仪表制造	4121
	工程勘察设计	7672		汽车及其他用计数仪表制造	4122
	规划管理	7673		导航、气象及海洋专用仪器制造	4123
	建筑装饰业	4900		农林牧渔专用仪器仪表制造	4124
	城市绿化管理	8120		地质勘探和地震专用仪器制造	4125
咨询策划	证券分析与咨询	6940		教学专用仪器制造	4126
	保险辅助服务	7030		核子及核辐射测量仪器制造	4127
	文化艺术经纪代理	9080		电子测量仪器制造	4128
	其他科技服务	7790		其他专用仪器制造	4129
	科技中介服务	7720		钟表与计时仪器制造	4130
	其他计算机服务	6190		光学仪器制造	4141
	会计、审计及税务服务	7431		眼镜制造	4142
	市场调查	7432		电影机械制造	4151
	社会经济咨询	7433		幻灯及投影设备制造	4152
	其他专业咨询	7439		照相机及器材制造	4153
	会计、审计及税务服务	7431		复印和胶印设备制造	4154
	市场调查	7432		计算器及货币专用设备制造	4155
	社会经济咨询	7433		其他文化、办公用机械制造	4159
	其他专业咨询	7439		其他仪器仪表的制造机修理	4190
	广告业	7440		雕塑工艺品制造	4211
	会议及展览服务	7491		金属工艺品制造	4212
	包装服务	7492		漆器工艺品制造	4213
	保安服务	7493		花画工艺品制造	4214
	办公服务	7494		天然植物纤维编织工艺品制造	4215
	其他未列明的商务服务	7499		抽纱刺绣工艺品制造	4216
	知识产权服务	7450		地毯、挂毯制造	4217
时尚消费创意业	理发及美容保健服务	8240		珠宝首饰及有关物品的制造	4218
	婚姻服务	8260		其他工艺美术品制造	4219
	摄影扩印服务	8280		广播	8910
	室内娱乐活动服务	9210		电视	8920
	休闲健身活动	9230		电影制作与发行	8931
				电影放映	8932
				音像制作	8940
				文艺创作与表演	9010
				其他文化艺术	9090
				博物馆	9050

资料来源：根据国家统计局《文化及相关产业分类(2012)》和杭州市文化创意产业分类标准制定。

(二)研究方法

1. 产业空间分布的测度方法

①空间自相关。空间自相关是事物和现象在空间上的相互依赖、相互制约、相互影响和相互作用，是事物和现象本身所固有的属性，是地理空间现象和空间过程的本质特征。常用的空间自相关统计量常用 Moran's I，包括全局自相关分析和局部自相关分析。全局自相关描述某种现象的整体分布情况，判定区域内是否存在空间集聚特征及集聚程度，但不能确定集聚的具体位置；局部自相关计算局部空间集聚程度并指出集聚的位置，探测空间异质性。

②基尼系数。基尼系数由意大利经济学家基尼于 1912 年提出，它是一个数值在 0 和 1 之间的比值。基尼指数的数值越低，表明财富在社会成员之间的分配越均匀；指数的数值越高，表明居民收入差异越大。1990 年左右，Krugman 等人将基尼系数引入空间经济测度行业在地区间分布的不均衡程度。测度公式为：

$$G=\sum_{i}(S_i-x_i)^2$$

其中 S_i 表示 i 地区某产业占全国该产业从业人员数的比重，x_i 表示该地区总从业人员数占全国总从业人员数的比重。G 值越趋近于 0，说明产业在空间上分布比较均衡，反之，G 值越趋近于 1，说明行业在空间上分布比较集中；G 值等于 0，说明产业在空间上呈完全均等分布；G 值等于 1，说明产业完全集聚在一个地区。

③空间分位图。空间分位图是将各空间单元的相应指标观测值按照数值大小进行分级以体现所考察指标的空间分布情况。该方法可以在 GeoDa 软件中得以实现。软件在进行分类时，力求达到组内差异最小、组间差异最大的效果，分类临界值一般设在数据有较大跳跃的节点。

④区位熵。区位熵又称专门化率，由 Haggett 首先提出并运用于区位分析中，可以衡量某一区域要素的空间分布情况，反映某一产业部门的专业化程度。在产业结构研究中运用区位熵指标可分析区域主导专业化部门发育状况。区位熵的公式为：

$$LQ_{ik}=\frac{e_{ik}/\sum_{k}e_{ik}}{E_{ik}/\sum_{k}E_{ik}}$$

其中 e_{ik} 是 i 地区 k 产业的产业增加值 / 从业人员数，$\sum e_{ik}$ 表示 i 地区总产业增加值 / 从业人员数，E_{ik} 是全国 k 产业增加值 / 从业人员数，$\sum E_{ik}$ 表示全国总产业增加值 / 从业人员数。区位熵大于 1，表示产业 k 在 i 地区的专业化水平高于全国平均水平，可以认为该产业是地区的专业化部门，输出率高。区位熵越大，专业化水平越高，通常这个产业构成产业集群。如果区位熵小于或等于 1，则表示产业 k 在 i 地区的专业化水平低于或等于全国平均水平，可以认为该产业是自给性部门，且空间分布较分散。

2. 四种方法的适用性评价

空间自相关、基尼系数、空间分位图、区位熵四种方法均可以测度事物空间分布状态，但各有侧重。空间自相关方法侧重分析事物分布是否与空间因素相关，有什么样的关系；同时 Moran's I 指数可以间接反映事物空间分布是否集聚，但该方法的分析结果受样本量的影响较大。基尼系数可以测度行业在地区间分布的不均衡程度，进而反映行业的整体空间集中状况。以上两种方法都将浙江看作一个整体，反映文化创意产业的省域空间分布状况，但不能揭示市域尺度的空间分布状况，然而空间分位图和区位熵在此方面则更具优势。空间分位图可以生动形象地呈现出文化创意产业的市域分布情况，不足之处在于无法测度事物空间分布的集聚程度；区位熵可以进一步反映各市文化创意产业的专业化水平和空间集聚程度。

以往研究只使用了一种方法来测度文化创意产业的空间分布状态，但每种方法均有各自的局限性，使分析结果的科学性受到影响。使用该四种方法，从省域和市域两个尺度分析浙江文化创意产业的空间分布特征及其趋势，既可多重验证分析结果的科学性，又可校验方法的有效性。

二、文化创意产业的省域空间发展质量动态

(一)文化创意产业省域空间分布的空间自相关测度

利用 2004 年与 2008 年浙江 11 市的文化创意产业从业人员数，运用 GeoDa 0.9.5－i软件得到 2004 年与 2008 年全局 Moran's I(表 4-3-2-1)，发现浙江文化创意产业从业人员数的 Moran's I 统计值在小于 1%的显著性水平下表现为空间负相关，说明省域文化创意产业空间分布状况整体上趋于分散。

表 4-3-2-1　2004 年与 2008 年浙江省域文化创意产业从业人员数的 Moran's I 统计值

年份	2004 年	2008 年
Moran's I	－0.3314	－0.3322

定量测评文化创意产业在省域空间上具有负的空间相关性后，利用局部 Moran 散点图进一步探析文化创意产业空间联系模式与空间分布位置信息(图 4-3-2-1)。基于 2004 年与 2008 年文化创意产业从业人员数分别得到 Moran 散点图、集聚图与显著性图，发现：浙江省域文化创意产业的共同特征是在地理空间显示负的空间自相关性；2004 年与 2008 年浙江全省只有绍兴在显著性水平小于 5%的情况下，属于低—高的负空间自相关聚类(LH)，即绍兴文化创意产业发展水平较低，周边地区如杭州、宁波等地的发展水平较高，其余市均表现为“No significant”。

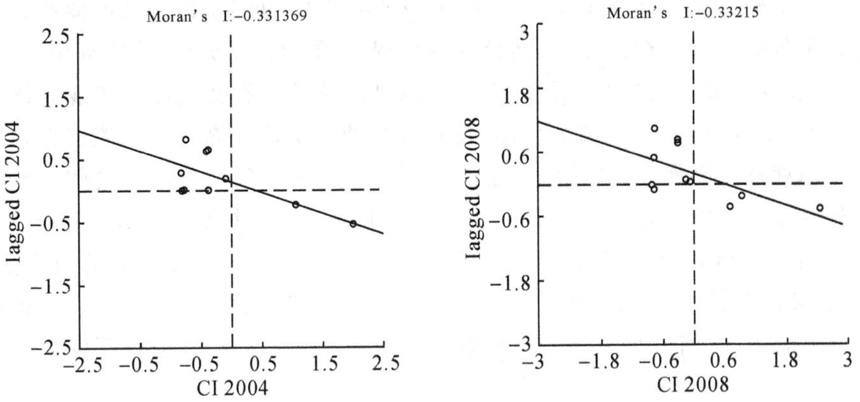

图 4-3-2-1 浙江省域文化创意产业从业人员 2004 和 2008 年 Moran 散点图

(二)文化创意产业省域空间分布的基尼系数测度

统计浙江各市总行业从业人员数、全国总行业从业人员数,并以同样的文化创意产业统计范畴计算全国文化创意产业从业人员数,同时将以上数据带入空间基尼系数公式得表 4-3-2-2,发现虽然 2008 年基尼系数值在 2004 年的基础上略有增长,但二者均小于 0.2。由于空间基尼系数小于 0.2 表示该产业在空间上极端分散,0.2~0.3 表示高度分散,0.3~0.4 表示比较分散,0.4~0.5 表示比较集中,0.5 以上表示高度集中①。可见浙江市域文化创意产业空间分布属于极端分散状态,该结果验证了空间自相关的分析,即浙江文化创意产业省域空间分布呈分散状态。

表 4-3-2-2 2004 年与 2008 年浙江省域文化创意产业空间基尼系数

年份	2004 年	2008 年
空间基尼系数	0.00011792	0.00014505

三、文化创意产业的市际发展质量差异

空间自相关与基尼系数测度省域尺度浙江文化创意产业的分布特征,而分位图与区位熵测度市域尺度文化创意产业的分布特征。在此,本节既计算浙江各市文化创意产业对于全国的区位熵,又计算其对于全省的区位熵,从而不仅反映浙江 11 市文化创意产业在全国的地位,同时反映其在浙江省的地位。

(一)分位图方法测度文化创意产业市际空间分布差异

首先准备好浙江行政区划图的 shape 格式,并导入市域文化创意产业法人单

① 白惠天,周黎安. M 型严结构的形成:1955—1978 年地方分权与地方工业的兴起[J]. 经济学报,2018,(2):1-42.

位从业人员数。在 GeoDa 软件中选择 quantile 功能，得到文化创意产业法人单位从业人员数分位图。对浙江文化创意产业从业人员数作二分位图、三分位图、五分位图，逐步揭示其空间分布特征。二分位图可反映浙江省文化创意产业总体空间分布状态(表 4-3-3-1)。可知，文化创意产业从业人员数较高的地区集聚在东部沿海一带与浙江中部地区，即沿海的宁波、台州、温州和中部或北部的杭州、金华、绍兴。这 6 个城市的文化创意产业从业人员数相对其他城市较为突出。三分位图在二分位图的基础上，使得空间分布趋势更明显(表 4-3-3-2)。在该种分级方法下，2004 年与 2008 年的分级情况是完全一致的。除了北部的杭州和东北部的舟山比较特殊外，浙江全省文化创意产业规模大致呈从东部到中部再到西部依次递减的趋势。

五分位图分级情况，可进一步探索市域文化创意产业发展整体规模(表 4-3-3-3)。若根据文化创意产业从业人员数，将所有市划分五个层级，即最发达地区、比较发达地区、发展中地区、相对落后地区和落后地区。2004 年，文化创意产业从业人员数分布最密集、最发达的地区是杭州、温州，分别为 238997 人、180129 人，占浙江文化创意产业从业人员数的 29.86%、22.51%；比较发达地区包括宁波、台州，分别为 92363 人、49265 人，占浙江文化创意产业从业人员数的 11.54%、6.16%；发展中地区包括绍兴、金华、嘉兴，分别为31713人、42085人、

表 4-3-3-1 浙江市域文化创意产业从业人员数二分位等级分类

类别	地区
第一等级	杭州、宁波、温州、台州、绍兴(2004)/金华(2008)
第二等级	金华(2004)/绍兴(2008)、嘉兴、湖州、丽水、舟山、衢州

表 4-3-3-2 浙江市域文化创意产业从业人员数三分位等级分类

类别	地区
第一等级	杭州、宁波、温州、台州
第二等级	金华、绍兴、嘉兴
第三等级	丽水、湖州、衢州、舟山

表 4-3-3-3 浙江市域文化创意产业从业人员数五分位等级分类

类别	地区
第一等级	杭州、温州(2004)/宁波(2008)
第二等级	台州、宁波(2004)/温州(2008)
第三等级	金华、绍兴、嘉兴
第四等级	丽水、湖州
第五等级	衢州、舟山

32352人，在全省文化创意产业从业人员数所占比例为5.1%～3.9%。相对落后地区包括湖州和丽水，其文化创意产业从业人员数在全省所占比例约为2%。落后地区包括衢州、舟山，其文化创意产业从业人员数占全省比例不足1.5%。2008年与2004年的分级情况大体一致，只有宁波与温州的层级发生置换。

综上可知，浙江文化创意产业发展规模呈现自东部沿海向中部再向西部递减的状态；其中杭州和舟山是特例。浙江11市中，杭州、宁波、温州2004年、2008年的文化创意产业发展规模均较大，总规模占全省的70%左右，为浙江文化创意产业发展的三大高地；湖州、丽水、衢州、舟山的文化创意产业发展规模在2%左右及以下，为浙江文化创意产业发展的四大低谷。整体而言，文化创意产业明显呈现出向经济发达地区集聚的倾向。这主要是因为经济发达地区往往具有显著的区位优势、强大的要素配置能力和稳定的市场需求，且都市区集体性的制度环境效应可以有效解决中小企业的文化创意产业发展难题，包括基础设施供给、知识产权保护、企业间协调等，并有助于降低交易成本；同时高效的创新人才环境也有助于产生非交易的相互依赖，可促进知识外溢，因此十分有利于文化创意产业的发展。

（二）区位熵测度文化创意产业市际空间增长差异

区位熵采用的指标数据是文化创意产业从业人员数、浙江各市总产业从业人员数、全国文化创意产业从业人员数、全国总产业从业人员数，将数据带入区位熵计算公式得表4-3-3-4。

表4-3-3-4　2004年与2008年浙江市域文化创意产业的区位熵

地区名称	2004年		2008年		平均值	
	区位熵（对全国）	区位熵（对浙江）	区位熵（对全国）	区位熵（对浙江）	区位熵（对全国）	区位熵（对浙江）
嘉兴市	0.5413	0.5701	0.6787	0.6995	0.6100	0.6348
湖州市	0.4348	0.4579	0.4254	0.4385	0.4301	0.4482
杭州市	1.4199	1.4954	1.5883	1.6370	1.5041	1.5662
绍兴市	0.4221	0.4446	0.4100	0.4225	0.4161	0.4336
衢州市	0.4733	0.4985	0.5353	0.5518	0.5043	0.5252
金华市	0.5741	0.6046	0.7703	0.794	0.6722	0.6993
台州市	0.8359	0.8803	0.8384	0.8641	0.8372	0.8722
丽水市	0.6767	0.7127	0.5761	0.5937	0.6264	0.6532
温州市	1.5906	1.6751	1.3646	1.4065	1.4776	1.5408
舟山市	0.6878	0.7244	0.5545	0.5715	0.6212	0.6480
宁波市	0.9867	1.0392	0.9928	1.0232	0.9898	1.0312

（1）整体上，浙江11市的文化创意产业呈现出了不同程度的集聚，如杭州、温州、宁波，产业优势突出、集聚程度较高，但地区发展的非均衡性导致了市际产业优

势存在差异。①杭州、温州2004年与2008年两年对于全国和对于全省的区位熵均大于1,表明两地在满足地区自身需求的情况下,还能对外输出,文化创意产业专业化程度高,在浙江以及全国的同产业中处于优势地位,而且在浙江的优势大于在全国的优势;同时,也表明两地产业空间分布呈现集聚状态。②宁波2004年与2008年两年对于全国的区位熵均值的为0.99,接近1,而对于浙江的区位熵均大于1,表明其文化创意产业专业化程度接近全国平均水平,而大于浙江平均水平。宁波的文化创意产业处于增长态势,随着文化创意产业的继续发展,宁波未来很有可能成为浙江文化创意产业专业化程度高、集聚度高的区域。③浙江其他市文化创意产业的区位熵都低于1,表明这些地区文化创意产业的发展落后于其他地区,在全国和全省的同产业中产业优势不足,专业化程度不高,需加大投入力度。

(2)据浙江各市2004年与2008年两年文化创意产业区位熵,计算其平均值,各地区位熵平均值从高到低,依次为杭州(1.5041)、温州(1.4776)、宁波(0.9898)、台州(0.8372)、金华(0.6722)、丽水(0.6264)、嘉兴(0.61)、舟山(0.6212)、衢州(0.5043)、湖州(0.4301)、绍兴(0.4161)。对照表4-3-3-3可发现:绍兴属于第三等级(发展中地区),丽水、舟山分别属于第四、第五等级,即相对落后地区和落后地区。区位熵测度表明,丽水和舟山的值在0.62左右,并不是最低的,绍兴的值为0.42,反而位列倒数第一。如何解释这一反常变化?因为空间五分位图是在绝对化指标测度方式得出结果,区位熵是在相对化指标测度方式得到的结果,说明相对于本市经济规模,丽水、舟山文化创意产业专业化程度要高于绍兴。

四、结论与讨论

浙江在全国文化创意产业发展中占据举足轻重的地位,而产业的空间分布研究又是产业发展研究的重要前提和基础,对浙江的研究将具有极强的引领性和代表性。通过4种方法对浙江文化创意产业空间分布进行研究得出:①2004年与2008年两年的全局Moran指数均为−0.33,表明浙江文化创意产业发展存在着空间负相关性,即空间分布分散;②2004年与2008年的基尼系数均小于0.02,验证了空间分布分散的情况;③空间分位图直观地表明浙江文化创意产业发展规模呈现自东部沿海向中部再向西部递减的状态,其中杭州、温州、宁波为浙江文化创意产业发展的三大高地,湖州、丽水、衢州、舟山为四大低谷;④杭州2004年与2008年两年区位熵均值为1.5、温州为1.48,表明其文化创意产业专业化程度高,空间分布集聚;宁波两年区位熵均值为0.99,表明其文化创意产业处于快速发展时期,空间分布有集聚趋势;其余8市的区位熵均值都小于1,其文化创意产业的专业化程度和空间集聚度均亟待提高。测度表明:空间自相关和基尼系数对于省域文化创意产业的空间分布测度结果一致,空间分位图与区位熵对于市域文化创意产业的空间分布测度结果基本一致。运用多种方法对产业空间分布进行测度的尝试是可行的，既验证了方法的有效性，又增强了研究结果的可信度。但值得思考的是，虽然四种不同的方法可以取长补短，但整体上“分析”仍然存在不足。例如，基尼系数在测度产业的总体地理集中程度时没有考虑产业内企业规模分布对产业地理集中程度的影响，即：不能区分产业地理集中形成的原因是产业内少数几个大企业集中在少数区域还是大量的中小企业在某些区域的集聚。虽然本节的分析结果是“分散”的，但这仍然是基尼系数分析不可回避的问题。区位熵可以反映一地区产业的集聚情况，但是到底区位熵达到多大值时才可说明已形成产业集聚？一些研究根据区位熵超过 1.25 来判断产业集聚，另一些研究则根据区位熵大于 3 来判断产业集聚，但仍没有形成一个公认的判定标准阈值。区位熵的另一个问题就是没有考虑区域内产业的绝对规模；可能在某个区域内区位熵很大，但产业规模很小；所以需要在区位熵分析基础之上辅之以企业数目门槛。

第四节 本章小结

文化创意企业是文化创意产业的微观主体，梳理与界定文化创意企业概念，辨析文化创意企业基本特征，厘清与明晰中国文化创意企业的数据源类型，既是研究文化创意企业空间动态的基础，又是开展中国文化创意产业微观研究的必行路径。在此基础上，本章进一步诠释长江三角洲地区文化创意企业数据源和行业构成，并提出基于经济普查数据提取和实地调查赋有空间属性企业数据两类数据源的文化创意企业研究内容及其相应方法。

运用区位熵、空间集聚指数（H 指数、G 指数、E-G 指数）和 GeoDa 软件的空间自相关，分析基于经济普查数据提取、汇总的长江三角洲地区和浙江省各市文化创意企业数据、产业从业人数等，有以下发现：

（1）长江三角洲地区文化创意产业发展初期，企业集聚趋于核心城市，如上海、南京；长江三角洲地区各城市非常注重文化创意产业发展政策后，除了作为核心城市的上海在文化创意产业始终高速增长且保持集聚状态，其他城市文化创意企业增长差异不断缩小，整体分布趋向均衡发展。长江三角洲地区文化创意企业集聚时空格局演化进一步印证了长江三角洲地区文化创意企业依然存在集聚发展态势，但集聚速度降低，大部分城市趋于均衡分布。

（2）浙江省文化创意产业空间分布呈分散状态，文化创意产业发展规模呈现自东部沿海向中部再向西部递减的状态；杭州、温州的文化创意产业呈空间集聚分布，宁波处于快速集聚状态，浙江其余城市的文化创意产业空间集聚度亟待提高。杭州、温州、宁波三市为浙江文化创意产业发展的三大高地。

第五章　长江三角洲南翼地区文化创意企业动态的驱动因素

文化创意产业最早出现于20世纪90年代后期的英国，指通过创意或创新力的发挥，或借助高新科学技术手段，转变城市经济以及实现城市工业空间、居住空间重构且异于传统文化产业的新兴业态，具有创意人才及地方特色等多要素依赖性、创意—科技双驱动性、市场多变性、行业范畴模糊性等特征。21世纪初，文化创意产业逐渐在中国大城市兴起。其中，学术界正式引介“创意产业”肇始于2004年12月21日在上海举办的首届“中国创意产业论坛”，继而引起中国沿海城市政府和产业经济学、经济地理学、城市规划学等学科的关注。然而，国内相关研究主要集中在产业空间格局、集聚特征和影响因素等方面，对文化创意产业区位选择机制鲜有探究。另外，文化创意产业作为新兴产业，不仅影响区域和城市的产业结构，而且对其社会空间结构具有重构作用。可见，文化创意产业区位模型研究对城市产业及空间结构品质具有提升作用。值得注意的是，新兴产业区位论受区域发展水平与地方特色等因素的影响显著，且区位因子渐趋“软化”。然而，中国文化创意产业研究区域主要集中在北京和上海等一线城市，浙江、江苏等东南沿海省份的社会经济、文化均有各自特色，成为完善中国文化创意产业区位规律研究的重要案例区域。因此，本章选取长江三角洲地区南翼的浙江省作为研究区域，以期突破北京、上海主导的特大城市话语权，丰富文化创意企业区位动态研究的地方性案例。

第一节　分析框架和研究假说

一、文化创意企业动态影响因素研究进度

国内外对文化创意产业影响因素的研究主要有以下视角：第一，直接研究型，即直接对影响因素的研究，如经典的Florida的“3T”理论；文嫮基于空间效应对文化创意产业影响因素的研究；杨凤丽对中国创意阶层空间分布影响因素的探究；马仁锋构建的城市群与创意产业发展关联因素测度指标体系等。第二，创意指数型，即从构建创意指数或创意产业评价指标体系角度入手研究影响因素，如“3T”指标体系、欧洲创意指数(ECI)、香港创意指数、上海城市创意指数(SHCI)、湖南省各

市(州)城市创意指数评价体系、吕庆华构建的创意城市评价指标体系、韩顺法构建的文化创意指数指标体系等。第三,发展条件型,即从城市文化创意产业发展基础条件进行研究,该类研究对文化创意产业影响因素研究有一定启发作用,如美国学者迈克尔·波特提出著名的“钻石模型”;David Emanuel Andersson 的创意城市发展的六影响条件研究;郑洪涛认为经济发展水平、市场化程度、政府的宏观调控、人才与教育、科技水平、知识产权保护制度等条件对中国文化创意产业发展有不同方面和不同程度的影响和作用。

在文化创意产业影响因素的众多研究中,个别研究影响深远,将在此具体阐述。

(1)“3T”理论是由 Florida 于 2002 年提出的,他认为创意阶层是一地文化创意产业发展的关键所在。人才、科技和宽容度三大因素影响着创意人才的分布,进一步对创意产业的发展和分布产生影响。在“3T”理论的基础上,Florida 构建“3T”指数并对美国做了实证分析,该指数开创了创意指数研究的先河,后期研究大部分借鉴此指数。

(2)2004 年,在“3T”指数的基础上,Florida 与 Tinagli 一起又构建了欧洲创意指数(ECI),该指标体系包括人才、技术、宽容度 3 项指数,以及每一千人中科学研究员和工程师的人数比例、每一万人中拥有专利的数目、对少数族群的态度等 9 项度量项目。他们用该指标对欧洲国家的创意经济进行了研究并与美国进行了比较分析。由于欧洲创意指标主要针对欧洲建立,存在一定局限性。

(3)2004 年,香港大学文化政策研究中心设计出香港创意指数,建构了包含创意效益、结构与制度资本、人力资本、社会资本和文化资本 5 个方面,具体包括经济领域的创意活动、社会和文化基础架构、研究人员数量以及高学历人口数量、社会活动的参与度、家庭在选定的文化产品和服务领域的支出等 88 项指标的“5Cs”模型。

(4)2006 年上海市创意经济中心建立了国内第一个城市创意指数——上海城市创意指数。该指标体系的构建有参照“3T”指数、ECI 和“5C”模型,更多地从上海创意产业发展影响因素出发进行构建。指数内容包括科技水平、产业规模、人力资源、文化环境、社会环境 5 个方面,以及 33 个分指标。

(5)周清参考上海城市创意指数,结合湖南特点,从经济环境、社会环境、科技研发、文化环境、人力资本 5 方面,选取文化产业增加值占 GDP 的比重、人均 GDP 等 18 个指标建立了湖南省各市(州)城市创意指数评估体系。吕庆华构建了包括创意成果、结构或制度、科学技术、人力资本、文化资本、社会包容六类一级指数和创意产业年产值、产业结构高级化度、年高校毕业生数、高新技术产业年产值、文体传媒财政支出比例、人文国际化程度等 56 个指标的创意城市评价指标体系。杨凤丽从经济、技术、人文、生态 4 个方面构建了包括人均 GDP、高新技术产业年产值、当地大学生在校人数、城市环境基础设施建设投资总额等11个指标的中国创意阶层空间分布影响因素指标体系。韩顺法以中国省域为研究尺度构建了包括产业规模指数、人力资本指数、创新指数、文化资本指数四部分的区域文化创意指数，具体包括每万人文化从业人员数、科学研究和技术服务业从业人数、每万人高技术产业科技机构数、人均公共图书馆总藏书等60个指标。马仁锋结合长三角城市群创意产业发展，参照Florida、Landry提出的创意能力、创意环境及国内城市创意指数，构建由经济、创新、文化、智力、社会5类指标项及14个指标构成的城市群与创意产业发展关联因素的测度指标体系。文嫣从人才、技术、宽容、政策、基础设施5个方面，构建了包括文体娱乐就业人数、专利申请授权数、流动人口数量、文化事业财政拨款、互联网宽带接入端口数等11个指标的文化创意产业影响因素的指标体系。

表 5-1-1-1 国内外文化创意产业发展驱动因素(指标)研究经典文献

指标名称	作者	主要方面	主要指标
“3T”指标体系与欧洲创意指数(ECI)	Florida、Tinagli	“3T”模型：人才指数、技术指数和宽容度指数	每一千人中科学研究员和工程师的人数比例，每一万人中拥有专利的数目，对少数族群的态度等9项度量项目
香港创意指数	香港大学文化政策研究中心	“5Cs”模型：创意、人力资本、社会资本和文化资本、机构与制度资本	研究人员数量以及高学历人口数量、社会活动的参与度、家庭在选定的文化产品和服务领域的支出、社会和文化基础架构等88项指标
上海城市创意指数(SHCI)	上海创意经济中心	产业规模、人力资源、科技水平、文化环境和社会环境5个部分	创意产业的增加值占全市GDP的百分比、研发经费占GDP比重、高等院校学生数、公共图书馆每百万人拥有数、每千人国际互联网用户数等33个指标
创意城市评价指标体系	吕庆华	创意成果指数、结构或制度指数、人力资本指数、科学技术指数、文化资本指数、社会包容资本指数6个部分	创意产业年产值、产业结构高级化度、年高校毕业生数、高新技术产业年产值、文化体育传媒财政支出比例、人文国际化程度等56个指标

续表

指标名称	作者	主要方面	主要指标
中国创意阶层空间分布影响因素指标体系	杨凤丽	经济要素、技术要素、人文要素、生态要素 4 个部分	人均 GDP、高新技术产业年产值、当地大学生在校人数、城市环境基础设施建设投资总额等 11 个指标
文化创意指数指标体系	韩顺法	产业规模指数、人力资本指数、创新指数、文化资本指数 4 个部分	每万人文化从业人员、科学研究和技术服务业从业人数、每万人高技术产业科技机构数、人均公共图书馆总藏书等 60 个指标
城市群与创意产业发展关联因素指标体系	马仁锋	经济因素、文化因素、社会因素、创新因素、智力因素 5 个部分	人均 GDP、每万人拥有公共图书数量、城市绿化面积、人均文教、普通高校在校人数等 14 个指标
文化创意产业影响因素指标体系	文 嫣	人才、技术、宽容、政策、基础设施 5 个因素	文体娱乐就业人数、专利申请授权数、流动人口数量、文化事业财政拨款、互联网宽带接入端口数等 11 个指标

资料来源：作者整理。

通过对文化创意产业影响因素和指标体系相关文献的梳理，可发现“3T”理论影响最深远，其次是欧洲创意指数(ECI)、香港“5Cs”创意指数和上海城市创意指数。这四大代表性创意指数在其体系结构上有着明显的“传承与创新并举”的特点，国内创意指标体系构建是在以上理论和指标体系的基础上并结合当地特色进行探索。

二、文化创意企业动态影响因素理论架构

梳理国内外文化创意产业发展影响因素的相关文献，可发现影响文化创意产业发展的因素主要有资源因素、人才因素、技术因素、宽容因素、经济因素、政府因素、基础设施因素、环境因素等方面。

(一)资源因素

资源因素是产业区域差异产生的基础和根源。此节将重点分析文化资源与文化创意产业发展的关系。文化资源从形式上可分为有形与无形两种资源，前者包括特色自然景观、历史遗址、民族工艺、饮食文化以及文化设施和设备资源等，后者

包括民族节庆、风俗习惯、语言文字、文学艺术、音乐舞蹈以及神话传说等内容。

文化资源是一地发展文化创意产业的基础性资源，离开它文化创意产业就成了“无本之木，无源之水”。一般而言，地方文化资源的丰富与独特为其发展文化创意产业奠定了良好的基础。区域内深厚的文化底蕴还可以使人类对该地产生强烈的依恋，进而激发其创作灵感，有利于形成地方的创造性。拥有丰富且独特的文化资源的地区会对创意企业产生吸引力，使得大量企业来该地发展，促进文化创意产业集聚区的形成，进而产生异质空间，强化了产业的区域差异。

(二)人才因素

人才是区域内产业发展的关键性因素之一，对于文化创意产业而言更是核心因素。文化创意产业实质是知识密集型产业对人力资源有强烈的需求。Florida的“3T”理论也认为高素质的人力资源是文化创意产业发展的关键动力。

人才究竟怎样促进文化创意产业的发展，对文化创意产业区域差异的产生又有何作用？一方面，创意是文化创意产业的核心资源，而人脑又是创意的载体。人才集中产生创意资源集中，随之创意企业集聚该地。除了本身的创意载体性质，人力资源丰富的区域知识外部性强，利于隐形知识的溢出与创意生成，从而创造更多新观念、新技术和新内容，进一步促成文化创意产业的集中发展趋势。另一方面，人力资本是企业发展的基础和关键资本，而文化创意产业又是知识密集型产业。因此高素质人才集聚的地区对文化创意产业会产生极大吸引力。此外，人力资本丰富的地区，工资成本和研发成本均会降低，使企业获得更大的创新收益。如此一来，人力资本丰富和文化创意产业集聚之间便形成一种循环积累的因果效益。

(三)技术因素

21世纪互联网信息技术的发展深刻地影响着人类的生产和生活，文化创意产品从创意构思到产品制造，再到宣传销售，每个环节都离不开互联网等现代科学技术，可见技术因素亦是文化创意产业发展必不可少且至关重要的因素。技术对文化创意产业的作用具体表现为：为文化创意产业提供技术支撑；提高文化创意产业从业者的科技素养；营造利于开发创意技术的环境；减少创意工作者进行创意产品开发的现实束缚和阻力。以上几方面均会促进地区创意的迸发，从源头上促进文化创意产业发展。此外，技术水平提高还利于开发更多新型的创意表现形式，拓展更多的创新领域。文化创意产业是知识密集型和技术密集型的产业，技术要素通过与人才要素结合才能发挥更大的作用。

(四)宽容因素

要想了解宽容对文化创意产业的重要性和作用机制，前提是明晰宽容的内涵。国内学者曾广乐从四个方面对宽容进行了很好的阐释：宽容是对“差异性”和“多样性”的习惯与适应；是尊重那些超越传统、挑战权威的思想、语言和行为；是允许互不相同的“流派”“思潮”“主义”的平等存在和发展；是对“不同声音”“不赞成”以及

“不喜欢”的包容。宽容创意氛围的形成对文化创意产业发展至关重要。Florida认为一个宽容的社会环境利于艺术家产生灵感、充分施展才华，有利于培育创新精神，利于吸引创意人才和创意企业的流入，推动当地文化创意产业的发展。宽容对文化创意产业区域差异的影响机制可从人才、创意、企业三方面分析。

人才方面，Landry指出开放度高、宽容度高、进入门槛低、文化多样化、非稳定、人口集中、公共服务完善的城市和地区被称为具有创意氛围的环境。这样的环境能为创意人才提供更加宽松的文化氛围，进一步解放创意从业人员的思维束缚，这样的地区对于创意人才具有很强的吸引力。创意方面，由“宽容”内涵不难推断出，宽容性高的地方可以容纳“差异性”和“多样性”，减少对创意人才思想的束缚，活跃地区的文化环境；同时，人才的集聚利于非正式交流的产生，从而促进创意和灵感在一地区的迸发，推动创意产品的开发以及创意产业的发展。企业方面，丰富的人力资本和创意资源在一地的集聚，必定会吸引创意产业入驻当地，从而促进文化创意产业的集聚，拉大地区间的发展差距。

(五)政府因素

政府可以解决文化创意产业管理跨部门的问题，利于促进文化创意产业的可持续发展，其对文化创意产业的支持与保障作用体现为如下几个方面。

产业政策方面，政府出台调整、引导、促进、扶持、保护以及限制等政策，对文化创意产业进行管理，使市场体系更加规范，为产业发展提供支持；法律体系方面，完善的文化创意产业法律体系可以保障产权主体、客体所享有的权利；财税支持方面，政府的优惠政策不仅可以表现为资金的支持和税收减免，还可以表现为一些激励作用，一地政府对文化创意产业的财税支持力度大，将对创意企业产生巨大的吸引力；监管体系方面，区域文化创意产业监管体系是否完善直接影响到区域良好市场环境能否构建，进而影响到创意企业的区位选择。

政府通过上述的产业政策、法律保障、财税资助、监管体系等促进地区文化创意产业发展。政府将以上政策作用于地方主导产业选择和文化创意产业园建立。地方主导产业的选择依赖于政府的力量。政府选择将某个主导产业植入某地区后，会产生主导产业快速发展的现象，紧接着乘数效应和极化效应产生并增强，最终促成该区域内的产业集聚。不同区域的政府，对文化创意产业的政策支持力度不同，文化创意产业发展水平不同，区域差异由此产生且扩大。

(六)基础设施因素

完善的基础设施是一地文化创意产业发展的重要物质前提。创意城市研究中，Landry将影响文化创意产业发展的基础设施分为“硬文化基础设施”和“软文化基础设施”。便捷的交通、完善的网络和公共文化设施是“硬文化基础设施”的主要构成要素，此外还有相关硬件，如大学、研究设计院等。“软文化基础设施”包括社会网络、城市形象、关系资产、创新氛围以及信任关系等。“软硬文化基础设施”提高了创意工作者沟通的效率，促进了显性知识溢出和隐性知识交流，具有很强的外部性。

新经济地理学认为运输成本与产业集聚水平成反比，即交通条件越好，运输成本越低，产业集聚的可能性就越大。交通越发达的地方，人员物资流动越频繁，信息交流越畅通，相应的运输成本和信息成本越低，对创意企业具有极大诱惑力。文化创意产业不仅是知识密集型产业，也是技术密集型产业，再好的创意只有借助发达的信息技术才能以最好的形式呈现出来，才能实现其价值最大化。此外，创意企业需要快速准确地掌握市场信息，也需要与其他产业部门进行良好的互动，这些需求在很大程度上依赖于网络。充足的文化设施不仅为一个地区营造良好的文化氛围提供了物质支撑，而且利于增加文化内涵，提升城市文化品位，对创意人员和创意企业具有很强的吸引力。整体而言，一个地方若同时具有便利的交通、发达的网络通信技术、完善的公共文化设施，便可大大降低经营成本。成本的降低对于以营利为目的的创意企业而言具有很大吸引力，是其区位选择的重要影响因素。

（七）经济因素

经济因素是任何地区产业发展不可忽视的重要因素。中国文化创意产业发达地区有香港、台湾、北京、上海、广州、杭州等地，不难发现文化创意产业发达地区都是中国经济领先的地区。将从经济发展水平、市场需求、城市化水平三方面阐述经济因素对文化创意产业发展的作用机制。

产业结构规律显示，随着时间推移和生产力的提高，地区主导产业会从农业向工业再向第三产业逐渐转移。文化创意产业属于为人们提供精神产品和服务的第三产业，只有在经济水平较高和第一和第二产业较成熟的基础上，才会起步并发展。因此，一定的经济发展水平是文化创意产业产生并发展的必要物质基础。经济发展水平高不仅意味着坚实的产业基础，而且意味着较多的就业机会、高工资水平和福利待遇、完善的城市基础设施，这些对创意人才均会产生巨大的吸引力。

经济学讲，市场需求是产业发展的前提和动力。需求量决定了产业的生产力和生产规模，需求结构决定了生产结构。对于文化创意产业而言，需求对产业规模和结构的重要影响力同样存在。此外，与普通商品需求相比，创意产品和服务的需求是更高级的精神需求。根据马斯洛理论，只有收入达到一定水平，人的基本需求得到满足之后，人才会产生对文化产品的精神需求。故收入水平是影响人类对文化产品需求的直接因素，而居民收入水平直接反映某一地区的市场需求。所以市场需求为一种影响文化创意产业发展的经济因素。

城市化除了通过自身直接对文化创意产业产生作用外，还通过经济发展水平和市场需求间接对文化创意产业产生影响。城市化是生产力发展到一定程度产生的现象，当其产生后会反作用于地方经济，促进地方经济的快速发展。城市化不仅是城市人口身份的变更和城市景观的变化，还包括人们观念的城市化。城市化水平越高，意味着一个地区内拥有城市消费观的人口比重越大，他们对创意产品的消费需求也越高。

综上，一个地区的经济发展水平、市场需求、城市化等经济因素是该地文化创意产业发展的重要基础条件和极大推动力。经济因素组分不仅单独作用于文化创意产业，而且相互渗透、相互影响，共同促进地区文化创意产业的繁荣发展。不同地区经济要素的不同也将导致其文化创意产业发展状况的差异。

（八）环境因素

虽然生态环境不像经济实力一样可以直接、快速地促进地区的发展，但其对经济和社会的影响却是间接的、潜在的、长远的、全面的。第二次工业革命之后，世界经济飞速发展，生态环境却因“汽车”“烟囱”等遭受严重破坏。进入 21 世纪，这种破坏已经严重制约地区的发展，引起了各国对环境的高度关注。地区可持续发展逐渐成为各国发展的首要目标，文化创意产业发展也受这样时代背景的影响。

随着一个地区生产力水平的提高，产业重心从工业向第三产业转移，产业结构逐渐优化。第三产业与工业相比具有低污染、环保的产业特性。随着产业重心的转移，因大力发展工业而产生的各种污染逐渐减少，客观上改善了地区生态环境。于是，地区政府势必会调整产业结构，降低工业比重，大力发展环保的第三产业，而文化创意产业是第三产业中具有极强生命力的产业。

随着产业结构的优化，生态环境将得到改善。创意阶层是一个独特的精英群体，对生活和工作环境有着较高要求，这必然导致其对生态环境良好地区的喜爱和向往。换言之，相比环境质量差的地区，具有优良的生态环境地区对创意人才具有极大的吸引力，更容易吸引大量创意人才来此生活和工作。

如此一来，经济水平提高、产业结构优化、生态环境改善、创意人才定居、文化创意企业集聚之间形成了良性循环和积累，由此可建构文化创意企业动态影响因素的理论解析框架（图 5-1-2-1）。

三、基于产业区位论的文化创意企业动态驱动因素解析架构[①]

（一）产业区位论的方法论流变

20 世纪初，基于古典经济学的传统产业区位论建立在一系列理想假设条件之上，突出地理位置的重要性，如韦伯的工业区位论、克里斯塔勒的中心地理论等。随后，受新古典经济学的影响，产业区位论研究又增加一些限制性假设条件，如规模报酬不变、生产要素同质、完全信息等，并在完全竞争条件下基于价格理论实现经济活动的静态局部均衡分析。总之，（新）古典区位论均以实证主义方法论为指

① 马仁锋，王腾飞，张文忠，李雪丽．文化创意产业区位模型与浙江实证[J]．地理研究，2018，37(2)：379-390.

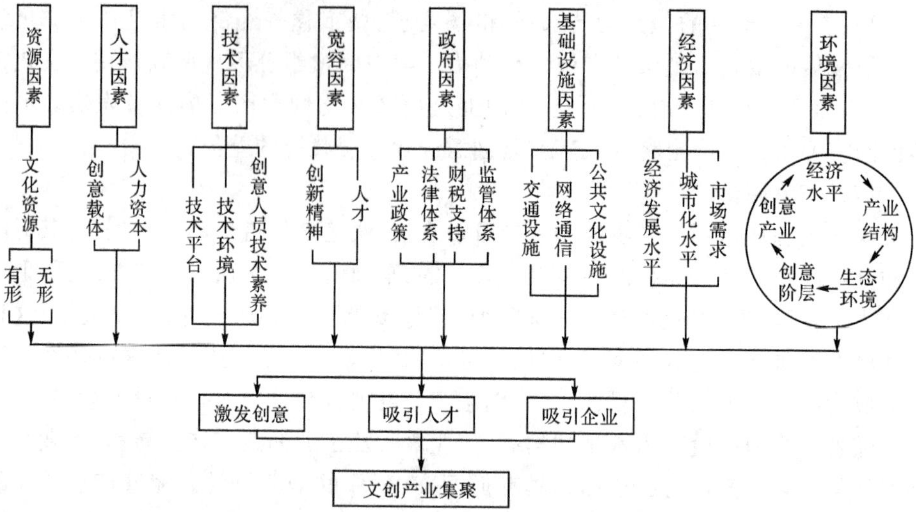

图 5-1-2-1　文化创意产业动态影响因素理论框架

导基于各种理想限制条件，以生产地效益最大化为中心，以欧式距离为研究抓手，静态单一地研究生产地相对于需求方的地表布局，即产业理想的宏观区位，并呈现出明显的距离衰减效应(表 5-1-3-1)。

表 5-1-3-1　新、旧产业区位论研究范式比较

流派	主导范式	研究主体	研究依据	研究条件	研究工具
传统产业区位论	实证主义	生产地、需求方	生产地单一效益最大化	理想化、严格化	欧式距离，距离衰减效应明显
新兴产业区位论	人文主义和结构主义	生产地、生产者、消费者	注重交易成本、贸易成本以及区域整体效益	情景化、宽松化、综合化、抽象化	综合因子加权距离，距离衰减律的地理空间尺度效应增强

20 世纪 80 年代以来，秉持人文主义和结构主义的学者认为传统区位论理论假设的严格性和区位选择因子的有限性，不仅人为割裂了理论与实践的关联，而且忽视了动态分析，如完整产业链效益(生产地与进驻企业的整体效益及其经济、社会和生态间的综合效益)、隐性因子、规模报酬递增的作用，因而以生产地与生产者集聚、个性化市场为视角，以经济、社会、文化、制度等因子的加权距离作为研究抓手成为新兴产业区位论的新范式。其中，结构主义学派认为产业区位是经济结构的具体空间表现，而经济因素与社会、文化因素是相互的作用、不可分割的，因此区

位理论应该考虑各类因子及因子间相互作用；人文主义学派强调人的存在及其主体性作用，产业区位论要素"人"也就延伸到经济活动主体（包括人、企业等各类代理人），从而坚持一种宽松的、情景性的假设条件。此外，科技进步导致的生产方式转变对产业区位论的完善起到至关重要的作用，如信息化和知识经济促成区位因子软化、区位选择范围全球化、区位主体虚拟化与组织结构松散化等新趋势，进而导致区位距离衰减效区中地理空间范围的扩大及跃变（表 5-1-3-1）。

（二）文化创意产业区位模型

21 世纪以来，全球许多国家的城市政府意识到文化创意产业的重要性，并制定政策以促进其发展。然而，该产业孵化、孕育与健康发展至今仍未被充分认知，导致政府部门在统计该产业时面临巨大障碍；同时，文化创意产业的属性数据缺漏无法为政策制定提供支撑。无可否认，一些地方或特定城市集聚了许多文化创意企业，从而引起国内外学者高度关注。Florida 首先提出"3T"准则，认为科技、人才、宽容度是影响创意阶层集聚和文化创意产业发展的主要因素；随后 Glaeser 在 Florida 的"3T"准则的基础上提出了"3S"理论，即阳光、技术和城市蔓延，强调环境对文化创意产业的影响；Landry 将文化创意产业区位因素总结为七大要素；Scott 将文化创意产业的区位解释为全球化和本地劳动力市场与生产网络的结合。此后，大量学者从政策、基础设施、地方性等不同视角解析西方发达国家文化创意产业的区位因子。值得注意的是，部分学者试图构建发展中国家或非大都市区的文化创意产业区位模型，进一步将文化创意产业的区位模型在不同空间区位和尺度语境下进行完善。尤其是 Fahmi 以印度尼西亚为空间样本，通过构建指标体系，认为人力资本、经济条件、正式和非正式网络建构能力、基础设施是影响发展中国家文化创意产业区位的主要因子，并且新兴创意产业不受本地市场限制，需要不同于传统文化产业的政策扶持，对中国相关研究具有重要启示。然而，中国对文化创意产业区位研究较少，且多借助"钻石模型"探究文化创意产业的区位影响因素和集聚特征，认为创意人群集聚、人口密度与发明专利等均在文化创意产业区位选择中扮演重要角色。例如，文嫮分析省域尺度文化创意产业的人才、技术、宽容、政策、基础设施等因素。此外，文化创意产业的地方性和根植性较强，换言之，非贸易性联系、文化传统与社会环境等同样具有重要影响。这就要求文化创意产业区位分析不能仅从宏观区位视角入手，而要借助结构主义和人文主义思想，注重微观区位解读，即从城市内部环境与企业的相互作用入手，构建研究主线。

基于此，构建可以采用四个相互关联要素阐释的文化创意产业区位模型。(1)基础设施是一个宽泛概念，包括创意经济本身以外的科教、交通等因素；(2)管治指各级政府机构和非政府机构行为者的政策、战略和互动举措；(3)"软因子"指地方网络、特定形象、历史层累、地方特性、促进或抑制文化创意产业的传统习俗以及有益于创意者生活和工作的环境等；(4)市场是指创意产业所处的瞬息万变的市场空间以及生产者和消费者相互作用及其扮演角色。需要指出的是，除了行业属性以外，地理层级(即地理尺度和地理位置)在上述四个因素中扮演了重要角色，其中地理尺度包括全球尺度、国家尺度、区域—城市尺度以及地方尺度等，地理位置指发达国家和发展中国家之中不同等级的城市或乡村。因此，文化创意产业区位模型旨在辨识由该四大因素所决定的最佳创意地点，也可用于解析文化创意产业空间分异。

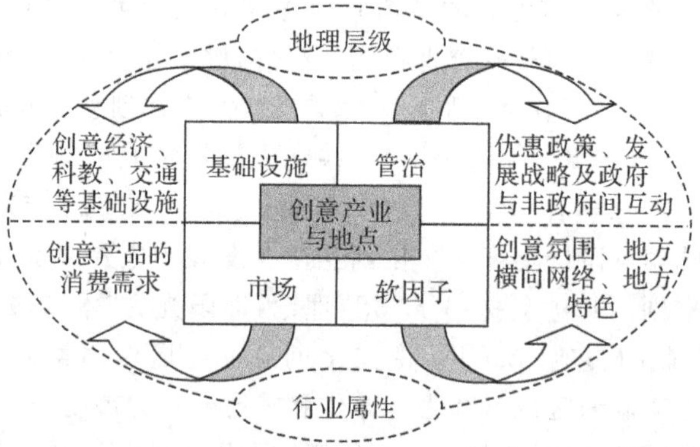

图 5-1-3-1 文化创意产业区位模型

第二节 长江三角洲南翼文化创意企业区位的驱动因素[①]

一、数据来源与研究方法

(一)数据来源与标准化

为尽可能真实地反映浙江省市域文化创意产业的空间分布，本节根据《浙江经济普查年鉴(2013)》公布数据，提取浙江省及其 11 市文化创意企业的从业人员数量[②]，将其作为全行业研究的源数据；同理，提取浙江省及其 11 市文化创意 8 个重

① 马仁锋，王腾飞，张文忠，李雪丽. 文化创意产业区位模型与浙江实证[J]. 地理研究，2018，37(2)：379-390.

② 《浙江经济普查年鉴(2013)》中，其他服务业中主要为文化创意产业，本文将文化创意产业全行业数据统计口径界定为其他服务业。

点行业[①]的从业人员数量，作为重点行业研究的源数据。此外，本节又以浙江省11市文化创意产业全行业和8个重点行业的企业从业人数作为其空间分异解析方程的因变量，并以浙江科技统计网以及浙江11市2014年统计年鉴的相关数据作为自变量的数据源（表5-2-1-1）。

表5-2-1-1　数据来源及用途

数据类型	数据来源	数据用途
从业人员数	2013年《浙江省经济普查年鉴》数据中行业中类的文化创意产业相关从业人员数量	文化创意产业全行业和重点行业空间格局刻画
因变量	2013年《浙江省经济普查年鉴》	全部产业及重点行业空间分异分析
自变量	浙江科技统计网以及浙江11市的2014年城市统计年鉴	全部产业及重点行业空间分异分析

研究空间分异时，由于部分指标数据单位不统一，无法进行比较，因此采用标准化法来进行无量纲化。运算公式为：$\frac{D_i-\overline{D}}{\partial^2}=D_i^*$，式中$D_i$为各要素的初始数据，$\overline{D}$为平均数，$\partial$为方差，$D_i^*$为各要素标准化处理后的数据。

（二）研究方法

主要借助城市或区域尺度数据来分析浙江省文化创意产业空间分异特征。具体而言，通过区位熵（LQ）来描绘一个城市的文化创意产业与省级相对比值，公式为：$LQ=(l_i/l)/(L_i/L)$。本着数据的可靠性，选用从业人数作为浙江文化创意产业空间分异研究的数据源。因此，式中l_i为城市文化创意产业从业人数，l为城市总从业人数，L_i为省域文化创意产业从业人数，L为省域总从业人数。当LQ大于1时，该城市的文化创意产业专业程度高于全省平均水平，可称之为地区的专业化部门；当LQ小于或等于1时，该城市的文化创意产业专业化程度低于或等于全省平均水平，可称之为地区的自给性部门。换言之，LQ越大，该城市的文化创意产业在空间上通常构成产业集群；反之，空间分布较为分散。

对于解析浙江省文化创意产业空间分异的影响因素，首先采用主成分分析法（PCA）对指标体系进行降维，然后将提取的若干主成分作为自变量，并分别以浙江11市文化创意产业全行业从业人数Q和8个重点行业从业人数W_i作为因变量，进行最小二乘法（OLS）多元线性回归分析，方程为：$W_i=\lambda_0+\lambda_1 Z_1+\cdots+\lambda_n Z_n+\mu$。式

① 以国家统计局《文化及相关产业分类（2012）》和《浙江文化创意产业发展规划（2009—2015）》为据，将浙江文化创意产业划分为6类（信息软件业、研发设计业、文化艺术业、建筑景观业、咨询策划业、时尚消费与娱乐休闲业）、16中类，并选择16中类行业中出现频次不小于8次（参评样本2/3）的作为浙江文化创意产业的重点行业，即建筑装饰业、建筑工程设计业、计算机系统服务业、咨询业、艺术品创作及交易业、旅游休闲业、传媒出版业、广告策划业。

中 W_i 为因变量，i 为浙江省文化创意产业 8 个重点行业，Z_n 为自变量，λ_n 为常量用作衡量自变量对因变量 W_i 的边际影响程度，μ 为残差项。同理，$Q_a = \beta_0 + \beta_1 Z_{a1} + \beta_2 Z_{a2} + \beta_3 Z_{a3} + \beta_4 Z_{a4} + \mu, a=1,2,\cdots,11$；式中 Q_a 为因变量，a 代表浙江 11 市，Z_{ai} 为自变量，β_n 为常量用作衡量自变量对因变量 Q_a 的边际影响程度，μ 为残差项。

二、浙江省文化创意产业区位多维解析

(一)全行业维度浙江文化创意产业空间格局刻画

表 5-2-2-1 可知，2013 年杭州、宁波、舟山的文化创意产业区位熵大于 1，换言之，浙江文化创意产业倾向集聚在上述三个城市，且在空间上已形成集群发展模式。此外，温州、嘉兴的文化创意产业区位熵比较接近 1，表明温州、嘉兴的文化创意产业在空间上逐渐形成集群发展态势。金华、丽水、湖州、衢州、台州、绍兴的文化创意产业还处于分散发展模式，在空间上还未形成集聚点位，尤其是绍兴的文化创意产业区位熵仅为 0.38，被周边城市(杭州、宁波、金华、台州)包围成一个文化创意产业“洼地”。

表 5-2-2-1 浙江省 11 市 2013 年文化创意产业区位熵

	杭州	宁波	温州	嘉兴	湖州	绍兴	金华	衢州	舟山	台州	丽水
区位熵	1.68	1.21	0.88	0.87	0.72	0.38	0.74	0.70	1.19	0.61	0.75

(二)重点行业维度浙江文化创意行业的空间区位指向分异

对于行业范畴广泛的文化创意产业而言，解析重点行业的空间格局来判识区位指向是佐证总体区位规律的可信参考系。表 5-2-2-2 可知，浙江省艺术品创作及交易业、传媒出版业、建筑装饰业、建筑工程设计业区位熵均大于 1，形成一定程度的集群发展格局，其他行业的区位熵接近 1，在空间上具有集群发展态势。其中，除艺术品创作及交易业外，杭州市的其他重点行业区位熵均大于 1，即浙江省文化创意产业的绝大部分重点行业倾向集聚在杭州；另外，全行业维度文化创意产业集群现象并不明显的丽水市和衢州市的 8 个重点行业却基本形成集群发展格局。需要注意的是，艺术品创作及交易业、旅游休闲业、传媒出版业分别在台州和金华、舟山、金华形成明显的集群业态。可见，文化创意产业 8 个重点行业的区位选择机制并不纯粹是趋向大城市，一些中小城市地方特色或许成为某行业区位趋向因子。

表 5-2-2-2 浙江省及其 11 市 2013 年文化创意产业 8 个重点行业区位熵

	建筑工程设计业	建筑装饰业	计算机系统服务业	咨询业	艺术品创及交易业	旅游休闲业	传媒出版业	广告策划业
浙江	1.02	1.36	0.81	0.76	1.56	0.91	1.54	0.86
杭州	2.16	1.73	1.76	1.94	0.68	1.62	1.11	1.86

续表

	建筑工程设计业	建筑装饰业	计算机系统服务业	咨询业	艺术品创及交易业	旅游休闲业	传媒出版业	广告策划业
宁波	0.86	0.83	0.79	0.94	0.44	0.71	0.50	0.88
温州	0.88	0.81	1.11	1.08	0.68	0.85	0.99	1.16
嘉兴	0.67	0.46	0.62	0.64	0.46	0.92	0.51	0.68
湖州	0.81	0.42	0.78	0.71	0.61	1.58	0.60	0.55
绍兴	0.48	1.18	0.45	0.45	0.48	0.54	0.25	0.42
金华	0.46	0.99	0.83	0.74	2.80	0.71	3.73	0.78
衢州	1.18	0.76	1.44	1.37	0.66	1.36	1.55	0.63
舟山	1.03	0.84	1.33	0.62	0.02	3.43	1.25	1.16
台州	0.45	0.49	0.88	0.54	3.14	0.71	0.51	0.72
丽水	1.41	0.94	1.18	0.84	0.71	1.32	1.93	1.27

(三)浙江文化创意产业区位规律隐喻

全行业维度，浙江文化创意产业区位趋向副省级类大城市以及地方特色鲜明的海岛城市；重点行业维度，浙江文化创意产业8个重点行业的区位特征与全行业维度稍有不同，即重点行业除了青睐大城市（杭州）以外，还倾向在特定中小城市（丽水、衢州）形成产业集群。此外，不同重点行业的区位趋向因子迥异，导致个别城市（金华、舟山、台州）成为浙江文化创意产业某重点行业发展的温床，进而导致其区位指向的分异性特征。换言之，如果将物质资本、金融资本和人力资本强大的副省级类大城市定义为“资本空间”，同时将历史层累厚重且蕴含文化创意产业特定行业趋向因子的中小城市界定为“地方空间”，那么，市域尺度的浙江文化创意产业区位规律不仅具有“资本空间”集聚性，还具有“地方空间”分异性。

不难发现，浙江文化创意产业的区位规律与第5.1节所建构的文化创意产业区位模型具有一定的匹配性。众多的浙江文化创意产业所倾向的资本空间无非是雄厚的物质资本、众多的优越的人才资本、优惠政策以及多样且广阔的市场空间；其赖以生存的地方空间本质上指厚重的历史层累、独特的地方网络关系、强大的地方资本、宜人的生活环境等。当然，由于文化创意产业的区位选择机制十分复杂，仅定性地描述其区位模型难免欠妥。因此，本节借助定量方法，提取浙江文化创意产业区位影响因子，并定性分析指标体系无法衡量的隐性变量，从而更加科学地佐证第5.1节建构的文化创意产业区位模型。

三、浙江文化创意产业区位的驱动因素及结构性解释

(一)浙江文化创意产业区位特征因子解析

1.指标体系构建及其分析

本节综合文化创意产业影响因素已有研究成果、数据的典型性和可获性,选取人才、科技、宽容、政府、基础设施、经济、环境 7 类因素 14 个指标,构建用于实证解析浙江文化创意产业区位特征驱动因素的指标体系(表 5-2-3-1),并采用标准化法对数值进行无量纲化处理。

表 5-2-3-1 基于创意产业区位模型的浙江省文化创意产业区位驱动因素指标

区位模型要素	影响因素	符号	选取指标	单位	数据来源
基础设施	人才因素	T1	高等学校在校生人数	万人	城市统计年鉴 2014
		T2	R&D 研究人员数	人年	浙江科技统计年鉴
	科技因素	S1	发明专利申请量	件	浙江科技统计年鉴
		S2	科技 R&D 经费支出	万元	浙江科技统计年鉴
	基础设施因素	I1	人均高速公路长度	公里	城市统计年鉴 2014
		I2	互联网宽带用户数	万户	城市统计年鉴 2014
管治	政府因素	G1	教育、科技财政支出占总支出的比重	%	城市统计年鉴 2014
		G2	文体与传媒财政支出占总支出的比重	%	城市统计年鉴 2014
市场	经济因素	E1	人均 GDP	元	城市统计年鉴 2014
		E2	城市化率	%	城市统计年鉴 2014
		E3	市区居民年人均可支配收入	元	城市统计年鉴 2014
软因子	环境因素	L1	建成区绿化覆盖率	%	城市统计年鉴 2014
		L2	空气质量二级以上天数	天	城市统计年鉴 2014
	宽容因素	B1	非当地户口和户口待定人口总数	万人	城市统计年鉴 2014

2.全行业区位特征驱动因素回归分析

用标准化后的 14 个指标数据进行主成分分析,得到主成分特征值和方差贡献率。其中,前 4 个主成分包含 14 个变量的 87.9%(大于 85%)信息,且特征值均达到 1 以上。因此,选择前 4 个主成分便可反映原始 14 个变量的变化情况。

经旋转得到主成分旋转载荷矩阵,4 个主成分的实际意义可以重新得到合理解释:第一主成分(F1)与原始 14 个变量载荷较大的有:高等学校在校生人数、R&D 研究人员数、发明专利申请量、科技 R&D 经费支出、非当地户口和户口待定人口占总人口比例、互联网宽带用户数、人均 GDP 和城市化率,表明这 8 个变量与第一主成分之间存在较强的相关关系。由于这些变量直接或间接反映了地区的科

技、教育和经济水平，故将第一主成分解释为“科教经济因素 Z_1”。第二主成分(F2)与原始 14 个变量载荷较大的有：教育、科技财政支出占总支出的比重，文体与传媒财政支出占总支出的比重，建成区绿化覆盖率；显然这 3 项均需要政府的重视和支持，故将第二主成分解释为“政府支持因素 Z_2”。第三主成分(F3)与原始 14 个变量载荷较大的有：市区居民年人均可支配收入、空气质量二级以上天数，将其解释为“市场需求与环境因素 Z_3”。第四主成分(F4)与原始 14 个变量载荷较大的为人均高速公路长度，将其解释为“交通因素 Z_4”。

将浙江 11 市文化创意产业从业人数 Q 作为被解释变量，4 个主成分作为解释变量。通过 LM 检验[①]确定可以采用 OLS 法进行回归分析。假设 4 个主成分与被解释变量间存在线性关系，列出数学模型：$Qa=\beta_0+\beta_1 Za_1+\beta_2 Za_2+\beta_3 Za_3+\beta_4 Za_4+u$，$a=1,2,\cdots,11$。借助 SPSS17.0 进行求解得表 5-2-3-2。可知，科教经济因素、政府支持因素的 sig. 值均小于 0.05，且其回归系数 F 值均大于 $F_{0.1}(1,6)=3.78$，说明这两个因素对 Q 影响显著。其中，科教经济因素对地区文化创意产业水平解释能力显著，其次为政府支持因素。换言之，浙江文化创意产业全行业区位特征符合文化创意区位模型中的“基础设施——管治”双要素驱动型。

表 5-2-3-2　浙江文化创意产业全行业回归模型结果

	科教经济因素 Z_1	政府支持因素 Z_2	市场需求与环境因素 Z_3	交通因素 Z_4
标准系数	0.97	0.17	0.36	−0.12
sig.	0.00	0.03	0.58	0.09

3. 重点行业区位驱动因素主成分的回归分析

参照全行业分析思路，将浙江文化创意产业的 8 个重点行业从业人数 W_i 作为因变量，4 个主成分作为自变量(经济科教因素 Z_1、政府支持因素 Z_2、市场需求与环境因素 Z_3、交通因素 Z_4)。通过 LM 检验确定可以采用 OLS 法进行回归分析，假设 4 个主成分与因变量间存在线性关系，列出数学模型：$W_i=\lambda_0+\lambda_1 Z_1+\lambda_2 Z_2+\lambda_3 Z_3+\lambda_4 Z_4+\mu$，其中 i 为 8 个重点行业。借助 SPSS17.0 进行求解，得各行业回归模型计算结果(表 5-2-3-3)。

由表 5-2-3-2 可知，Z_2、Z_3、Z_4 的 sig. 值均大于 0.05，表明其对 W_i 没有显著影响；Z_1 的 sig. 值小于 0.05，表明经济科教因素对 W_i 影响显著。以此类推，则可以辨识四个因素(Z_1、Z_2、Z_3、Z_4)对 8 个重点行业区位的影响程度。总体而言，咨询业、建筑装饰业、建筑工程设计业、计算机系统服务业、旅游休闲业、传媒出版业、广告策划业均受经济科教因素影响显著；除了经济科教因素，建筑装饰业还受市场需

① $F=63.996$，远大于查表值$[F_{0.05}(1,6)=4.53, F_{0.1}(1,6)=3.78]$，说明在 a 等于 0.05 和 0.1 的水平下，回归方程均有显著意义；且 $R=0.988$，表明方程的总体相关性很高。

求与环境因素、交通因素影响显著;艺术品创作及交易业受各因素影响均不显著。换言之,浙江文化创意产业的8个重点行业区位特征符合文化创意产业区位模型中的"基础设施—市场—软因子"三要素驱动型。

表 5-2-3-3 浙江文化创意产业重点行业回归模型结果

8个重点行业名称	科教经济因素 Z_1		政府支持因素 Z_2		市场需求与环境因素 Z_3		交通因素 Z_4	
	标准系数	sig.	标准系数	sig.	标准系数	sig.	标准系数	sig.
计算机系统服务	0.90	0.001	−0.08	0.06	0.19	0.27	0.02	0.89
传媒出版业	0.89	0.001	−0.03	0.58	0.15	0.11	−0.10	0.24
艺术品创作及交易业	0.31	0.28	−0.27	0.34	−0.43	0.16	−0.47	0.13
咨询业	0.97	0.00	−0.004	0.96	0.18	0.06	0.00	1.00
建筑工程设计业	0.94	0.00	−0.02	0.86	0.20	0.13	−0.02	0.88
建筑装饰业	0.81	0.00	−0.16	0.09	0.49	0.001	−0.23	0.03
旅游休闲业	0.95	0.00	−0.06	0.60	0.08	0.51	−0.12	0.34
广告策划业	0.86	0.002	−0.09	0.88	0.28	0.43	−0.19	0.59

注:表中 sig. 在5%水平以下为显著。

(二)浙江文化创意产业集聚首位城市的驱动因素结构性解析

统计数据揭示了浙江文化创意产业的集聚空间指向,并通过实证研究分析出驱动因素。然而,集聚首位城市的经验证据能否佐证文化创意产业区位模型的科学性呢?为解决经验证据的抽象性,本节假定区位模型中每个要素分为四个等级并赋予对应得分值(1、3、5、7),从而分析浙江省不同城市四个要素的发展现状,得到不同城市的相应分值。

(1)管治层面,杭州作为浙江省会城市,政府扶持力度自然不逊于浙江省其他城市(表 5-2-3-4),赋予等级分值 7。基础设施和市场层面,杭州国民生产总值也一直位居省内第一,这也为杭州文化创意产业的发展奠定了巨大市场,杭州相对其他城市最大的优势之一就是拥有浙江省唯一一所"211"和"985"院校——浙江大学,且其他性质的高校和研究机构也相对较多,如中国美术学院、浙江传媒学院、浙江音乐学院等较有影响力的文艺院校,它们汇聚于此增加了杭州市文化创意产业的科教实力,同时也强化了市场需求;此外,杭州在公路、铁路、航空等对外交通运输以及地铁等市内交通方面全面发展,因此两个要素均赋予等级分值 7。最后在软因子层面,2015 年杭州空气优、良天数分别达到 78、206 天,可见杭州的生活环境宜居程度较高,而"良渚文化""吴越文化""南宋文化""西湖文化"和"运河文化"等独特的地方文化塑造了杭州厚重的历史层累,赋予等级分值 7。

(2)宁波作为国家计划单列市,在政治地位、经济水平等方面与杭州不分伯仲,但是宁波文化创意产业的政策力度却有所不足(表 5-2-3-4)。根据 2015 年宁波空气质量统计全年优良天数比例达到 83%,并且七千年的河姆渡文化、亚洲最古老的藏书楼——天一阁、商帮文化及港口文化等特色城市文化一并造就了宁波和杭州在软因子层面不分上下的格局。此外,与杭州重要的陆路交通位置相比,宁波虽拥有重要的航运交通地位,但于 2015 年刚建成的第二条地铁线路才使得城内交通有所改善。在城市科教层面,宁波比杭州逊色更多,特色性艺术高校和有影响力的综合院校极度缺乏,这也导致了宁波文化创意产业市场空间不足。因此,宁波市管治、基础设施、软因子、市场分别赋予等级分值 5、5、7、3(图 5-2-3-1)。

(3)相比杭州和宁波两市,舟山市的经济水平、交通设施和政策扶持力度(表 5-2-3-4)虽有所逊色,但是舟山作为浙江唯一一个海岛城市,凭借其海洋文化、佛教文化和军事文化等与浙江其他地区区分开来,“个性十足”。同时,这种海岛文化特色突破舟山市本地市场限制,成为海洋性文化创意产业的底色。因此,舟山市的基础设施、管治、市场、软因子分别赋予等级分值 3、3、5、7。

(4)相比杭州、宁波、舟山,浙江省其他城市在以上四个驱动因素方面均不占优势,仅在城市环境上相差不大,从而导致全行业维度浙江省文化创意产业主要集中在杭州,其次是宁波和舟山,其他城市拥有相对较少的区位优势。

然而,全行业维度浙江省文化创意产业分布较少的个别城市却凭借其地方特色在某些重点行业形成发展优势,例如金华市艺术品创作及交易业与传媒出版业和台州的艺术品创作及交易业。金华市位于浙江省中部,在地理区位、经济水平等方面虽不占据优势,但金华市凭借其悠久历史和政策扶持(表 5-2-3-4),形成东阳木雕、浦江剪纸等 20 多种非物质文化遗产;此外还拥有浙江师范大学、浙江横店影视职业学院、金华职业技术学院等艺术性专业高校和国内位居前列的横店影视城。以上因素都促进了金华艺术品的创作。同时,义乌作为世界最大的小商品贸易中心,为金华艺术品交易业创造了商业氛围与地方网络。需要注意的是,当下信息技术飞速发展并加快了各种视频终端设备及其功能的更新速度,以影视观看为主的休闲方式得到年轻人的青睐,而金华具有影响力的“横店影视城”恰逢时机,承接市场需求并带动了金华传媒出版业的发展。因此金华在基础设施、软因子、管治、市场分别赋以等级分值 3、5、5、5(图 5-2-3-1)。台州市位于浙中沿海,在基础设施、市场方面虽不占优势,但是其为南戏的主要发源地,且民间工艺发达,例如有“中华第一灯”的仙居针刺无骨花灯,并且临海的剪纸、台州的玻璃雕刻和刺绣等 9 项传统工艺被列入省级非物质文化遗产保护名录,很大程度地增加了台州的创意氛围。另外,台州凭借地方资本和政府扶持(表 5-2-3-4),以及市区艺术走廊、天台雕刻工艺产业园、仙居工艺品产业园、温岭创意产业园等政府主导的园区促进本地艺术品创作与交易业的集群发展。因此,台州在基础设施、市场、软因子、管治分别赋以等级分值 3、3、5、5(图 5-2-3-1)。

表 5-2-3-4 浙江省文化创意产业集聚首位城市的政策力度①

城市名称	资金来源及额度/万元			扶持对象与个数		
	政府	自筹	政府与企业	综合性创意城市	创意集聚区/个	创意产业园/个
杭州	1500	283200	0	是	4	12
宁波	0	1500	0	是	1	2
舟山	0	0	0	否	0	1
金华	23000	299900	90000	否	2	1
台州	5450	197500	111160	否	0	1

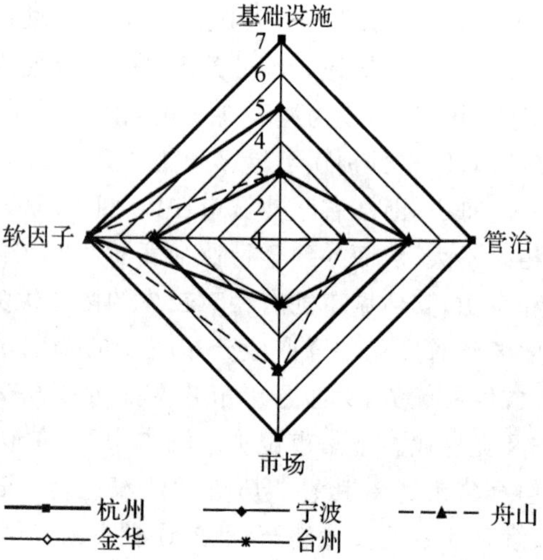

图 5-2-3-1 浙江文化创意产业集聚首位城市的区位驱动因素结构性解析

四、结论与讨论

(一)结论

本节梳理了区位论研究流变,尝试运用第 5.1 节驱动要素视角文化创意产业区位模型,以浙江省文化创意产业区位指向及其驱动因素佐证该概念模型。浙江文化创意产业区位实证表明市域尺度文化创意产业存在显著的空间分异现象。具体而言:(1)全行业维度,浙江省文化创意产业主要聚集在杭州、宁波和舟山,绍兴成为文化创意产业发展洼地;(2)重点行业维度,杭州依然是绝大部分重点行业的集聚空间,金华成为艺术品创作及交易业和传媒出版业的发展高地,舟山和台州则分别形成以旅游休闲业和艺术品创作及交易业为特色的文化创意产业格局;(3)市

① 部分原始数据源于《浙江文化创意产业发展规划》(2009—2015)

域尺度，浙江文化创意产业区位规律不仅具有资本空间集聚性，还具有地方空间的分异性。

浙江文化创意产业区位指向的驱动因素实证及结构性解释表明：(1)浙江文化创意产业全行业区位特征主要是"基础设施—管治"双要素驱动型；(2)浙江文化创意产业8个重点行业的区位特征主要是软因子驱动型；(3)浙江文化创意产业全行业和8个重点行业的区位特征及其驱动因素佐证了文化创意产业区位模型，即由基础设施、管治、市场、软因子四个基本要素及其相互作用共同决定，且不同行业属性、地理位置和地理尺度均影响区位模型的内部要素结构。

(二)讨论

本节以浙江为案例初步验证了第5.1节文化创意产业区位模型，并通过空间计量与多维度解析佐证了文化创意产业相关驱动因素；然而，地理学视角文化创意产业区位研究涉及经济地理学、城市地理学和文化地理学等相关学科，从多学科融合视角(即三者的边界交叉视域)构建理论框架成为文化创意产业区位研究的重点方向之一。另外，成熟的文化创意产业区位模型还需要从数据源、方法论、研究内容(地理区位和空间尺度)等方面深化研究，同时也面临着一些困难。

(1)本节借助政府统计数据刻画了浙江文化创意产业的区位特征，并定量分析了其驱动因素，且与已有研究成果[①]基本一致。但是，文化创意产业是一个行业范畴宽泛且不断更新的新兴产业，统计数据的准确性给产业区位及其驱动因素分析带来了较大挑战。值得注意的是，大数据时代的到来为经济地理学定量研究，尤其是繁杂且隐性的企业网络联系可视化研究带来福音，进而有助于地理格局刻画向地理过程和地理效应研究过渡。当然，网络大数据的可靠性和有效性也并非尽如人意，需要人工甄别和检验。那么大数据与小数据的结合使用能否增强文化创意产业区位模型的科学性呢？

(2)本节定量分析仅提取出文化创意产业区位模型软因子中的城市环境，未能系统刻画城市特色、文化习俗、地方网络及创意氛围等对创意产业区位的影响程度。然而，文化创意产业深受缄默知识溢出影响，即文化创意产业的集聚受人力资本的易得性，尤其是年轻人和接受高等教育的人之间能否建立正式和非正式网络的影响。通过建立学习平台，产生知识溢出和竞争，开创创意企业。这些过程应用了城市化经济，其中利基生产者[②]之间的"微互动"促进了创新思想的产生和交叉受益，且是最能体现地方性的元素，是文化创意产业地方根植性研究的必由之路。

---

① Fahmi F Z, Koster S, Dijk J V. The location of creative industries in a developing country: The case of Indonesia. Cities, 2016, 59: 66-79；文嫮，胡兵. 中国省域文化创意产业发展影响因素的空间计量研究. 经济地理，2014，34(2)：101-107.

② 指满足特定市场需求的小众生产者，与大众生产者相对应。

因此，文化创意产业软因子的分析，适宜选用定量还是定性，抑或两者结合，从而拓展文化创意产业“隐性要素”研究成为亟待解决的问题。

(3)由于地方文化、地方网络和地方政策等创意产业驱动要素均具有空间尺度性和异质性，新兴产业区位论的距离衰减效应不再完全符合自内而外(实体空间)的渐变规律，而是具有一种趋向地方特色的跃迁性。因此，文化创意产业的区位研究需要考虑驱动要素的空间尺度效应，就国内研究现状其区位模型宜增加微观尺度(0.1km×0.1km～0.6km×0.6km)的研究，并与中、宏观尺度研究相结合。此外，文化创意产业最初出现在西方发达国家的大城市内部，随后又在各国的大、小城市甚至个别乡村地区陆续涌现。那么，城市和乡村地区的文化创意产业区位模型的各要素所起作用是否相同？这也是从不同地理尺度探讨文化创意产业区位模型的异构性的核心议题之一。

第三节 长江三角洲南翼信息服务业格局变化及驱动因素[①]

信息服务业最初指以信息技术为基础满足企业或政府组织信息需求的一种内部服务。随着信息化的加深及信息技术纵向延伸，政府内部服务功能逐渐外化并形成专业化的信息服务企业。早在1977年，Knox定性分析信息咨询服务业中的成人教育行业，随后相关研究议题集中在服务质量、信息安全性与丰富度、发展影响因素，以及软件、金融、数字信息等重要部门。20世纪90年代中后期，国内开始有学者关注信息服务业的内涵、发展态势、区位因素以及信息服务业与城市发展互动；2000年后，研究议题扩展到统计界定、产业链、城市尺度地理集聚、信息技术与服务业互动、产业政策以及不同部门的格局与影响因素等方面。可见，国外侧重运用计量模型研究信息服务业中信息的“质”与“量”以及重要部门的区位因子；国内研究议题零散且局限在城市或省域内部，利用ArcGIS软件分析信息服务业格局，尚未论及信息服务业新业态及其与空间的互动，尤其是新兴因素等。中国沿海省份日益成为中国信息经济发展的高地，为此本节以浙江省为例并采用定量方法研析省域信息服务业发展格局及影响因素，以期能甄别中国沿海省份发展信息服务业的驱动因子及其空间格局特征。

---

① 周国强，马仁锋，王腾飞，等．浙江信息服务业发展格局及其影响因素[J]．宁波大学学报(理工版)，2017，30(3)：110-115.

一、信息服务业范畴及其经济地理学研究范式

(一)信息服务业内涵、范畴与价值链的论争

信息服务业是随着信息化不断加深和社会需求的多元化快速衍生出的新兴产业门类，世界主要城市产业结构的不断优化，提升了信息服务业在新兴产业中的功效，导致信息服务业的范围和内容随之发生较大变化。(1)国内外学者从信息服务业的行业类型、产业基础、产业链及服务对象角度对其进行界定，认为信息服务业是基于信息技术快速发展及其广泛渗透，衍生出具有信息的采集、存储、加工、传递、交流等完整产业链，提供各种信息产品(或服务)以满足社会多元信息需求的行业。(2)国内学界普遍认为信息服务业既属于信息产业，又是现代服务产业。国内外政府与学者均论及其范围和分类，如美国的七类方案、日本的五类体系、西欧的六类体系，以及中国根据载体和技术手段将其分为传统信息服务业和新型信息服务业。此外，个别学者根据形式将其深度分类。针对浙江实际，本节采用中观层面分类方式——包括信息网络服务业、信息技术服务及信息内容服务业(表 5-3-1-1)。(3)信息服务业历经了从企业或政府内部逐渐外化为企业的过程，受信息技术飞速发展和社会信息需求多元化的影响，形成囊括了信息技术服务、信息传输服务、信息内容服务和信息用户等环节的产业链。基于其行业结构复杂性，信息服务业会出现新的价值环节，如云计算、大数据等。信息服务业作为一种新兴业态，具有软化产业结构、促进产业升级、提高经济效益、促进产业融合发展等作用。虽然其边界日益模糊，但其本质是以信息技术为支撑、以社会需求为向导、以互联网技术创新为根基，快速更新其内容、边界，因而需要适宜的产业基础、人才门槛和技术条件等。

表 5-3-1-1　信息服务产业涉及行业

信息服务业中类	小类
信息网络服务业	邮政电信、互联网、广播电视、卫星通信服务
信息技术服务	软件开发与服务、信息咨询与集成服务、系统集成与服务、服务外包、营运服务、维护服务等
信息内容服务业	传统类：如档案、新闻报道、图书出版、图书馆、文献情报、专利标准
	现代类(信息技术类)：如电子出版物、数字影音的生产和制作、动漫网游开发、数据库服务、信息处理服务、信息提供服务

资料来源：根据文献总结。

(二)信息服务业的经济地理学研究范式

1. 研究内容与思路分野

信息服务业作为有着复杂网络关系的新兴产业，不仅重构着地表空间，也被城市体系重构。正是由于这种天然的与空间的复杂相互作用，信息服务业一直受到经济地理学(图 5-3-1-1)的青睐，形成了由区域(城市)经济学、产业经济学主导的研究内容体系，进而导致了信息服务业研究思路的分野。国内外相关研究主题分析尺度有较大差异：国外学者重视国家尺度研究或全球尺度研究；国内注重城市信息服务业的格局、机理，个别学者分析国家尺度信息服务业的重点部门。因此，经济地理学视角产业研究，既重视同一条件下产业的自身发展研究，又关注空间尺度、社会发展阶段演进以及分支部门属性差异对产业体系培育或衍生的重要性。信息服务业的经济地理学研究内容，在遵循“格局、过程、机理、调控”研究主线的同时，在每一层次均考虑时空因素及行业差异。(1)时间周期使得时代演替及其技术进步、新思潮等诱发新区位因子，形成不同的发展格局。(2)信息服务业在不同尺度(全球—国家—区域/城市群—城市)所呈现的集聚或扩散现象具有反向性，所受的影响因素也不尽相同；同理，信息服务业演变过程、机理以及调控也具有着特定尺度情景。(3)信息服务业不同部门，尤其是传统与现代的性质差异，这同样要求差别化研究不同行业。因此，不同学科融合研究，将有助于全面认识信息服务业。

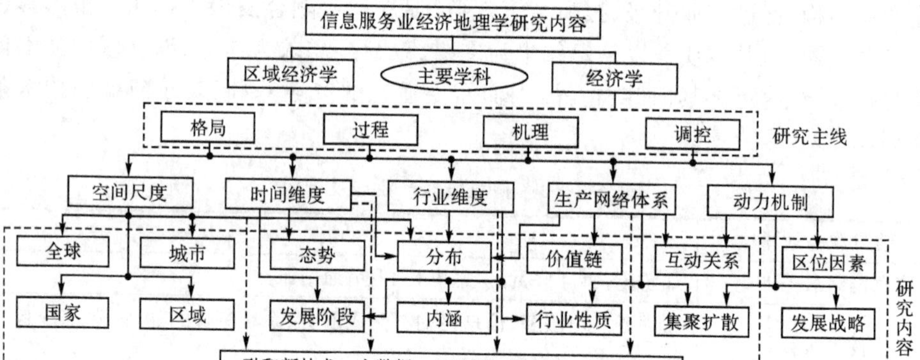

图 5-3-1-1 信息服务业经济地理学的研究内容体系

2. 研究方法与数据源

1990 年前，信息服务业研究主要借助统计数据，分析区位因素或绘制分布图剖析发展格局；个别学者借助统计数据，运用 ArcGIS 软件和回归分析法来分别探究信息服务业发展格局及其驱动因素。21 世纪以来，学者采用计量模型来分析相关议题，并开始将问卷调查或访谈作为统计数据的补充。显然，研究方法正由一般统计的描述性分析转向空间计量模型定量刻画，数据多源自部门或企业层面的统计数据，以及小样本量的问卷调查或访谈。为此，本节选用经济普查企业层面数据刻画浙江信息服务业的范畴、态势，采用空间分析法勾勒空间特征，并运用 SPSS 19.0 软件剖析浙江信息服务业发展影响因子；以信息服务产业重点行业从业人数（浙江省各市 2004 年、2008 年经济普查数据）为因变量 Y，提取的 n 个主成分为自变量 X_n，建立空间计量模型，进行回归分析，通过比较自变量系数值，深度解析不同指标对信息服务产业发展的影响程度，进而识别信息服务业空间分布的影响因素。

二、浙江省信息服务业发展空间动态

（一）发展现状

据杭州、宁波等市年鉴（2000—2015）统计目录中有关信息服务业的信息，将浙江省信息服务产业发展过程分为“硬件环境”准备期（1990—2002 年）、“软件环境”丰盈期（2003—2004 年）、发展整顿期（2005—2008 年）、迅速发展期（2008 年以来）四个阶段。2014 年，浙江全省信息服务产业全年业务收入 3592.5 亿元，增加值达到 1849 亿元，提前达成了“十二五”规划发展目标。(1)全省信息网络服务业完成电信业务总量达到 1146 亿元，累计完成电信业务收入 751 亿元，互联网宽带接入用户达到 1276 万户，互联网宽带接入端口达到 2632.6 万个，无线 AP 接入点 30.7 万个。(2)浙江省 1699 家重点软件企业年报显示，全省实现软件业务收入 2437.6 亿元，软件出口 25.2 亿美元，实现利税 826.6 亿元，位列全国第五。(3)数字出版、网络出版发展迅速，2014 年杭州国家数字出版产业基地实现营业收入 84.25 亿元；2014 年全省广播影视经营收入 403.87 亿元，居全国第二位。

（二）浙江省信息服务重点行业动态的空间差异

利用 2004 年与 2008 年浙江 11 市信息服务产业重点行业的从业人员数据，运用 GeoDa0.9.5—i 软件得到 2004 年与 2008 年全局 Moran's I（表 5-3-2-1），发现 2004 年和 2008 年浙江信息服务业四大重点行业从业人数的 Moran's I 统计值在小于 1%的显著性水平下均表现为空间负相关，说明省域信息服务业四大重点行业空间分布状况整体上趋于分散。2004 年计算机系统服务业、传媒出版业和广告策划业主要分布在杭州、宁波、温州，咨询业空间分布以杭州、绍兴、宁波为主；2008 年计算机系统服务业、咨询业、广告策划业主要分布于杭州、宁波、温州三地，传媒出版业是杭州、金华、温州较发达。叠加 2004 年、2008 年相关行业四分位图，可发现浙江沿海地区（宁波、台州、温州）和中部地区（杭州、绍兴、金华）为浙江信息服务产业的主要集聚地；而北部地区（湖州、嘉兴）和西南地区（丽水、衢州）及舟山的信息服务产业集聚水平较低。

表 5-3-2-1 浙江 2004 年与 2008 年信息服务产业重点行业从业人数的 Moran's I

行业名称	Moran's I	
	2004 年	2008 年
计算机系统服务业	−0.29	−0.30
咨询业	−0.23	−0.28
传媒出版业	−0.35	−0.23
广告策划业	−0.35	−0.31

三、浙江信息服务产业空间差异的影响因素

(一)指标体系构建及其分析

据信息服务产业内涵与特征,结合数据的典型性和可获性,选取人才、科技、宽容、政府、基础设施、经济、环境 7 类因素 14 个指标构建用于分析浙江信息服务产业发展影响因素指标体系(表 5-3-3-1),并采用标准化法对数值进行无量纲化。

表 5-3-3-1 省域信息服务产业重点行业的区域发展差异影响因素体系

影响因素	符号	选取指标	单位
人才因素	R_1	高等学校在校生人数	万人
	R_2	R&D 研究人员数	人年
科技因素	K_1	发明专利申请量	件
	K_2	科技 R&D 经费出	万元
宽容因素	K_0	非当地户口和户口待定人口总数	万人
政府因素	Z_1	教育、科技财政支出占总支出比重	%
	Z_2	文体与传媒财政支出占总支出比重	%
基础设施业	S_1	人均高速公路长	km
	S_2	互联网宽带用户	万户
经济因素	J_1	人均 GDP	元
	J_2	城市化率	%
	J_3	市区居民年人均可支配收入	元
环境因素	H_1	建成区绿化覆盖率	%
	H_2	空气质量二级以上天数	d

(1)标准化 14 个指标之后的数据进行主成分分析,得到主成分的特征值和方差贡献率(表 5-3-3-2),可知前 4 个主成分就包含 14 个变量的 87.9%(大于 85%)的信息,且特征值均达到 1 以上,而其他主成分的特征值均小于 1。因此,选择前面 4 个主成分便可反映原始 14 个变量的变化情况。经过旋转得到主成分旋转载

荷矩阵表(表5-3-3-3)可以合理解释4个主成分:第一主成分涵盖9个变量,直接或间接反映了地区科技、教育和经济水平,可解释为“科教经济因素 X_1”;第二主成分包括反映政府支持力度的教育、科技、文体和传媒财政支出比重,建成区绿化覆盖率等,可解释为“政府支持因素 X_2”;第三主成分反映人均可支配收入、空气质量二级以上天数,将其解释为“市场需求与环境因素 X_3”;第四主成分可解释为“交通因素 X_4”。

表5-3-3-2　主成分的特征值与方差贡献率

成分	初始特征值			提取平方和载入		
	合计	方差百分率	累积百分率	合计	方差百分率	累积百分率
X_1	7.23	51.65	51.65	7.23	51.65	51.65
X_2	2.34	16.77	68.43	2.34	16.77	68.43
X_3	1.65	11.84	80.27	1.65	11.84	80.27
X_4	1.06	7.59	87.87	1.06	7.59	87.87

表5-3-3-3　主成分旋转载荷矩阵表

统计项目	X_1	X_2	X_3	X_4
高等学校在校生人数	0.956	−0.005	0.148	0.048
R&D研究人员数	0.934	0.039	0.216	−0.199
发明专利申请量	0.956	−0.006	0.189	−0.063
科技R&D经费支出	0.955	0.068	0.21	−0.098
非当地户口和户口待定人口占比	0.679	0.318	0.526	−0.192
教育、科技财政支出占总支出的比重	0.062	−0.85	−0.159	−0.202
文体与传媒财政支出占总支出的比重	0.533	−0.534	−0.183	0.472
人均高速公路长度	−0.143	0.256	0.077	0.883
互联网宽带用户数	0.593	−0.303	0.552	−0.287
人均GDP	0.695	0.486	0.376	−0.253
城市化率	0.671	0.592	0.28	−0.028
市区居民年人均可支配收入	0.338	0.02	0.888	0.143
建成区绿化覆盖率	0.206	0.759	−0.336	0.073
空气质量二级以上天数	−0.304	−0.1	−0.603	0.59

(2)回归分析模型求解四主成分对信息服务业发展的影响度。将浙江信息服务产业重点行业从业人数 Y_i 作为被解释变量，4 个主成分作为解释变量，即经济科教因素 X_1、政府支持因素 X_2、市场需求与环境因素 X_3、交通因素 X_4。通过 LM 检验确定可以采用 OLS 法进行回归分析。假设 4 个主成分因子与被解释变量间存在线性关系，列出数学模型：$Y_i=\beta_0+\beta_1X_1+\beta_2X_2+\beta_3X_3+\beta_4X_4+u$，其中 i 为四重点行业。采用 SPSS 19.0 软件进行求解，得各行业回归模型显著性(表 5-3-3-4)。可见，经济科教因素对计算机系统服务业从业人数影响显著，经济科教因素和市场需求与环境因素对咨询业从业人数影响显著，经济科教因素对传媒出版业从业人数和广告策划业从业人数影响显著。

表 5-3-3-4　信息服务业四大重点行业回归模型

行业	显著性水平			
	回归因子 1	回归因子 3	回归因子 3	回归因子 4
计算机系统服务业	0.001	0.063	0.270	0.891
咨询业	0.000	0.959	0.055	0.997
传媒出版业	0.001	0.578	0.110	0.242
广告策划业	0.002	0.881	0.427	0.588

(二)影响因素判定

将主成分表达式迭代入重点行业回归方程中，得重点行业从业人数和 14 个指标变量的回归方程系数及影响因素(表 5-3-3-5)，发现：(1)对浙江计算机系统服务业发展水平影响最显著的是文体与传媒财政支出占总支出的比重，解释力很强，即变量每增加一个单位 y 就会增加 0.1949；其次是高等学校在校生人数、发明专利申请量、科技 R&D 经费支出、R&D 研究人员数和互联网宽带用户数等。(2)对浙江咨询业发展水平影响最显著的是高等学校在校生人数，即变量每增加一个单位 y 就会增加 0.1908；其次为文体与传媒财政支出占总支出的比重、发明专利申请量、科技 R&D 经费支出和 R&D 研究人员数等。(3)地区科技因素和人才因素对浙江传媒出版业发展水平影响十分显著，其次为互联网宽带用户数、文体与传媒财政支出占总支出的比重和教育、科技财政支出占总支出的比重等。总之，四重点行业发展受人才、科技、政府和基础设施等因素影响较重，其中基础设施因素仅对传媒出版业有较大影响。

表 5-3-3-5　信息服务业四类重点行业回归方程系数与影响因素排序

影响因素名称	计算机系统服务业		咨询业		传媒出版业		广告策划业	
	系数	排序	系数	排序	系数	排序	系数	排序
文体与传媒财政支出占比	0.1949	1	0.1827	2	0.1039	6	0.1442	5
高等学校在校生人数	0.1812	2	0.1908	1	0.1439	4	0.1701	1
发明专利申请量	0.1697	3	0.1800	3	0.1489	1	0.1668	2
科技 R&D 经费支出	0.1592	4	0.1719	4	0.1441	3	0.1608	3
R&D 研究人员数	0.1487	5	0.1618	5	0.1479	2	0.1585	4
互联网宽带用户数	0.0815	6	0.0696	8	0.1167	5	0.0697	9
教育、科技财政支出占比	0.0705	7	0.0522	10	0.0876	7	0.0709	8
城市化率	0.0654	8	0.0874	6	0.0551	10	0.0730	7
非当地户口和户口待定人口占比	0.0597	9	0.0685	9	0.0792	8	0.0605	10
人均 GDP	0.0535	10	0.0737	7	0.0758	9	0.0737	6
空气质量二级以上天数	0.0336	11	0.0329	12	−0.0557	13	0.0072	12
市区居民年人均可支配收入	0.0214	12	−0.0021	14	0.0212	11	−0.0392	13
人均高速公路长度	0.0204	13	0.0081	13	−0.0893	14	−0.0587	14
建成区绿化覆盖率	0.0083	14	0.0452	11	−0.0197	12	0.0445	11

四、结论与讨论

浙江省信息服务业发展经历了一个产业内容不断更新、边界范围逐次扩展羽化的过程，并呈现出一种良好的发展态势。浙江省信息服务业省域分布格局总体呈现分散发展态势，市域尺度在沿海都市区（杭州、宁波）和中部地区（金华）形成集聚，而北部地区和西南地区及舟山市集聚水平较低，成因主要是沿海及中部地区的人才、科技、政策和基础设施优势明显。

作为信息技术深入嵌入生产系统的一个有效回应，全球正进入全新的“工业 4.0 时代”，一个强调产品定制化、服务个性化、生产由集中向分散转变的后工业时代。如何使信息服务业进入“工业 4.0 时代”，为整个社会提供个性化的服务，成为值得学界深入探讨的议题。在浙江乌镇举办的世界互联网大会，既引发了“互联网＋”全面跨界融合一、二、三产业，又促成信息服务业借助“互联网＋”发展智能化、数字化服务等成为学界研究重点方向。

第四节　长江三角洲南翼设计服务业空间态势及驱动因素①

文化创意产业是21世纪城市新经济的增长热点，欧美国家将文化创意产业作为经济复兴、城市与区域再生和增强国家竞争力的重要新兴业态。如 Pintilii Radu-Daniela 研究罗马尼亚文化创意产业结构变化时发现创意产业的适应能力优于其他国民经济行业，中国学者运用空间自相关分析上海市创意产业集聚状态，并与主成分相结合识别了中国主要城市创意产业发展的内在因素及其效应，发现文化创意产业的趋城市中心性和人才、技术、宽容、政策的敏感性。文化创意产业包括动漫游戏业、设计服务业、文化会展业等国民经济行业，设计服务业是其核心组成与重要生长点。设计服务业相关研究聚焦于城市创意产业、工业园，且研究尺度多为省域、城市、城市群或大城市地区，缺乏对设计服务业的区域格局与驱动因子的关注。为此，本节运用空间统计、空间自相关和核密度分析法来研判设计服务业发展态势及其群集的驱动因子，以启示工业4.0战略的区域策略与推进抓手。

一、设计服务业范畴与研究数据源、方法

（一）设计服务业的范畴

设计服务业是文化创意产业中集测绘、研发、设计行业的总和，是文化创意产业的重要组成部分。国家统计局《文化及相关产业分类(2012)》显示设计服务业包括广告、文化软件、建筑设计、专业设计等服务业，《杭州市文化创意产业发展规划(2009—2015年)》指出设计服务业涵盖工业设计、建筑景观设计及广告业，西方国家将设计服务业分为3级统计体系(表5-4-1-1)。不论如何分类国内外都非常注重设计服务业的知识密集性、高附加值性、高创新性、高整合性等特征。依据《文化及相关产业分类(2012)》和表5-4-1-2相关实证研究提出浙江省设计服务业统计范畴——文化软件服务业、建筑设计服务、专业设计服务业。

表 5-4-1-1　国际性设计服务业的分类标准

国家	设计服务业二级类	设计服务业三级类
英国	设计咨询服务，工业设计服务，室内及环境设计服务等	美术设计、平面设计、时尚设计、手工艺品设计、多媒体、网络及数字媒体设计、电视图文、制造业设计等

① 尹昌霞，马仁锋．浙江设计服务业的空间态势及驱动因素[J]．宁波大学学报(理工版)，2017，30(4)：104-109．

续表

国家	设计服务业二级类	设计服务业三级类
美国	特殊设计服务业，其他设计服务等	室内设计服务、工业设计服务、平面设计服务、其他设计服务等
日本	研发服务业，商务及工程设计服务业	自然科学研究和文化社会科学研究，专业服务业
加拿大	特殊设计服务业	室内设计服务、工业设计服务、平面设计服务、其他特殊设计服务等(不包含建筑设计、计算机系统设计和工程设计)

表 5-4-1-2　中国设计服务业分类借鉴与浙江省统计范畴

	大都市创意空间识别研究(马仁锋，2012)	城市文化创意产业的空间组织研究(梁贤军等，2015)	浙江省设计服务业统计范畴(本节分案)
二级类	研发设计创意业；建筑设计创意业；咨询策划创意业	研发设计创意业；建筑设计创意业；咨询策划创意业	文化软件服务业、建筑设计服务业、专业设计服务业
三级代码	6211、6212、629、611、602、75、769、7671、7672、7673、8120、490	6211、6212、6290、6110、6020、7510、7520、7530、7540、7550、7690、7671、7620、7673、8120、4900	7240、6510、6591、7482、7491、6330
查询企业门类	研发设计创意业；建筑设计创意业；咨询策划创意业	研发设计创意业；建筑设计创意业；咨询策划创意业	建筑业；科学研究、技术服务和地质勘查业；信息传输、计算机服务和软件业

(二)研究数据源与方法构建

《浙江省人民政府关于加快工业转型升级的实施意见》等系列文件强化了文化创意产业的重要性，提出了文化创意产业的发展措施。2015 年浙江省服务业产值增加 2.13 万亿元，各市服务业产值占市级 GDP 均在 30%以上，各市形成特色鲜明的服务业：杭州市的电子商务、科研、金融服务位于全省前列，宁波市和舟山市的港口服务业优势显著，温州市和台州市的金融服务势头突出。浙江省积极扶持知识产权评价机构成长为集创作—生产—消费全过程的知识产权生产体系，设计服务业成为重点扶持行业。因此，浙江省文化创意产业的设计服务业发展具有多方的优势与潜力。

1.数据采集与处理

按照表5-4-1-2统计范畴，在顺企网企业黄页查询相关企业名录，查询时间为2015年10月20日至30日，将查询获得企业作为2014年设计服务业企业，并分类赋予属性。浙江各市2008年设计服务业企业数据源于《浙江经济普查年鉴(2008)》，相关行业门类按照表5-4-1-2予以求和；浙江各市设计或文化创意产业园名录通过工业协会、设计院、省/市经信委网站主页等综合整理而得，相关变量指标数据源于《浙江统计年鉴(2015)》。

2.研究方法构建

首先，采用2008年和2014年浙江各市设计服务业企业数据，运用全局和局域空间自相关模拟设计服务业密度特征。其中，全局空间自相关 *Moran's I* 指数(式5-4-1-1)常用于观察要素(企业密度)的空间变化特征(指数为正表示特性集聚，反之分散)，局域空间自相关 *Moran's I** 指数(式5-4-1-2)表示显现特征强度(指数为正表示特性显现特征为强，反之为弱)。

$$Moran's\ I = \frac{n\sum_i \sum_j w_{ij}(x_i - \bar{x})(x_j - \bar{x})}{\left(\sum_i \sum_j w_{ij}\right)\sum_i (x_i - \bar{x})^2} \qquad (式5\text{-}4\text{-}1\text{-}1)$$

$$Moran's\ I_i^* = Z_i \sum_{i=1}^{n} W_{ij} Z_j \qquad (式5\text{-}4\text{-}1\text{-}2)$$

式中，n 为研究区单元总量，w_{ij}、W_{ij} 表示空间权重，x_i 和 x_j 分别为 i 和 j 的空间属性值，$\bar{x}$ 是属性均值，Z_i 和 Z_j 是 i 和 j 标准化的空间观测值。

随后，据各市2014年设计或文化园创意产业园(基地)数量进行核密度分析，进一步识别文化创意集聚态势，并运用 *GWR* 模型(式5-4-1-3)模拟多因素对园区群集影响。

$$y_i = \beta_0(\alpha_i, \gamma_i) + \sum^{k} \beta_k(\alpha_i + \gamma_i) x_{ik} + \delta_i \qquad (式5\text{-}4\text{-}1\text{-}3)$$

式中，(α_i, γ_i) 为第 i 个空间单元地理中心坐标，$\beta_k(\alpha_i + \gamma_i)$ 表示连续函数 $\beta_k(\alpha + \gamma)$ 在 i 空间单元的值。

二、省域设计服务业的空间动态

(一)各市设计服务业企业的时空格局

1.省域设计服务业企业数量与结构空间分异

浙江各市设计服务业的增长趋势如表5-4-2-1：(1)设计服务业各行业呈增长趋势，但增速明显不同；(2)建筑设计服务占地级市设计服务业比重较大，占比有显著下滑趋势，市场扩张性减弱；(3)文化软件服务业占设计服务业比重呈增长趋势，且增速相对高，可见文化软件服务行业的市场扩展速度之快；(4)专业设计服务业占设计服务业比重(多数)城市呈下降趋势，增速缓慢，个别城市出现负增长态势，行业稳定性不足。

表 5-4-2-1　浙江省各市 2008 年、2014 年设计服务业企业数

	2008			2014		
	建筑设计服务	专业设计服务	文化软件服务	建筑设计服务	专业设计服务	文化软件服务
杭州市	3728	1328	8	11676	6794	6217
宁波市	2140	1165	8	2799	1350	1478
温州市	1135	802	—	3758	1693	2378
嘉兴市	714	800	14	2835	999	1142
湖州市	293	595	9	1571	594	429
绍兴市	875	404	11	2539	919	1332
金华市	909	589	63	2539	919	1332
衢州市	300	139	4	1147	361	336
舟山市	673	69	—	1102	391	300
台州市	768	802	23	3450	747	977
丽水市	302	127	26	917	469	512

注：2008 年设计服务业数据来源于《浙江经济普查年鉴(2008)》，2014 年数据来源于顺企网企业黄页。

浙江各市间设计服务业结构差异显著(表 5-4-2-1)：(1)杭州市设计服务业企业总量占据绝对优势，各市设计服务业企业总量呈现较大市际差异；(2)杭州、宁波两市设计服务业企业总数约占全省设计服务业企业总量的 45%，且杭州设计服务业企业总量占比达 26%～38%，表明两市是浙江省设计服务业核心聚集区，尤以杭州市设计服务业群集发展最为典型；(3)各市设计服务业内部结构比差异明显，尤其以文化软件服务业为典型。

总之，浙江省设计服务业以建筑设计服务类企业为主导，文化软件服务类企业成为新增长点；设计服务业企业总量与城市区位较为匹配，初现以杭州为核心、宁波为次中心，辐射周边及内陆地区的发展格局。

2. 省域设计服务业企业群集的空间自相关特征

为解释浙江设计服务业企业空间群集的内生动力与效应，采用空间自相关方法分析该产业密度的空间关系，刻画浙江设计服务业空间群集特征。采用全局空间自相关法分析集聚状态，赋以邻接距离权重(K 邻近法，4 阶)，可得 *Moran's I* (2008)＝0.2128、*Moran's I*(2014)＝0.0409，指数均为相对较高正值，由于集聚特征的显著率为0.05～0.01，表明设计服务密度和空间分布正向相关，集聚性相对其他权重较高，该方法也考虑到了无行政毗邻的舟山市，故此权重法应用得当(图 5-4-2-1)。

进一步模拟设计服务业企业群集强度，采用局域自相关法的 K 邻近(9 阶)权重赋值法，*Moran's* I^* (2008)＝－0.0102、*Moran's* I^* (2014)＝－0.0360，且显著率绝对值均达到 0.01，表明设计服务业呈现低集聚状态(表 5-4-2-2)。

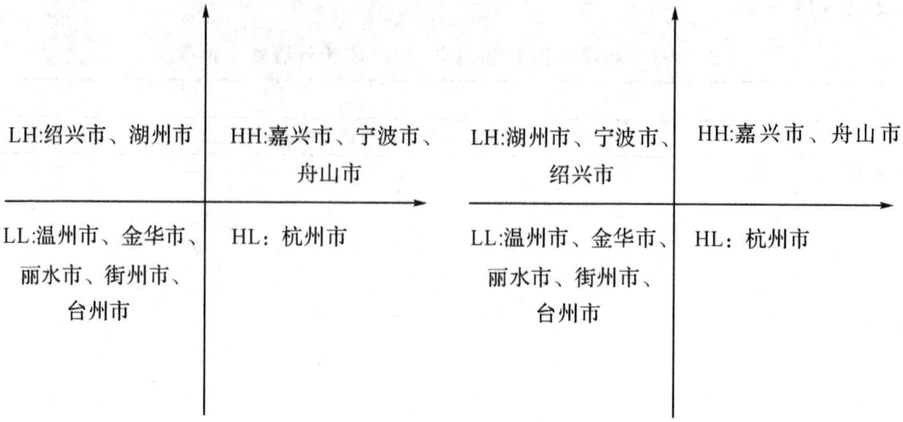

图 5-4-2-1 浙江市域设计服务业企业密度(2008 年、2014 年)的全局空间自相关分布格局

表 5-4-2-2 浙江省设计服务企业密度(2008 年、2014 年)的局域空间自相关差异

	湖州	嘉兴	杭州	衢州	丽水	金华	绍兴	宁波	舟山	台州	温州
2008 年类型	低—高	高—低	高—高	低—低	不显著	不显著	低—高	高—高	不显著	低—高	低—高
2014 年类型	低—高	高—高	高—高	不显著	不显著	不显著	低—高	低—高	不显著	低—高	低—高

表 5-4-2-2 显示:(1)杭州市 2008 年、2014 年均为高—高类,对周边市产生了正向作用力,使得嘉兴市由 2008 年高—低值增长成为 2014 年高—高类。(2)低—高类型市域增多,市域设计服务业发展群集效应较低,对周边的辐射效应较弱,使得宁波市由 2008 年高—高值转变成 2014 年低—高值。(3)空间格局演变呈现设计服务业的高—高值总体处于浙江省北部,表明杭州的中心带动效应逐渐凸显;设计服务业辐射范围呈缩小趋势,集中反映在市域间发展溢出效应趋弱。概而言之,浙江省市域设计服务业发展呈南北分异格局,杭州成为浙江设计服务业增长极核且辐射效应强,但是全省市域设计服务业群集效应低。

(二)各市 2014 年设计服务业园区和基地集聚态势

据 2014 年浙江设计服务业园区名录及其坐标,利用 ArcGIS 9.0 软件绘制具有空间、业务属性信息的园区矢量图。为便于比较市际设计服务业园和基地的分布差异性,以其密度为基础数据进行核密度分析(表 5-4-2-3),由此可知:(1)各市均呈现一定范围的设计服务业园集聚核心区,且该行业园区的区位趋向城市中心,说明城中心更利于设计服务业园区的形成和发展;(2)市际设计服务业园区密度存在较大极差,尤以杭州与其他市的差距较为显著,表明杭州设计服务业园区发展较成熟;(3)宁波市设计服务业园区密度呈现出一定的增长潜力。总体而言,浙江市域设计服务业园区呈现区域不均衡现象,即浙北与浙东呈现核心点式(杭州)带动连片式(宁波、湖州、嘉兴、舟山)发展模式,浙西南呈现滞后的分散发展模式。

表 5-4-2-3　浙江市域设计服务业园区和基地核密度特征

核密度范围	0～22	23～82	83～185	186～478
城市	丽水、衢州	嘉兴、湖州、台州、舟山、温州、金华	宁波	杭州

三、省域设计产业园区和基地分布的影响因素判识

相关研究表明：城市文化创意产业发展与知识密集度相关，甚至在活动中创造和利用知识产权；其与人力资源决策也明显相关；基础设施建设对创意产业发展存在较大影响力。梳理相关研究可知政策、人才等因素（表 5-4-3-1）促进了文化创意产业集聚，为进一步刻画因素对市域园区集聚程度的空间效应，本节采用 GWR 模型解析浙江省设计产业园区和基地分布的驱动因子。

表 5-4-3-1　设计服务业群集支撑因子指标体系

变量	准则层	指标层
自变量		产业基地园区集聚程度(Y)
	基础支撑	每百人拥有公共图书馆藏书量(X_1)
	科技支撑	每万人拥有专利授权数(X_2)
因变量	人才支撑	每万人拥有高等学校在校生数量(X_3)
	市场支撑	社会消费品零售总额(X_4)
	政府支撑	实际使用外资额(X_5)

表 5-4-3-1 显示了 5 个驱动因子。(1)基础支撑：主要涵盖道路、图书馆、绿化等方面的资金投入，基础设施建设不仅为城市内部居住者提供优越人的居环境，还形成外部吸引力；以文化基础设施为核心予以刻画。(2)科技支撑：城市科研创新是城市产业发展活力的源泉，同时技术渗透使得文化创意产业组织模式多样化、产品个性化、成本弱化，故其创新力量推动新兴产业形成和集聚；以专利授权量表达。(3)人才支撑：文化创意产业依托高校、科研中心、设计院等发展的趋势显著，在这其中人才是核心，而杭州集聚浙江大学、中国美院、浙江工业大学等高校，先后建成浙江大学科技园、中国计量学院科技园、浙江省文化创意产业实验区、杭州江南文化创意研究所等有利于设计产业发展研发孵化中心；故而以人才为核心指标测量。(4)市场支撑：文化创意产业兴起并群集于后工业时代城市，易于形成城市集聚效应，文化创意产业的市场适应性增强、市场活跃度高，易于推动促使产业跨界融合与新业态衍生；显然社会消费需求是核心。(5)政府支撑：政府决策具有政策导向效应，主要体现在资金扶助、税收减免、环境营造等方面。

将统计指标标准化①,用于OLS分析得表5-4-3-2,经OLS模型估算后仅X_2、X_5指标具显著性,故选取这两指标进行GWR分析,GWR系数见表5-4-3-3,可知空间群集效应与空间自相关分析一致。

表5-4-3-2 OLS估计结果

	回归系数	标准差	t统计量	概率
X_1	−0.339	0.206	−1.644	0.161
X_2	−0.721	0.207	−3.485	0.017*
X_3	0.478	0.195	2.453	0.057
X_4	0.410	0.190	2.156	0.083
X_5	0.595	0.170	3.508	0.017*

注:*、**、***分别代表显著率为0.05、0.01、0.5;校正R^2=0.958;F=46.572。

表5-4-3-3 GWR回归系数

	杭州市	宁波市	温州市	嘉兴市	湖州市	绍兴市	金华市	衢州市	舟山市	台州市	丽水市
X_2	−0.7722	−0.7720	−0.7719	−0.7722	−0.7722	−0.7721	−0.7721	−0.7721	−0.7720	−0.7720	−0.7720
X_5	0.9792	0.9789	0.9791	0.9790	0.9791	0.9790	0.9791	0.9793	0.9788	0.9790	0.9792

注:校正R^2=0.900。

利用ArcGIS 9.0等距分级显示表5-4-3-3中GWR回归系数,可发现:每万人拥有专利授权数、实际使用外资额对设计产业园集聚效应是正向作用。科技支撑要素中,杭州每万人拥有专利授权数(分级值达2以上)有效促进设计产业园高度集聚,其他市呈现为较低集聚效应,其中绍兴、宁波、台州、湖州、嘉兴的集聚效应处于第五水平级,温州、金华、舟山、丽水、衢州处于第四水平级,故科技支撑效应空间分异显著。政府支撑要素方面,杭州实际使用外资额回归系数仍处于较高等级,有效促进设计产业园高度集聚;其余市均呈现相对较差集聚效果,但大部分市域(温州、金华、丽水、台州、湖州、绍兴)处于第四级水平级,舟山、衢州市则呈第四级效应,而嘉兴、宁波市仍处第五级效应。总之,科技支撑(每万人拥有专利授权数)、政府支撑(实际使用外资额)之于杭州市设计服务业集聚具有较高效应,其余各市影响因素呈现南北差异。

四、结论与对策

浙江设计服务业发展趋向城中心,且政府支撑、科技支撑指向性显著。(1)2008—2014年,浙江省设计服务业总体呈现增长趋势,其中建筑设计业占据重要地位,文化软件服务业具有较大发展潜力,专业设计服务业的增长趋势相对平

① 标准化方法是某市某指标值与各市某指标均值之比

缓;(2)浙江市域设计服务业呈现集聚效应,但集聚效应低,且设计服务业集聚状态大体呈现南北分异,其中杭州设计服务业辐射效应相对较强;(3)杭州是浙江省设计服务业园区群集核心,其他城市存在核心区但相对较弱,且园区集聚在市际间产生一定辐射连片效应,有利于提高省域经济竞争力。经地理加权回归识别分析,发现科技支撑、政府支撑对设计服务业集聚效应为正,其中杭州呈现显著效果。

浙江设计服务业企业、园区双重尺度群集分析,表明杭州初步成长为浙江设计服务业增长极核,其政策和科技支撑力也有显著驱动效应。因此,市域设计服务业发展亟待围绕工业4.0着力。(1)提升设计服务业发展急需的技术、基础性研究,尤其是人才培育、引进、孵化。(2)适应性产业政策及其良性环境持续营造,是利于设计服务业企业乃至园区和基地形成的次位因素,亟待落实毕业生创新创业、民间设计创意集市与展览等政策,全面提升政策促推创意阶层孵化的成效;(3)充分考虑空间溢出效应,消除市际人才流动与贸易往来的阻隔,加强邻近地区文化创意产业的合作协作,实现创意产业发展与城市土地利用的良性互动。

第五节　本章小结

本章以长江三角洲南翼的浙江省11市为研究范围,着重解析了文化创意企业(区位)动态及其驱动因素。在梳理文化创意企业分布影响因素的基础上,构建了基于区位论的文化创意企业动态影响因素概念模型。

本章以浙江省为例,基于区位熵方法,借助从业人员数据,刻画文化创意产业空间格局,并运用主成分分析法与OLS模型,甄别驱动因素以佐证文化创意产业区位模型。结果表明:(1)市域尺度的浙江文化创意产业区位规律不仅具有"资本空间"(杭州)集聚性,还具有"地方空间"(舟山、金华和台州)分异性;(2)科教经济、政府支持、市场需求与环境、交通是重要区位因素,且不同重点行业、不同地理层级所受区位因素不尽相同;(3)浙江文化创意产业全行业区位特征主要是"基础设施—管治"双要素驱动型,8个重点行业的区位特征主要是"软因子"驱动型;(4)研究有助于引导城市文化创意产业政策着力点,增强规划调控协同性。

信息服务业是伴随信息技术广泛应用逐渐兴起的新兴产业,并成为当今中国产业创新发展的重要方向。本章系统阐释了信息服务业范畴,厘清了信息服务业的经济地理学研究内容与方法体系,运用主成分、多元回归、空间相关分析等方法分析浙江省2004年、2008年经济普查数据,探究浙江信息服务业重点行业空间分布及其影响因素。研究发现:(1)浙江省信息服务业重点行业空间分布格局趋于分散;市区层面,沿海及中部地区集聚水平高,浙北、浙西南以及舟山市的集聚水平较低;(2)人才、科技、政府和基础设施依次是影响信息服务业发展的重要因素。

文化创意产业的异军突起受到各级政府重视，浙江设计服务业占据文化创意产业比重快速上升。本章运用统计、空间自相关和核密度方法分析浙江省设计服务业的发展态势，探索设计服务业群集的内在影响因素。研究发现：(1)2008—2014年，浙江省设计服务业呈增长趋势，其中建筑设计业占据设计服务业的重要地位、文化软件业具有较大发展潜力、专业设计服务业的增长趋势相对平缓；(2)浙江市域设计服务业呈现集聚效应，但集聚趋势较弱；(3)杭州市是浙江设计服务业园区群集的核心，地理加权回归分析表明全省设计服务业园区群集受科技支撑、政府支撑的正向作用，且杭州市作用效果尤为显著。

第六章　长江三角洲地区文化创意产业动态的空间效应

创意是普遍的、个人固有的，但是在具有一定范围的地理空间中集聚成为重要的地方资产。创意力不仅被其他人创造性地感知，而且通过与社会系统的个人和群体的各种关系而形成。如果将创意力的出现机制理解为这样一种社会过程，那么形成个人行为和社会关系的地理空间就很重要。城市是学习、创造、创新、互动的地理场域的中心。在中国长江三角洲地区，文化创意产业日益集聚在大都市地区，形成以上海、苏州、南京、杭州等为中心的显著集群，这与地方化经济、城市化经济、产业基础的多样性，以及专业化的人才、完备的文化设施、便利的生活等息息相关。同时，文化创意产业又日益在大城市边缘地区或者小镇快速发展，这表明人口规模和开放空间对文化创意产业发展具有负效应。文化创意产业是动态集聚—扩散，外部效应显著的专业人力资源增长与迁徙是文化创意产业动态集聚—扩散的核心诱因。专业人力资源(亦可称之为创意阶层)更喜欢群集在重点文化设施高度密集的不同行业公司集聚地或城镇，这势必催化各类经济实体利用该群集态势集聚于城市某些地段或某些城镇，继而激发大都市周边小城镇的活力，最终推动非大都市地区文化创意产业整合发展与崛起。可以发现，文化创意产业积累因素的空间变化，对于每个地理单元而言，来自产业多样性的新思想和知识的交流，文化设施和人口规模等影响因素的分布正在形成双重影响。为此，本章以文化创意产业综合成长因素的城际分异、文化创意产业园的空间分布变动、文化创意产业园生成模式的效益差异三个层次，逐层递进诠释长江三角洲文化创意产业的地理格局变动及其累积空间效应。

第一节　长江三角洲城市群创意产业空间态势及效应

20 世纪 90 年代以来，伴随世界新经济快速发展，全球主要大城市不仅形成了以服务经济主导的产业结构，而且在特定地点兴起了基于人脑创意力的产业，被《创意国度：联邦文化政策》(*Creative Nation*: *Commonwealth Cultural Policy*)(1994)和《创意产业测算文件》(*Creative Industries Mapping Document*) 1998 界定为"创意产业(creative industries)"①,它随即成为大城市经济社会发展的热点和普遍趋势②,创意产业、创意城市的理论探索与实践便成为21世纪初期国内外经济、地理、管理、城市与区域规划等学科关注的焦点领域③。1998年至今,国内外学界主要关注"创意产业"④、"创意阶层"⑤、"创意产业区/集群"⑥、"创意城市"⑦。地理学者侧重于将"创意"与集聚经济、区域经济增长、城市产业升级结合起来,关注创意集群/产业区、创意产业与区域增长或转型的关系⑧等;已有个别学者开始关注创意产业对城市体系影响,如 Asheim Bjørn(2009)、Mark Lorenzen & Kristina V. Andersen(2009)、Ric Kolenda&Cathy Yang Liu(2012)等从创意阶层理论视角讨论欧洲、美国的城市创意职业规模及其对城市群发展影响⑨,Michael Bentlage等(2013)从知识创造视角讨论德国城市经济集聚与可达性问题⑩,Shaleen Singhal等(2013)以英国为例讨论创意产业对城市竞争力贡献及其效应⑪。可见,创意时

---

① DCMS. Creative industries mapping document 1998 [R]. London: GB Department of Culture, Media, and Sport, 1998, 2-5.

② Evans G. Creative cities, creative spaces and urban policy[J]. Urban studies, 2009, 46(5&6): 1003-1040.

③ Terry F, Cunningham S. Creative industries after the first decade of debate[J]. The Information Society, 2010, 26(2): 1-11;马仁锋,沈玉芳. 我国创意产业研究的进展与问题:基于城市与区域发展视角[J]. 中国区域经济, 2009, 1(3): 31-42;赵继敏,刘卫东. 文化创意产业的地理学研究进展[J]. 地理科学进展, 2009, 28(4): 503-510;马仁锋,沈玉芳. 网络创意产业、低碳经济与上海都市型工业园转型[J]. 长江流域资源与环境, 2011, 20(2): 211-216.

④ Terry F, Cunningham S. Creative industries after the first decade of debate[J]. The Information Society, 2010, 26(2): 1-11; O'Connor J. The cultural and creative industries: a review of the literature[R]. London: Creative Partnerships, Arts Council England, 2007, 3-5; Banks M, O'Connor J. After the creative industries[J]. International Journal of Cultural Policy, 2009, 15(4): 365-373.

⑤ Florida R. The rise of the creative class[M]. New York: Basic Books, 2002, 2-4.

⑥ 马仁锋,沈玉芳. 中国创意产业区理论研究的进展与问题[J]. 世界地理研究, 2010, 19(2): 91-101; Bagwell S. Creative clusters and city growth[J]. Creative Industries Journal, 2008, 1(1): 31-46.

⑦ Landry C. The creative city: a toolkit for urban innovators[M]. London: Sterling, 2000, 2-5.

⑧ Landry C. The creative city: a toolkit for urban innovators[M]. London: Sterling, 2000, 2-5; Turok I. Cities, clusters and creative industries[J]. European Planning Studies, 2003, 11(5): 549-565; Storper M, Scott A J. Rethinking human capital, creativity and urban growth[J]. Journal of Economic Geography, 2009, 9(2): 147-167.

⑨ Bjørn A. Guest Editorial: Introduction to the creative class in european city regions[J]. Economic Geography, 2009, 85(4): 355-362; Lorenzen M, Andersen V K. Centrality and creativity: does richard florida's creative class offer new insights into urban hierarchy? [J]. Economic Geography, 2009, 85(4): 363-390; Kolenda R, Yang L C. Are central cities more creative? the intrametropolitan geography of creative industries[J]. Journal of Urban Affairs, 2012, 34(5): 487-512.

⑩ Bentlage M, Stefan L, Alain T. Knowledge creation in German agglomerations and accessibility: an approach involving non-physical connectivity[J]. Cities, 2013, 30(1): 47-58.

⑪ Shaleen S, Stanley M, Berry J. An evaluative model for city competitiveness: application to UK cities[J]. Land Use Policy, 2013, 30(1): 214-222.

代的来临已经对经济、社会文化产生深刻影响，并且在某种程度上正改变以往城市体系理论。中国创意产业发端于2000年前后的文化产业或都市型工业，如2002年11月8日中国共产党第十六次全国人民代表大会将文化分为文化事业与文化产业，大城市内城更新过程（以沪、京、宁、杭最为典型）城市政府提出"都市型工业"①，它们和创意产业虽有区别，但已标志着中国产业政策开始重视人脑创意、创新推动的新经济发展。国内学术界正式引介"创意产业"肇始于2004年12月21日在上海举办的首届"中国创意产业论坛"，随后引起了中国沿海城市政府和从事产业经济、经济地理、城市规划等研究的学界高度重视②。创意产业已被纳入国家"十一五"文化纲要。2005—2012年，北京、上海、广州、成都等城市积极发展创意产业，尤以长三角、珠三角城市群为最。③ 国内外实践表明创意产业对提高城市竞争力、促进城市创新发展有重要作用。因此，探析影响城市群创意产业发展的因素，寻找有效提升其竞争力路径显得十分必要和紧迫。依据中国长江三角洲城市群的面板数据，实证分析城市创意产业发展的影响因素，既可揭示城市群发展创意产业的关键所在，又可窥视创意产业对城市群的影响，从而阐明创意产业与城市体系关联的科学依据。

一、核心概念与理论探索

（一）创意产业及其空间性

创意产业最早可以溯源到联合国教科文组织界定的文化产业（cultural industry）和美国国际知识产权联盟界定的版权产业（copyright industry）；而1998年英国提出的"创意产业"意指那些从个人的创造力、技能和天分中获取发展动力的企业集合，及那些通过对知识产权的开发创造财富和就业机会的活动，西方多数国家都接受此概念；而香港、台湾以文化创意产业（cultural creative industry）进行官方统计或学术研究。各国和国际组织对创意产业的称谓、界定、统计范畴尚未形成统一标准（表6-1-1-1）。中国政府与学界最早使用文化产业，创意产业的引介始于2004年前后。2000年，在制定第"十五"计划时，中共中央全会首次在文件中使用文化产业概念，中国共产党十六大明确划分了文化事业和文化产业。2003年中宣部会同国家统计局等有关部门第一次明确界定文化产业，并编制出台了《文化及相关产业分类（2004）》。《国家"十二五"时期文化改革发展规划纲要》根据实践提出要发展壮大出版发行、影视制作、印刷、广告、演艺、娱乐、会展等七大传统文化产

---

① 马仁锋，沈玉芳．网络创意产业、低碳经济与上海都市型工业园转型[J]．长江流域资源与环境，2011，20(2)：211-216.

② 马仁锋，沈玉芳．我国创意产业研究的进展与问题：基于城市与区域发展视角[J]．中国区域经济，2009，1(3)：31-42.

③ 张京成．中国创意产业发展报告2011[M]．北京：中国经济出版社，2011.

业，加快发展文化创意、数字出版、移动多媒体、动漫游戏等四大新兴文化产业。2011年5月以来，中宣部、国家统计局组织开展对《文化及相关产业分类（2004年）》修订工作，并印发了《文化及相关产业分类（2012）》①。北京、上海、杭州、南京、广州等一些创意经济较发达地区提出了发展创意产业，地方政府的相关部门探索性地提出统计范畴，但仍未能达成一致。

表 6-1-1-1　创意产业及其相关概念的典型界定

术语	典型界定
文化产业	联合国教科文组织《文化统计框架（1986）》将其定义为："按照工业标准生产、再生产、储存以及分配文化产品和服务的一系列活动。"2000年又提出："文化产业这个概念是指那些包含创作、生产、销售'内容'的产业"，"一般包括印刷、出版、多媒体、视听、录音和电影制品、手工艺品和工艺设计等行业"。2009年联合国教科文组织发布该统计框架的修订版本，延用文化产业概念。芬兰、韩国、加拿大等国使用此概念。
版权产业	1990年起，美国国际知识产权联盟开始运用这个概念来计算该产业对美国整体经济的贡献，具体分为四类：一是核心版权产业，指创造享有版权的物品，包括电影、电视、录音、音乐、书报刊、软件、广告等；二是部分版权产业，如纺织品、玩具、建筑等；三是边缘版权产业，指版权产品的运输、批发与零售等；四是交叉版权产业，其所生产和发行的产品与版权物品配合使用，如计算机、收音机、电视机等。
创意产业	1998年，英国将创意产业定义为："源于个人创造性、技能与才干，通过开发和运用知识产权来创造财富和就业的行业。"强调创意产业有别于传统产业，具体包括广告、建筑、艺术品与古董市场、工艺、设计、流行设计与时尚、电影及录像带、休闲软件与游戏、音乐、表演艺术、出版、软件及计算机服务、广播电视等行业。新西兰、新加坡等国也使用这一概念。
文化创意产业	英国经济学家约翰·霍金斯将创意产业分为"文化类创意产业"和"科技类创意产业"。中国香港地区最初沿用英国"创意产业"概念，2005年香港特区政府提出"在全球化的新竞争年代，要提升产品和服务的附加值，便要通过设计、包装、形象和广告等手段，实际上是凝结和体现文化的无形价值"，并将"创意产业"改称为"文化及创意产业"。中国台湾地区也借鉴英国创意产业发展经验，提出发展文化创意产业，注重创意或文化累积，具体包括视觉艺术、音乐与表演艺术、电影、广播电视、出版、广告、数字休闲娱乐、创意生活、建筑设计等13个行业。

资料来源：作者整理。

① 马仁锋，唐娇，张戬．科技创新带动文化创意产业发展研究动态与中国议题［J］．经济问题探索，2012，33(11)：93-99.

传统经济地理学视阈产业的空间性指产业的区位选择等[①]，而新经济地理学则关注产业的微观客体企业的空间交易成本[②]，文化地理学重视企业或产业的地方性与全球性、第三空间建构等[③]。创意产业兴起于大都市内城抑或大都市边缘[④]，其区位指向非常显著地指向大都市且群集发展。Florida 对北美和欧洲创意阶层的空间分布与区位的研究，进一步证实了创意产业趋城市集聚且不同等级规模城市内所集聚创意阶层的数量规模与质量又存在一定的层序规律。[⑤] 可见，经济地理学视阈创意产业的空间性(spaciality of creative industry)含义：一是创意产业的趋大都市集聚特性；二是创意产业集聚在大都市又以群集的空间形态出现[⑥]；三是受创意产业形成的微观主体创意阶层的集聚区位取向，在不同等级规模的城市所集聚的创意产业呈现一定的层序规律。创意产业在城市集聚到一定规模势必牵引城市内部空间结构重构，而且不同城市受其创意产业规模与质量综合作用存在差异，从而形成创意产业发展的城际分异并牵引城市群空间重构。

(二)创意城市体系的提出

城市体系(urban (size) hierarchy)是经济地理学研究经济活动非均匀分布的空间视角，其形成的理论依据是城市人口规模，如不均匀空间分布。代表学者首推 Christaller(1933)，随后有 Lösch(1940、1954)、Berry & Pred(1961)、Tinbergen(1968)、Marshall(1996)，但他们未能全面解析城市规模分布的决定因素，仅提出城市层级体系的坡状分布格局。位序—规模律(rank-size rule)是经济地理学家研究城市体系时发现对于一个城市的规模与该城市在国家所有城市按人口规模排序中的位序存在一定的关系，如 Christaller(1933)的 $k=3$ 规则，Simon(1955)、Krugman(1996)和 Zipf(1949)的 $p(r)=k\times r^{-q}$。以 Simon(1955)和 Krugman(1996)为代表的经济学家利用城市金字塔阐释位序—规模律，认为城市人口规模大的城市发展速率快，这在一定程度上否定了城市位序—规模分布；而解释位序—规模律指数价值在于较大城市依赖于专业化功能与服务更广的腹地，因此增速快于小城市。而 Florida(2002)认为大城市存在某种自我增强机制，如通过投资娱乐设施、创造就业机会与教育机会吸引较高份额移民成为城市发展核心动力。可见，

① Coe N M, Kelly F P, Yeung W C H. Economic geography: a contemporary introduction[M]. West Sussex: Blackwell publishers, 2007.

② 苗长虹，魏也华，吕拉昌. 新经济地理学[M]. 北京：科学出版社，2011, 5-7.

③ 王圣云. 空间理论解读：基于人文地理学的透视[J]. 人文地理，2011，26(1): 15-18.

④ Hutton A T. The new economy of the inner city: restructuring, regeneration and dislocation in the twentyfirst-century metropolis [M]. London: Routledge, 2008; Phelps A N. The sub-creative economy of the suburbs in question[J]. International Journal of Cultural Studies, 2012, 15(3): 259-271.

⑤ Florida R. Cities and the creative class[M]. London: Routledge, 2005.

⑥ 马仁锋. 大都市创意空间识别研究：基于上海市创意企业分析视角[J]. 地理科学进展，2012，31(8): 1013-1023.

城市体系理论发展至今仍存在两个较为突出的问题。一是城市体系的最低级城市的规模。虽然 Simon(1955)认为城市存在最小规模以构筑完整城市体系,并提出门槛理论。但是,如何才能促使最底层城市发展成为较大城市并成为城市层级体系一员?二是城市体系的斜率。早期经济地理学家 Christäller(1933)认为 k=3,而区域科学家则认为呈$(-1)^r$;Simon 认为是随机增长,而 Krugman 则认为是变幻不定的。

Florida 的创意阶层理论对学术与政策实践有着深远影响,其核心内容是:全球化经济时代,创新构筑的竞争优势源自劳动力组成及其增长,尤其是与技术性、社会性或艺术性创意职业密切相关;创意阶层是在工作与个人生活等方面有着特殊能力的群体,他们有着独特的个人消费偏好与工作特性,且其经济贡献度远高于熟练技术型工人。同时,Florida 也明确指出创意阶层偏爱文化多元、包容性强且创新企业密集的城市区域。至于 Florida 的创意阶层与经济增长的实证研究,在美国和欧洲已有较多学者探索证实。

Christaller 中心地理论与 Florida 的创意阶层理论表明:①创意阶层的专门化消费偏好影响创意城市体系(creative urban hierarchy)。Broooks(2001)、Robinson&Godbey(1997)、Florida(2002)认为创意人群就是那些自我标榜的艺术工作者,艺术工作者是创意阶层的一部分,尤其是画家、艺术家、设计者、小说家、研究者、工程师等以创意力(creativity)为核心的职业,由此可见创意阶层囊括的职业群体较为广泛。创意阶层作为一个有需求的特殊消费群体,偏好高质量、可信的、宜人的消费服务,如非主流文化服务、专门化研究与教育机构。Bille(2007)在丹麦创意产业从业者文化消费偏好调查中发现:创意阶层对于家庭文化与主流公共文化消费要少于其他从业者,但也存在特殊的专门公共文化消费模式。① 创意阶层确实存在专门化消费偏好,因此假设:创意城市体系能够揭示创意阶层专门化消费偏好。创意消费者偏好,或许在一定程度上影响位序—规模分布中较低层级的城市,这是因为对应于专业服务的最小效用市场规模,它们将构成城市门槛;如果城市规模低于吸引创意阶层的基础门槛,将跌落于城市体系之外。消费偏好也增加了创意城市体系斜率,即如果更多适宜城市能够提供专门服务以促进城市创意阶层增多来提高城市规模,城市位序自然也就随着创意阶层增加而上升。②创意阶层的专门化就业偏好影响创意城市体系。Florida 定义的创意阶层是“创造新知识和通过个人专门性职业而非教育水平获取新知识的劳动者”,从而可知创意阶层既存在消费偏好,又存在职业偏好。而这与 Christaller(1933)提出的专门消费服务业的门槛理论存在异曲同工之处,即都捕捉到最小市场规模决定的创意职业类型,

---

① Bille T. Hvilke kulturtilbud bruger den kreative klasse? [R]. Copenhagen: Copenhagen Business School, 2007, 11-19.

这意味着城市体系与中心地理论、创意职业偏好理论并不矛盾。可见，创意城市体系是创意经济主导城市经济、社会、文化发展过程从而促成区域城镇群内各城市的增长方式、空间形态、职能分工、联系方式、规模等级等的多维一体发展所形成的新型城市体系。①

二、变量构建、数据源与研究方法

(一)变量构建:指标选取与量化

理论探索表明，创意城市层级体系能够揭示创意阶层职业偏好，即城市体系中较低位序的城市在城市体系中位序的上升或下降，受城市规模门槛的高度影响；一旦低于此，创意阶层就无法找到适宜工作，也没有办法进行创意生产与创意消费偏好活动。这正如 Florida(2002)、Axtell(2001)、Axtell & Florida(2006)围绕美国城市实证发现创意阶层的空间分布呈现位序—规模律。② 然而，西方创意指数研究虽已有很多实证案例和较好的指标体系，可囿于创意指数聚焦于城市创意，缺乏对城市和城市群创意产业发展影响因素研究。由此，聚焦于从城市单体和城市群视角探索城市创意产业影响因素的实证，显然影响因素的变量构建，应当既依据城市体系理论、创意阶层理论，又突出"创意城市体系"假设。由此，本节结合长三角城市群创意产业发展③，参照 Florida(2002)、Landry(2000)提出的创意能力、创意环境及国内城市创意指数④，进行探索性选择，然受数据获取难度影响，对部分指标进行适当取舍，构建如图 6-1-2-1 所示由经济、创新、文化、智力、社会五类指标项 14 个指标构成的城市群与创意产业发展关联因素的测度指标体系。

(二)研究区域与数据来源

长三角是中国经济发展的重要增长极，学界研究该经济区时提出了诸如长三角经济区、长三角城市群、长三角都市圈等概念，且每个概念下不同学者又有"小长三角""大长三角""泛长三角"等提法⑤。本节所指长三角是上海市、浙江 7 市(杭州、宁波、绍兴、嘉兴、台州、湖州、舟山)和江苏 8 市(苏州、无锡、南通、常州、镇江、南京、扬州、泰州)，即 16 个城市的范围。长三角城市群在"十一五"期间就已大力发展创意产业，"十二五"期间明确建设创意产业园的城市有沪、杭、宁、苏、锡、镇、

---

① Stefan K. 'Creative Cities' and the rise of the dealer class: a critique of richard florida's approach to urban theory[J]. International Journal of Urban and Regional Research, 2010, 34(4): 835-853.

② Axtell R. Zipf distribution of U. S. firm sizes[J]. Science, 2001, 293(5536): 1818-1837; Axtell R, Florida R. Emergent cities: Micro-foundations for Zipf's Law[R]. Virginia: George Mason University, 2006.

③ 周蜀秦，徐琴. 长三角地区创意产业发展的条件与路径[J]. 现代经济探讨，2007(6): 56-59.

④ 周清. 城市创意指数与湖南文化创意产业发展[J]. 经济地理，2009，29(3): 437-440.

⑤ 刘曙华，沈玉芳. 长江三角洲经济区扩容探析[J]. 地理与地理信息科学，2010，26(5): 44-47.

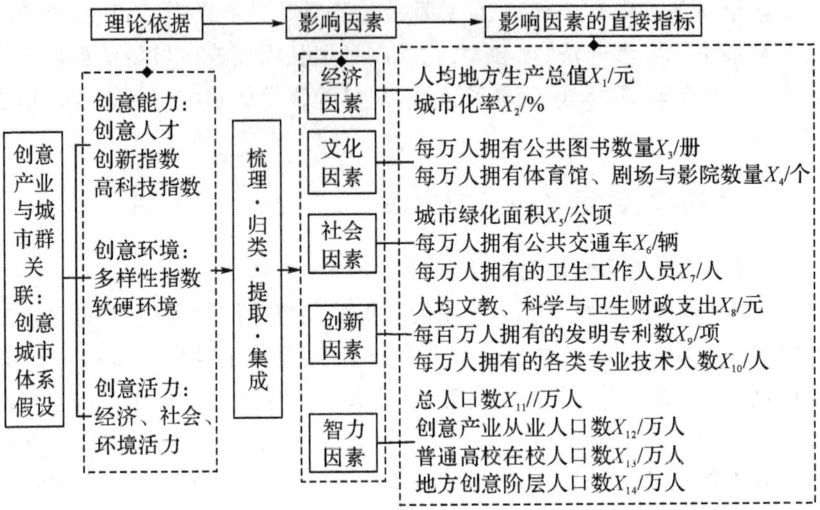

图 6-1-2-1 城市群与创意产业发展关联因素测度：理论依据与指标体系

常、扬、甬等城市，2011 年末建有创意产业园数分别为上海 90 个、杭州 35 个、南京 45 个、苏州 40 个、常州 15 个。长三角城市群不仅在产业战略上重视创意经济的机遇与挑战，而且经多年实践，已形成各具特色的创意产业竞合发展格局：常州以动漫与游戏创意产业为主；扬州专攻工艺美术创意产业；无锡突出发展影视制作与纺织设计；苏州则打造吴文化，专注于民间工艺与现代工业的研发设计，沪、宁、杭、甬四城市的创意产业则趋向于综合化与生产性服务业发展。

以长三角 16 个城市为研究对象，指标的原始数据源自国家统计局《“双三角洲”统计数据（2006、2007）》、《中国城市统计年鉴》（2006、2010）和长三角各城市年度统计公报。14 个指标中只有 X_{14} 无法从各类统计年鉴获取，需要根据“创意阶层”定义从统计年鉴中提取，依据 Florida 的创意阶层统计范围，从《“双三角洲”统计数据（2006、2010）》中“分行业城镇单位就业人员数”，统计其中“计算机服务和软件业 X_{14a}，金融业 X_{14b}，租赁和商务服务业 X_{14c}，科学研究与技术服务 X_{14d}，居民服务 X_{14e}，教育 X_{14f}，卫生及社会福利业 X_{14g}，文化娱乐业 X_{14h}，公共管理 X_{14i}”，即 $X_{14}=\sum(X_{14a},X_{14b},X_{14c},X_{14d},X_{14e},X_{14f},X_{14g},X_{14h},X_{14i})$。

（三）测度方法

根据研究目的和指标体系的数量，选择擅长于综合性评价的因子分析法（FA）。应用 SPSS15.0 软件分析得到因子特征值及贡献率、累计贡献率（表 6-1-2-1）。从表 6-1-2-1可知 2005 年和 2009 年选择前四个因子作为主因子就能涵盖原始数据 90.916%以上的数据信息，满足因子分析用变量集解释整个变量的基本前提。

表 6-1-2-1　特征值及其贡献率

主成分	特征值		贡献率/%		累计贡献率/%		主成分权重/%	
	2005	2009	2005	2009	2005	2009	2005	2009
F_1	8.356	8.808	59.689	62.912	59.689	62.912	35.070	37.852
F_2	1.884	1.675	13.458	11.964	73.147	74.876	29.131	29.281
F_3	1.345	1.286	9.605	9.189	82.751	84.065	16.913	13.518
F_4	1.143	1.043	8.165	7.453	90.916	91.518	9.802	10.867

三、城市群创意产业发展影响因素及其空间效应

(一)长江三角洲城市创意产业发展影响因素判识

1. 相关系数检验

利用 SPSS15.0 对自变量和因变量的原始数据进行相关系数检验，据其相关系数矩阵可知自变量之间存在较大的相关性，系数最大的为 $r(X_3, X_6)=0.912$，最小的为 $r(X_5, X_{14})=-0.009$，并且较多变量间的相关系数都大于 0.66。进一步通过 OLS 建立回归模型，结果 R^2 为 0.95138，模型 $F=32.3894$，但是回归系数均通不过 t-test 显著性检验。由此初步断定，自变量之间存在着严重的多重共线性。故可利用主成分分析法消除变量间多重共线性问题，并利用主成分建立模型，找出对长三角城市群创意产业发展影响较大的因素。

2. 影响因素的主成分分析

首先对 14 个变量的样本数据进行标准化处理，并利用 SPSS15.0 软件进行主成分分析，得因子载荷矩阵方差最大化旋转结果如表 6-1-3-1 所示。

表 6-1-3-1　方差最大化旋转的因子载荷矩阵

变量	2005 年主成分				2009 年主成分			
	F_1	F_2	F_3	F_4	F_1	F_2	F_3	F_4
X_3	0.958	0.224	−0.027	−0.085	0.926	0.202	0.178	0.079
X_{13}	0.896	0.349	−0.005	−0.194	0.910	0.224	0.208	−0.109
X_6	0.781	0.432	0.309	0.092	0.784	0.331	0.272	0.351
X_5	0.776	0.547	0.081	−0.136	0.752	0.534	0.243	−0.009
X_7	0.764	0.416	0.315	0.208	0.608	0.488	0.311	0.373
X_2	0.763	0.261	0.432	0.135	0.800	0.256	0.257	0.096
X_{12}	0.290	0.928	0.082	−0.133	0.371	0.896	0.123	−0.059
X_{11}	0.306	0.894	0.000	−0.141	0.408	0.871	−0.008	−0.196
X_{14}	0.411	0.875	−0.011	0.157	0.589	0.788	−0.073	0.131
X_9	0.438	0.739	0.398	0.002	0.057	0.773	0.529	0.212
X_8	−0.046	−0.106	0.831	0.189	0.754	0.563	−0.052	0.047

续表

变量	2005年主成分				2009年主成分			
	F_1	F_2	F_3	F_4	F_1	F_2	F_3	F_4
X_{10}	0.228	0.142	0.810	−0.408	0.306	−0.016	0.921	−0.054
X_1	0.467	0.416	0.682	0.095	0.324	0.451	0.609	0.485
X_4	−0.001	−0.058	0.036	0.983	0.040	−0.092	0.004	0.942

综合对比2005年、2009年的因子载荷矩阵(表6-1-3-1)可知,第一主因子在X_3、X_{13}、X_6、X_5、X_7、X_2的载荷比较大,它们与创意产业发展的城市便利性(城市基础设施)密切相关,因此主因子F_1可视为创意产业的“城市便利性因素”;第二主因子在X_{12}、X_{11}、X_{14}、X_9载荷比较大,集中反映创意产业的从业人数与从业人数创意力,因此F_2可视为创意产业“创意阶层(质量与规模)因素”;第三主因子在X_{10}、X_1、X_8载荷较大,集中反映了创意产业的经济基础与财政支撑力度,因此,F_3可视为创意产业的“经济因素”;第四主因子在X_4的载荷较大,它与创意人才日常休闲活动(体育场馆、影剧院等)密切相关,因此,F_4可视为创意产业的“创意阶层休闲因素”,但此成分权重较低,说明创意阶层日常休闲与大众不同。

3.长江三角洲城市群创意产业发展影响因素判识

F_1、F_2、F_3、F_4分别代表第一、二、三、四主成分,将城市群创意产业发展水平(Y)作为被解释变量,四个主成分作为解释变量,据各主成分的因子载荷系数得出2005年和2009年的主成分表达式(表6-1-3-2)。从表6-1-2-1与表6-1-3-1可知影响长三角城市群创意产业发展的主导影响因素是城市便利性(以城市化水平、城市基础设施完备程度衡量)、城市创意阶层的规模与质量(以创意产业从业者数量、城市专利发明授权量衡量)、创意产业的经济基础与经济投入程度(以人均地方生产总值、城市政府的科教文卫财政支出等测度)、城市休闲设施(体育馆、剧场与影院等)。将被解释变量Y和解释变量F_1、F_2、F_3、F_4(表6-1-3-2)进行回归分析,结果如:$Y_{2005}=0.3507F_1+0.29131F_2+0.16913F_3+0.09802F_4$;$Y_{2009}=0.37852F_1+0.29281F_2+0.13518F_3+0.10867F_4$,显然$F_1$、$F_2$、$F_3$对创意产业发展影响程度较大,$F_4$影响程度较小。

表 6-1-3-2　主成分表达式

年份	表达式
2005	$F_1=-0.2X_1+0.209X_2+0.383X_3+0.005X_4+0.171X_5+0.178X_6+0.173X_7-0.108X_8-0.102X_9-0.054X_{10}-0.159X_{11}-0.19X_{12}+0.309X_{13}-0.104X_{14}$
	$F_2=0.048X_1-0.127X_2-0.213X_3+0.023X_4+0.014X_5-0.042X_6-0.039X_7-0.052X_8+0.231X_9-0.046X_{10}+0.360X_{11}+0.382X_{12}-0.133X_{13}+0.331X_{14}$
	$F_3=0.278X_1+0.106X_2-0.156X_3-0.016X_4-0.079X_5+0.035X_6+0.037X_7+0.440X_8+0.127X_9+0.405X_{10}-0.062X_{11}-0.018X_{12}-0.134X_{13}-0.094X_{14}$
	$F_4=0.063X_1+0.09X_2-0.058X_3+0.721X_4-0.081X_5+0.072X_6+0.157X_7+0.103X_8+0.022X_9-0.326X_{10}-0.058X_{11}-0.053X_{12}-0.132X_{13}+0.160X_{14}$
2009	$F_1=-0.117X_1+0.221X_2+0.304X_3-0.004X_4+0.127X_5+0.177X_6+0.048X_7+0.165X_8-0.298X_9-0.013X_{10}-0.068X_{11}-0.119X_{12}+0.295X_{13}+0.028X_{14}$
	$F_2=0.089X_1-0.123X_2-0.181X_3-0.057X_4+0.031X_5-0.082X_6+0.045X_7+0.066X_8+0.333X_9-0.162X_{10}+0.317X_{11}+0.331X_{12}-0.168X_{13}+0.227X_{14}$
	$F_3=0.294X_1+0.030X_2-0.044X_3-0.170X_4+0.028X_5-0.008X_6+0.036X_7-0.212X_8+0.304X_9+0.668X_{10}-0.099X_{11}-0.019X_{12}+0.015X_{13}-0.232X_{14}$
	$F_4=0.236X_1-0.015X_2-0.02X_3+0.704X_4-0.089X_5+0.174X_6+0.193X_7+0.007X_8+0.060X_9-0.225X_{10}-0.165X_{11}-0.085X_{12}-0.166X_{13}+0.083X_{14}$

注：X_i 代表的各城市各指标标准化后数据。

(二)创意产业发展的空间效应对城市群影响

1.创意产业发展影响因素综合评价的空间分异

将表 6-1-3-1 中的 F_i 代入 Y_{2005}、Y_{2009}，则可得长三角 16 个城市 2005 年和 2009 年创意产业发展的水平指数，即 16 城市的 F_1、F_2、F_3、F_4 及对应的 Y_{2005}、Y_{2009}，如表 6-1-3-3 所示。

表 6-1-3-3　影响因素得分与综合得分

城市	F		F_1		F_2		F_3		F_4	
	2005	2009	2005	2009	2005	2009	2005	2009	2005	2009
上海	1267.817	4992.703	−8914.09	−3582.0378	4431.215	7666.773	17348.29	20495.575	1724.289	12267.196
南京	925.146	3556.481	−4477.94	−1918.301	2562.244	4984.922	10027.85	14551.587	542.149	7875.929
杭州	547.651	3762.782	−6859.77	−5256.394	2721.365	6241.001	11890.82	18777.751	1525.374	12759.995
苏州	275.603	3809.465	−12025.3	−6571.607	3641.262	6558.057	18407.88	20673.025	3252.551	14558.808
宁波	319.237	3639.458	−7621.24	−5496.397	2541.285	6052.218	12230.81	18859.234	1868.062	12868.432
无锡	2490.745	3569.867	−18821.3	−6589.570	−561.929	6198.648	48680.12	19911.591	10424.42	14332.158
南通	109.915	1604.021	−3619.14	−3111.879	1373.196	3048.677	5302.965	8854.995	838.927	6369.999
绍兴	460.410	2842.551	−4829.55	−3718.682	1974.870	4534.406	8802.468	14195.404	918.914	9234.310
常州	107.693	2348.791	−6944.13	−4557.770	2004.318	4104.315	10517.84	13525.490	1838.805	9605.572
台州	358.581	1856.515	−3361.60	−2695.895	1483.956	3181.018	6064.526	9330.027	811.157	6297.033
泰州	194.849	1533.964	−2640.22	−2455.432	1103.44	2678.651	4403.84	7991.118	556.104	5510.431

续表

城市	F		F_1		F_2		F_3		F_4	
	2005	2009	2005	2009	2005	2009	2005	2009	2005	2009
扬州	94.477	1583.545	−3788.45	−3109.023	1239.185	2881.208	5727.576	8975.311	952.812	6473.210
嘉兴	257.855	2291.009	−5871.06	−3434.785	1938.158	3824.304	9495.787	11770.113	1491.616	8100.356
镇江	162.912	2116.601	−5758	−4239.955	1750.773	3757.813	9008.023	12183.107	1517.013	8965.408
湖州	181.729	1770.883	−4273.6	−2752.798	1383.995	2918.127	6952.095	9396.510	1035.512	6332.891
舟山	117.168	2121.767	−5145.73	−4669.247	1433.096	3853.049	8274.372	12615.103	1069.736	9714.269

通过 F_1、F_2、F_3、F_4、F 的层次聚类分析，得出 2005 年和 2009 年长三角城市创意产业发展水平的聚类谱系图(图 6-1-3-1)，可发现：①长三角 16 个城市的创意产业发展综合水平 2005 年与 2009 年存在显著差异；②总体看来，上海属于第 1 层级，南京、苏州、杭州属于第 2 层级，常州、台州、泰州属于第 3 层级，宁波、舟山、湖州、扬州位属第 4 层级，其他几个城市处于快速上升阶段。

2. 创意产业牵引长三角城市群的位序规模重构

对比长三角城市群内城市创意产业发展综合水平，可知这与以经济、人口等综合测度的长三角城市群规模—位序结构存在相同点，即位序规模结构基本一致，但也存在差异。一是从人口总体规模看，处于第三级的宁波、扬州等城市的创意产业综合发展水平低于泰州、镇江、绍兴等。二是以 2005 年、2009 年的创意产业发展影响因素综合得分为数据，利用 ArcGIS9.2 进行聚类分析，得出如表 6-1-3-4① 所示的长三角城市体系格局，可见创意产业发展牵引长三角城市体系重构成效较弱，表现在：①尚未形成以创意产业(或创意阶层)为核心的城市体系格局，对比以人口规模为主导的长三角城市体系格局与图 6-1-3-1 便可发现创意阶层的创意力优势尚未转化为城市创意产业优势，因此，也未能有效重组城市群的城市体系格局；②长三角 16 个城市在“十一五”“十二五”规划纲要中均明确指出以创意产业园为核心发展创意产业②，而且在产业选择和产业政策上又重蹈 20 世纪 80 年代长三角地区吸引 FDI 的覆辙，因此，尽管创意产业整体发展水平有所提高，但无序竞合却严重制约了长三角城市群各个体创意城市建设的进程与城市群的全球创意竞争力的生成。

① 表 6-1-3-4 中，根据创意产业发展影响因素综合得分将长三角 16 城市分为 1、2、3、4 级，数值越小则喻示该城市创意产业发展牵引城市重构度越好。

② 马仁锋，沈玉芳，姜炎鹏. 大都市产业升级、创意产业区生长与创意城市构建[J]. 国际城市规划，2012，27(6)：43-49.

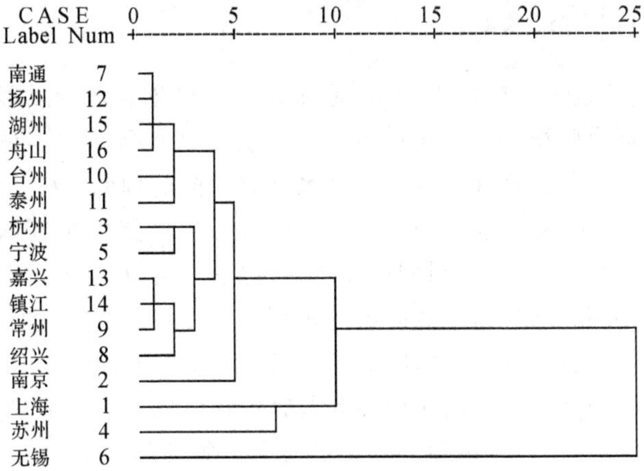

(a) 2005年

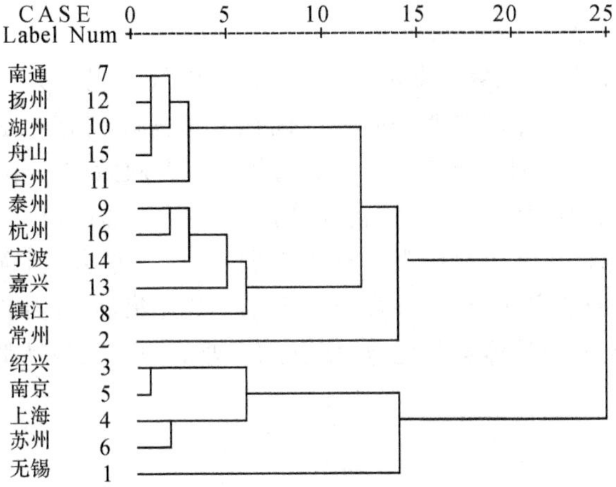

(b) 2009年

图 6-1-3-1　长三角城市创意产业发展的聚类谱系图

表 6-1-3-4　创意产业发展牵引长三角城市体系重构度

重构度	2005 年涵盖城市	2009 年涵盖城市
1	上海	上海
2	苏州、南京、杭州、无锡	南京、杭州、苏州、南通、绍兴
3	南通、泰州、常州、绍兴、台州	泰州、镇江、常州、无锡、嘉兴、台州
4	扬州、镇江、湖州、嘉兴、宁波、舟山	扬州、湖州、宁波、舟山

四、结论与讨论

城市创意产业发展影响因素分析，是探究城市群创意产业发展的主导因素及其机理，是阐释创意阶层理论之于城市经济社会发展重要性之实证分析的基础和前提，同时也是揭示创意产业导引城市体系演化趋向的理论基础。以长三角16个城2005年、2009年数据为样本，采用因子分析法、层次聚类法判识长三角创意产业发展的影响因素及其综合导引城市体系重构成效，可以发现：①长三角创意产业发展主要受城市便利性、城市创意阶层的规模与质量、创意产业的经济基础与经济投入程度的影响，而城市休闲设施的影响程度较小；这与Florida的创意阶层理论有着显著的区别，即文化环境的多样性和包容性在中国创意产业最为发达的区域，其影响力还未显现。②长三角创意产业发展水平整体呈上升趋势，且各城市间的差距逐年减少。③以创意产业透视城市群的位序—规模存在与以人口或经济为主导指标体系测度城市体系层级存在差异，但创意产业牵引的长三角城市体系正在发育，但成效尚不明显。

如何既实现个体城市创意产业的良性发展，又能快速提升城市群的整体竞争力，是长三角城市群未来面临的严峻问题。优化城市内部创意产业园的空间格局与网络结构，加速城市间创意产业园的产业选择与配套政策的一体化进程，实现长三角各城市创意产业有序竞合与一体化发展，充分利用上海在长三角城市群创意产业价值链的“全球代理人”角色（服务于国内展会、研发平台、创意外包和市场开拓等），优化各城市创意产业结构，整合长三角创意产业集群，提升长三角创意产业在国家、全球两个层面的整体竞争优势，使创意产业成为长三角转型城市群发展与创新发展的新动力。

第二节 长江三角洲地区文化创意产业园生长的时空效应

文化创意产业的空间格局具有明显的尺度效应，其空间集聚程度和形态会随着研究尺度的改变而出现变化。文化创意产业群集在国家层面、区域层面、城市内部层面出现的典型形态是创意城市区域、创意城市、创意产业集聚区（创意产业园）。长江三角洲地区属于区域尺度，该尺度下文化创意产业园是经济地理学微观研究对象的基本形态。为此，本节溯源文化创意产业园概念，梳理文化创意产业园分类，总结长江三角洲地区文化创意产业园的现状，通过空间分析刻画文化创意产业园层面城市文化创意产业空间动态，阐释文化创意产业园生长过程及其城市累积的空间效应。

一、文化创意产业园的概念、类型与现状

(一)概念

产业园区概念最初在西方发达国家发展形成,一般是指由政府或企业为实现某些产业发展目标而创立的特殊区位环境。[①] 中国在市场经济建设的实践中,对产业园区这一载体的使用已有心得,于是将产业园区的经验应用到文化创意产业发展中,从而生成了“文化创意产业园区”的概念。马仁锋提出“创意园区”是对创意产业集聚区的称谓,指“创意产业在一定区域内集聚”,概念沿袭了“开发园区”的称呼,特别包括政府主动创建的园区形式。[②] 上海市创意产业中心研究认为文化创意园区是指包括艺术、设计、广告、公关等以创意为主的个人工作室或服务性公司集中在一个特色区域,形成多元文化生态和创意服务产业链[③]。综上可知,“文化创意产业园区”即是“文化创意产业”加上“园区”,是具有中国特色的独有概念,是将“文化创意产业”整合、“集聚”在人为规划设计好的具有明确范围的“园区”而形成的。因此,文化创意产业园区实质等同于“文化创意产业集聚区”(creative industry aggregation district),只是中国特色赋予了新的名字。

(二)类型与数据源

创意产业园区的分类标准尚未统一,学者们各有一家之言,但总体比较看,目前较为规范实用的园区分类标准主要是:园区形成起因[④]、使用功能[⑤]、园区形成过程的主导力量[⑥]三种(表 6-2-1-1)。由于长江三角洲地区的文化创意产业园区,除重点城市外政府少有对其具体数据的权威统计,学界对于文化创意产业园区的研究也多集中在某些个体城市,区域文化创意产业园区数据收集较少。“中国文化创意产业网(http://www.ccitimes.com)”获得文化部等政府支持,运用网络大数据,收集全国园区数据,相关园区名录整理得较为齐全,出版的文化创意产业园区分布地图经过作者实际抽样验证后品质较好,能较为准确地反映长江三角洲地区文化创意产业园区的分布情况。为获得最新产业园区数据,本节以中国文化创意产业网出版的《创意产业集聚区分布图(2009)》、《中国文化创意产业集聚区分布图(2015)》为基底,并根据相关官网信息和各城市年度文化产业发展报告实际情况补充 2014 年、2015 年长三角地区新挂牌建设园区,从而形成表 3-1-2-1。

---

① 刘文沛. 上海文化创意产业园区研究[J]. 公共艺术,2012(5):5-17.

② 马仁锋,沈玉芳. 中国创意产业区理论研究的进展与问题[J]. 世界地理研究,2010,19(2): 91-101.

③ 上海市经济委员会,上海市创意产业中心. 创意产业[M]. 上海:上海科学技术文献出版社,2005.

④ 厉无畏. 创意产业导论[M]. 上海:学林出版社,2006.

⑤ 郭佩艳. 记忆的延续——旧产业建筑园区与创意产业园的结合[D]. 深圳:深圳大学,2007.

⑥ 褚劲风. 创意产业集聚空间组织研究[M]. 上海:上海人民出版社,2009.

表 6-2-1-1 文化创意产业园区分类标准及类型

分类标准	类型
园区形成起因	历史建筑型 自行建造型
园区主要使用功能	创作型 消费型 复合型
园区形成过程的主导力量	政府推动型 非政府推动型

注：资料主要来源于文献①整理后所得。

按园区起因，可以分为2类。①历史建筑型创意产业园区：城市工业衰落并外迁，利用老旧废弃建筑如老厂房、老仓库改建而成，具有一定的历史特性。②自行建造型创意产业园区：利用现有区位或政策的优势，圈地建造全新建筑。

按使用功能，可以分为3类。①创作型创意产业园区：服务于不同领域专业的或者业余的"创造者"，并提供创作、展示和交流的场所，例如各类画家村、艺术村等。这类园区不注重消费，注重艺术传承和塑造创意氛围，为创作者提供技术、设备以及咨询、文化设施等支持。②消费型创意产业园区：服务于一般观众和文化消费者，对内是一般市民的文化消费场所，对外则是国际性的文化消费据点，展示国家创意产业实力，如文玩市场、艺术展示中心等。这类园区实际以营造文化消费环境为主要目的，为创作者和观赏者提供交流的平台，即通过营造设计消费性空间，从而让消费者感受文化氛围，体验创新环境，实现创意消费。③复合型创意产业园区：此类园区结合了创作型创意园区和消费型创意园区的功能，强调创作，大量的传统建筑为艺术家及当代创意产业提供了理想的空间。

按形成过程的主导力量，可以分为2类：①政府推动型创意产业园区：政府扶持、引导、建设的产业园区和基地，或是政府发现一些艺术家自发集聚后予以扶持引导而形成的产业区；②非政府推动型创意产业园区：一些艺术家通过改造旧厂房而自发形成的创意园区，在园区形成过程中没有依赖政府。

(三)整体现状

虽然存在一些园区由于艺术家长期自发集聚而没有明确形成时间，但考虑到政府对于文化创意产业发展的推动作用，满足一定规模和效益的园区均会给予以挂牌认可。因此，对文化创意产业园区的建立时间认定，一般以官方挂牌时间为准。长江三角洲地区文化创意产业园区数据均由《中国文化创意产业集聚区分布

① 马仁锋，沈玉芳. 中国创意产业区理论研究的进展与问题[J]. 世界地理研究，2010，19(2)：91-101.

图 2015 版》中挖掘整理而成(表 3-1-2-1)。通过筛查 2015 年以前长江三角洲地区全部文化创意产业园建立时间,汇总形成图 6-2-1-1。

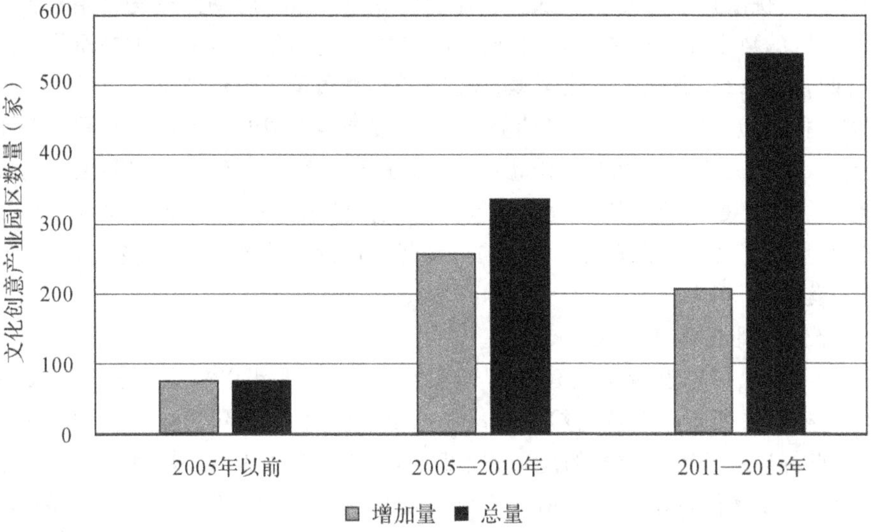

图 6-2-1-1　长江三角洲地区文化创意产业园区不同时期数量

2005 年之前,长江三角洲地区文化创意产业园数量较少,这一时期的文化创意产业园区主要是发展文化产业时所建立的文化产业园区和城市中存在的风景名胜区,文化创意产业园区整体较少。因此,2005 年之前文化创意产业园区的发展尚处于萌芽阶段。

2005—2010 年文化创意产业园区的增加量是三个时期增长最多的,增加量接近 2015 年园区总数量的一半。相应地,该时期也是文化创意产业园区数量增长速度最快的时期,总量和 2005 年之前的园区数量比较翻了近 4 倍。这一时期园区出现爆发式增长的现象,与国内文化创意产业发展初期政府的大力推广和扶持有着密切联系。该阶段长三角地区 GDP 的高速增长和经济发展带来的精神文化需求不断上升对此也有着很大影响。

2011—2015 年文化创意产业园区增加量相对前一时期有明显减少,数量增长速率也相应放缓。出现这种现象有 2 个原因:一方面,早期在政府主导下,园区数量大量增长,但忽略了文化创意产业园区的本意,只注重创意企业的引进,不注重集聚是否产生更多的创意,导致“创意园区没创意”,进而引发创意产业园区的衰败。有学者认为,多是由于政府规划主导而不是自发集聚形成的文化创意产业集聚区,往往导致园区内企业“各自为政”,互不交流,无法产生集群效果,这样的创意产业园区发展实际上已经步入误区。另一方面,自 2011 年来国内经济增长速率从高速逐渐转变为中高速,风险投资越发趋于理性。此外,人民群众对文化消费的投入越来越大，对文化创意产业也越发认可，客观上鼓励了文化创意产业的发展，但同时也逐步抬高了创意的门槛，对于文化创意企业的要求不断上升，文化创意企业的发展更具挑战性。因此文化创意产业园区数量在这一时期持续保持增长但增速放缓，园区的建设和发展更加趋向理性化，创意产生的集聚效应更加被重视。

（四）长江三角洲地区文化创意产业园区的发展及其数量变化

根据文化创意产业园区典型的分类标准，按园区形成起因和园区形成过程的主导力量，对长江三角洲地区文化创意产业园区进行分类。没有选择按园区主要使用功能分类，主要是由于长江三角洲地区园区数据按该3类功能情况难以简单逐一界定，而且随着文化创意产业园的发展，园区功能逐步向综合性演变，不适宜园区未来的发展。

1. 按园区形成起因分类

图6-2-1-2可以发现历史建筑型园区数量自2005年以来有了较大程度的增长，但自行建造型园区数量仍然占有优势比重。虽然2010年历史建筑型园区数量有赶上自行建造型园区数量的趋势，但2015年不仅没有赶上，差距反而进一步拉大。历史建筑型园区的增长实质代表城市历史的保护和重生有了进一步的发展。但自行建造型园区大量发展，特别是2010年以来数量的迅速增长，表明了长江三角洲地区城市在建立文化创意产业园时更多先考虑自行建造，而不是选择改造城市工业遗址。这其中可能既有像工业遗址这样的历史建筑重新改造和维护的成本较高、区位性太差的因素，也有地方政府为了发展新的开发区出台相对更加优惠的政策等因素。

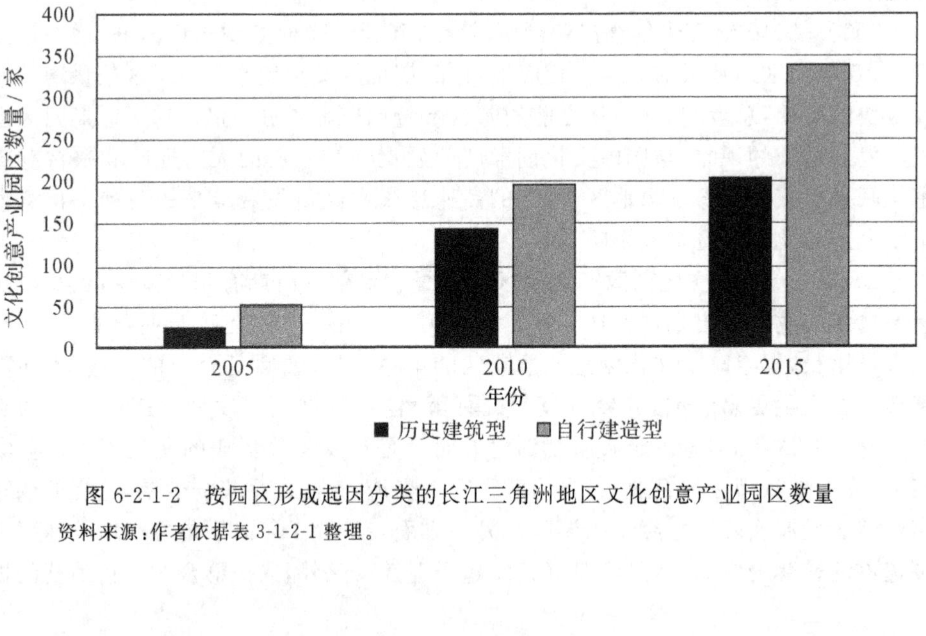

图6-2-1-2　按园区形成起因分类的长江三角洲地区文化创意产业园区数量

资料来源：作者依据表3-1-2-1整理。

2.按园区形成过程的主导力量分类

图 6-2-1-3 可知,2005 年文化创意产业园区主要是由政府推动而成,非政府推动形成的园区较少,这也印证了文化创意产业发展初期主要是由政府主导的。截至 2015 年,非政府推动型园区的数量有了很大提升,民间资本、文化开始积极参与进来。2005—2015 年,政府推动园区的数量相较非政府推动型始终占有明显优势,文化创意产业园区发展仍然主要是由政府主导的。

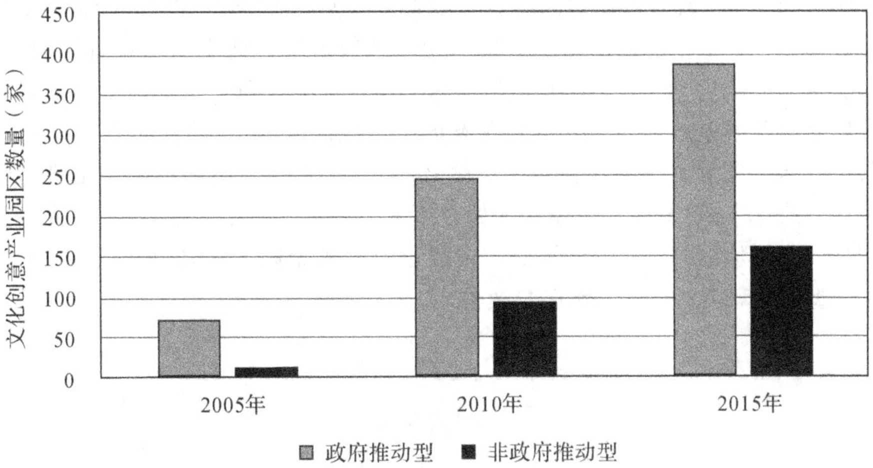

图 6-2-1-3 按园区形成过程的主导力量分类的长三角地区文化创意产业园区数量

资料来源:作者依据表 3-1-2-1 整理。

综上可知,长江三角洲地区文化创意产业园区数量自 2005 年以来有了很大的提升,增长速度由高速增长到逐渐放缓,对于园区的建设发展趋于理性。文化创意产业园区长期以来主要由政府推动发展,民间资本力量积极参与,非政府推动型园区有了很大的发展。

(五)典型城市的文化创意产业园区发展状况

本节对长江三角洲文化创意产业园区总体发展状况和类型已经有所介绍,但对区域内个体城市之间文化创意产业园区发展差异情况还阐述得不够深入,缺乏对不同城市层面园区发展阶段的描绘,因此有必要选择长江三角洲典型城市,对其文化创意产业园区发展状况进行深入探究。长江三角洲典型城市的选择,从经济文化和区域影响力考虑选择长三角中心城市:上海、南京和杭州;园区类型的分类,选择将园区形成过程的主导力量类型和园区建筑类型相结合。综合分析园区类型,厘清不同城市在园区增长数量和类型方面的差异,分析政府与非政府力量对于不同建筑类型园区的偏好,估量城市未来园区发展趋势。

1.上海文化创意产业园区发展状况

图 6-2-1-4 反映了上海市文化创意产业园区的发展状况:①园区总量较大;园区整体数量增长速度先加快,后放缓。2005—2015 年园区总增加量达到了 200 家,约占长江三角洲地区园区总量的 40%。2005—2010 年园区总增加量最多,其次是 2010—2015 年,这一时期园区增加量相较前一时期有所减少,但仍高于 2005 年之前园区增加量。②在园区发展过程中,不同时期园区增加的主导力量来源不同。2010 年之前,政府推动型园区数量要高于非政府推动型,2011—2015 年政府推动型园区数量低于非政府推动类型。③园区数量增长前中期以政府推动为主,非政府推动为辅,后期以非政府推动为主。在园区形成起因类型上,不同园区主导方的偏好有明显差异。在各时期由政府推动形成的园区中,园区建筑类型均主要是以自行建造型为主,表明政府在引导规划文化创意产业园区建设中,更倾向于自建建筑,对将历史建筑改造为园区的偏好不大。2005 年之前民间资本力量参与较少,非政府推动型园区数量也较少。在非政府推动型园区中,2005—2010 年以历史建筑型为主,2011—2015 年以自建为主。

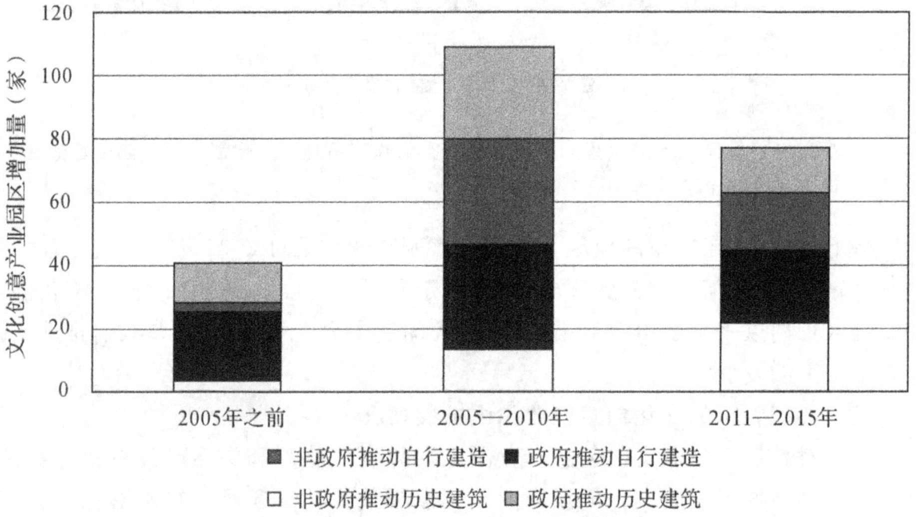

图 6-2-1-4 上海市文化创意产业园发展状况

2.南京文化创意产业园区发展状况

图 6-2-1-5 反映了南京市文化创意产业园区的发展状况:①园区总量一般;园区整体数量增长速度先加快,后保持放缓。园区总增加量为 60 家,约占长江三角洲地区园区总量的十分之一左右。2005 年之前园区增加量尚不足 10 家,2005—2010 年和 2011—2015 年增加量均在 25 家以上。②园区发展过程中,园区数量增

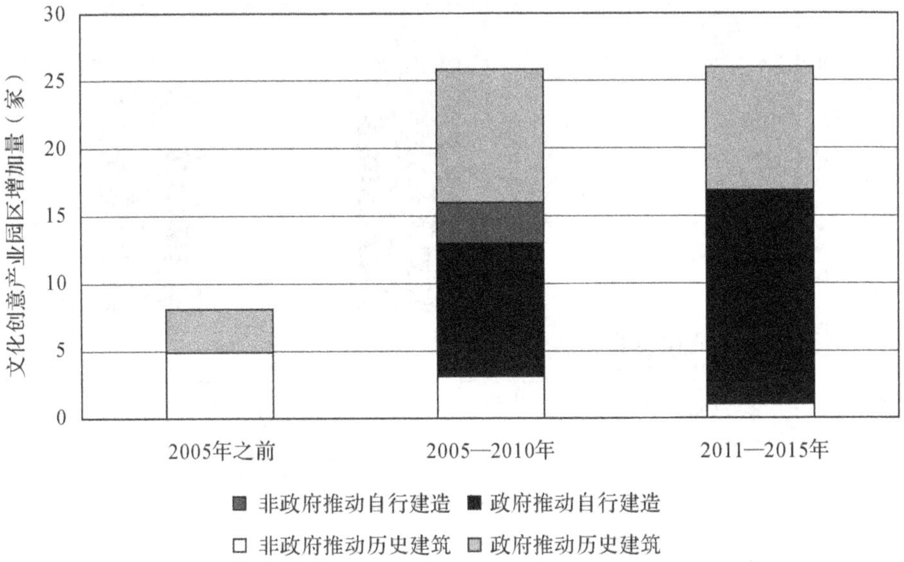

图 6-2-1-5 南京市文化创意产业园发展状况

长的主导力量始终以政府为主。2005 年之前园区数量增长完全依赖政府推动。2005 年之后开始有非政府推动型园区形成，但数量较少，总体上仍然以政府推动型为主。南京市园区的发展过程中，园区建设主要依赖政府的扶持引导，以政府意志为主导，民间参与力量较为薄弱。③园区形成起因类型中，始终以自行建造类型为主。虽然历史建筑类型的园区增长量在 2005 年之后有明显的增长，但相对于自行建造类型园区，数量上始终处于劣势。非政府推动型园区也倾向于自行建造，但数量均较少。2005—2010 年自行建造型园区要多于历史建筑类型的园区，2011—2015 年仅有自行建造型园区。

3. 杭州文化创意产业园区发展状况

图 6-2-1-6 反映了杭州市文化创意产业园区发展状况。①园区总量较大；园区数量增长速度先加快，后略有放缓。杭州市园区总增加量为 128 家，约占长江三角洲地区园区总量的五分之一。2005 年之前增加量尚不足 10 家；2005 年之后的两个时期，增加量均在 55 家以上；2011—2015 年增加量相较前一时期有所下降。②园区发展过程中，不同时期园区增加的主导力量来源不同。2005 之前和 2011—2015 年两个时期园区主要以政府推动型为主，2011—2015 年则主要以非政府推动型为主。这表明了杭州市园区增加主因由原有的政府引导趋向于政府和民间力量共同主导，民间力量开始更多地参与到园区开发和建设中。这一情况与上海市相似，都是前期园区形成中民间力量参与较少，中期民间力量积极参与，后期以民间

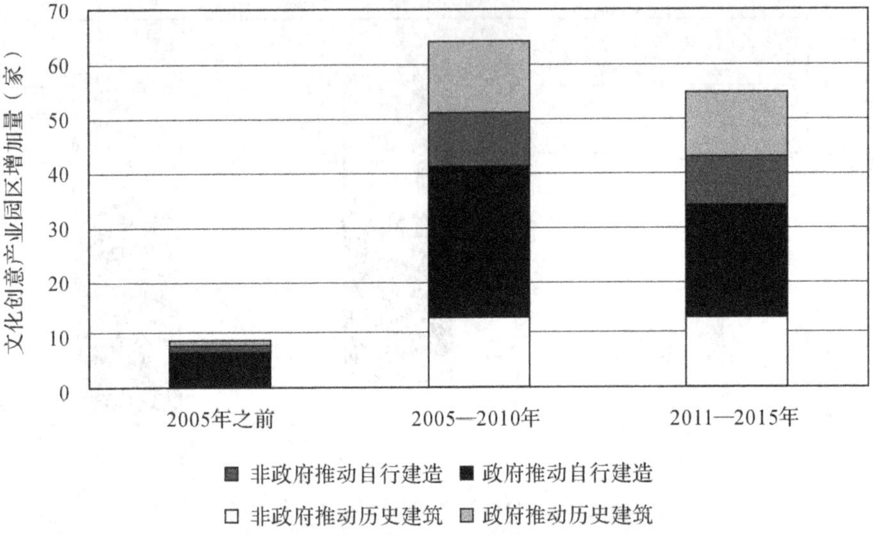

图 6-2-1-6　杭州市文化创意产业园发展状况

力量为主导。③园区形成起因类型，主要以自行建造型为主。2005 年之前增加的园区主要是以政府推动为主导的自行建造型园区，2005 年之后历史建筑类型园区数量有所增长，但比重仍然小于自行建造类型。2011—2015 年园区增长数量有所衰减，衰减最为显著的是以政府为主导的自行建造型园区。

4. 长江三角洲地区典型城市文化创意产业园区发展特征

上海、南京、杭州的文化创意产业园区发展状况看，长江三角洲典型城市的文化创意产业园区具有以下特征：①不同城市的园区发展阶段不同。前期发展均主要受政府主导影响，发展速度也较快。中期开始受非政府力量影响显著的上海，后期受非政府力量影响显著的杭州，园区增加速度有所下降。始终受政府主导影响且后期更强的南京，园区增加速度保持稳定。这表明上海处于非政府的民间力量主导文化创意产业园区发展率先进入了市场调控模式，杭州稍晚进入，南京处于尚未放弃政府主导文化创意产业园区发展的阶段，始终处于政府掌控模式。②历史建筑型园区有很大增长，但增加园区建筑类型更趋向自行建造型。南京和杭州无论政府和非政府主导的园区建筑类型一般均偏好自行建造类；上海除中期外，均是自行建造类园区所占比重较高。建设文化创意产业园区方面，历史建筑实际利用率不高，文化创意产业对于城市复兴、对于工业遗产的利用和城市历史的保护还有待进一步发展和完善。

二、长江三角洲文化创意产业园成长的时空格局

(一)文化创意产业园空间格局的测度方法

对于空间点的聚集分析即热点分析应用较为广泛。根据研究对象点分布模式的分析方法可以分为两类:①研究空间过程的一阶属性,即点分布格局的基本属性和过程预期值在空间中的变化特征,如样方分析、核密度估计等;②研究空间过程的二阶属性,即点在空间分布中的相互依赖特征,如最邻近分析、K 函数、热点分析以及 Local Moran's I 局部莫兰指数等。[①] 其中,核密度分析能较好地估计有限矢量栅格内研究对象的密度变迁。作为最常用的热点分析方法,核密度分析方法是空间分析中常见的一种非参数估计方法,主要计算要素在其周围邻域中的密度,广泛应用于空间结构研究,如商业网点、开发区、居民点和犯罪案件等空间分布及集聚特征。它较好地反映地理现象空间分布中的距离衰减效应,主要在于以特定点(或线)要素为中心,将该点(或线)属性分布在指定搜索半径内,中心位置的密度最大,随距离递减,到极限距离处为零[②],对于文化创意产业园区的空间格局演化具有良好的适用性。

假设 $x_1, x_2, x_3, \cdots x_n$ 是分布密度函数为 f 的总体中抽取的独立分布样本,f 在 x 点的估计值为

$$f_n(x) = \frac{1}{nh}\sum_{i=1}^{n} k\left(\frac{x - x_i}{h}\right)$$

式中,n 为样本数;$k\left(\frac{x - x_i}{h}\right)$ 为核函数;$h>0$ 为带宽;$x - x_i$ 为估计点 x 到样本 x_i 处的距离。

利用高德地图 API 接口,拾取表 3-1-2-1 收集的长江三角洲地区文化创意产业园的地址信息,生成地理坐标,最终使用 ArcGIS10.2 软件,将文化创意产业园坐标转化为空间点数据文件;根据园区实际挂牌时间,将长江三角洲地区文化创意产业园具体点坐标分列为 2005 年、2010 年、2015 年三年份,以便进一步分析文化创意产业园的空间动态。

(三)文化创意产业园区生长的时空格局演变

在 ArcGIS10.2 软件中设置搜索半径为 1,像元大小为 0.1,将表 3-1-2-1 中文化创意产业园区名录按挂牌时间分为 2005 年、2010 年和 2015 年三个时间间隔,开展文化创意产业园区点坐标采集,从而进行核密度分析。根据自然断裂法

---

① 禹文豪,艾廷华,杨敏,等. 利用核密度与空间自相关进行城市设施兴趣点分布热点探测[J]. 武汉大学学报(信息科学版),2016,41(2):222-227.

② Walters R M. Density estimation for statistics and data analysis[M]. Newyork: Chapman and Hall, 1986.

(Natural Break),按核密度值大小分为低、中低、中、中高、高5类(表6-2-2-1)。

表6-2-2-1 长江三角洲地区文化创意产业园核密度演化

	低	中低	中	中高	高
	0～4.973221094	4.973221094～14.91966328	14.91966328～27.57877152	27.57877152～42.2723793	42.2723793～57.64415359
2005年涵盖城市	长江三角洲其他城市	常州、无锡、镇江	南京、杭州	苏州	上海
2010年涵盖城市	长江三角洲其他城市	扬州、南通、舟山	镇江、宁波	南京、绍兴、无锡、常州	上海、苏州、杭州
2015年涵盖城市	长江三角洲其他城市	泰州、湖州、嘉兴、舟山	扬州、南通、舟山	宁波、绍兴、无锡、常州、镇江	上海、苏州、杭州、南京

经核密度分析发现2005—2015年长江三角洲地区文化创意产业园地理格局变化呈现以下特征：

(1)园区分布相对集中,随着时间推移园区总体数量增长较为明显,核心区域密集程度也有所提升,并呈现出园区由密集的核心城市向周边地区扩散的趋势。2010年和2005年园区总量相对2005年显著增长,但都集中于上海、杭州、南京、苏州等城市,其他离这些密集核心城市较远的台州、扬州、泰州等园区增长数量十分有限,这些城市园区分布基本呈现空白状态。与之相应的是核心城市周边区域,如湖州、无锡等2005年园区数量还较少,2010年、2015年增长均十分明显,基本成长为核心区域次级密集地区。

(2)空间集聚变化特征明显。表6-2-2-1显示2005年园区分布密度最高的地区在上海,其次是以上海为核心向苏州和杭州方向扩散,南京地区园区分布也相对密集;其余地区园区分布密度很低,总体呈现单核密集发展结构。表6-2-2-1显示2010年园区分布密度最高的地区在上海、苏州及杭州,其次是南京地区,以上海、杭州为核心的周边地区园区分布密度也达到了中等水平,总体呈现较为明显的双核密集发展结构。2015年园区分布密度最高的地区为上海、苏州、杭州和南京,其次是以这几个城市为核心向周边扩散的邻近城市。其中,以杭州为核心的地区与以上海、苏州为核心的地区相互融合,呈现轴线状密集分布,总体呈现双核密集发展结构。因此,2005—2015年长江三角洲地区总体园区分布状况由原有的单核密集向多核密集发展,进而发展为点轴核心密集;且根据现有发展趋势有可能出现"丁"型双轴密集发展的态势。

(3)长江三角洲地区的文化创意产业园区生长格局呈现区域集聚状态,总体数量迅速增加,核心密集区域园区密度也有很大提高;随着时间变化,这种集聚状态由单核集聚向双核结构集聚,并有双轴线结构集聚趋势。这种总体分布的集聚还将导致城市内部园区分布呈现集聚状态,从而带来集聚效应。集聚的核心城市除了长江三角洲角地区的中心城市——上海、杭州、南京，还有苏州。这既表明原有的这些中心城市在文化创意产业园区集聚发展中将保持自身发展的高地优势，又表明了其他城市在文化创意产业发展过程中有可能突破自身的原有位序，从而成为区域新的发展中心。

三、长江三角洲文化创意产业园地理格局变化的空间效应

进一步分析长江三角洲地区文化创意产业园区生长的时空格局变化，可以发现文化创意产业园的地点累积空间溢出效应已经有所凸显，集中表现为以下几个方面：

(1)极化效应突出。文化创意园区发展过程中，园区先是集聚于核心城市上海，随后又集中于杭州、南京、苏州。其中，上海、杭州、南京均为区域核心城市。随着时间的推移，这些园区集聚区域吸引园区的能力越来越强，城市园区密度也不断上升。与之相对应的是离集聚核心较远的城市，如扬州、泰州、台州等的园区发展始终较为薄弱。

(2)集聚效应使得长江三角洲地区文化创意产业园，在城市群层面呈现向核心城市或核心轴线集聚；在个体城市层面呈现城市内部集散现象：靠近核心区域方向园区集聚，远离核心区域方向园区离散。随着园区不断发展，园区集聚核心区周边城市的园区密度在不断地上升。如无锡、绍兴、南通等前期园区分布较为一般的城市，后期园区分布数量不断增加，现基本成为核心集聚区域的一部分。同时，密集于邻近密集核导致城市内部园区分布呈现集聚状态。远离密集核心区域的城市园区分布极其稀少。杭州的园区集中在靠近上海的方向，形成较为密集的核心区。绍兴的文化创意园区其他方向分布均零零散散、不成气候，但是在靠近杭州方向呈现集聚态势。邻近效应使得城市内部的文化创意产业园区分布呈现集散格局，从而使得这些非核心城市更好地利用集聚效应，为文化创意产业园区内部的创新交流和知识传播带来更多可能，进而推动城市文化创意产业新发展。

(3)位序规模变动。园区集聚的核心由单一核心变为多核心，苏州从原本的非核心城市变为园区集聚城市核心，并且可能较南京更强、更具有园区吸引力和集聚能力。这些变动表明，随着各地区文化创意产业的发展，长江三角洲地区文化创意产业园区分布将不再是仅围绕地区单一的核心城市，而是沿着核心城市之间相连的轴线，在轴线上及其附近的经济、文化发展一般城市都将有机会成为园区密集城市地区，从而提升城市自身文化创意产业发展水平。文化创意产业对于城市群空间结构的重构功能由此凸显。

四、结论

本节主要研究了文化创意产业园区层面长江三角洲地区文化创意产业的时空

格局及效应。首先，界定了文化创意产业园的相关概念和相关类型。其次，从园区形成起因和园区形成过程的主导力量两个方面对长三角地区2005—2015年总体的园区增长类型进行分析，发现总体发展进程呈现先加快放缓的趋势，非政府主导力量的园区逐渐增加。再次，对长三角中心城市的具体分析也体现了该特点，但也出现了南京这样园区增长类型始终是以政府推动为主导的特例，这既表明了不同城市的文化创意园区处于不同发展阶段，也表明了不同地方政府对园区发展主导方取向的差异。最后，采用核密度分析法分析了2005—2015年长三角地区文化创意产业园区的分布，园区分布呈现区集聚状态，总体数量迅速增长，核心密集区域园区密度也有很大提高；随时间变化，这种集聚状态由单核集聚转变为双核结构集聚，并有双轴线结构集聚的趋势。这种园区分布的集聚态势不仅会给城市文化创意产业带来集聚效应，同时也使得像苏州这样的城市逐渐成长为区域新的中心城市，打破长三角原有的三中心结构，从而引发城市群位序的变化。

第三节　长江三角洲南翼文化创意产业园生长模式的功效分异[①]

创意产业(creative industry)最早见于政策规划而非学术研究。1997年英国政府成立的"创意产业特别工作组(Creative Industries Task Force)"提出并将其定义为："源自个人创意、技巧及才华，进行知识产权的开发和运用，具有创造财富和就业潜力的行业。"[②]文化创意产业随后在欧美国家迅猛发展，文化创意产业以其知识集聚性、产业高关联性、产值高附加性的特点，成为西方国家支柱产业之一。经过二十多年的经济发展，浙江省面临产业结构的转型升级，文化创意产业是一个理想的选择方向。文化创意产业位于文化产业价值链的"上游"[③]，可通过重组文化产业的生产链，催化第二、三产业的跨界融合[④]。2000年《浙江省建设文化大省纲要》提出"加快形成与现代化进程相适应的文化产业发展格局，大力培育和发展重点文化产业门类"；2009年《浙江省文化创意产业发展规划》将文化创意产业上升为浙江省经济发展战略高度：强调重点发展行业以及潜力行业，并预期形成文化创意产业园区、文化创意产业集聚区、创意城区三级空间；明确杭州、宁波作为文化

① 王益澄，杨阳，马仁锋，周宇，吴丹丹，王腾飞. 浙江省文化创意产业发展模式反思——基于文化创意产业园的审视[J]. 宁波大学学报(人文科学版)，2016，29(4)：125-132.

② Florid R. The Rise of the Creative Class. New York. basic books. 2004(1)：53-221.

③ 朱自强，张树武. 文化创意产业概念及形态辨析[J]. 东北师大学报(哲学社会科学版)，2012(1)：117-121.

④ 李凤亮，宗祖盼. 中国文化产业发展：趋势与对策[J]. 同济大学学报(社会科学版)，2015(2)：65-73.

创意产业发展的中心城市。文化创意产业园区作为浙江省文化创意产业发展的基本载体，得到全省的广泛重视；但在其快速发展过程中出现了“地产化”“商业化”“非创意化”等乱象。为此，本节全面梳理浙江文化创意产业园区发展模式的得失与利弊，以期引导文化创意产业园区的科学建设与发展，提升浙江文化创意产业发展质量。

一、浙江文化创意产业的发展条件与当前态势

（一）基于SWOT的浙江文化创意产业发展条件甄别

运用SWOT分析方法，识别浙江省文化创意产业发展条件呈现如（表6-3-1-1）的优势、劣势、机遇与挑战。

（1）优势表现在人文资源丰富，文化科研机构数量、质量全国领先，文创产品的市场需求广阔。浙江作为文化资源大省，自然、人文资源相当丰富，下辖11个地级市各拥有其特色文化资源；文化资源的丰富性吸引了大批高校、研究设计院、工作室的入驻，使得浙江省文化创意产业在研发设计以及人才培养上具有优越条件。另外，浙江省区位条件优越，初具一定的产业规模，与国内外的经济、文化、贸易交流频繁。优越的区位条件、深厚的文化资源、系统的人才培养又拓宽了创意文化产品的市场，树立了浙江文化创意产品的品牌。

（2）劣势表现在区域发展不平衡、园区运作过程中出现的一些不合理的经济活动。浙江省在文化创意产业规划中明确了十大产业集聚园区，集聚发展文化创意产业。但是实际上，浙江省文化创意产业发展并不平衡。杭州市文化创意产业发展迅速，文化创意产业园数量以及规模在全省处于优势地位。但是其他地区，特别是浙中地区，受到自然、经济等因素的影响，文化创意产业发展相对滞后，各地区之间文化创意产业发展不均衡；在所建成的文化创意产业园区之间以及引入的企业之间存在集聚不经济的情况；另外在引进企业时，存在园区发展定位模糊、园区产业链的不完整现象。

（3）浙江省文化创意产业面临国家经济政策的调整以及外生型经济发展的宏观机遇。随着国家对于文化产业的日益关注以及扶持政策的陆续出台，越来越多投资人进军的文化创意产业领域，这对于文化创意产业的发展是一个极大的机遇；随着浙江省城乡居民生活水平以及消费能力的上升（表6-3-1-2），居民对于文化产品的需求也在逐年上升。另外，浙江海洋经济发展战略的提出，同样是文化创意产业发展契机，如何将文化创意产业以及海洋经济发展相结合是亟待解决的问题。

表 6-3-1-1 浙江省文化创意产业发展条件 SWOT 矩阵分析表

<table>
<tr><td rowspan="2">内部环境</td><td>优势(S)
1.地区文化资源丰富
2.文化创意产业初具规模
3.区位优势突出
4.产业投资环境活跃</td><td>机会(O)
1.区域产业转型的选择
2.国家经济发展的调整
3.居民消费意向的优化</td><td rowspan="2">外部环境</td></tr>
<tr><td>弱势(W)
1.地区产业发展不平衡
2.文化创意人才培养体系有待健全
3.缺乏产业龙头企业,带动效果不明显
4.文化创意产业成园不集聚</td><td>威胁(T)
1.邻近区域市场的竞争
2.产业数据统计不详细
3.自身文化创意产业结构有待调整
4.文化基础的重视程度不够、挖掘不深</td></tr>
</table>

表 6-3-1-2 浙江省城镇居民消费状况(2008—2013 年)调查表

年份	城镇居民人均娱乐、教育消费支出占人均消费支出的比重(%)	城镇居民人均支出年增长率(%)	人均娱乐、教育消费支出年增长率(%)
2008	14.5	—	—
2009	13.8	10.1	4.3
2010	14.5	7.0	11.2
2011	13.8	14.4	8.1
2012	13.9	5.4	6.0
2013	12.3	7.9	5.2

注:统计数据来自于《浙江省统计年鉴(2014)》。

(4)2014 浙江省文化创意产业的发展遇到了一定的威胁。在省内,文化创意产业结构有待优化。以杭州市为例,杭州市文化创意产业总体态势发展良好,但发展幅度比上一年减少了 6.5%;八大文化创意产业类别中只有教育培训方面为正向增幅,其中艺术品业的增幅为-33.5%。大企业的发展、壮大挤压了中小企业的市场,增大了中小企业发展的难度。另外,各地级市对于自身文化资源挖掘不够,产业园区发展定位不清晰。部分地级市对文化创意产业发展重视不足,严重影响了文化创意产业总体研究与发展布局。在省外,浙江省面临与其他文化创意城市的竞争。这些需要浙江省在发展过程中及时做出调整来应对威胁。

(二)浙江省文化创意产业的当前态势

2005 年以来,浙江文化创意产业发展迅速,已形成了一定的规模。其中,白马湖生态创意城、仙居中国工艺品文化创意产业园的园区资产分别达到了 671000 万元、519480 万元(表 6-3-1-3)。产业布局上,杭州已成为浙江省文化创意产业的中心城市，也是全国重要的文化创意产业基地之一。宁波、嘉兴、温州成为浙江省文化创意产业重要的集聚中心，并形成了产业体系。各地级市创建了一批具有地域特色的文化创意产业园，例如丽水市的龙泉青瓷文化创意基地、台州市的玻璃雕刻工艺产业基地。但也存在一些问题，如一些产业园建成后缺乏市场的支持，出现了“空园”的现象；园区产业结构上，文化制造业所占的比重比较高，在创意构思、设计等高端行业有待发展；园区产值上，尽管文化产业增加值在不断地上升，但是企业的资产规模、产值规模、利润规模、税收规模较小；特别是中小企业受到大型企业的挤压，企业发展受到了影响。

表 6-3-1-3　2013 年浙江省文化产业园区总资产排名表(前十)

排序	园区名称	2013 年总资产(万元)
1	白马湖生态创意城	671000
2	仙居中国工艺品文化创意产业园	519480
3	浙江理想报业文化创意园	330000
4	东方电子商务园	320000
5	杭州市山南国际创意产业园	300000
6	龙泉青瓷宝剑园区	268635
7	宁波文化广场	232881.7
8	云和木制玩具产业基地	224395.8
9	桐庐分水文化创意园	187220
10	绍兴金德隆文化创意园	181000

注：数据来源于《2015 年浙江发展报告(文化卷)》。

二、浙江省文化创意产业园区的空间分布与形成类型

(一)文化创意产业园区的范畴界定与数据采集

据浙江省文化创意产业发展规划的要求，文化创意产业在空间上分为文化创意城市—文化创意产业集聚区—文化创意园区的三层发展结构。文化创意园区是文化创意产业的载体。地区发展文化创意园区并形成集聚，进而有基础形成文化创意产业集群。文化创意产业的发展取决于地区自身文化底蕴的挖掘、人才的培养(内生方面)，政策的扶持(外生方面)以及地区外技术、资金的导入(区外的嵌入方面)这三个方面。本节选取了 187 个浙江省文化创意产业园区，产业范围包括了艺术品、工业设计、信息软件、动漫游戏、建筑设计和传媒出版等优势行业，也包括广告策划、咨询服务、文化会展、教育培训和创意农业等潜力行业。利用 ArcGIS 10.2 进行核密度分析，并结合浙江省本科、专科院校数据进行缓冲区分析。

(二)浙江省文化创意产业园区空间分布特征

1. 核密度分析显示趋大城市集聚

核密度分析用于计算要素在周围邻域中的密度,既可以是线密度,也可以是点密度。本节提取了矢量化的文化创意产业园区中心位置点作为点要素,得出各产业园区的位置。将密度分为9级显示,浙江省文化创意产业园区的空间布局呈现出以杭州为中心城市,宁波、温州、金华等为区域中心的布局。地级市发展水平上,杭州的文化创意产业园区在数量、规模、集聚效益上都处于优势地位;宁波、金华、温州、嘉兴的文化创意园区发展也具有一定的规模;其余各地级市园区的布局比较分散,难以形成产业集聚。杭州文化创意园区主要分布于西湖区、下城区、江干区、拱墅区且有向绍兴集聚的趋势;宁波文化创意园区主要分布于海曙区、江东区;温州园区集中于瓯海区、鹿城区。浙江省各园区大多布局于城市高新区和高教区,依托经济、技术、人才、环境的优势。

2. 缓冲区分析显示趋向创意人才与文化场域集中

缓冲区分析一般选取点要素或者线要素,将浙江省全部高校的位置点作为点要素,设定以点为中心5000米范围为高校辐射区,探究高校与园区在空间上的关联。综合而言,浙江省文化创意产业园区在空间上的分布与高校的分布联系密切。缓冲区分析结果表明,在地级市层面,杭州文化创意产业园区依托杭州市的四大高教区、西湖风景区、高新区进行布局;下属的县级市也有文创园的设立。宁波、嘉兴、温州形成一定的集聚性,位于各自的高新技术开发区、高教园区内。湖州、金华、绍兴、台州、丽水、衢州、舟山园区表现出整体数量少、布局分散的现象。以上现象与所在城市文创人才的培养、自然条件、经济发展水平、城市发展定位等因素有关。从园区布局与高校类别关系看,专科院校与园区的关联程度高于本科院校。原因在于专科院校人才培养模式与人才发展定位更贴合文化创意产业园区发展的要求,空间关联度更高。

(三)浙江省文化创意产业园区的形成类型

根据文化创意产业园区创建主体以及创建方式,将文化创意产业园区划分为旧址改造、就地建立模式,政府主导、公司化管理模式,学园合作、产业集聚模式,市场主导、龙头企业引领发展模式四类(表6-3-2-1)。

表6-3-2-1 浙江省文化创意产业园区类型及其基本特征

园区分类类型	基本特征
旧址改造	废旧工业产房改建 具有浓厚的工业气息与文化底蕴 租金相对低廉 由创意人才自发集聚、管理

续表

园区类型	基本特征
政府主导	政府、国有企业出资建设 设有园区管委会或成立管理公司，委托进行日常运营
学园合作	注重智力资源、人才资源 位于高校、高教园区辐射内 产业上游部分与高校、设计单位联系紧密
市场主导	园区产业发展方向明显 产业链完整 由龙头企业进行园区发展定位

1.形成类型的分类体系

旧址改造是对已有的老旧工业厂房进行改造，是创意产业与城市改造的一条经济便捷的道路。政府主导是园区发展的一般模式，通过园委会的管理，引导园区企业集聚发展；另外政府主导推动园区之间进行合作发展，形成文化创意集聚区。学园合作以创意人才集聚为重心，文化创意园区具有引线效应，通过创意设计形成创意产品。市场主导一般在具有市场需求的经济发达地区。这四类文化创意产业园区各具有其特征与优势。实际上，产业园区的发展类型也是多方面混合的结果。

2.典型类型的现实对照与基本特征

旧址改造、就地建立产业园模式，即为所谓的“LOFT 模式”。文化创意产业园区需要大量的建设用地，具有很高的开发成本，尤其县级地区开发创意园时将面临更大的资金压力，废弃厂房的改建是一条理想的路径。改造废弃厂房的方法具有以下优势。(1)价格优势：废弃厂房往往地价便宜，配套设施相对完善，只需进行一定的改造即可投入运营，改造区往往房租相对较低，对于缺乏资金的创意人才具有吸引力。(2)创意优势：老旧的厂房对于创意人才来说，本身就具有艺术内涵。文化创意产业是位于文化产业发展的上游，创意来源于地区的文化历史，废旧厂房本身就承载了这种文化。(3)建设开发优势：改造废旧厂房，既保留了地区产业发展的历史，又能循环利用。浙江省 11 个地级市中普遍存在旧址改造、就地建立产业园的案例(表 6-3-2-2)。

表 6-3-2-2　浙江省文化创意产业各地级市旧址改造、就地建立产业园区模式案例

园区名称	建设发展方向	建筑改建来源
嘉兴国际创意文化产业园	文化创意和传媒产业	原东栅工业功能区

续表

园区名称	建设发展方向	建筑改建来源
温州东瓯智库创意产业园	轻工业创意设计	原黎明工业区的57幢工业厂房
丽水万象文化创意产业园	艺术设计、设计传媒、工艺美术、文化展示	原万象山油泵厂
杭州“丝联166”创意产业园区	艺术、时尚消费、装饰设计	原杭州丝绸印染联合厂的部分旧厂房
宁波创意1956	工业设计、软件设计、动漫制作、广告设计	原宁波变压器厂
杭州市LOFT49创意产业园	创意工业，loft创意	原杭州蓝孔雀化学纤维有限公司的锦纶分厂

政府主导、公司化管理模式是政府通过创建文化创意产业园区，成立园区管理公司进行管理；通过制定一定的准入条件以及推出优惠政策，引导地区文化创意企业集聚发展(表6-3-2-3)。这一类发展模式的优势在于：(1)规划发展优势：政府结合地区文化，规划了本地区的创意产业发展方向，通过一定的行政、经济手段吸引文化创意企业“拎包”入驻；(2)集聚优势：这里的集聚是基于政府能够将基础产业链构建完整的情况，产业园区的发展以横向发展以及多样化发展为主要发展方向；通过产业的集聚，树立竞争与合作意识，提高整体对外竞争力。但是此类发展模式也会存在隐患：(1)政府机构介入文创园的日常管理工作，出现政府管理过多、限制企业发展的现象；此类模式在县级地区会出现企业引入方向不明确现象，造成劳动密集型、资源密集型企业入驻，阻碍了地区文化创意产业发展。(2)国内存在专利保护意识淡薄以及配套法律法规不健全的现象，这使得文化创意企业的集聚存在不稳定因素。产业发展定位相似的企业间甚至可能会存在出现抄袭等的恶性竞争。

学园合作、企业集聚模式是依托地区高校、研究院的设计创意能力，通过文创园与学院的合作，将创意人才引入企业，储备地区创意产业发展的人才(表6-3-2-4)。学园合作模式的优势在于：(1)人才优势：通过学园合作，构建了从教育、技能培训到工作实践的多层次、系统化的人才培养体系，企业可以通过定向培养、委托培训的形式得到专业人才，高校、研究院依托园区企业的发展进行专业化、特色化的发展；(2)园区间集聚优势：通过多个文化创意产业园的合作，拓宽地区文化创意产业的广度，提高了整个地区的产业抗风险能力。文化创意产业在创意构思研发阶段具有高风险、高投入的特点。在此模式下，园区与高校和企业进行联合实验室的构建，共同参与研发，降低开发风险，共同获利。

表 6-3-2-3　浙江省文化创意产业各地级市政府主导、公司化管理模式案例

园区名称	建设发展方向	建设管理部门
嘉兴创意创新软件园	服务外包、软件开发、电子商务、动漫游戏和工业设计等产业	嘉兴创意创新软件园投资建设有限公司
丽水龙泉青瓷宝剑园区	文化传承、文博展示、学习交流、创作教学、收藏鉴赏、旅游观光	园区管委会
绍兴达利丝绸文化园	蚕桑文化园林、丝绸博览馆、丝绸工业生产、丝绸文化科普教育、生态农业体验等	绍兴市旅游管理局
杭州白马湖生态创意城	动漫，集研发、生产、休闲、居住、商贸等多功能	滨江区委、区政府
杭州之江文化创意园	艺术创作艺术经营、创意设计等	西湖区政府、之江国家旅游度假区共同建设管理
舟山定海伍玖文化创意中心	设计研发、建筑设计、文化传媒、咨询策划以及时尚消费创意（动漫、服装设计）	定海区政府

表 6-3-2-4　浙江省文化创意产业各地级市学园合作、产业集聚模式案例

园区名称	建设发展方向	合作院校
绍兴金德隆文化创意园	集创意、艺术、商业、休闲于一体的时尚生活特色街区	绍兴文理学院理工学院与浙江职业学院
杭州之江文化创意园	集创建孵化、展览展示、艺术休闲、特色配套于一体	中国美院
浙窑（陶艺公园）创意园	浙窑，集研究、展示、创作、交流等功能于一体	杭州市政府和中国美术学院市校合作
义乌市创意园	产品外观设计、包装设计、商业空间设计、室内外景观设计、广告摄影和庆典策划等	义乌工商学院
温州浙江创意园	文化旅游策划、动漫制作、商业摄影、影视传媒、平面设计、广告策划等	浙江工贸职业技术学院、温州日报报业集团
杭州市下沙大学科技园	工业设计、平面设计、软件设计、影视制作、文艺创作、时尚设计、传媒文化	下沙大学城 14 所高校、新加坡杭州科技园的国际创业平台

市场主导、龙头企业引领发展模式是依据市场的规律，确立龙头企业的主导地位，配套附属产业，进行专业化发展（表 6-3-2-5）。此类模式是通过培育地区的龙头企业，发展关联产业，形成从创意研发到文化产品生产的产业链，从而具有以下优势：(1)专业化优势：通过确立地区龙头文化创意企业，延长产业链，提高园区专业化程度，提高产业的抗风险能力。形成区域文化创意产业发展特色，提高地区产

业化的品牌效益;(2)创新优势:在地区产业进入调整、转型阶段的情况下,结合地区文化资源,明确产业定位,发展关联产业,延长产业链,将原有的传统文化产业、制造业与创意产业相衔接,实现传统产业新经济增长点。这类模式同样存在风险:(1)路径依赖:在区域内形成一个以文化创意企业为主导,关联企业为辅助的文化产业群,可能由于产业内部在产品、技术、管理、联系、组织等方面的"锁定",导致产业群内部僵化,失去活力与竞争力。(2)外部的干扰。在经济全球化的大背景下,文化创意产业既要面临国内市场竞争,也要争夺国外的市场;当产业依赖的外部条件发生改变时,此类模式的文化创意产业会具有更大的风险。

表 6-3-2-5 浙江省文化创意产业各地级市市场主导、龙头企业引领发展模式案例

园区名称	建设发展方向	建设管理公司
绍兴浙江越生文化创意园	印刷、出版、设计、多媒体行业	浙江越生文化创意有限公司
衢州九九红玫瑰产业园	集玫瑰种植、研发、加工、销售以及旅游观光于一体	浙江九九红玫瑰科技有限公司
嘉兴江南传媒文化创意产业园	动漫网游、软件开发、电子商务、影视制作、文化传媒等	嘉兴市广播电视集团
杭州东街 6 号·艺术空间	举办各类艺术展览,推广艺术家,经营艺术品	龙门艺术品公司、港龙工艺品公司
宁波新芝 8 号创意园	创意设计	宁波市工贸资产经营有限公司
杭州浙江建华文创产业园	电子商务、工业设计、服装设计、景观设计	浙江建华集团

三、浙江文化创意产业园区发展模式的效益比较及其提升路径

(一)浙江四类典型文化创意产业园区生成模式的综合效益比较

文化创意产业的发展对于城市发展甚至是城市群的演进具有一定的影响。产业园是文化创意产业发展的载体,产业园发展模式的选择对于整个地区的文化创意产业发展具有重大的影响。从 2013 年浙江省文化创意产业园区的产值以及产业增加值(表 6-3-3-1)来看,由国有资本参与的产业园区的文化产值占总产值的 77.3%,产业园区数量占总数量的 52.6%。这说明民营产业园区以中小规模为主,有国家资本的产业园区规模相对比较大。国有资本运营的产业园区在资本上具有优势,其政策、经济扶持力度推动了产业园区的产值增长;市场主导模式在本地企业关系上具有优势,龙头企业对企业进行整合,创建产业园,这在本地企业的联系能力方面,是其他模式所不及的。在营造创新氛围、提升人才创新能力方面,

学园合作、旧址改造、政府主导模式具有优势。学园合作、旧址改造模式注重吸引人才资源，营造创新氛围。政府主导依靠其资金、政策优势创造理想的创业氛围。在吸纳就业方面，政府主导模式、学园合作、市场主导模式以其政策优势、人才优势、产业体系优势吸纳了大量的人才就业。

表 6-3-3-1　2013 年浙江省不同运营主体的文化创意产业园区产值表

运营主体	个数	文化产业总产值(万元)
政府	34	3669515.37
国有企业	37	3049238.35
民营企业	61	1532494.70
其他	3	441536

注：数据来源于《2015 年浙江发展报告(文化卷)》。

(二)提升浙江文化创意产业园区效益的分类指引

1. 政府主导，多样化发展模式

政府主导、多样化发展模式是长江三角洲地区采用最多的文化创意产业发展模式。文化创意产业园区的建设离不开政府支持。在政府主导、多样化发展模式中，政府还担任了管理人、规划师的角色。此模式通常表现为地方政府或者国有企业出资建设产业园区，并成立园区管理委员会代为管理与招商。以浙江省为例，2013 年全省共有 135 个园区，由政府部门直接管理的有 10 个，由管委会、孵化中心等政府派出机构管理的有 24 个，由国有企业作为运营机构的有 37 个。2013 年政府以及国有企业运营的文化创意产业园的产值为 6718753.72 万元，占总产值的 77.3%。这种自上而下的运营模式具有建设周期短、基础设施以及配套服务齐全、市场认可度高等优势；但也存在一些隐患：政府机构过于追求园区产值与业绩，对于产业规划以及园区发展缺乏明确方向；将文化产业集聚区、制造业园区归于文化创意园区，使得园区变成了企业集聚区，起不到产业集聚的效果。

2. 依托资源，市场化发展模式

依托资源、市场化发展模式是由政府或者民营资本依托本地区的(文化、人才、设施)资源优势进行产业园区开发。民营企业的加入，促使民营产业园区之间及其与政府主导的产业园区之间的竞争与合作相结合，丰富了地区文化创意产业发展模式。在园区的开发建设与管理中引入市场化模式，发挥了民营开发管理方式的特色。此类园区主要的商业模式是收取房租和增值服务收费。这种商业模式决定了民营资本更加专注于园区的发展建设。引入市场化发展模式，使得地区产业园区的发展具有更大动力。市场化的竞争使得各产业园区把握住文化创意产业总体的发展态势，紧跟甚至引导文化创意产业的发展。教育培训业、动漫游戏业、信息服务业、文化会展业适合市场导向型发展模式。地区经济较发达的、居民对精神文化需求大的地区更加适合发展市场导向型文化创意产业。

3. 资源引入，混合式发展模式

资源引入、混合型发展模式混合上述两种模式。通过政府资本与民营资本合资进行园区建设管理，既克服了政府的过度干预，又防止过度追求经济效益继而忽视文化创意产业的创新与长远的发展，因此混合模式具有兼容性与融合性。该模式将各园区进行分级规划，形成不同发展水平、不同等级的园区，以形成良性竞争；通过政府引导，将具有集聚效应、关联效应的园区联系起来，以形成产业集群；在区域内确定发展目标并进行分期规划，扶持地区龙头园区、园区的龙头企业，以点带面，全面发展。市场化将促使同一层级的园区在市场机制下公平竞争，共同发展进步。

四、提升浙江省文化创意产业发展模式效益的策略与路径选择

(一)提升文化创意产业园区发展质量的策略

1. 破除形成模式路径依赖，衍生新兴发展模式

在实践过程中，单一模式的产业园区在运作过程中暴露出了一些问题。在产业园区的创建中，需要打破单一的发展模式，破除对形成模式的依赖。实际上，产业园区的创建可以是多种发展模式混合的结果，模式的多元化形成了优势互补。例如，政府主导模式与学园合作模式混合既包含了政府主导模式的政策与资金优势，又能吸取大量的创意资源与创意人才；旧址改造模式与市场主导模式混合既发挥了旧址改造的低成本优势，又具有市场主导模式的产业体系优势。另外，不仅可以选择多元化模式，而且需要大胆借鉴其他类型产业园区建设的模式，从而衍生出新兴发展模式。

2. 地区分级优化发展，完善人才培养体系

文化创意产业的发展尤其是文化创意集聚区的发展需要政府从行政、经济等方面进行扶持，四个发展模式都需要政府的参与。特别在投融资方面，文化创意产业的中小企业存在贷款难的问题，浙江省相比于国内文化创意产业发展较好的上海等城市，金融扶持政策优势不明显。在人才培养体系上，需要建立具有层次性、梯度性的培养模式；对外大力引进创意人才，对内制订从职业技能培训到高等学校理论基础研究的人才培养计划，分地区进行产业专业化的对应性培养。

3. 加深文化底蕴挖掘，均衡优化产业结构

基于文化创意产业的中等骨干企业较少、中小企业后续发展较困难的现实，政府需要大力扶植中小企业的发展，调整产业业结构，扶持龙头企业(多媒体制作、印刷出版等)，从而带动地区产业发展。对于文化创意产业园区存在的后续发展动力不足的问题，一方面需要加深地区文化资源的挖掘，配合地区文化创意企业进行特色化、本土化的发展，加大地区文化产业(艺术创作、工业设计、社科咨询、会展旅游

等)的宣传能力,打造地区特色品牌。随着居民的文化消费能力的提升,地区要从"根据居民文化消费意向构建产业"向"通过构建特色文化引导地区居民的文化消费意向"跨跃发展。

(二)浙江省文化创意产业地区发展模式的选择

根据实际情况,浙江省文化创意产业发展模式选择以政府为主导并在市场化条件下的多级化、分重点的发展模式。

(1)分布数量情况有,浙江省文化创意产业主要集中在环杭州湾以及温台沿海地区。杭州作为浙江省文化创意产业的龙头城市,是带动全省文化创意产业发展的动力源。宁波、温州、嘉兴、金华作为地区重要发展点,应发展自身特色产业,提高区域的企业集聚。湖州、绍兴、衢州、丽水、台州应重点挖掘本地区文化资源、人才资源,加快产业发展。

(2)发展过程中以产业园区为中心,加强区域之间的联系,从而形成产业的关联网络,延长产业链;依靠文化创意产业的高渗透性、高联系性,加强与其他产业的联系。企业与企业之间、园区与企业之间、园区与园区之间形成网络,达到集约化发展的目的。

(3)各地区园区应明确发展方向与功能定位。在园区中形成龙头企业、重点企业,形成园区发展特色,避免园区内部企业之间的同质化竞争,使园区多样化与专业化发展相结合;提高文化创意企业在园区中的占比,提升园区总体的竞争力与集聚力,防止出现"名不副实"的产业园区以及"圈地"式的园区发展策略。

第四节　本章小结

创意经济是全球进入新经济时代后发展起来的一种推崇个人创造力与智慧,推崇创新,强调基于个人创造力的文化艺术与科技创新对经济的支持与推动作用的新经济。创意产业发展的质与量已经成为21世纪衡量一国或一地区综合竞争优势的重要标志之一。然而相较高新技术、交通网络、信息网络等对城市群的影响,创意产业对于城市群的作用和影响程度尚未引起学界足够重视,而这恰是创意时代城市群竞争优势持续增强的重要理论和城市产业政策实践的难点与焦点。本章首先聚焦创意产业发展因素的城际分异,刻画长江三角洲城市群文化创意产业发展及其地理格局变迁的牵引功效;随后通过文化创意产业园区的生长时空格局变迁,透视长江三角洲城市群内各城市的位序变化;最后以长江三角洲南翼的浙江省文化创意产业园区分布及其生成模式为例,解读文化创意产业园区形成模式的异同,初步阐明文化创意产业地理格局演变的空间功效及其微观机制。

(1)以中国长江三角洲城市群的(16个城市)为研究对象,从创意产业发展影响因素综合测度视角研判长三角城市群创意产业发展趋势。首先，梳理国内外研究，阐明创意产业的空间性，由此糅合城市体系理论与创意阶层理论以构建创意城市理论体系，并从其核心组分"创意环境、创意能力、创意活力"构建测度城市群创意产业发展影响因素指标体系。其次，采用长三角 16 个城市 2005 年、2009 年度统计数据，运用因子分析法判识出影响城市群创意产业发展主要因素：城市便利性、创意阶层的规模与质量、创意产业的经济基础与经济投入强度、城市休闲设施，且前三者影响程度较大。最后，采用层次聚类法综合测度创意产业影响因素，发现长三角各城市创意产业发展水平迅速上升、城际差距缩小，且创意产业影响长三角城市群结构演进趋势的效度虽然很弱但是已经显现；以创意产业发展影响因素综合指数观察长三角城市位序—规模，上海仍位于首位，但第 2 层级中却多了苏州，第 3 层级却呈现无锡、镇江、泰州、常州优于宁波、扬州的格局。

(2)以长江三角洲地区 16 个城市文化创意产业园区的时空格局变迁透视其空间效应。首先，从园区形成起因和园区形成过程的主导力量类型刻画长江三角洲地区 2005—2015 年文化创意园区发展时空格局，发现总体增加速率呈现先加快后放缓的趋势，非政府主导力量的园区类型逐渐增多。随后，采用核密度法分析 2005—2015 年长江三角洲地区文化创意产业园区的生长格局变迁，发现园区分布呈现区域集聚状态，总体数量迅速增长，核心密集区园区密度也有很大提高；随着时间变化，这种集聚状态由单核集聚向双核结构集聚转变，并有双轴线结构集聚趋势。这种集聚态势不仅会给城市文化创意产业带来集聚效应，同时也使得像苏州这样的城市逐渐成长为区域新的中心城市，打破长三角原有的三中心结构，从而引发城市群各城市的位序变化。

(3)文化创意产业群集形成文化创意产业园区的模式差异，直接影响文化创意产业园区的地点溢出效益。分析浙江省文化创意产业发展现状与空间分布特征，识别出浙江省文化创意产业园区的四类典型生成模式(旧址改造、政府主导、学园合作、市场主导)，辨析四类模式在实践过程中的利弊。研究认为浙江省文化创意产业群集发展模式应该统筹政府主导、市场的多级化与区域重点，注重文化挖掘、人才培养等重大举措，以此提升浙江省文化创意产业的园区集聚的空间功效。

第七章　长江三角洲地区文化创意企业上市公司生产网络动态及效应

文化创意企业作为新兴产业主体，注重创意创新，在经济增长和资源利用上有独到之处，在长期的发展过程中可能使得城市体系结构发生变化。城市网络结构研究方法可以分为三类：一是利用城市网络直接表征基础设施，对铁路交通流、航空交通流、旅游流等实体流数据进行研究；二是随着信息技术发展，互联网作为媒介介入到不同城市之间的交流网络中，由此基于微博、微信、共享电子平台数据等信息流数据进行探索；三是当下较为热门的借助城市企业之间的网络联系进行研究的企业总部—分支网络法[①]。对于文化创意产业而言，采用企业总部—分支网络法能更加直观清楚地刻画文化创意企业的生产网络对于城市（体系）的影响，从而透视文化创意产业对城市体系结构变动的作用。

第一节　分析框架

一、基于上市公司的长江三角洲地区文化创意企业生产网络及其动态研究方法

社会网络是指社会行动者（social actor）及他们之间关系的集合。[②] 社会网络分析法是一类重要分析方法。常规统计学意义上的"变量的独立性假设"使得其只能分析属性数据，一般的多元统计方法大多不能用来分析关系数据。而社会网络分析法（Social Network Analysis，简称 SNA）能有效刻画网络整体的形态、特性和结构，恰好适合关系数据。根据关系数据的性质，社会网络分析研究的主要内容也可以分为以下 3 个层面：①研究作为"系统"的关系，主要研究行动者之间的关系"模式"或"结构"与个体行为或系统性质之间的互相影响；②研究作为社会情景的

---

① 王聪，曹有挥，陈国伟．基于生产性服务业的长江三角洲城市网络[J]．地理研究，2014．32(2)：323-335；武前波，宁越敏．中国城市空间网络分析——基于电子信息企业生产网络视角[J]．地理研究，2012，31(2)：207-219；叶磊，段学军．基于物流企业的长三角地区城市网络结构[J]．地理科学进展，2016，35(5)：622-631．

② 刘军．社会网络分析导论[M]．北京：社会科学文献出版社，2004．

关系，主要关注网络"环境"如何影响行动者个体行为的。③信息和资源的传播渠道或途径，包括资金和信息的流动、创新的扩散、权力的分布等。其中第 3 个层面对于文化创意企业的分布和生产网络的演化有较强的针对性，生产网络中权力集中的点关系也十分集中，相对于网络其他权力较弱、关系较少的点，其在网络中具有更大的影响力，在整个网络的互相联系上也将产生更大的话语权，进而影响乃至支配网络的资源信息流动，从而引发整个网络等级结构变化。从该角度看，社会网络分析法对于文化创意企业生产网络研究是较为适宜的。

社会学认为单纯抽象的人不具有权力，权力依赖于与他人的关系。"中心性"是社会网络分析中对权力这一概念的量化，通过对"中心性"的研究，可以了解个人或者组织在网络中的权力大小，或是地位高低。对于"中心性"的具体度量，又可以分为中心度和中心势；为避免混淆，一般中心度多指点，中心势指图或网络。中心度和中心势分别体现了网络中节点的重要性和节点对整体网络的影响。

点 i 绝对中心度就是与点 i 直接相连的其他点的个数。如果某一点具有最高的度数，则这点位于中心地位，这意味着该点很可能在网络中拥有最大的权力。在城市网络中，绝对中心度越大，则表明该点所对应的城市是联系越广泛的中心城市，是网络中的焦点，往往拥有较大的权力与较高的地位。一般的点 i 的绝对中心度公式可以记为：

$$C_i = C(i) \qquad \text{(式 7-1-1-1)}$$

不同网络中点的绝对中心度只有在网络规模相同时才具有一定的可比性。相对中心度是指点的绝对中心度与图中心点的最大可能的度数之比，相对中心度也可用于比较测量有向图中点的中心度。点的相对中心度则不论网络规模是否相同均可以相互比较。城市相对中心度的高低，与绝对中心度类似，也表明该城市外在联系是否广泛。因此，相对中心度的公式可以记为：

$$C'_i = \frac{\sum C_i}{i-1} \qquad \text{(式 7-1-1-2)}$$

网络中心势是为了研究不同图是否有不同的中心趋势。学者们提出一种指数概念，用以刻画整个图的这种中心势，也可以达到比较不同图的中心趋势的目的。一般认为，描绘图中任何一点在网络中占据的核心性时用中心度，刻画网络图的整体中心性时用网络中心势，从而避免了中心势与中心度相互混淆的可能。网络中心势的计算公式可以记为：

$$C = \frac{\sum_{i=1}^{n}(C_{\max} - C_i)}{\max[\sum_{i=1}^{n}(C_{\max} - C_i)]} \qquad \text{(式 7-1-1-3)}$$

式中，$C_{\max}$ 为图中的最大中心度。

二、长江三角洲地区文化创意企业生产网络的数据源筛选

长江三角洲地区文化创意企业生产网络研究思路采用企业总部—分支网络视角，因此对于文化创意企业数据收集而言，不仅要收集企业的母公司数据，还要收集其子公司及其分支机构数据。实际上，针对文化创意企业的直接统计较少，数据获取的难度较大。目前，类似研究往往通过网络搜索获取相关企业数据[①]，不仅效率上太低太慢，而且没有规范性来源，对于数据的完整性和数据的真实可靠性存疑。由于上市公司相关信息的公开透明性和年报的及时更新性，对于文化创意企业生产网络研究，选择上市公司及其子公司、分支机构的相关数据进行研究较为妥当。

上市公司是指，所发行股票经过国务院或者国务院授权的证券管理部门批准在证券交易所上市交易的股份有限公司。由于上市公司被要求上市时公司股本总额不少于人民币 3000 万元，营业时间在三年以上，并且最近三年连续盈利，因此上市公司均是具有一定规模和影响力的企业，自身生产网络已经较为成熟，数据的有效性相对较为可靠。上市公司年报合并报表中的子公司信息包括：子公司名称、注册地、经营范围、业务性质、年末实际投资额等。年报是上市公司必须向证交所提供的具有法律效应、面向社会公开的文件，需要接受全社会的监督，合并报表中的子公司信息相对丰富、真实。[②] 同时，由于金融证券行业建立对外服务窗口的特殊性和营业部与总公司之间联系的密切性，其不同城市营业部也作为其分支机构予以考虑；相应的营业部数据在上市证券公司年报中予以披露。

文化创意企业上市公司的时间遴选。为刻画文化创意企业生产网络演化全貌，考虑到数据获取性和时效性，本章对 2005 年、2010 年和 2015 年三个年份的上市公司名录进行收集。其中，由于上市公司在上市之前已经经营了至少三年，上市公司年报披露时间一般为 3 月份，为尽可能获得更新、更多的数据，2015 年上市公司名录选择截至 2016 年 4 月之前在上交所和深交所挂牌上市、主要业务涵盖文化创意产业、注册地为长三角地区的上市公司。

文化创意企业上市公司的类别甄选。由于有些公司涵盖业务范围较广，子公司和分支机构也较多，故若其母公司业务类别含有文化创意产业某些行业，即可认定该公司为文化创意企业上市公司。但在收集其子公司和分支机构数据时，必须从年报中明确该子公司从事文化创意产业后才能认定相关数据为有效数据，否则

---

① 叶磊，段学军．基于物流企业的长三角地区城市网络结构[J]．地理科学进展，2016，35(5)：622-631；王聪，曹有挥，陈国伟．基于生产性服务业的长江三角洲城市网络[J]．地理研究，2014，32(2)：323-335.

② 李仙德．基于上市公司网络的长三角城市网络空间结构研究[J]．地理科学进展，2014，33(12)：1587-1600.

为无效数据，不予收录。同时，考虑到有些上市公司不同时期经营范围不同，注册地址也发生过变更，还存有借壳上市现象，筛选出的文化创意企业上市公司须在选定时期内业务范围含有文化创意产业，且该时期公司总部注册地址在长三角地区内。表7-1-2-1、表7-1-2-2、表7-1-2-3为符合筛选条件的长江三角洲地区文化创意企业上市公司的具体名录。

表7-1-2-1　长江三角洲地区2005年主要文化创意企业上市公司名录

文化创意产业行业类别	上市公司简称	业务类别	注册地
传媒类	东方明珠	影视音像	上海
	中视传媒	影视音像	上海
	新华传媒	出版	上海
	浙报传媒	出版	杭州
	华数传媒	影视音像	杭州
设计咨询类	G都市	证券	上海
	爱建集团	多元金融	上海
	紫江企业	广告包装	上海
	G界龙	广告包装	上海
	大红鹰	多元金融	宁波
软件及计算机类	G电子	软件服务	上海
	爱使股份	互联网	上海
	G飞乐	软件服务	上海
	方正科技	电脑设备	上海
	宝信软件	软件服务	上海
	G网新	软件服务	杭州
	G恒生	软件服务	杭州
	信雅达	软件服务	杭州
	中达股份	电脑设备	南京
	国电南瑞	软件服务	南京
	远东股份	互联网	常州
	G综艺	软件服务	南通

表 7-1-2-2　长江三角洲地区 2010 年主要文化创意企业上市公司名录

文化创意产业行业类别	上市公司简称	业务类别	注册地
传媒类	东方明珠	影视音像	上海
	中视传媒	影视音像	上海
	新华传媒	出版	上海
	慈文传媒	影视音像	嘉兴
	浙报传媒	出版	杭州
	华数传媒	影视音像	杭州
	华策影视	影视音像	杭州
	长城影视	影视音像	杭州
	中南文化	影视音像	无锡
设计咨询类	海通证券	证券	上海
	光大证券	证券	上海
	爱建集团	多元金融	上海
	紫江企业	广告包装	上海
	界龙实业	广告包装	上海
	新嘉联	广告包装	上海
	帝龙文化	装修装饰	上海
	亚厦股份	装修装饰	上海
	香溢融通	多元金融	上海
	华泰证券	证券	上海
	金螳螂	装修装饰	苏州
	万好万家	装修装饰	台州
软件及计算机类	广电电子	软件服务	上海
	爱使股份	互联网	上海
	汉得信息	软件服务	上海
	飞乐股份	软件服务	上海
	大智慧	软件服务	上海
	海得控制	软件服务	上海
	方正科技	电脑设备	上海
	宝信软件	软件服务	上海
	顺网科技	互联网	杭州

续表

文化创意产业行业类别	上市公司简称	业务类别	注册地
软件及计算机类	生意宝	互联网	杭州
	浙大网新	软件服务	杭州
	GQY 视讯	电脑设备	宁波
	新世纪	软件服务	杭州
	恒生电子	软件服务	杭州
	信雅达	软件服务	杭州
	银江股份	软件服务	杭州
	同花顺	软件服务	杭州
	利欧股份	互联网	台州
	中达股份	电脑设备	南京
	新民科技	互联网	苏州
	国电南瑞	软件服务	南京
	金利科技	互联网	苏州
	焦点科技	互联网	南京
	*ST 远东	互联网	常州
	金智科技	软件服务	南京
	综艺股份	软件服务	南通

表 7-1-2-3　长江三角洲地区 2015 年主要文化创意企业上市公司名录

文化创意产业行业类别	上市公司简称	业务类别	注册地
传媒类	东方明珠	影视音像	上海
	中视传媒	影视音像	上海
	新华传媒	出版	上海
	新文化	影视音像	上海
	上海电影	影视音像	上海
	慈文传媒	影视音像	嘉兴
	浙报传媒	出版	杭州
	华数传媒	影视音像	杭州
	万家文化	影视音像	杭州
	完美世界	影视音像	湖州

续表

文化创意产业行业类别	上市公司简称	业务类别	注册地
传媒类	华策影视	影视音像	杭州
	鹿港文化	影视音像	苏州
	凤凰传媒	出版	南京
	江苏有线	影视音像	南京
	长城影视	影视音像	杭州
	幸福蓝海	影视音像	南京
	综艺股份	综合类	南通
	中南文化	影视音像	无锡
设计咨询类	海通证券	证券	上海
	安信信托	多元金融	上海
	东方证券	证券	上海
	光大证券	证券	上海
	国泰君安	证券	上海
	国投安信	证券	上海
	爱建集团	多元金融	上海
	紫江企业	广告包装	上海
	龙韵股份	广告包装	上海
	创兴资源	装修装饰	上海
	绿庭投资	多元金融	上海
	全筑股份	装修装饰	上海
	界龙实业	广告包装	上海
	宝钢包装	广告包装	上海
	海顺新材	广告包装	上海
	新通联	广告包装	上海
	巴士在线	广告包装	嘉兴
	帝龙文化	装修装饰	台州
	思美传媒	广告包装	杭州
	亚厦股份	装修装饰	绍兴
	香溢融通	多元金融	宁波
	华媒控股	广告包装	杭州

续表

文化创意产业行业类别	上市公司简称	业务类别	注册地
设计咨询类	亚翔集成	装修装饰	苏州
	柯利达	装修装饰	苏州
	东吴证券	证券	苏州
	华泰证券	证券	南京
	金 螳 螂	装修装饰	嘉兴
	华源包装	广告包装	苏州
软件及计算机类	维宏股份	软件服务	上海
	云赛智联	软件服务	上海
	华虹计通	软件服务	上海
	上海钢联	互联网	上海
	游久游戏	互联网	上海
	汉得信息	软件服务	上海
	安硕信息	软件服务	上海
	中安消	软件服务	上海
	网达软件	软件服务	上海
	万达信息	软件服务	上海
	东方财富	互联网	上海
	华东电脑	软件服务	上海
	卫宁健康	软件服务	上海
	信息发展	软件服务	上海
	中海科技	软件服务	上海
	大智慧	软件服务	上海
	二三四五	软件服务	上海
	天玑科技	软件服务	上海
	鼎捷软件	软件服务	上海
	海得控制	软件服务	上海
	方正科技	电脑设备	上海
	宝信软件	软件服务	上海
	金桥信息	互联网	上海
	平治信息	互联网	杭州

续表

文化创意产业行业类别	上市公司简称	业务类别	注册地
软件及计算机类	电魂网络	互联网	杭州
	顺网科技	互联网	杭州
	生 意 宝	互联网	杭州
	浙大网新	软件服务	杭州
	GQY 视讯	电脑设备	宁波
	联络互动	软件服务	杭州
	恒生电子	软件服务	杭州
	信雅达	软件服务	杭州
	和仁科技	软件服务	杭州
	银江股份	软件服务	杭州
	创业软件	软件服务	杭州
	同花顺	软件服务	杭州
	汉鼎宇佑	软件服务	杭州
	中新科技	电脑设备	台州
	利欧股份	互联网	台州
	保千里	电脑设备	南京
	润和软件	软件服务	南京
	南极电商	互联网	苏州
	麦迪科技	软件服务	苏州
	国电南瑞	软件服务	南京
	安洁科技	电脑设备	苏州
	金利科技	互联网	苏州
	焦点科技	互联网	南京
	三六五网	互联网	南京
	视觉中国	互联网	常州
	天华超净	电脑设备	苏州
	金智科技	软件服务	南京
	多伦科技	软件服务	南京
	综艺股份	软件服务	南通
	天泽信息	软件服务	南京

注 1：为统一方便数据记录整理，上市公司名称用简称代替。
注 2：上市公司文化创意产业行业类别是根据其公司业务类型，采用本节文化创意产业分类标准划分而成。
注 3：所有上市公司名录数据主要从上交所、深交所上市挂牌公司获取。
资料来源：宁波大学地理与空间信息技术系等人文地理学 2014 级硕士研究生周国强整理，2017 年 3 月。

第二节 长江三角洲地区文化创意企业上市公司与生产网络演化

一、长江三角洲地区文化创意企业上市公司总部数量分布动态

如图 7-2-1-1 所示,2005 年至 2015 年长三角地区文化创意企业上市公司总部数量总体呈现增长趋势,分布区域相对集中。2005 年,大部分城市的上市公司总部数量均较少,总部分布城市最多的上海也不超过 15 家。2010 年,除上海继续稳定增长外,南京、杭州的上市公司总部数量显著增长,苏州也有明显提升。2015 年,上海的上市公司总部数量大幅度提升,苏州和杭州也有较大提升,南京稳定增长。上市公司总部除了在以上 4 个城市集中分布外,在宁波、湖州、嘉兴、台州有少量分布,但占总体比重较少。总体来看,文化创意企业上市公司总部集中分布在上海及其周边的杭州、苏州,以及较远的南京。

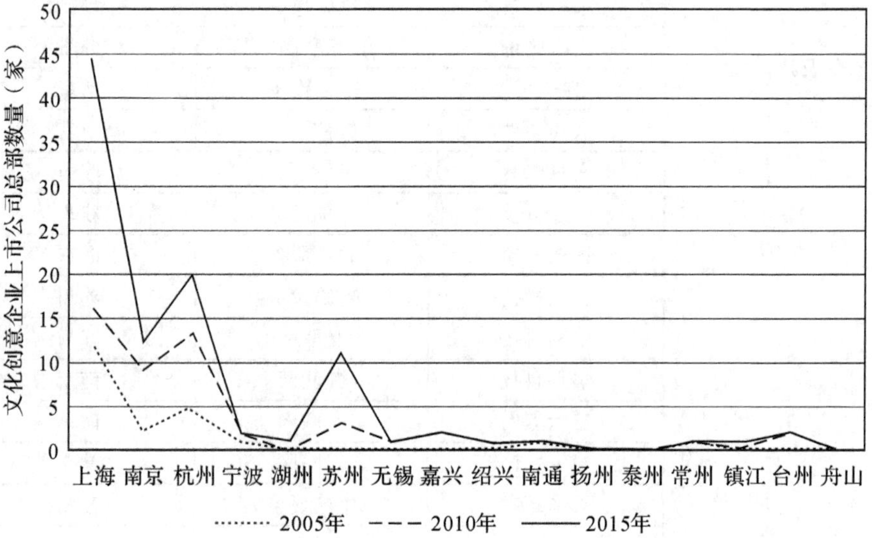

图 7-2-1-1 长三角地区文化创意企业上市公司总部数量分布动态

资料来源:数据均来源于表 7-1-2-1、表 7-1-2-2、表 7-1-2-3。

文化创意企业上市公司总部数量在长三角地区的增长,表明了长三角地区对于文化创意企业上市公司具有很强的吸引力;而分布相对集中于上海及其周边的杭州、苏州,以及较远的南京表明长三角地区中位序较高、规模较大城市的吸引力

较强。在企业网络中,总部对于网络的形态与职能影响起重要作用。奥尔德森等(2004)基于企业网络的城市网络研究引入"权力"和"威望"社会学概念,提出网络中表现为对总部的集聚能力就是权力,是对他者的影响力与支配力;而网络中表现为对子公司的集聚能力就是威望,是他人的认可,愿意与之建立联系。[①]

2005年至2015年长江三角地区文化创意企业上市公司总部区位分布由三中心向四中心网络结构转变。2005年,上市公司总部分布空间结构主要是以上海、杭州、南京为中心,其中以上海为主,以杭州、南京为副。2010年,南京、杭州的公司总部数量均超过苏州,因此继续呈现以上海、杭州、南京为中心的一主两副的三中心结构。2015年,苏州的上市公司总部数量显著增长,基本与南京保持平齐。杭州增长后公司总部数量与数量最高的上海相差较大,和南京、苏州属于同一层次。该时期呈现以上海为主,以杭州、南京、苏州为副的一主三副的四中心结构。

上市公司总部区位分布的三中心结构实质是长三角原有的三个行政中心城市在整个城市网络中也位于核心地位。但随着文化创意产业发展,文化创意企业上市公司总部的集中分布,苏州从原有空间结构中的非核心城市迁跃至新的中心城市地位,并且有赶超南京中心地位的态势,从而有引发城市网络位序变化的可能。这种改变与苏州距离杭州、上海较近,与区域核心城市联系较为密切,文化创意企业的创新扩散有着重要关系。

二、基于上市公司子公司数的长江三角洲地区典型行业文化创意企业生产网络演化

(一)传媒类文化创意企业上市公司的生产网络动态特征

从表7-2-2-1可以看出,长江三角洲地区传媒类文化创意企业生产网络中2005年绝对中心度最高的是杭州,之后依次是上海、宁波、绍兴、台州、无锡,其余城市为0;图7-2-2-1(a)表明该时段传媒类文化创意企业子公司较少,之间联系也较少。2010年,绝对中心度最高的依然是杭州,其次是绍兴、嘉兴、宁波、上海、无锡,其余城市为0;图7-2-2-1(b)反映了存在子公司的城市之间的联系有所增强。2005年和2010年,核心城市始终是杭州。2010—2015年传媒类文化创意企业数量有所增长,绝对中心度最高的是南京,总体来看较高的还有上海和杭州,从图7-2-2-1(c)可以看到联系较多的、较集中的城市在网络中呈明显的三核心趋势。这一阶段最重要的节点城市是南京、上海和杭州。

表7-2-2-2展示了长江三角洲地区传媒类文化创意企业上市公司生产网络的中心势,2005年到2015年呈现先下降后上升的现象,说明了传媒类生产网络整体

---

① Alderson A S, Beckfiled J. Power and position in the world city system[J]. American Journal of Sociology, 2004, 109(4): 811-851.

的中心性先减弱后增强，原因在于其他城市主要与杭州联系，杭州在整个网络中地位较高。2010年之后传媒文化创意企业数量虽然增多，体现在绝对中心度提高，但其他城市之间的联系也有所增强，杭州的地位有所下降，相对中心度相较之前明显下降，因而杭州这一节点对于整体网络的影响力是下降的。传媒类企业大量增多，城市之间联系迅速增强增多，2015年的相对中心度南京超过了杭州的相对中心度，因而中心势又有所上升。

从图7-2-2-1可以看出长江三角洲地区传媒类文化创意企业生产网络中，2005年网络中子公司分布较少，联系稀少(图7-2-2-1(a))；随时间变化，2010年网络中城市子公司分布增多，城市联系变密切，但数量仍然不多，比较显著的联系表现在杭州与绍兴、嘉兴、宁波的联系(图7-2-2-1(b))，2005年到2010年网络中心城市始终是杭州。在2015年的网络中，城市的子公司数量大大增加，城市间联系增强，出现了多个区域核心城市(图7-2-2-1(c))。网络核心城市除了杭州，还新增加了南京、上海。除此之外，子公司分布较多，联系较密的城市为嘉兴、南通、泰州等。这几个城市均为中小型城市，在传媒类文化创意生产网络中有发展为网络核心的趋势。

表7-2-2-1 长江三角洲地区传媒类文化创意企业上市公司生产网络的网络中心度及其动态

2005年				2010年				2015年			
城市	Degree	NrmDegree	Share	城市	Degree	NrmDegree	Share	城市	Degree	NrmDegree	Share
杭州	3.000	20.000	0.375	杭州	7.000	15.556	0.438	南京	48.000	24.615	0.261
上海	1.000	6.667	0.125	绍兴	3.000	6.667	0.188	上海	33.000	16.923	0.179
宁波	1.000	6.667	0.125	嘉兴	2.000	4.444	0.125	杭州	31.000	15.897	0.168
绍兴	1.000	6.667	0.125	宁波	2.000	4.444	0.125	嘉兴	12.000	6.154	0.065
台州	1.000	6.667	0.125	上海	1.000	2.222	0.063	南通	11.000	5.641	0.060
无锡	1.000	6.667	0.125	无锡	1.000	2.222	0.063	泰州	8.000	4.103	0.043
嘉兴	0.000	0.000	0.000	湖州	0.000	0.000	0.000	扬州	8.000	4.103	0.043
湖州	0.000	0.000	0.000	舟山	0.000	0.000	0.000	无锡	8.000	4.103	0.043
苏州	0.000	0.000	0.000	苏州	0.000	0.000	0.000	镇江	7.000	3.590	0.038
舟山	0.000	0.000	0.000	台州	0.000	0.000	0.000	绍兴	4.000	2.051	0.022
南通	0.000	0.000	0.000	南通	0.000	0.000	0.000	宁波	4.000	2.051	0.022
常州	0.000	0.000	0.000	常州	0.000	0.000	0.000	湖州	4.000	2.051	0.022
镇江	0.000	0.000	0.000	镇江	0.000	0.000	0.000	苏州	3.000	1.538	0.016
南京	0.000	0.000	0.000	南京	0.000	0.000	0.000	常州	2.000	1.026	0.011
扬州	0.000	0.000	0.000	扬州	0.000	0.000	0.000	台州	1.000	0.513	0.005
泰州	0.000	0.000	0.000	泰州	0.000	0.000	0.000	舟山	0.000	0.000	0.000

注：数据均由式7-1-1-1、式7-1-1-2计算整理所得。

表 7-2-2-2 长江三角洲地区传媒类文化创意企业上市公司生产网络的网络中心势

年份	2005 年	2010 年	2015 年
中心性指标(网络中心势)	19.05%	15.24%	21.39%

注:数据均由式 7-1-1-3 计算整理所得。

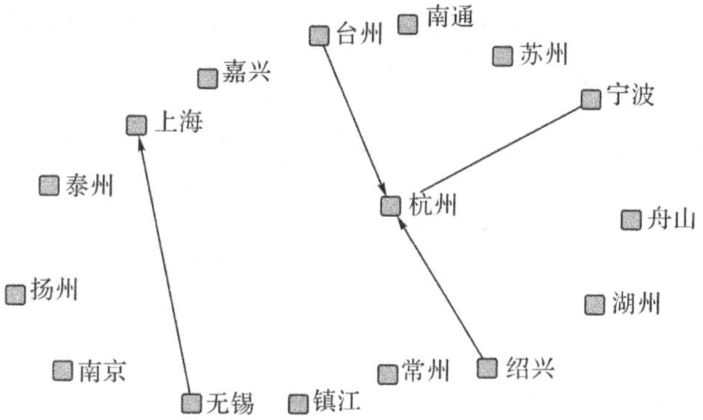

(a) 长江三角洲地区传媒类文化创意企业上市公司2005年生产网络

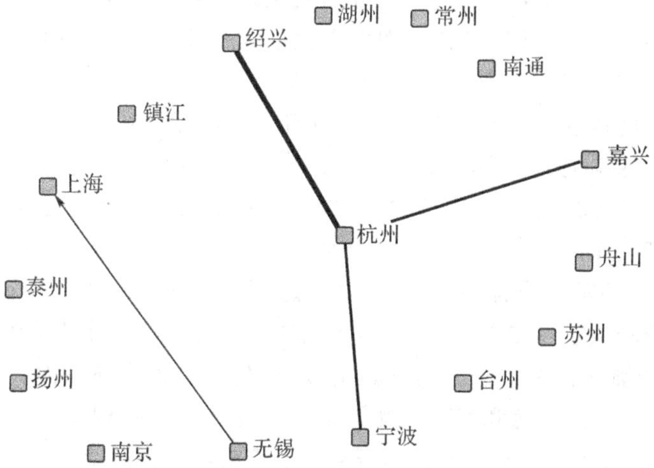

(b) 长江三角洲地区传媒类文化创意企业上市公司2010年生产网络

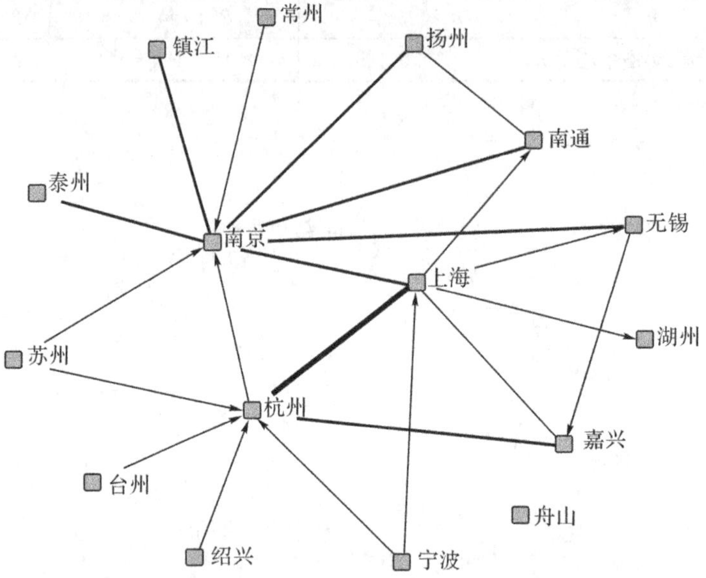

(c) 长江三角洲地区传媒类文化创意企业上市公司2015年生产网络

图 7-2-2-1　长江三角洲地区传媒类文化创意企业上市公司 2005—2015 年生产网络动态

(二)设计咨询类文化创意企业上市公司生产网络动态特征

从表 7-2-2-3 可以看到设计咨询类文化创意企业生产网络中，2005 年绝对中心度最高的是宁波，2010 年和 2015 年绝对中心度最高的均是上海，且 2015 年上海的绝对中心度远远超过同一时期其他城市。这表明 2005—2015 年传媒类文化创意企业生产网络完成了中心城市由宁波到上海的演化，并且上海成长为绝对的中心城市。表 7-2-2-4 的中心势 2005—2015 年不断上升的趋势也体现了网络中心城市增多对于整个网络的影响力越来越大。

图 7-2-2-2 展示了设计咨询类文化创意企业生产网络，2005 年网络中大部分城市子公司分布较少或空白，子公司基本集中在宁波、杭州、上海(图 7-2-2-2(a))。2010 年网络中城市总体的子公司分布增多，子公司多集中在上海、宁波、南京、杭州(图 7-2-2-2(b))。上海和南京均和网络中其他城市联系较多，宁波主要是和上海联系较多，上海很多企业将子公司设立在了宁波，宁波的“威望”在上海的企业中相对较高。2015 年，上海占据网络的绝对中心；南京、湖州、宁波等与其他城市联系也较为密切，子公司分布也相对较多，是网络中次一级的中心，其中湖州、宁波是原本城市网络中的非核心城市。因此，在设计咨询类文化创意生产网络中，湖州、宁波的城市地位有很大提升，区域的重要性和影响力有所增强。

表 7-2-2-3　长江三角洲地区设计咨询类文化创意企业上市公司生产网络的网络中心度

2005 年				2010 年				2015 年			
城市	Degree	NrmDegree	Share	城市	Degree	NrmDegree	Share	城市	Degree	NrmDegree	Share
宁波	5.000	8.333	0.357	上海	52.000	20.392	0.419	上海	126.000	33.600	0.354
杭州	4.000	6.667	0.286	宁波	20.000	7.843	0.161	南京	36.000	9.600	0.101
上海	3.000	5.000	0.214	南京	16.000	6.275	0.129	湖州	36.000	9.600	0.101
南京	1.000	1.667	0.071	杭州	10.000	3.922	0.081	宁波	31.000	8.267	0.087
镇江	1.000	1.667	0.071	扬州	5.000	1.961	0.040	杭州	24.000	6.400	0.067
绍兴	0.000	0.000	0.000	绍兴	5.000	1.961	0.040	绍兴	16.000	4.267	0.045
湖州	0.000	0.000	0.000	镇江	4.000	1.569	0.032	苏州	16.000	4.267	0.045
舟山	0.000	0.000	0.000	南通	3.000	1.176	0.024	无锡	13.000	3.467	0.037
苏州	0.000	0.000	0.000	常州	2.000	0.784	0.016	嘉兴	10.000	2.667	0.028
无锡	0.000	0.000	0.000	无锡	2.000	0.784	0.016	常州	9.000	2.400	0.025
南通	0.000	0.000	0.000	苏州	1.000	0.392	0.008	台州	9.000	2.400	0.025
常州	0.000	0.000	0.000	舟山	1.000	0.392	0.008	扬州	8.000	2.133	0.022
嘉兴	0.000	0.000	0.000	嘉兴	1.000	0.392	0.008	泰州	8.000	2.133	0.022
台州	0.000	0.000	0.000	泰州	1.000	0.392	0.008	南通	7.000	1.867	0.020
扬州	0.000	0.000	0.000	湖州	1.000	0.392	0.008	镇江	5.000	1.333	0.014
泰州	0.000	0.000	0.000	台州	0.000	0.000	0.000	舟山	2.000	0.533	0.006

注：数据均由式 7-1-1-1、式 7-1-1-2 计算整理所得。

表 7-2-2-4　长江三角洲地区设计咨询类文化创意企业上市公司生产网络的网络中心势

	2005 年	2010 年	2015 年
中心性指标(网络中心势)	7.89%	19.83%	31.62%

注：数据均由式 7-1-1-3 计算整理所得。

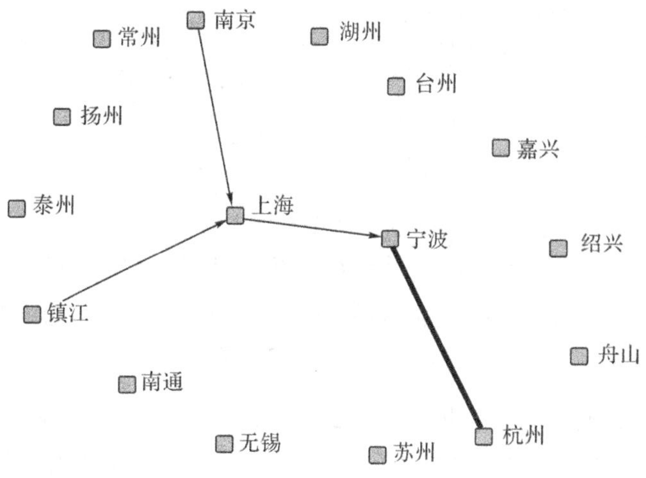

(a) 长江三角洲地区设计咨询类文化创意企业上市公司2005年生产网络

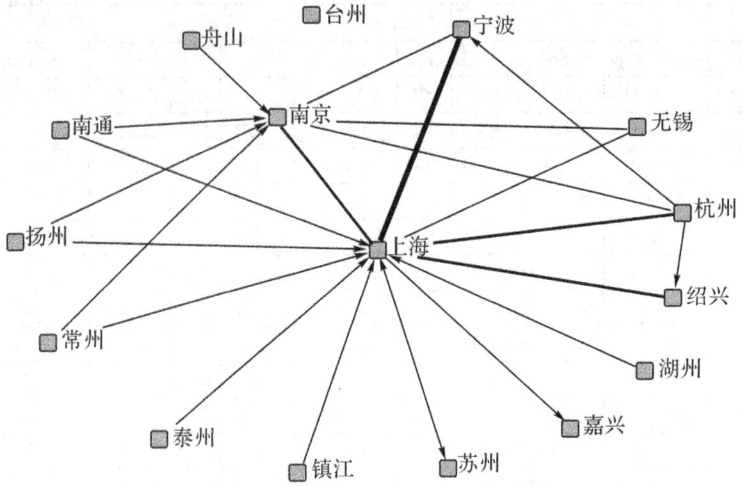

(b) 长江三角洲地区设计咨询类文化创意企业上市公司2010年生产网络

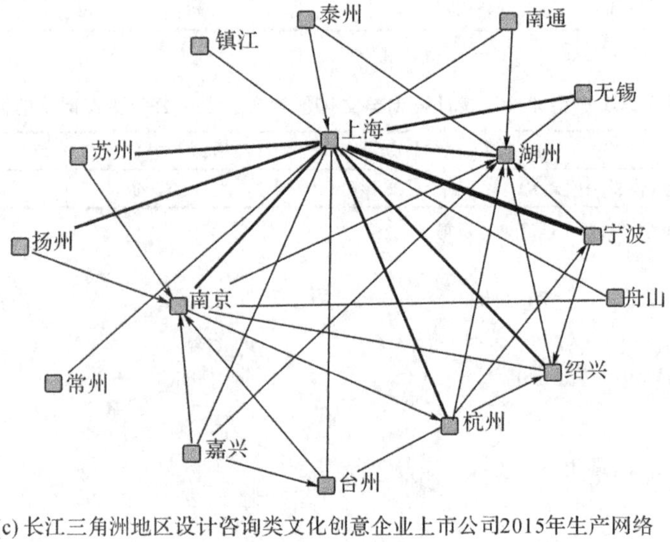

(c) 长江三角洲地区设计咨询类文化创意企业上市公司2015年生产网络

图 7-2-2-2 长江三角洲地区设计咨询类文化创意企业上市公司 2005—2015 年生产网络动态

(三)软件及计算机类文化创意企业上市公司生产网络演化特征

表 7-2-2-5 展现了软件及计算机类文化创意企业生产网络中 2005 年绝对中心度最高的城市为南京，2010 年和 2015 年绝对中心度最高的城市均为上海。但值

得注意的是,同一时期上海的绝对中心度没有大幅度超过仅次于上海的其他城市,这些城市仍然处于同一水平层次。因此,在2010年和2015年软件及计算机类文化创意企业生产网络中还有杭州、南京这样的副中心城市,从而呈现出一主两副的多中心结构。这一点在表7-2-2-6中体现得也较为明显,中心势2010年相较于2005年大幅上升,但与2015年基本持平。副中心城市分担了对于网络的影响力,使得上海虽然绝对中心度有所增长,但总体持平。

软件及计算机类文化创意企业生产网络中,2005年整体子公司分布较少,城市之间联系较少,过半数城市没有子公司分布;南京、无锡联系最为密切,南京是网络的核心城市(图7-2-2-3(a))。2010年子公司分布数量有所增长,但仍有半数城市没有子公司分布,存在子公司的城市之间联系显著增强,表明新增加的子公司集中在之前子公司分布的城市;区域的核心城市出现了上海、杭州、南京这些原本即为城市网络核心的城市(图7-2-2-3(b))。2015年子公司分布数量大大增加,但大部分子公司仍然集中于原本就有子公司分布的城市(图7-2-2-3(c)),总体来看子公司分布城市多为区域核心城市和经济发展状况较好城市,因而软件及计算机类文化创意企业子公司的分布呈现"马太效应",强者恒强。

网络核心城市方面,上海占据网络核心但未与杭州、南京拉开较大差距。上海、杭州、南京虽然仍占据网络核心,但苏州、宁波、无锡已经有相继形成网络新核心的态势,特别是苏州与南京在子公司的分布数量和城市的联系上差距基本不大,未来有齐头并进的可能性。

在以高新技术为代表的软件及计算机类文化创意企业生产网络,传统的区域核心城市依然占据网络核心地位,具有很强的话语权,经济发展一般的边缘城市获得文化创意企业的青睐较难,进一步发展可能性较弱,但具有一定经济体量的城市发展这类文化创意产业对城市自身在网络中有较好的发展期望。

表7-2-2-5　长江三角洲地区软件及计算机类文化创意企业上市公司生产网络的网络中心度及其演变

2005年				2010年				2015年			
城市	Degree	NrmDegree	Share	城市	Degree	NrmDegree	Share	城市	Degree	NrmDegree	Share
南京	6.000	10.000	0.300	上海	15.000	20.000	0.313	上海	48.000	20.000	0.308
杭州	4.000	6.667	0.200	杭州	9.000	12.000	0.188	杭州	30.000	12.500	0.192
无锡	4.000	6.667	0.200	南京	7.000	9.333	0.146	南京	25.000	10.417	0.160
上海	2.000	3.333	0.100	无锡	5.000	6.667	0.104	苏州	17.000	7.083	0.109
宁波	2.000	3.333	0.100	宁波	4.000	5.333	0.083	宁波	10.000	4.167	0.064
苏州	1.000	1.667	0.050	苏州	4.000	5.333	0.083	无锡	8.000	3.333	0.051
常州	1.000	1.667	0.050	嘉兴	3.000	4.000	0.063	嘉兴	5.000	2.083	0.032
湖州	0.000	0.000	0.000	常州	1.000	1.333	0.021	台州	4.000	1.667	0.026

续表

2005 年				2010 年				2015 年			
城市	Degree	NrmDegree	Share	城市	Degree	NrmDegree	Share	城市	Degree	NrmDegree	Share
嘉兴	0.000	0.000	0.000	湖州	0.000	0.000	0.000	常州	3.000	1.250	0.019
舟山	0.000	0.000	0.000	舟山	0.000	0.000	0.000	南通	2.000	0.833	0.013
南通	0.000	0.000	0.000	南通	0.000	0.000	0.000	绍兴	2.000	0.833	0.013
绍兴	0.000	0.000	0.000	绍兴	0.000	0.000	0.000	湖州	1.000	0.417	0.006
镇江	0.000	0.000	0.000	镇江	0.000	0.000	0.000	扬州	1.000	0.417	0.006
台州	0.000	0.000	0.000	台州	0.000	0.000	0.000	舟山	0.000	0.000	0.000
扬州	0.000	0.000	0.000	扬州	0.000	0.000	0.000	镇江	0.000	0.000	0.000
泰州	0.000	0.000	0.000	泰州	0.000	0.000	0.000	泰州	0.000	0.000	0.000

注：数据均由式 7-1-1-1、式 7-1-1-2 计算整理所得。

表 7-2-2-6　长江三角洲地区软件及计算机类文化创意企业上市公司生产网络的网络中心势

	2005 年	2010 年	2015 年
中心性指标(网络中心势)	9.05%	18.29%	18.21%

注：数据均由式 7-1-1-3 计算整理所得。

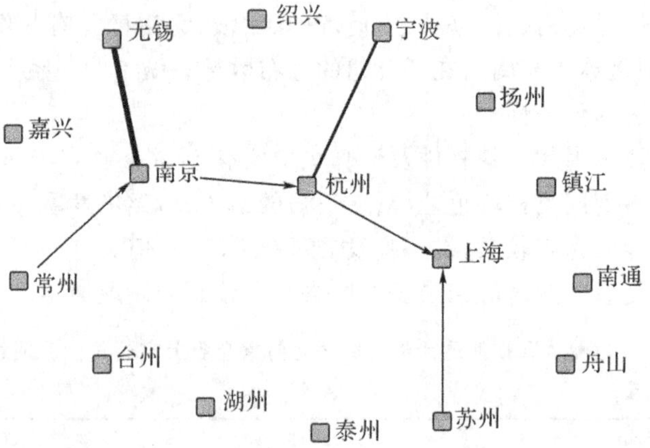

(a) 长江三角洲地区软件及计算机类文化创意企业上市公司2005年生产网络

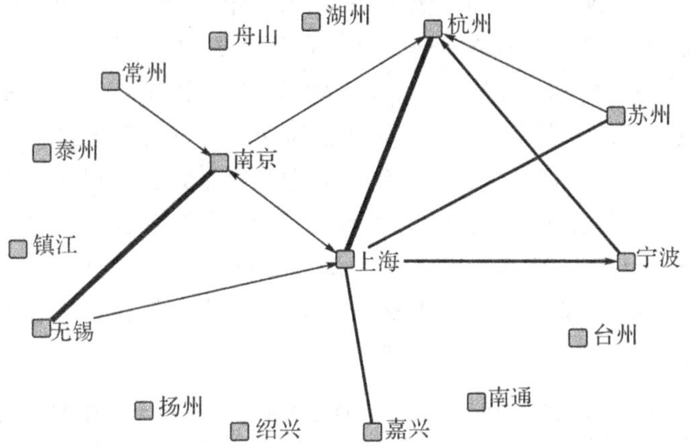

(b) 长江三角洲地区软件及计算机类文化创意企业上市公司2010年生产网络

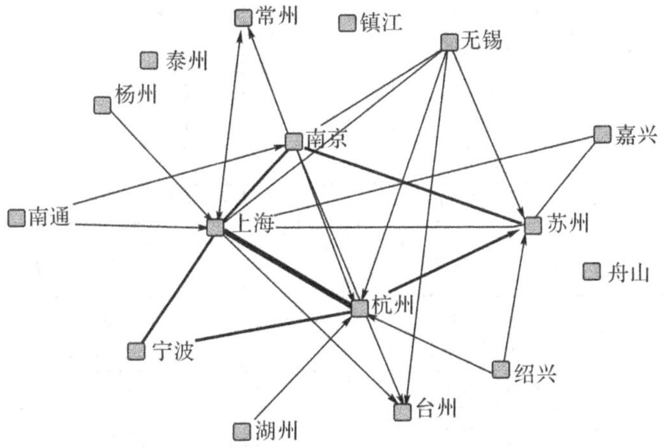

(c) 长江三角洲地区软件及计算机类文化创意企业上市公司2015年生产网络

图 7-2-2-3 长江三角洲地区软件及计算机类文化创意企业上市公司 2005—2015 年生产网络动态

三、长江三角洲地区文化创意企业上市公司生产网络的总体演化特征

表 7-2-3-1 显示文化创意企业总体生产网络，2005 年绝对中心度最高的城市为杭州，但与同时期绝对中心度略次于杭州的其他城市的差距较小。2010 年和 2015 年绝对中心度最高的城市始终为上海，且 2005 年和 2015 年上海的绝对中心

度要明显超越同时期其他城市。表 7-2-3-2 展示整体网络中心势，中心势始终上升且上升幅度较大。这反映在图 7-2-3-1(a)可以看到 2005 年总体生产网络中心城市联系较少，影响力一般；在图 7-2-3-1(b)可以看到上海、南京、宁波、杭州 4 个联系集中的中心城市；在图 7-2-3-1(c)可以看到继上海、南京、宁波、杭州 4 个城市之后，湖州、苏州、无锡、嘉兴等城市有成为新的核心势头。以上总体表明 2005—2015 年长三角文化创意企业总体生产网络演化中，联系由单一向复杂转变，网络中心结构由单中心向一主多副中心结构演化。同时，网络结构的中心不再只有核心城市上海、杭州、南京，苏州、宁波这样的非核心城市也成为了区域中心，并且多个非核心城市有成为区域中心的态势。

表 7-2-3-1 长江三角洲地区文化创意企业上市公司生产网络的网络中心度动态

2005 年				2010 年				2015 年			
城市	Degree	NrmDegree	Share	城市	Degree	NrmDegree	Share	城市	Degree	NrmDegree	Share
杭州	8.000	13.333	0.222	上海	64.000	25.098	0.372	上海	193.000	36.762	0.299
南京	7.000	11.667	0.194	南京	22.000	8.627	0.128	南京	105.000	20.000	0.163
上海	6.000	10.000	0.167	宁波	22.000	8.627	0.128	杭州	70.000	13.333	0.108
宁波	5.000	8.333	0.139	杭州	21.000	8.235	0.122	宁波	43.000	8.190	0.067
无锡	5.000	8.333	0.139	无锡	8.000	3.137	0.047	湖州	40.000	7.619	0.062
镇江	1.000	1.667	0.028	绍兴	7.000	2.745	0.041	苏州	36.000	6.857	0.056
苏州	1.000	1.667	0.028	嘉兴	5.000	1.961	0.029	无锡	29.000	5.524	0.045
绍兴	1.000	1.667	0.028	扬州	5.000	1.961	0.029	嘉兴	22.000	4.190	0.034
常州	1.000	1.667	0.028	苏州	5.000	1.961	0.029	绍兴	19.000	3.619	0.029
台州	1.000	1.667	0.028	镇江	4.000	1.569	0.023	南通	18.000	3.429	0.028
湖州	0.000	0.000	0.000	常州	3.000	1.176	0.017	扬州	17.000	3.238	0.026
南通	0.000	0.000	0.000	南通	3.000	1.176	0.017	泰州	16.000	3.048	0.025
嘉兴	0.000	0.000	0.000	舟山	1.000	0.392	0.006	常州	13.000	2.476	0.020
舟山	0.000	0.000	0.000	泰州	1.000	0.392	0.006	镇江	12.000	2.286	0.019
扬州	0.000	0.000	0.000	湖州	1.000	0.392	0.006	台州	11.000	2.095	0.017
泰州	0.000	0.000	0.000	台州	0.000	0.000	0.000	舟山	2.000	0.381	0.003

注：数据均由式 7-1-1-1、式 7-1-1-2 计算整理所得。

表 7-2-3-2 长江三角洲地区文化创意企业上市公司生产网络的网络中心势

年份	2005 年	2010 年	2015 年
中心性指标(网络中心势)	10.95%	23.87%	33.22%

注：数据均由式 7-1-1-3 计算整理所得。

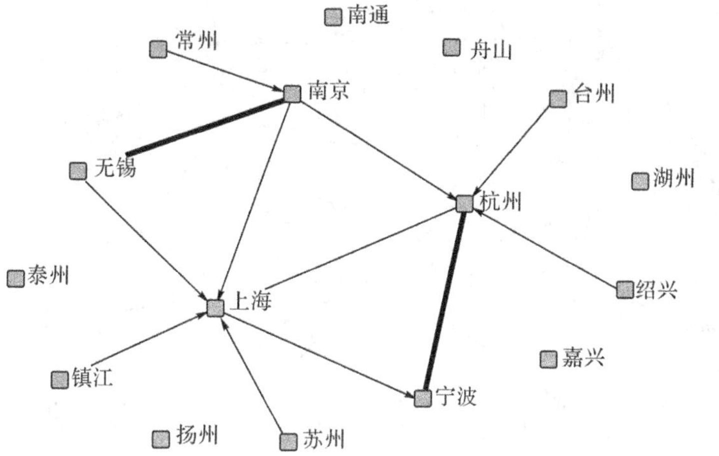

(a) 长江三角洲地区文化创意企业上市公司2005年生产网络

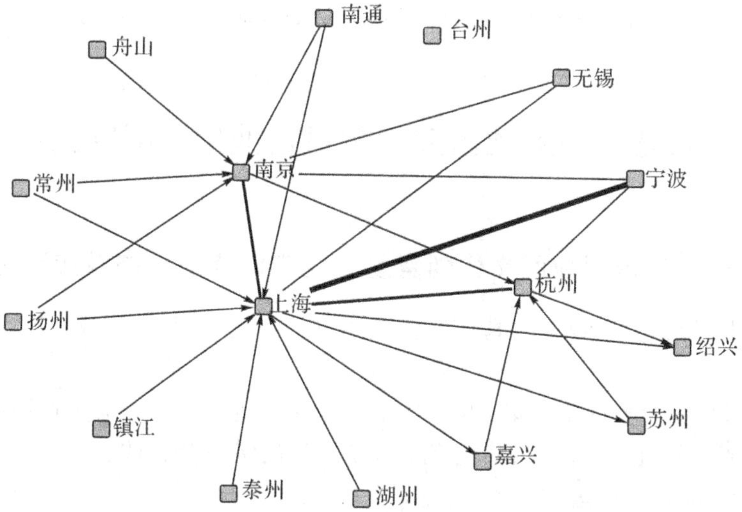

(b) 长江三角洲地区文化创意企业上市公司2010年生产网络

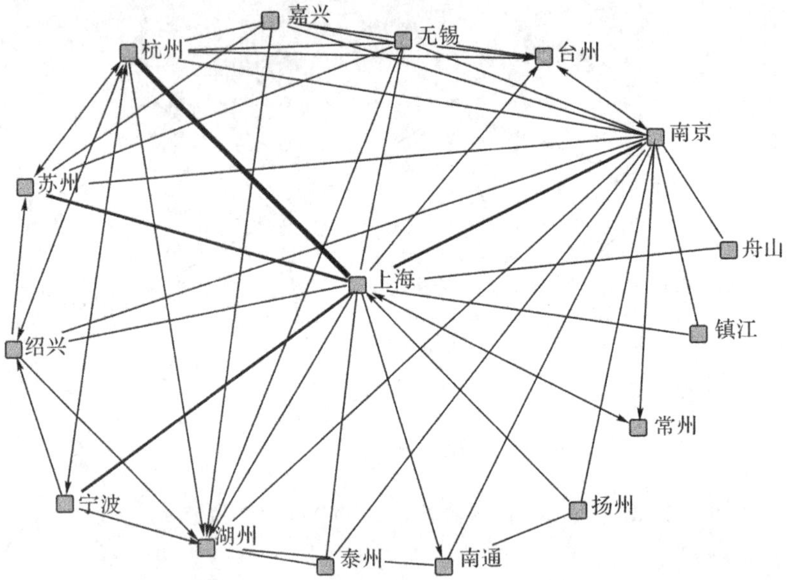

(c) 长江三角洲地区文化创意企业上市公司2015年生产网络

图 7-2-3-1 长江三角洲地区文化创意企业上市公司 2005—2015 年生产网络动态

第三节 长江三角洲地区文化创意企业生产网络的动态效应

一、长江三角洲地区文化创意企业生产网络的动态效应研究方法

捷夫模式和罗特卡模式的城市位序—规模一般公式是：

$$P_i = P_1 \times R_i^{-q} \quad \text{(式 7-3-1-1)}$$

式中，P_i 设定为生产网络中第 i 位城市的相对中心度；P_1 设定为生产网络中位序规模最大城市的相对中心度；R_i 是第 i 位城市的位序；q 为常数。

将式 7-3-1-1 方程式对数变换成：

$$\ln P_i = \ln P_1 - q \ln R_i \quad \text{(式 7-3-1-2)}$$

式中，$\ln P_1$ 是一个常数，表现在回归分析坐标系上为纵轴上的截距，体现生产网络中等级最高城市的规模，常数的大小变化反映最高等级城市在网络中的变化，$-q$ 是回归直线的斜率，q 值的绝对值不同与正负表明城市规模分布中集中力量大还是分散力量大。不同城市在回归线上的位置，可以反映城市的实际规模与理论规模之间的偏差，从而对城市未来发展规模状况有较为准确的评估。[①]

二、长江三角洲地区文化创意企业生产网络映射的城市位序—规模体系

根据本书选定长江三角洲地区涵盖的16个城市，利用2005年、2010年以及2015年文化创意企业上市公司生产网络的相对中心度（表7-2-3-1），按照式7-3-1-2开展位序—规模分析，计算的回归模型系数汇总整理如表7-3-2-1所示。

表7-3-2-1　回归方程模型系数及显著性检验

年份	模型	非标准化系数		标准系数	t	显著性
		B	标准错误	贝塔		
2005年	（常量）	3.135	0.384		8.173	0.000
	lnri	−1.139	0.231	−0.868	−4.938	0.001
2010年	（常量）	3.581	0.276		12.971	0.000
	lnri	−1.503	0.138	−0.950	−10.930	0.000
2015年	（常量）	3.887	0.289		13.429	0.000
	lnri	−1.222	0.140	−0.919	−8.714	0.000

注：结果由式7-3-2-1、式7-3-2-2、式7-3-2-3计算整理而成。

2005年文化创意企业总体生产网络的相对中心度回归方程：

$$Y=3.135-1.139X \quad (式7\text{-}3\text{-}2\text{-}1)$$

2010年文化创意企业总体生产网络的相对中心度回归方程：

$$Y=3.581-1.503X \quad (式7\text{-}3\text{-}2\text{-}2)$$

2015年文化创意企业总体生产网络的相对中心度回归方程：

$$Y=3.887-1.222X \quad (式7\text{-}3\text{-}2\text{-}3)$$

式7-3-2-1、式7-3-2-2、式7-3-2-3中，Y为文化创意企业总体生产网络中某一城市相对中心度的自然对数，X为城市相对中心度的位序。常数项表示最大城市的相对中心度。由表7-3-2-2可知式7-3-2-1中，R^2为0.753，式7-3-2-2中R^2为0.902，式7-3-2-3中R^2为0.844，这些方程和回归系数均在1%水平上显著回归，模型拟合程度较高。

比较回归方程式7-3-2-1、式7-3-2-2、式7-3-2-3，常数从3.135变为3.581，再变为3.887，表明从2005年到2015年，基于文化创意企业上市公司总体生产网络的相对中心度，长江三角洲地区文化创意企业生产网络首位城市规模呈现持续扩大。

① 周一星.城市地理学[M].北京：商务印书馆，2007.

表 7-3-2-2　回归分析模型拟合度检验

年份	R	R^2	调整后的 R^2	标准估算的错误
2005	0.868a	0.753	0.722	0.507307909690683
2010	0.950a	0.902	0.894	0.402340508818909
2015	0.919a	0.844	0.833	0.428718081600054

注：结果由式 7-3-2-1、式 7-3-2-2、式 7-3-2-3 计算整理而成。

2005 年、2010 年和 2015 年，回归方程系数绝对值均大于 1，表明文化创意产业总体生产网络中的规模分布较为集中，中小城市发育程度不足。从 2005 年到 2010 年，回归方程系数绝对值从 1.139 上升为 1.503，说明生产网络中集中力量超过分散力量，子公司分布仍然趋于向大城市集聚。从 2010 年到 2015 年，回归方程系数绝对值则从 1.503 下降为 1.222，表明生产网络中小城市的文化创意企业子公司分布规模有所扩大，但整体上仍然落后于中心城市。

三、文化创意企业生产网络映射长江三角洲地区城市位序—规模体系变动成效

综合表 7-3-2-2 看，长江三角洲地区文化创意企业上市公司生产网络空间动态对城市位序—规模有初步的牵引作用，但是尚无法完全改变，核心城市的地位也没有完全被动摇，但已经有位序变动的趋势，中小城市对于子公司的集聚能力虽然没有核心城市强，但也表现出一定的吸引力，提升了自身在所处网络中的地位，阻挡了核心城市对子公司的加速吸引，一定程度上反映了文化创意企业对于城市群结构的牵引和位序规模重构。这正如乔尔·科特金的《新地理——数字经济如何重塑美国地貌》所强调的"信息技术、文化等正在改变区位决策，靠近原料产地和港口等传统区位要素的重要性在下降，而人口集聚区内人们所掌握的技术、技能的重要性不断增强，智慧和知识成为企业区位选择和财富集聚的重要因素"；当然也印证了理查德·佛罗里达在《创意经济》《创意阶层崛起》中所强调的"能够吸引创新人才的城市不一定是一线城市，只要能够享受到与一线城市类似的生活方式，能够有一个包容、开放的创新环境"，当然优美的自然环境也是重要的条件。一个地区要成为一个重要的创新和创意中心，必须要在创新体制上进行革新，打破社会等级秩序，建立自由竞争崇尚实力的发展环境。

第四节　本章小结

本章通过基于上市公司数据的文化创意企业生产网络动态，透视文化创意产

业空间动态之于城市体系重塑的功效，采用社会网络分析法及其软件 UCINET 刻画不同类型文化创意企业上市公司的生产网络演变和总体文化创意企业上市公司生产网络演变，发现在不同行业文化创意企业上市公司生产网络中网络核心城市和演化趋势存在差异：(1)传媒类和软件及计算机类的文化创意企业生产网络中，2005—2015 年仍是传统区域中心城市占据网络中心；(2)设计咨询类文化创意企业生产网络中，有传统非核心城市跃升为区域核心城市。2005—2015 年长江三角洲地区总体文化创意企业上市公司生产网络演化反映出：网络联系由单一向复杂转变，网络中心结构由单中心向一主多副中心结构演化，并且出现了传统非核心城市在生产网络中趋向成为新的网络核心。在此基础上，运用城市位序—规模体系对数方程和生产网络中心度、网络优势度的回归拟合方程检验生产网络位序—规模，经验证发现文化创意企业上市公司生产网络中城市位序有变动趋势，这表明文化创意产业空间动态正在积极形塑城市体系结构。

第八章　趋向创意城市区域的文化创意产业治理

尽管“文化创意产业”概念多样，统计范围难以界定，但是中国长江三角洲地区各行业、各城镇的文化创意转向趋势显著，不同视角研究更为积极地介入文化创意产业的发展与本土实践。长江三角洲地区已有多个城市加入联合国教科文组织的“创意城市网络”。中国政府自2015年开始推行“大众创业、万众创新”发展理念，全面推动中国创业创新文化。诚然，创意、创新、创业不仅是城市经济发展核心动力，而且是城镇摆脱传统发展方式、趋向创意城市或创新型城市的根本推动力。当下草根创业、创新等理念广为流传，这或许在提醒我们重新思考公共治理的价值，以及公共机构如何承载、创造民众的经验与记忆，透过中央、地方与个体或群体间的文化创意生产机制，形塑具有创造力、创业精神的个体与群体，增强城市—区域对于创意或创新发展的认同？

第一节　长江三角洲地区文化创意产业动态与空间功效

本书以长江三角洲地区为例，从微观视角研究区域文化创意企业活动的空间分布及其演化，刻画了文化创意产业动态的空间效应，初步解析了空间效应的驱动机理；剖析中国长江三角洲地区文化创意产业发展的政治、社会背景和经济转型背景，探索性地展开了本土化研究。

一、长江三角洲地区文化创意产业动态

(一)长江三角洲地区文化创意产业发展受到人才、创新精神的深刻影响

文化创意产业发展需要各种要素的有效组织，当然城市或区域培育文化创意产业都以产业政策为催化剂，集聚创意人才、风险投资、高科技公司等，甚至通过改善城市人居环境群集更多的创意和创新人才。从宏观、微观两个层面剖析长江三角洲地区和浙江省的文化创意产业发展条件可发现：(1)宏观层面，长江三角洲地区文化创意产业的起步得益于相关标志政策等，文化创意产业的发展状况与趋势显著地受到科技专利授权量所代表的创新性、净流入人口数所代表的多样性等因素的综合影响；(2)微观层面，浙江省县域人才引力呈现浙北地区县(市)较强态势，

并形成以环杭州湾地区为人才吸引核心、以温台城镇带为人才吸引次级核心的空间格局，而这恰与浙江文化资本空间差异十分相似，驱动因子是经济科研因子、人才培养扶持因子、城市生活因子等。

（二）长江三角洲地区文化创意产业的增长效率与增长态势存在显著的地域分异、热点行业

长江三角洲地区文化创意产业的增长效率计量表明：(1)长江三角洲地区文化创意产业发展迅速，主要集中在中心城市和经济较发达城市，且文化创意产业结构以设计咨询业、软件及计算机业、时尚艺术及文艺会展业、休闲娱乐业和传媒业为主体；(2)长江三角洲地区文化创意产业平均技术效率不高，虽然长江三角洲整体文化创意产业增加值有所增长但呈现投入冗余、产出不足的态势，整体资源配置和使用未到达最优化状态，且有进一步恶化趋势；(3)文化创意产业发展效率的地域分异呈现平均技术效率苏南地区城市、上海高于其他城市，且沿海一侧城市高于内地城市的格局。

长江三角洲地区南翼文化创意产业的增长态势计量表明：(1)浙江省文化创意产业增长水平高于同期全国涨幅，省内各市文化创意产业发展不均衡，杭州市实力最雄厚，宁波、台州、金华文化创意产业增长水平次之，是浙江文化创意产业发展的重点城市，湖州、丽水、衢州、舟山为文化创意产业欠发达地区；(2)浙江省文化创意产业结构变动呈现五类：第一类是六类行业均衡发展且文化创意产业发展水平高，包括杭州，第二类是六类行业均衡发展且文化创意产业发展水平较高，包括宁波；第三类是文化创意产业结构同质，包括温州与绍兴；第四类是文化创意产业发展水平低，包括嘉兴、湖州、衢州、舟山、丽水，第五类是文化艺术业发展突出城市，如金华与台州。另外，浙江省文化创意产业增长的热点行业是建筑装饰业、建筑工程业、计算机系统服务业、咨询业、艺术品创作及交易业、旅游休闲业、传媒出版业、广告策划业。

（三）长江三角洲地区文化创意企业存在群集和区位指向，深受基础设施、管治等软因子驱动

文化创意企业是文化创意产业的微观主体，它既是研究文化创意产业动态的基础，又是开展文化创意产业微观分析必由之路。基于经济普查数据提取和实地调查赋有空间属性企业数据等数据源的文化创意企业的区位熵、空间集聚指数（H指数、G指数、E-G指数）和GeoDA软件的空间自相关分析发现：(1)长江三角洲地区文化创意产业发展初期，企业集聚趋于核心城市，如上海、南京；当各城市注重产业政策后，除了作为核心城市上海的文化创意产业始终维持高速增长且保持集聚状态，其他城市文化创意企业增长差距不断缩小，整体分布趋向均衡。(2)浙江文化创意企业的省域和市际空间增长态势呈现自东部沿海向中部再向西部递减的状态，其中杭州、温州、宁波三市为文化创意产业发展的三高地，湖州、丽水、衢州、

舟山四市为四低谷。

分析长江三角洲南翼浙江省11市文化创意企业群集动态及其驱动因素，可发现：(1)市域尺度的浙江文化创意产业区位规律不仅具有"资本空间"(杭州)集聚性，还具有"地方空间"(舟山、金华和台州)分异性；(2)经济科教、政府支持、市场需求、环境、交通和地方性是重要区位因素，且不同重点行业、不同地理层级所受区位因素不尽相同；(3)浙江文化创意产业全行业区位特征主要是"基础设施—管治"双要素驱动型，8个重点行业的区位特征主要是"软因子"驱动型；(4)重点行业之信息服务业区位指向深受人才、科技、政府和基础设施的影响；设计服务业呈现集聚效应，但集聚趋势较弱；杭州是浙江设计服务业园区群集的核心，地理加权回归分析表明全省设计服务业园区群集受科技支撑、政府支撑的正向作用，且杭州市的作用效果尤为显著。

二、长江三角洲地区文化创意产业动态的空间功效

空间既是一个生产要素，也是生存的基础，"建构与充填空间"既是人类发展的目的，也是发展的手段，科学的空间组织是人类社会可持续发展的基础，更是生态文明发展转向的关键[①]。文化创意产业的动态分析与刻画，表明文化创意产业存在一定形态的空间组织及演变规律，持续的空间组织变动蕴藏着经济、文化、环境、空间等维度增益效应。

(一)文化创意企业群集撬动长江三角洲地区城市发展核心动力，形塑新型城市—区域关系

创意经济是强调基于个人创造力的文化艺术与科技创新对经济的支持与推动作用的新经济。聚焦创意产业发展因素的城际分异，透视长江三角洲城市群文化创意产业发展的牵引功效，可发现长江三角洲地区各城市创意产业发展水平影响长三角城市群演进的趋势虽弱但已初现，即以文化创意产业群集地理格局透视长三角城市位序—规模，上海仍位于首位，但第2层级中却多了苏州，第3层级中无锡、镇江、泰州、常州优于宁波、扬州。

文化创意产业园区的生长时空格局变迁透视长江三角洲城市群内部各城市位序变化可发现：(1)非政府主导力量的园区类型逐渐增多；(2)运用核密度分析法刻画2005—2015年长江三角洲地区文化创意产业园区的生长格局变迁表明园区分布呈现区域集聚状态，总体数量迅速增多，核心密集区域的园区密度也有很大提高；随着时间变化，集聚状态由单核集聚向双核结构集聚转变，并有双轴线结构集聚趋势。这种集聚态势不仅会给城市文化创意产业带来集聚效应，同时也使得苏州等城市逐渐成长为区域新的中心城市，打破长三角原有的三中心结构。

---

① 金凤君. 论经济社会空间组织的增益效应[J]. 地理研究，2013，32(11)：2163-2169.

以长江三角洲南翼的浙江省文化创意产业园分布及其生成模式解读文化创意产业园生成模式效益异同可发现：文化创意产业群集形成文化创意产业园的模式差异，直接影响文化创意产业园的地点溢出效益；浙江省文化创意产业园的四类典型生成模式（旧址改造、政府主导、学园合作、市场主导）存在综合效益差异；未来应统筹政府主导、市场的多级化与区域重点，注重文化挖掘、人才培养等重大举措，提升浙江省文化创意产业园集聚效益和空间功效。

（二）长江三角洲地区文化创意企业上市公司生产网络正积极形塑单个城市的内外生产联系及其演化过程

长江三角洲地区文化创意企业生产网络呈现大部分企业处于一个大的生产网络之中仅有个别企业和个别小集团孤立于大网络之外的态势。文化创意企业生产网络中各企业的度数中心度和中间中心度存在较大差别，表明文化创意企业具有不同的影响力和控制力。微观视角文化创意企业生产联系清晰地表征出长江三角洲地区各城市的经济联系。通过采集文化创意企业上市公司数据，运用社会网络可视化及其软件 UCINET 分析文化创意企业生产网络动态发现：(1)在不同行业的文化创意企业上市公司生产网络中，网络核心城市及其演化趋势存在差异：传媒类和软件及计算机类的文化创意企业生产网络中，2005—2015 年仍是传统区域中心城市占据网络中心；设计咨询类文化创意企业生产网络中，有传统非核心城市跃升为区域核心城市。(2)2005—2015 年长江三角洲地区总体文化创意企业上市公司生产网络演化呈现：网络联系由单一向复杂转变，网络中心结构由单中心向一主多副中心结构演化，并且原有非核心城市在生产网络中趋向成长为新的网络核心。继而运用城市位序—规模体系对数方程和生产网络中心度、网络优势度的回归拟合方程检验生产网络位序—规模，可发现文化创意企业上市公司生产网络中城市位序有变动趋势，这表明文化创意产业空间动态正在积极形塑城市体系结构。

三、文化创意产业空间功效生成机制与长江三角洲行动路径

只有建构科学的文化创意产业空间组织，才能促使长江三角洲地区文化创意产业持续、健康发展。持续地优化的文化创意产业地理格局，既需要基础设施、文化产业园等物质资源的投入，又需要流动性较高的创意阶层、风险资本等的空间配置。这一系列双向互动，将全面催生文化创意产业空间演化的经济、文化、环境等的空间效应。

(1)文化创意产业地理格局演化，持续激发城市—区域的信息技术、人才、风险投资流动，催化高密度城市地区的经济职能空间变动，继而撬动基础设施网络、空间物流系统、功能区划体系、城市等级网络等，以一种符合“规律”的等级秩序和功能结构快速响应。这种等级秩序和功能结构的生成，无论是自组织还是他组织，文化创意产业空间组织具有促进整体经济空间提升的增益效应。

(2)宏观空间的社会发展结构、城镇体系和空间管制体系，既是一系列微观个体的形态、结构和功能的表征，又是经济活动、社会管理、商品交流和能量传输的空间建构。从宏观视角出发，文化创意企业空间动态，既是人类创意经济活动的空间文化价值模式的有序变化，又是在信息技术、距离和成本作用下文化创意企业活动的空间衰减和生产网络形成，从而形成了一种空间可复制的经济文化模式。显然，文化创意产业地理格局变化，将持续推动长江三角洲地区的城市发展。以创意、创新价值为导向的经济文化模式将成为长三角各城市处理人类与自然关系的基线之一。

(3)文化创意产业发展与地理格局变迁的核心主体是创意阶层和企业，影响其发展的环境包括自然环境和社会环境。创意阶层在一系列的文化经济空间建构行动中，有机地将自然环境和社会环境结合起来，营造一种"生活、生产、生态"空间安全、健康和发展的创意氛围。这既摒弃只承认自然环境的工具价值、一味追求利用自然环境满足人类需求或牺牲自然环境来满足社会环境需求的空间建构行动，又创造性地衍生出诸多新型的人类活动—地方环境和谐共生的空间实践形态。

对于长江三角洲地区而言，进一步优化"生活、生产、生态"空间，是构建创意或创新长江三角洲的首要抓手。另外，不断优化"大众创新、万众创业"的市场管制，激活本土化"草根 & 创意市集(grassroots & creative market)"发展，传承与创造新型的长江三角洲地区"人—地"空间形态至关重要。当然，"三生"空间持续优化和"草根 & 创意市集"的持续繁荣，需要适宜的空间治理策略。

第二节　长江三角洲城市群创意转向与空间治理

20 世纪 90 年代以，文化创意产业尝试以各种"文化"之名，开启城市与区域"再发展(re-development)"或"再生(re-generation)"的新契机。文化创意产业园、文化创意街区、创意社区、创意城市等也在长江三角洲地区各城市的"三旧"空间再生过程中被广泛采用。当然，诸如此类的文化创意产业园、文化创意街区、创意市集等，其中部分不乏成为塑造和宣传城市形象的重要策略。学界有人认为"文化创意"等旧瓶装新酒现象加深了长江三角洲地区的部分城市再生项目的污名化程度，而选择性的再现无法呈现当地多元丰富的的样貌，甚至毁灭了当地社群的记忆、认同感和生活方式，从而激发了许多社会争议。长江三角洲地区文化创意产业增速与发展态势，证明了官方、学界和民众都期望文化创意产业能在一定程度上触发城市创新发展、"三旧"空间有机更新，而非停留在"符号经济"或"象征经济"层面。然而，随着文化创意产业规模越来越大、层级日益升高，相关政策从原来塑造新的文化创意产业园，转变为强调创意空间的文化性(culturalization)。因此，实施"空间治理(spatial governance)”是长江三角洲地区文化创意产业健康发展的必由之路。

一、文化创意产业发展与“空间治理”

相对于以文化创意产业政策分析政府文化作为与城市更新，文化创意空间的空间治理概念试图超越单纯的描述，以“治理(governance)”批判性分析长江三角洲地区文化创意产业动态及其空间效应。首先，“治理”是城市发展的新取向，用于替代过去局限于“政府”的公共决策，提示了包括横跨国家机构、企业与民间第三部门的文化创意产业之于城市再生决策和执行过程，强调从管理主义转向强调企业主义和创新，乃至于反身性自我治理。显然，空间治理或可界定为权力规制、统治机构、知识形式(及其再现模式)的复杂网络，继而运作和争夺空间生产的资源分配、权力操作，以及认识城市空间生产的制度性机制。

新近有关文化创意产业政策的讨论，重点强调政府主导、社区居民权利、市场机制的转换或者多元并行。毫无疑问，文化创意产业的发展动力成为学界与城市政府研究和实践的焦点。文化创意产业诚然是当前长江三角洲各城市政府文化发展的主要目标，但文化管理和空间管理的文化领导权或意识形态面向并未消失，反而日益膨胀。持续的文化创意产业成长被视为政治稳定的根基，文化创意产业也如同高科技产业般，因被赋予“无烟产业”和“繁荣发展”的意象而更具正当性。在微观层次上，文化创意产业所占用或赋予的地方文化、历史记忆和创新氛围，顺应了新自由主义的主体形塑思想。同时，在空间消费主义强化下，文化创意产业生产过程的项目网络运作特性，跨界主体促成因其具有逾越和扰乱空间生产潜能而浮现在城市治理领域中。

文化创意活动高频发生于城市“三旧”空间或城市办公空间，出现在城市特定地点或街区，进而塑造了城市街区和“三旧”空间，文化创意产业的空间治理自不例外。趋向全球化的长江三角洲城市群，文化创意产业政策以激励地方经济发展、营销城市(街区)为主要目标。各城镇间彼此竞相借鉴“创意产业园”或“城市‘三旧’更新”的成功经验，总希望出奇制胜，凸显地方文化独特性，以期群集文化创意企业并展开自我营销。文化创意产业发展的空间治理正是塑造地方独特性的重要策略。这个过程中，涌现出许多被赋予特定意义的创意地标和文化空间甚至对特定街区或节庆空间的打造，以及对地方文脉与土地怀旧的建构。从宏观层面看，长江三角洲城市群发展文化创意产业的策略，乃至于城镇文化规划或创意城市战略等，不仅是利用国家空间规制通过城市与区域规划、城市设计、历史文化保护单位及地段规划管制等发展地方文化创意产业，而且甚至成为替代性的、主导性的城市(群)发展战略，落实在长江三角洲各城市甚至部分传统村镇。

这些创意地标或文化空间不仅被赋予文化创意意义，也将支持特定的创意社群关系、文化想象和空间利益。长江三角洲城市文化创意产业发展策略的各种空间形态，不仅是创意治理的展示场所、媒介或对象，也是城市空间或传统村镇新的社会矛盾或冲突的所在。我们必须批判性地检视城市空间更新或发展文化创意策略，认识到城市空间不只是创意活动的舞台、背景或容器。城市各种创意地标或文化空间的生成是由于各种社会力量的介入和塑造，是创意阶层、城市政府、风险资本、工业地产商等社会关系表征；创意地标和文化空间是掌握城市文化创意产业政策脉动的重要线索。简言之，在城市文化创意产业发展的空间治理过程中，有着多重的社会争夺和文化抗争。亦即在文化创意产业发展过程中，空间作为重要生产要素，对空间配置的领导权和对文化创意产业所展开的资本和创意修复（creative fix）的调节，空间配置的权力网络在这里扮演了结构化与制度性的作用；空间治理成为确保政府管理正当性和创意资本顺畅积累的修复机制。

当然，在长江三角洲地区各城市聚焦文化创意产业发展层面，政府格外关注区域竞争与塑造本土文脉，同时侧重符号化的文化认同，以及地点营销和城市空间转换中地租资本的巨额回报。文化创意产业是打造城市（街区）地方性的营销手段和媒介，发挥了策略性的作用。在文化创意产业园区层面更具体的案例解读，也初步表明了城市政府发展文化创意产业的宗旨在于空间形式及意义的形成与营销，而促成城市“三旧”空间或新增建设用地发展的相关举措成为创意地标或文化空间的治理策略或具体展演。于是，城市“三旧”空间便成为文化治理和文化抗争的场域，文化创意产业群集模式是城市空间冲突之再现。当下研究关注中国以文化为引领的城市更新，在具体案例中历史或工业遗产所蕴含的文化资本被视为深受中产阶层欢迎趋之具体消费的对象，可迅速转化为经济资本。打文化牌的城市空间往往高度商业化，不仅不能帮助草根艺术家自主创作，反而使这一群体更加边缘化。毫无疑问，在长江三角洲地区创意园区培育项目中，地方政府通常占据上风，各种利益团体间的冲突与争夺贯穿整个开发过程，特别是政府对经济利益的追求及其对政治控制的毫不松懈，常常凌驾于艺术家们对培育创造力、促进文化发展的诉求之上。[①]

对于长江三角洲地区文化创意产业发展而言，由于创意阶层的群集与崛起，政府亟待将空间管理模式转为空间治理模式。只有反思政府与文化创意产业界的互动模式，才能获致可观的文化创意经济成效。长江三角洲地区亟须促使创意产业从业者深入了解产业市场之特质，也应针对跨部门协调机制，强化中央与地方之跨域治理、产业政策的有效分工，乃至法律制度的保障等。此外，还应增进城市社区

---

① Wang J. ‘Art in capital’: shaping distinctiveness in a culture-led urban regeneration project in Red Town, Shanghai[J]. Cities, 2009, 26(6): 318-330; Wang J, Li S J. The rhetoric and reality of culture-led urban regeneration: a comparison of Beijing and Shanghai, China[J]. New York, NY: Nova Science Publisher, 2011.

居民对文化创意经济和符号经济的认知与对文化环境之感知，构建社区发展的共同体意识，开发文化创意产业的潜在效益，让文化创意产业活化“三旧”空间，也活化城市、社区和各阶层。

二、信息技术、文化资本与可持续“创意社区”营造

文化与科技的发展一直循着同步的轨迹：在过去科技作为工具与技术，推动艺术创作与文化产品生成，而数字时代的来临则开启了文化创意与科技携手的新局面。互联网和移动通信技术的发展，不仅仅是技术的创新，而且降低了信息使用费率、工具（智能手机、超薄笔记本电脑、在线参与式游戏软件设计等）、操作等参与门槛，解放了大众参与文化创意产业生产的方式，迅速激发了全民创意市集的动能。数字技术中的文化生产，表现在诸多方面，如数据库处理对艺术创作的影响、大数据公共利益与商业模式的迅速更新、数据传输变革中的教育系统运作等。信息技术业已促成全民在互联网世界中不受距离时空的限制，轻松抛去社会区分异己的条件，重塑各种商品生产的权力关系。

在今日，文化创意不再被当作是形而上学的东西，文化创意对当代城市或乡村的影响是全面的、具体的。文化创意拥有巨大的社会与经济发展动能：文化创意是经济的驱动者、内容的原创者、地方的塑造者、地方的营销者、生产方式的创新者、观光的创造者。越来越多的城市通过文化创意产业推进城市再造。文化创意必须被积极纳入可持续发展的蓝图之中。现今的可持续发展是建在生态、生活、生产这三大支柱上，文化创意对可持续发展的贡献越发受到重视，如在 1999 年联合国教科文（UNESCO）与意大利政府、世界银行（World Bank）共同合作的“文化评估：迈向可持续发展的新文化策略（Culture Counts：Toward New Strategies for Culture in Sustainable Development）”会议强调：第一，推动可持续发展的文化经济分析以及可持续发展计划所需的文化资源；第二，扩大机构与行动者在文化发展上的参与范围；第三，增加有助于实施可持续发展计划的基础设施。显然，用文化创意推动地方可持续发展，乃是一项亟待落实的工作。

城市可持续发展可以说是实现可持续发展的关键。缺乏在社区层次上的实践，可持续发展将沦为美丽的口号。当务之急是推动社区可持续发展工作，强化可持续发展的根植条件与脉络，让社区与城市可持续发展紧密结合。长江三角洲地区是一个拥有庞大消费人口的大都市区域，而且传统的社区生活方式并非是市民主要的生活形态。针对前者，需要以可持续消费去联结生产者与消费者，以可持续消费去联结第三部门与一般居民；针对后者，需要以文化资本改造社会，以文化资本创造具有美感的社区环境生活。

当然，佛罗里达（Richard Florida）指出在阶层分化又没有凝聚力的社会，很难产生强大的文化创意经济。多元文化与开放社区可以使城市或乡村拥有强大的竞

争优势，可以刺激创造发明、增加财富、促进经济发展。关键在于创造出一种新机制，从而在这个多元化又冷漠的时代提升城市或乡村的社会凝聚力。提升社会凝聚力的关键是构筑创意社群，而不是社区内部组织。若社区仅提供高薪工作、合理房租、便捷交通，则无法吸引并留住创意阶层。多元化、环境宜人、有独特风味和凝聚力强的创意社群，才能吸引人才。显然，社区治理和社区发展需要以创新创意的方式解决社区的自主决策、归属认同、信任网络等"社会资本(social capital)"的创造与积累问题，继而层垒生成极具创意与创新能力的创意社群。

创意社群的形成，可分为两种模式。一是强调规模的扩大与数量的增长，注重建造大量的大型设施和建筑物等。由于规模的庞大，该模式的空间特色是地方粘滞性，而非流动性，强调发展腹地而非互联网虚拟社区。二是强调以创造符号与意义为目标，以开发故事、造型人物、影像、生活风格等为策略，以创意乐活(creative for lifestyles of health and sustainability，Creative LOHAS)为原则。该模式强调如何表现创意、展现品味、呈现意象等才是决定创意社群发展是否成功的关键所在，"载体"可以是人、也可以是物，社群的特色是地方的流动性。亦即互联网世界是其广大的发展腹地，创意社群生产产品不会受到时空的太多限制。

三、创意城市与长江三角洲发展的创意转向

英国"文化之都"使得格拉斯哥或利物浦等城市再生成功，是否意味着其发展经验能以标准化的方式"复制(copying)"应用于其他城市？长江三角洲各城市政府又是如何借由国外的政策移植，衍生出具体的战略构思、行动方案？在实践上又有什么差异？各城市政府在何种脉络之下，选择了什么样的"创意城市"愿景，做了何种诠释？这不仅事关长江三角洲地区经济、文化、创意的社会需求，而且关乎"创意城市"实际构建。

文化创意产业的生态系统，由厂商的"生产价值链"及其"多重运用"和消费者的"顾客价值链"及其"多元需求"，这两个相向的发展轴线，呈现创意产业生态系统。在创意产业投入产出的市场结构中，第一产业突显本地化、个性化、特色化，结合文化创意来增添附加值；第二产业凭借全球发展、本地特色、创意经济与市场需求，加强产业营销；第三产业则参与文化创意增加产值的创造与周边产业的开发营销。显然，文化创意产业的市场结构中，创意人才凭借源源不断的创意，创造发展空间，进而扩展创意产品市场。周边产业使文化创意继续增加产值，重构产业生产方式，可见营利机制与非营利机制的运作，乃是文化创意产业生态系统有效、公平运行的关键环节。

当前，"创意城市运动(Creative Cities Movement)"被当作是一种新的策略，其以创意、知识经济人才和投资者振兴地方，达成城市或区域再生(urban or region regeneration)的目标。而创意城市的建构，正是期望以文化节庆、都市意象、文化

创意园群聚等方式，刺激文化经济，驱动整体经济发展，达成城市再生的目标。《创意阶层兴起(*The Rise of Creative Class*)》等著作，所提倡的文化导向城市再生(*cultural-led urban regeneration*)，成为城市对全球化生存竞争的回应。这些著作所衍生的各项“文化指标”“城市创新概念工具(*conceptual toolkit*)”，俨然成为长江三角洲地区诸多城市管理者的指南，成为评估城市竞争力、营造创意氛围、发展创意集群、制定创意城市发展规划之依据。城市管理者可以从中找到合适的方案，利用文化空间之重构解决城市再生的诸多问题。倘若城市管理、城市再生以文化为手段，文化、文化资产被城市视为“资源”和“发展动能”，成为去工业化城市的“救世主”，那么辨识、管理和开发这些文化资源并利用各种规划和活动生产经济价值，则是城市规划者的任务。正因“创意城市”与新自由主义、资本主义市场、中产阶级消费文化、城市营销所具有的高度亲近性，相关论述格外受到执政者、城市精英与既得利益者的青睐，城市的文化创意产业治理与空间再生便在这个层面取得了正当性和合法性。批评者指出，“创意城市”看似提供“创新”发展方向，但本质上还是顺应新自由主义既有的发展策略，以“创意”之姿提出一个可操作性高、低成本、易仿效的管制式城市管治策略，因此能够与既存的权力结构快速“接轨”。虽然创意城市以极具正当性的发展主义面貌出现，但实际上它仅能快速粉饰城市问题，掩盖政治、社会与文化资本分配的不平等。“文化”在此只是作为吸引和取悦创意阶层的玩物，无法考虑到各种城市创意产业行动方案，所同时蕴藏的“文化管理”的影响。

若能从“城市生活的权利(right to the city)”观点，着眼于政策制定的开放性，注重文化活动的生产和再生产力量，增进居民福祉，从而创建“创意城市”就不会只服膺于新自由主义逻辑，受困于一种可能性。加拿大多伦多市政府提出“创意城市尺度论”，指出创意城市的发展尺度关系，“创意枢纽(creative hub)与创意街区(creative districts)汇聚成创意经济，进而形成创意都市”。亦即，创意部门或创意活动，以一种有机、自然、非计划性的方式互动形成创意核，群聚在城市形成具有特殊的创意氛围的创意街区；创意街区中的原真性(authenticity)和联结性(connectivity)融合后，所生产出的创意活动和产品，将有助于创意产业、文化经济发展，终将形成创意城市。显然，这才是长江三角洲地区各城市趋向创意发展的必由之路。事实上，文化或者创意产业的确有助于城市意象和国家经济转型，但我们有必要反思过去20年长江三角洲诸多城市的文化创意产业发展为何仅仅停留在发展政策论述、营销式操作、商业资本投机的层面？长江三角洲地区是否能够超越新自由主义局限，亟待民间实践寻求更多的可能性。

参考文献

[1] Adorno W T, Horkheimer M. Dialectic of enlightenment [M]. Trans. Jephcott Edmund. Stanford: Stanford University Press, 2002.

[2] Alderson S A, Beckfield J. Power and position in the world city system [J]. American Journal of Sociology, 2004, 109(4): 811-851.

[3] Allen J W. Mozart and the metropolis: the arts coalition and the urban growth machine[J]. Urban affairs Quarterly, 1987(1): 15-36.

[4] Anthinodors C, Ronald H. Theory building for experiential consumption: the use of the phenomenological tradition to analyze international tourism [R]. American Marketing Association Conference Proceeding, 2002.

[5] Axtell R, Florida R. Emergent cities: micro-foundations for Zipf's law[R]. Virginia: George Mason University, 2006.

[6] Axtell R. Zipf distribution of U. S. firm sizes[J]. Science, 2001, 293(5536): 1818-1837.

[7] Bagwell S. Creative clusters and city growth [J]. Creative Industries Journal, 2008, 1(1): 31-46.

[8] Barney W. Encounters and engagements between economic and cultural geography[M]. Dordrecht: Springer, 2012.

[9] Bastian L, Ares Kalandides, Birgit Stöber. Governance der Kreativwirtschaft: diagnosen und handlungsoptionen[M]. Bielefeld: Transcript Verlag, 2009.

[10] Bentlage M, Stefan L, Alain T. Knowledge creation in German agglomerations and accessibility[J]. Cities, 2013, 30(1): 47-58.

[11] Bernard M. The capitalization of cultural production [M]. New York: International General, 1989.

[12] Bernard M. The logics at work in the new cultural industries[J]. Media Culture & Society, 1987, 9(2): 273-289.

[13] Bille T. Hvilke kulturtilbud bruger den kreative klasse? [R]. Copenhagen: Copenhagen Business School, 2007.

[14] Birkinshaw J, Hamel G, Mol M. Management innovation [J]. The Academy of Management Review, 2008, 33(4): 825-845.

[15] Bjørn A. Guest editorial: introduction to the creative class in european city regions[J]. Economic Geography,2009,85(4): 355-362.

[16] Boggs J. Cultural industries and the creative economy-vague but useful concepts[J]. Geography Compass, 2009,3(4): 1483-1498.

[17] Boschma A R, Anne L J. Knowledge networks and innovative performance in an industrial district[J]. Industry & Innovation,2007,14(2): 177-199.

[18] Castañer X, Campos L. The determinants of artistic innovation: bringing in the role of organizations [J]. Journal of Cultural Economics, 2002(1): 29-52.

[19] Caves R E. Handbook of the economics of art and culture [M]. NewYork: Elsevier, 2006.

[20] Caves R E. Creative industries: contracts between art and commerce[M]. Cambridge and London: Harvard University Press, 2000.

[21] Chen C. Top 10 unsolved information visualization problems [J]. IEEE Computer Graphics and Applications, 2005, 25(4): 12-16.

[22] Chen L. Learning through informal local and global linkages: the case of Taiwan's machine tool industry[J]. Research Policy,2009,38(3): 527-535.

[23] Christopher L, Dale A. Nature, place and the creative class: three Canadian case studies [J]. Landscape and Urban Planning, 2011(99) 239-247.

[24] Clare K. The essential role of place within the creative industries: boundaries and networks [J]. Cities,2013,34(5): 52-57.

[25] Clark T N, Lloyd R, Wong K K. Amenities drive urban growth[J]. Journal of Urban Affairs, 2002, 24(5): 493-515.

[26] Coe N M, Kelly P F, Yeung W C H. Economic geography: a contemporary introduction[M]. West Sussex: Blackwell Publishers,2007.

[27] Coe T D, Elhanan H, Alexander W H. International R&D spillovers and institutions[J]. European Economic Review,2009(2): 1-19.

[28] Cunningham S D. Creative enterprises[R]. Creative Industries, 2005: 282-298.

[29] Curran J, Gurevitch M, Woollacott J. Mass communications and society [M]. London: Arnold,2008.

[30] Currid E. New York as a global creative hub: a competitive analysis of four theories on world cities [J]. Economic Development Quarterly. 2006(20): 330-350.

[31] DCMS. Creative industries mapping document 1998 [R]. London: Department of Culture, Media and Sports of the United Kingdom,1998.

[32] DCMS. Creative industries mapping document 2001 [R]. London: Department of Culture, Media and Sports of the United Kingdom, 2001.

[33] Drake G. This place gives me space: place and creativity in the creative industries[J]. Geoforum,2003, 34(4): 511-524.

[34] Earl P E, Potts J. The creative instability hypothesis [J]. Journal of Cultural Economics,2012(3): 32-52.

[35] Evans G. Creative cities, creative spaces and urban policy [J]. Urban studies, 2009, 46(5&6): 1003-1040.

[36] Fahmi F Z, Koster S, Dijk J V. The location of creative industries in a developing country: The case of Indonesia[J]. Cities, 2016, 59: 66-79.

[37] Florida R. Cities and the creative class[M]. London: Routledge,2005.

[38] Florida R. The rise of the creative class [M]. New York: Basic Books, 2002.

[39] Frenkel A, Bendit E, Kaplan S. Residential location choice of knowledge-workers: the role of amenities, workplace and lifestyle [J]. Cities,2013, 35: 33-41.

[40] Hospers G J. Creative cities in Europe: urban competitiveness in the knowledge economy [J]. Intereconomics, 2003,38(5): 260-269.

[41] Gibson C, Klocker N. Academic publishing as "creative" industry, and recent discourses of "creative economies": some critical reflections [J]. Area,2004,26(4): 423-434.

[42] Gibson C, Kong L. Cultural economy: a critical review [J]. Progress in Human Geogrophy, 2005,29(5): 541-561.

[43] Glaeser E L. Review of Richard Florida's the rise of the creative class [J]. Regional Science and Urban Economics, 2005(35): 593-596.

[44] Gülümser A A, Baycan T, Nijkamp P. Measuring regional creative capacity [J]. European Planning Studies, 2010,18(4): 545-563.

[45] Guo B, Guo J. Patterns of technological learning within the knowledge systems of industrial clusters in emerging economies [J]. Technovation, 2011,31(2&3): 87-104.

[46] Hartley J, Potts J, Cunningham S. Key concepts in creative industries [M]. London: Sage,2012.

[47] Hartley J. The creative economy: how people make money from ideas [M].

London: Allen Lane, 2001.

[48] Hesmondhalgh D. The cultural industries[M]. London: Sage,2002.

[49] Heur B. The clustering of creative networks: Between myth and reality [J]. Urban Studies, 2009, 46(8): 1531-1552.

[50] Howkins J. The creative economy: how people make money from ideas [M]. Newyork: Penguin,2002.

[51] Hutton T A. Reconstructed production landscapes in the postmodern city: applied design and creative services in the metropolitan core [J], Urban Geography 2000, 21(4): 285-317.

[52] Hutton T A. The new economy of inner city [J]. Cities, 2004, 21(2): 89-108.

[53] Hutton T A. The new economy of the inner city, restructuring, regeneration and dislocation in the twenty first-century metropolis [M]. London: Routledge, 2008.

[54] Kaufman J, Sternherg R. The international handbook of creativity [M]. New York: Cambridge University Press,2006.

[55] Kolenda R, Yang L C. Are central cities more creative? the intrametropolitan geography of creative industries [J]. Journal of Urban Affairs, 2012,34(5): 487-512.

[56] Krätke S. "Creative Cities" and the rise of the dealer class: a critique of Richard Florida's approach to urban theory [J]. International Journal of Urban and Regional Research,2010,34(4): 835-853.

[57] Kuo C, Yang C. Knowledge capital and spillover on regional economic growth: evidence from China [J]. China Economic Review, 2008, 19(4): 594-604.

[58] Landry C. The creative city: A toolkit for urban innovators [J]. Community Development Journal, 2000, 36(2): 165-167.

[59] Landry C. The creative city: a toolkit for urban innovations[M]. London: Earthscan, 2002.

[60] Landry C. The Creative city index: measuring the pulse of the city [M]. Stroud: Comedia, 2012.

[61] Lorenzen M, Andersen V K. Centrality and creativity: does Richard Florida's creative class offer new insights into urban hierarchy? [J] Economic Geography,2009,85(4): 363-390.

[62] Mark B, O'Connor J. After the creative industries [J]. International

Journal of Cultural Policy,2009,15(4): 365-373.

[63] Markusen A, King D. The artistic divided: the arts' hidden contributions to regional development[R]. Minneapolis: University of Minnesota, 2003.

[64] Maskell P, Malmberg A. Myopia, knowledge development and cluster evolution[J]. Journal of Economic Geography, 2007,7(5): 603-618.

[65] Neuwirth J R. The creative industries: culture and policy[J]. International Journal of Cultural Policy, 2014, 20(1): 116-118.

[66] O'Connor J. The cultural and creative industries: a literature review [R]. 2nd ed. London: Creativity, Culture and Education Series, 2010.

[67] Ozman M. Inter-firm networks and innovation: a survey of literature[J]. Economics of Innovation and New Technology, 2009, 18(1): 39-67.

[68] Perry M. Finding space for the creative class: A review of the issues[J]. Urban Policy and Research, 2011, 29(4): 325-341.

[69] Phelps A N. The sub-creative economy of the suburbs in question [J]. International Journal of Cultural Studies, 2012 15(3): 259-271.

[70] Potts J, Cunningham S, Hartley J, et al. Social network markets: a new definition of the creative industries [J]. Journal of Cultural Economics, 2008, 32(3): 167-185.

[71] Pratt C A. Creative cities: the cultural industries and the creative class[J]. Geografiska Annaler,2008, 90 B(2): 107-117.

[72] Pratt C A. The cultural industries production system[J]. Environment and Planning A,1997,29(11): 1953-1974.

[73] Scott A J. Creative cities: conceptual issues and policy questions [J]. Journal of Urban Affairs. 2006, 28(1): 1-17.

[74] Scott A J. Cultural-products industries and urban economic development: prospect for growth and market contestation in global context[J]. Urban Affairs Review,2004,39(4): 461-490.

[75] Scott A J. The cultural economy of cities: essays on the geography of image-producing industries [M]. London: Sage, 2000.

[76] Shaleen S, Stanley M, Berry J. An evaluative model for city competitiveness: application to UK cities[J]. Land Use Policy,2013,30(1): 214-222.

[77] Singh P J. Culture or Commerce? A comparative assessment of international interactions and developing countries at UNESCO, WTO, and Beyond[J]. International studies perspectives,2007, 8(1): 36-53.

[78] Storper M, Scott A J. Rethinking human capital, creativity and urban growth[J]. Journal of Economic Geography, 2009, 9(2): 147-167.

[79] 安烨,钟廷勇.吉林省文化创意产业规模、结构的时空分布和趋势[J].税务与经济,2012,5(184):106-112.

[80] 陈汉欣. 深圳文化创意产业的发展特点与集聚区浅析[J]. 经济地理, 2009, 29(5): 757-764.

[81] 陈倩倩,王缉慈.论创意产业及其集群的发展环境 [J].地域研究与开发, 2005, 24(5): 5-8.

[82] 陈阳,李伟芳,任丽燕,等.空间统计视角下的农村居民点分布变化及驱动因素分析[J].资源科学,2014,36(11):2273-2281.

[83] 褚劲风.创意产业集聚空间组织研究[M].上海:上海人民出版社,2009.

[84] 段楠. 城市视角下的文化创意产业研究[D]. 天津:南开大学,2012.

[85] 方创琳.中国城市群形成发育的新格局及新趋向[J].地理科学,2011,31(9):1025-1034.

[86] 方忠,张华荣. 基于 Malmquist 指数的福建文化创意产业效率区域差异分析[J]. 亚太经济, 2014, 30(3): 128-132.

[87] 冯根尧,肖维歌.中国区域创意产业创新效率的动态演化研究[J].西北工业大学学报(社会科学版),2013,33(3):33-37.

[88] 顾朝林, 张勤. 新时期城镇体系规划理论与方法[J]. 城市规划学刊, 1997(2): 14-26.

[89] 顾江,吴建军,胡慧源.中国文化产业发展的区域特征与成因研究[J].经济地理,2013,33(7):89-114.

[90] 郭洁,吕永强,沈体雁.基于点模式分析的城市空间结构研究 [J].经济地理,2015,35(8):68-74.

[91] 郭佩艳.记忆的延续——旧产业建筑园区与创意产业园的结合[D].深圳:深圳大学,2007.

[92] 郭小东, 吴宗书. 创意产品出口、模仿威胁与知识产权保护[J]. 经济学(季刊), 2014, 13(3): 1239-1260.

[93] 黄斌.北京文化创意产业空间演化研究[D]. 北京:北京大学, 2012.

[94] 黄鹤. 基于企业数据分析的文化创意产业城市空间布局研究——以北京市朝阳区为例[J]. 西部人居环境学刊, 2015, 30(1): 19-26.

[95] 黄江,胡晓鸣.创意产业企业空间分布研究——以杭州市为例[J].经济地理,2012,31(11):1851-1856.

[96] 吉亚辉,李岩. 甘肃省制造业产业集聚的实证研究 [J]. 工业技术经济, 2011, 31(7): 17-21.

[97] 蒋慧，王慧. 城市创意产业园的规划建设及运作机制探讨[J]. 城市发展研究，2008，15(2)：6-12.
[98] 李凤亮，宗祖盼. 中国文化产业发展：趋势与对策[J]. 同济大学学报(社会科学版)，2015(2)：65-73.
[99] 李慧. 郑州文化创意产业空间区位研究[D]. 开封：河南大学，2012.
[100] 李佳洺，张文忠，李业锦，等. 基于微观企业数据的产业空间集聚特征分析——以杭州市区为例[J]. 地理研究，2016，35(1)：95-107.
[101] 李蕾蕾. 文化创意产业集群的概念误区与研究趋势[J]. 深圳大学学报(人文社会科学版)，2009，26(4)：66-67.
[102] 李蕾蕾. 中国文化创意产业集聚区(或园区)的经济与政治分析：网络集群与空间政治[J]. 中国文化产业评论，2012，26(1)：53-61.
[103] 李文秀，谭力文. 服务业集聚的二维评价模型及实证研究——以美国服务业为例[J]. 中国工业经济，2008，26(4)：55-63.
[104] 李仙德. 基于上市公司网络的长三角城市网络空间结构研究[J]. 地理科学进展，2014，33(12)：1587-1600.
[105] 李阳，陈晓红. 哈尔滨市商业中心时空演变与空间集聚特征研究[J]. 地理研究，2017，36(7)：1377-1385.
[106] 李章凯，马仁锋，王益澄，王楠楠，晏慧忠. 浙江县域人才引力及其空间分异研究[J]. 世界科技研究与发展，2015，37(6)：760-766.
[107] 李振华. 上海市创意阶层休闲消费认同研究[D]. 上海：华东师范大学，2008.
[108] 厉无畏. 创意产业导论[M]. 上海：学林出版社，2006.
[109] 梁贤军，周国强，马仁锋. 城市文化创意产业的空间组织研究——以宁波市为实证[J]. 宁波大学学报(理工版)，2015，28(2)：75-79.
[110] 梁贤军，周国强，马仁锋. 中国文化创意产业研究热点与趋势分析[J]. 科技与管理，2015，17(2)：1-6.
[111] 林明华，杨永忠. 中国创意产业发展的影响因素及策略研究[J]. 华东经济管理，2012，26(8)：19-23.
[112] 刘军. 社会网络分析导论[M]. 北京：社会科学文献出版社，2004.
[113] 刘曙华，沈玉芳. 长江三角洲经济区扩容探析[J]. 地理与地理信息科学，2010，26(5)：44-47.
[114] 刘文沛. 上海文化创意产业园区研究[J]. 公共艺术，2012(12)：1.
[115] 刘颖. 中国文化创意企业创意效率研究[D]. 北京：中国矿业大学，2015.
[116] 罗蕾，田玲玲，罗静. 武汉市中心城区创意产业企业空间分布特征[J]. 经济地理，2015，35(2)：114-119.

[117] 罗顺风. 中国服务业区域发展差异的收敛性分析[D]. 杭州：浙江工商大学,2011.
[118] 罗松涛. 文化工业的批判与反思——试论阿多诺的文化哲学[J]. 中国特色社会主义研究，2012(2)：104-110.
[119] 马地. 798 创意产业区形成因素研究[J]. 中国城市经济，2008(10)：24-27.
[120] 马仁锋,沈玉芳. 我国创意产业研究的进展与问题:基于城市与区域发展视角[J]. 中国区域经济,2009,1(3):31-42.
[121] 马仁锋,沈玉芳. 中国创意产业区理论研究的进展与问题[J]. 世界地理研究,2010,19(2)：91-101.
[122] 马仁锋,沈玉芳. 网络创意产业、低碳经济与上海都市型工业园转型[J]. 长江流域资源与环境,2011,20(2):211-216.
[123] 马仁锋. 创意产业区演化与大都市空间重构机理研究[D]. 上海：华东师范大学,2011.
[124] 马仁锋. 大都市创意空间识别研究:基于上海市创意企业分析视角[J]. 地理科学进展,2012,31(8):1013-1023.
[125] 马仁锋,唐娇,张弢,等. 科技创新带动文化创意产业发展研究动态与中国议题[J]. 经济问题探索，2012(11)：93-99.
[126] 马仁锋,沈玉芳,姜炎鹏. 大都市产业升级、创意产业区生长与创意城市构建[J]. 国际城市规划,2012,27(6):43-49.
[127] 马仁锋. 中国长江三角洲城市群创意产业发展趋势及效应分析[J]. 长江流域资源与环境，2014，23(1)：1-9.
[128] 马仁锋. 创意产业区演化与大都市空间重构[M]. 杭州：浙江大学出版社,2014.
[129] 马仁锋,梁贤军. 西方文化创意产业认知研究[J]. 天府新论,2014(4)：58-64.
[130] 马仁锋,梁贤军,姜炎鹏. 西方文化创意产业研究:学术群体与热点演进[J]. 世界地理研究,2015,24(2)：96-104.
[131] 马仁锋,周国强. 浙江文化创意产业研究热点与展望[J]. 浙江艺术职业学院学报,2016,14(2)：103-110.
[132] 马仁锋,张茜. 浙江文化创意产业空间发展质量评价[J]. 浙江艺术职业学院学报,2016,14(4)：116-123.
[133] 马仁锋,吴丹丹,王腾飞. 文化资本多尺度差异及其对浙江区域经济影响[J]. 宁波大学学报(人文科学版),2017,30(3)：82-86.
[134] 马仁锋,王腾飞,张文忠,等. 文化创意产业区位模型与浙江实证[J]. 地理研究,2018,37(2)：379-390.

[135] 马萱,郑世林. 中国区域文化产业效率研究综述与展望[J]. 经济学动态，2010，17(3)：83-86.

[136] 苗长虹,魏也华,吕拉昌. 新经济地理学[M]. 北京:科学出版社,2011.

[137] 宁进厅,邱娟,汪明峰. 中国互联网发展的区域差异及其动态演进[J]. 世界地理究,2010,19(4)：58-64.

[138] 彭耿,刘芳. 产业集聚度测量研究综述[J]. 技术与创新管理，2010，31(2)：181-184,

[139] 上海市经济委员会,上海市创意产业中心. 创意产业[M]. 上海：上海科学技术文献出版社,2005.

[140] 申玉铭,邓秀丽,任旺兵,等. 我国创意产业发展的支撑条件评价及空间发展战略[J]. 地理研究，2012，31(7)：1269-1279.

[141] 史进,贺灿飞. 企业空间动态研究进展[J]. 地理科学进展,2014,33(10)：1342-1353.

[142] 宋家泰，顾朝林. 城镇体系规划的理论与方法初探[J]. 地理学报，1988,43(2)：97-107.

[143] 孙洁. 文化创意产业的空间集聚促进城市转型[J]. 社会科学,2012，33(7)：49-56.

[144] 汪晓琳,胡安义. 体育文化产业竞争力区域差异的实证研究[J]. 武汉体育学院报,2013,47(1)：49-57.

[145] 汪毅,徐昀,朱喜钢. 南京创意产业集聚区分布特征及空间效应研究[J]. 热带地理,2010，30(1)：79-83.

[146] 王聪,曹有挥,陈国伟. 基于生产性服务业的长江三角洲城市网络[J]. 地理研究,2014. 32(2)：323-335.

[147] 王缉慈. 超越集群：中国产业集群的理论探索[M]. 北京：科学出版社，2010.

[148] 王婧,方创琳. 中国城市群发育的新型驱动力研究[J]. 地理研究,2011,30(2)：335-347.

[149] 王圣云. 空间理论解读:基于人文地理学的透视[J]. 人文地理,2011,26(1)：15-18.

[150] 王益澄,杨阳,马仁锋,等. 浙江省文化创意产业发展模式反思——基于文化创意产业园的审视[J]. 宁波大学学报(人文科学版),2016,29(4)：125-132.

[151] 文嫮,胡兵. 中国省域文化创意产业发展影响因素的空间计量研究[J]. 经济地理，2014，34(2)：101-107.

[152] 吴开嶂. 杭州文化创意产业园区发展模式研究[D]. 杭州：浙江工商大学,2012.

[153] 吴康敏，张虹鸥，王洋，等.广州市多类型商业中心识别与空间模式[J].地理科学进展，2016，35(8)：963-974.
[154] 武前波，宁越敏.中国城市空间网络分析——基于电子信息企业生产网络视角[J].地理研究，2012，31(2)：207-219.
[155] 肖雁飞，廖双红.创意产业区新经济空间集群创新演进机理研究[M].北京：中国经济出版社，2011.
[156] 肖雁飞，王缃韵.中国文化创意产业发展影响因素与实证[J].科学管理研究，2014(11)：102-105.
[157] 杨凤鸣.基于3T理论视角的长沙创意产业发展研究[J].经济地理，2014，34(7)：111-115.
[158] 杨锐，李伟娜.网络结构、关系互动对创新活动的影响——苏州IT产业集群实证分析[J].科学学研究，2010，28(7)：1094-1103.
[159] 姚士谋，武清华，薛凤旋等.我国城市群重大发展战略问题探索[J].人文地理，2011，26(1)：1-4.
[160] 叶郎.中国文化产业年度发展报告[R].北京：北京大学出版社，2013：9-10.
[161] 叶磊，段学军.基于物流企业的长三角地区城市网络结构[J].地理科学进展，2016，35(5)：622-631.
[162] 尹昌霞，马仁锋.浙江设计服务业的空间态势及驱动因素[J].宁波大学学报(理工版)，2017，30(4)：104-109.
[163] 尤芬，胡惠林.论技术长波理论与文化产业成长周期.上海交通大学学报(哲学社会科学版)，2007(4)：66-73.
[164] 于鹏，杨燕英，刘寿先.文化创意产业集群内部的知识流动研究[J].现代传播，2011(8)：153-154.
[165] 禹文豪，艾廷华，杨敏，等.利用核密度与空间自相关进行城市设施兴趣点分布热点探测[J].武汉大学学报(信息科学版)，2016，41(2)：222-227.
[166] 曾刚，林兰.技术扩散与高新技术企业区位研究[M].北京：科学出版社，2008.
[167] 张卉.产业分布、产业集聚与地区经济增长[D].上海：复旦大学，2007.
[168] 张洁音，黄友，张乐萍，等.浙江省城市创新能力的评价研究——基于58个市(县)的创新能力分析[J].华东经济管理，2012，26(10)：13-18.
[169] 张京成.中国创意产业发展报告2011[M].北京：中国经济出版社，2011.
[170] 张茜.浙江文化创意产业区域差异与影响因素研究[D].宁波：宁波大学，2015.
[171] 张蔷.中国城市文化创意产业现状、布局及发展对策[J].地理科学进展，2013，32(8)：1227-1236.

[172] 张泉，刘剑. 城镇体系规划改革创新与“三规合一”的关系——从“三结构一网络”谈起[J]. 城市规划，2014,38(10)：13-27.
[173] 张望. 中国文化创意产业发展模式研究[D]. 南京：南京大学，2011.
[174] 赵峰. 中国流通产业发展水平区域差异实证研究[D]. 长沙：中南大学，2013.
[175] 赵继敏，刘卫东. 文化创意产业的地理学研究进展[J]. 地理科学进展，2009，28(4)：530-510.
[176] 甄峰，席广亮. 理论与实践高度融合的城市地理学——南京大学地理学科发展 90 周年回顾与展望[J]. 人文地理，2012,27(3)：131-135.
[177] 钟廷勇，安烨. 文化创意产业技术效率的空间差异及影响因素[J]. 中南财经政法大学学报，2014(1)：69-75.
[178] 周国强，马仁锋，王腾飞，等. 浙江信息服务业发展格局及其影响因素[J]. 宁波大学学报(理工版)，2017，30(3)：110-115.
[179] 周国强. 长三角城市群文化创意产业发展格局及效应研究[D]. 宁波：宁波大学，2017.
[180] 周清. 城市创意指数与湖南文化创意产业发展[J]. 经济地理，2009，29(3)：437-440.
[181] 周蜀秦，徐琴. 长三角地区创意产业发展的条件与路径[J]. 现代经济探讨，2007(6)：56-59.
[182] 周一星. 城市地理学[M]. 北京：商务印书馆，2007.
[183] 朱华晟，吴骏毅，魏佳丽，等. 发达地区创意产业网络的驱动机理与创新影响——以上海创意设计业为例[J]. 地理学报，2010，65(10)：1241-1252.
[184] 朱自强，张树武. 文化创意产业概念及形态辨析[J]. 东北师大学报(哲学社会科学版)，2012(1)：117-121.

索　引